이승만의
기독교 수용과 기독교국가건설론
연구

이승만의 기독교 수용과
기독교국가건설론 연구

초판 1쇄 인쇄   2014년 07월 16일
초판 1쇄 발행   2014년 07월 23일

지은이   최 종 원
펴낸이   손 형 국
펴낸곳   (주)북랩
편집인   선일영   편집   이소현, 이윤채, 김아름
디자인   이현수, 신혜림, 김루리   제작   박기성, 황동현, 구성우
마케팅   김회란, 이희정
출판등록   2004. 12. 1(제2012-000051호)
주소   서울시 금천구 가산디지털 1로 168, 우림라이온스밸리 B동 B113, 114호
홈페이지   www.book.co.kr
전화번호   (02)2026-5777   팩스   (02)2026-5747

ISBN   979-11-5585-296-5 93300(종이책)   979-11-5585-297-2 95300(전자책)

이 도서의 국립중앙도서관 출판예정도서목록(CIP)은 서지정보유통지원시스템 홈페이지(http://seoji.nl.go.kr)와
국가자료공동목록시스템(http://www.nl.go.kr/kolisnet)에서 이용하실 수 있습니다.
(CIP제어번호 : 2014020976)

이승만의

기독교 수용과
기독교국가건설론

연구

최 종 원 지음

북랩 **book** Lab

책머리에

역사에 대한 열정을 가지고 상경해 공부에 진력한 지난 20여 년의 시간이 주마등처럼 스친다. 회고해 보면 직장·가사·연구, 그 어느 하나 녹록한 것은 없었다. 정통 역사 연구자의 길을 걸은 것은 아니지만, 매 순간의 삶은 트랙을 전력 질주하는 경주마의 역주와 다를 바 없었다. 이 책은 그런 지난한 과정의 결과물이다.

1990년대 이후 기독교 보수파는 한국 사회의 정치적·사회적 권력의 한 축으로 전면 등장했다. 이러한 기독교 보수파의 정치 세력화는 이승만 집권기에 그 역사적 기원을 두고 있다. 당시 이승만과 기독교 세력은 친기독교 정책을 매개로 유착하였다. 하지만 기독교국가를 건설하려는 기독교 세력의 기대와 달리, 이승만의 친기독교 정책은 정략적 차원에서 추진되었다.

동시에 이승만은 기독교 보수파의 신앙적·정치적 아이콘으로 부상했다. 그런데 문제는 이러한 현상이 이승만이 지향한 기독교관의 성격에 대한 충분한 이해 없이 견강부회식 해석에 근거하고 있다는 데 있다. 복음 지상, 개인 구원을 지향하는 기독교 보수파와 달리, 이승만은 해방 이전까지 기독교의 정신과 가치를 현실 세계에서 실현하고자 분투한 사회 참여적 기독교관을 소유하고 있었다. 그런 점에서 기독교 보수파 일각의 '장로 대통령 이승만 재평가하기'는 아이러니다. 이 책은 왜 이승만이 기독교 보수파의 우상이 될 수 없는지 신앙적·정치적 차원에서 연대기적으로 분석한 글이기도 하다.

이 책이 출판되는 데 많은 분들께 사랑의 빚을 졌다. 고 노경채 선생님과 강일휴 선생님, 그분들께 받은 은혜와 사랑은 하해와 같다. 송영윤 목사님, 그분에게서 한국 교회의 가녀린 희망을 본다. 동학 조형열, 그와 교우할 수 있어 감격스럽다. 부모님을 생각할 때마다 마음속 눈물이 앞을 가린다. 암 치병 중인 아내에겐 신의 위로와 애통이 임하길 소망한다. 꿋꿋하게 자라준 아들, 자랑스럽다. 벗과 같은 아우, 너와 형제라서 행복하다.

이제 부족하지만 그간의 성과물을 독자들께 내놓는다. 이 책에 대한 독자들의 비판과 지적은 재주 없는 저자에게 있으므로 겸허하게 수용한다.

2014년 7월 교문동 우거에서
최종원

| 차 례 |

1. 연구대상과 목적

한말 기독교 민족운동가들은 국권 회복과 문명 개화의 원동력으로 기독
교1)의 존재 가치에 주목하고 '애국계몽운동'의 일환으로 기독교 민족운동을
전개했다.2) 기독교 민족운동의 개념은 민족운동 조직체의 주체가 기독교인
이며 그 조직이 기독교 정신에 입각해 전개한 운동을 의미한다.3) 당시 한국
교회와 기독교인들은 한국 사회가 당면한 민족 모순에 대면하여 민족운동에

---

1) 원래 기독교(基督敎, Christianity)는 개신교(改新敎, Protestant Church)와 천주교(天
主敎, Catholic Church)를 모두 포괄하는 용어이다(강영선, 『기독교 이야기 한마당』,
대한기독교서회, 2011, 13-17쪽). 하지만 이 책에서는 기독교 전래 이래 관습적으로 불
러온 것처럼 개신교를 기독교로 사용하였으며, 특별히 구분이 필요한 경우 개신교와 천
주교를 구분하여 사용했다.
2) 장규식, 『일제하 한국 기독교민족주의 연구』, 혜안, 2001, 16쪽. 장규식은 기독교민족
운동의 기점을 '개혁당사건'으로 구속되어 옥중에서 기독교로 개종한 이원긍(李源兢),
홍재기(洪在箕), 김정식(金貞植) 등의 개혁 관료층이 주도하여 1904년 8월 24일 연동교
회 게일(James S. Gale) 선교사의 집에서 발족한 국민교육회(國民敎育會)에서 찾고 있
다(장규식, 위의 책, 69쪽). 이들은 모두 옥중에서 이승만의 영향으로 개종했는데, 이들
외에도 이상재(李商在), 유성준(兪星濬), 김린(金麟) 등 양반 출신 전직 고관들이 이승
만의 영향으로 개종했다[李光麟, 「舊韓末 獄中에서의 基督敎 信仰」, 『東方學志』제
46·47·48합집, 연세대학교 국학연구원, 1985, 496쪽 ; 유영익, 『젊은 날의 이승만: 한
성감옥 생활(1899-1904)과 옥중잡기연구 부: 국역 「옥중잡기」』, 연세대 출판부, 2003,
63쪽].
3) 윤경로, 『한국근대사의 기독교사적 이해』, 역민사, 1995, 61쪽 ; 장규식, 앞의 책, 69쪽.

실천적으로 참여했다는 점에서 기독교 민족운동이라는 개념 설정은 '종교 외피론'을 뛰어 넘는 정당성을 갖는다.[4] 이러한 기독교 민족운동의 사회적·역사적 맥락 속에서 이승만은 '기독교국가건설론'을 전개했다.

이 책에서 사용된 이승만의 '기독교국가건설론'의 개념은 정교 일치의 신정 정치를 실현하고자 한 것이 아니라, 기독교 입국론에 근거해 기독교 이념을 현실에 구현하고자 한 국가 구상론을 의미한다. 즉 그의 기독교국가건설론은 정교분리의 원칙이 지켜지는 가운데 기독교적 가치가 작동하는 근대적인 국민국가를 건설하는 것을 뜻한다.[5] 그는 1899년 기독교로 개종한 이래 1965년 사망하기까지 기독교 정신이 구현된 국가를 건설하려는 활동을 전개했다. 따라서 이승만의 기독교국가건설론이 포괄하는 시기적 범위는 1899년부터 1965년까지이다.

정치인 이승만의 삶은 굴곡진 한국근현대사의 축소판이었다. 한말의 독립협회 활동과 투옥, 도미 독립유지외교 활동 실패와 박사학위 취득, 일제시기의 한국YMCA 활동과 '망명', 대한민국 임정의 초대 대통령과 외교 독립론의 실패, 그리고 해방 이후의 대한민국 초대 대통령과 한국전쟁, 전후 복구와 하와이 망명 등 그의 개인사는 한국근현대사와 궤를 같이 했다.

이승만은 정치인 이승만으로서 뿐만 아니라 기독교인 이승만으로도 널리 회자되어 왔다. 그는 1899년 옥중에서 기독교로 개종한 이후 스스로를 기독교도로 인식하고 행동하였으며, 일관되게 기독교국가를 건설하겠다고 표명했다. 하지만 지금까지 그의 기독교관의 성격과 기독교국 건설 활동에 대한 엄정한 분석과 평가 없이 선험적으로 이해되어 온 면이 강했다.

1987년 6월 민주 항쟁 이후 민주화 이행이 본격화되면서 종교의 정치적 역할이나 비중이 감소할 것이라는 기대와는 달리 종교정치가 활성화되는 양상이 뚜렷하다. 특히 개신교 보수 세력은 대통령 선거에 깊숙이 참여하여

---

4) 윤경로, 위의 책, 61-62쪽.
5) 박혜수, 「이승만의 기독교활동과 '기독교국가론' 구현 연구」, 연세대 신학과 박사학위 논문, 2012, 17-18쪽.

1992년에는 김영삼 장로를 대통령으로 당선시키는 데 공헌했으며, 2007년에는 이명박 장로를 대통령으로 당선시키는 데 결정적 기여를 했다. 이처럼 1990년대 이후 정치화된 개신교 보수 세력은 한국 정치를 견인하는 핵심 주체의 하나로 부상했다.[6] 그런데 이러한 개신교의 종교정치는 이승만 집권기에 그 역사적 연원을 두고 있다.[7]

이러한 문제의식에 기초해 이 책은 기독교도 이승만 개인에 대해 인물사와 사상사 그리고 심리사적 측면에서 역사적으로 분석하려고 한다. 특히 이승만의 저작과 언설들에 나타난 그의 사고 체계와 내적 논리에 주목함으로써 외면적으로 표출된 그의 행태를 규명하는 접근 방식을 취하고자 한다.

이 책의 시기적 범위는 이승만이 출생한 1875년부터 사망한 1965년까지이다. 한 인물을 종합적·전체적으로 조망하기 위해서는 횡단적 연구뿐만 아니라 종단적 연구가 병행되어야 하기 때문이다. 우선 이 책은 시기적 범위를 이승만이 개종한 1899년을 기점으로 양분했다. 그 이유는 이승만의 기독교국가건설론의 전사(前史)로써 그의 기독교 사상을 이해하는 작업이 선결되어야 하기 때문이다. 그리고 구체적으로 이 책은 이승만의 기독교국가건설론을 연대기적으로 한말, 일제시기, 해방 이후의 세 시기로 나누어 분석하고자 한다. 한말의 경우 이를 다시 배재학당 시절(1895.2.1-1897.7.8), 독립협회 시절(1896.7.2-1898.12.25), 투옥 시절(1899.1.9-1904.8.7), 도미 독립유지외교 활동 시절(1904.11.4-1905.8.7) 유학 시절(1905.2월-1910.7월) 등으로 나누었다. 그러나 각 장을 일관된 준거로 구분하지는 않았다. 각 장의 논리 전개에 따라 그 기준이 달리 적용되어야 하기 때문이다. 즉 이승만의 저

---

6) 강인철,『민주화와 종교: 상충하는 경향들』, 한신대학교 출판부, 2012, 7, 351, 360-361쪽.
7) 한국 기독교회는 이미 1952년 제2대 대통령 선거(1952.8.5)에서 한국기독교연합회(NCC)의 이름으로 기독교도 이승만을 대통령으로 선출하자고 선언했다(金容福,「解放後 敎會와 國家」, 한국 기독교 사회 문제 연구원 편,『歷史와 基督敎』第4輯, 민중사, 1982, 202쪽 ; 姜敦求,「美軍政의 宗敎政策」,『종교학연구』제12집, 서울대학교 종교학연구회, 1993, 39쪽 ; 노길명,「광복 이후 한국 종교와 정치간의 관계」,『宗敎硏究』27, 韓國宗敎學會, 2002, 9쪽).

작과 언설에 나타난 논리에 따라 구분했다.

이 책의 첫 번째 목적은 기독교 신앙이 이승만의 사고와 행동에 미친 영향을 추적하는 것이다. 이승만은 배재학당의 교육과 선교사들과의 사적 교류를 통해 기독교를 접하고, 옥중에서 개종한 이후에는 그의 일생을 통해 절대적 기독교관을 표명했다. 기독교 신앙은 그의 인생관과 세계관을 규정하는 원천이 되었으며, 그의 확신에 찬 언명처럼 그는 기독교도로 일생을 살아갔다. 따라서 그의 사고와 언행의 원천인 기독교 신앙을 검토하는 문제가 선결되어야 한다.

이 책의 두 번째 목적은 이승만의 기독교국가건설론의 실상과 기독교 정신의 정합성을 해명하는 데 있다. 그는 일생을 통해 지속적으로 기독교국가를 건설하겠다고 천명했지만, 그의 언행은 사랑과 평화, 박애와 약자 옹호라는 기독교의 정신과는 괴리된 이중성을 보여주었다. 나아가 그는 한국전쟁 중 한강대교 폭파와 양민학살, 독재정치 하의 조봉암 등 정적 사형 집행 등을 자행하면서도 그것은 언제나 민족의 번영을 위한 불가피한 선택이었다고 강변했다. 그런데 그의 이러한 논리는 기독교 신앙에 근거한 이승만=민족의 구세주라는 등식의 관념에 기초하고 있다. 따라서 기독교의 본질적 가치에 대한 그의 내면적 인식 수준과 그것이 언행과 정책으로 표출되는 표면적 과정과 그 내용을 분석하는 것이 필요하다.

2. 기존연구와 과제

이승만의 기독교 신앙을 다룬 기존의 연구는 그의 신앙이 행동, 곧 독립운동에 영향을 주었다는 관점에서 연구되었다. 주요 연구는 기독교 수용의 배경, 기독교관의 성격 그리고 기독교국가건설론의 이념·모델·구현 등으로 나누어 볼 수 있다. 여기서는 우선 기존 연구의 성과와 한계를 검토하고 이 책에서 다루려는 과제를 제기하고자 한다.

이승만의 기독교 신앙과 행동 사이의 유기적 관련성에 대한 연구는 1980

년대 처음으로 신학적 관점에서 비롯되었다. 즉 이승만의 기독교 신앙이 그의 독립운동에 영향을 미쳤다고 평가했다. 이승만을 바울과 일체화하여 고난 받는 주의 종이라고 이해한 후, 민족 사랑의 본을 보여 주었던 바울처럼 이승만도 조국의 독립을 위해 십자가의 길을 걸어갔다고 분석했다.[8] 하지만 이 연구는 사료에 근거한 실증적 연구라기보다는 호교적(護敎的)·관념적 평가에 머물렀다. 한편 이승만의 기독교 신앙을 신학적·교회사적 시각에서 접근한 연구들도 있는데, 이 연구들은 그 분석 시기를 이승만의 생애 초기, 즉 1904년 11월 4일 도미 이전으로 한정하고 있다.[9]

이승만의 기독교 신앙과 독립운동을 유기적으로 해명하려는 연구는 1980년대 처음으로 역사학적 관점에서 시작되어 2000년대 이후 본격화 되었다. 먼저 기독교 수용의 배경에 대해서는 종교적 경외심, 정신 개조의 수단, 배재학당의 기독교 교육, 기독교도 윤치호와 서재필의 기독교 개화론의 영향, 감옥에서 체험한 죽음의 공포 등이 주로 연구되었다. 우선 기독교 수용 배경으로 어린 시절 어머니를 통해 불교에서 체험한 종교적 경외심을 제시했다.[10] 이 연구는 이승만의 기독교 신앙을 심리적 차원에서 접근했다는 점에서 시사하는 바가 크다. 하지만 아버지와 조선의 전통 신앙이 이승만의 종교성 형성에 기여한 부분을 간과함으로써 부분적 이해에 그치고 있다. 또한 기독교 수용 배경으로 정신 개조의 수단을 제시했다.[11] 이 연구는 기독교 수용의 주체적 의지를 밝혔다는 점에서 의미가 있다. 하지만 분석 대상이 『독립정신』

....

8) 鄭聖培, 「初期 李承晩에게 나타난 基督敎 理念이 그의 行動에 미친 影響 硏究」, 감신대 신학과 석사학위 논문, 1984, 33쪽.

9) 최승선, 「이승만의 기독교 개종과 그의 기독교 이해(1875-1904년)」, 장신대 신학과 석사학위 논문, 2011 ; 김낙환, 『우남 이승만 신앙연구』, 청미디어, 2012.

10) 이덕주, 「이승만의 기독교 신앙과 국가건설론-기독교 개종 후 종교활동을 중심으로 (1899-1913)-」, 『한국기독교와 역사』 제30호, 한국기독교역사연구소, 2009, 39쪽. 이 연구는 처음으로 기독교국가건설론의 관점에서 이승만의 활동을 분석했다는 점에서 의의가 있다.

11) 김지혜, 「『독립정신(獨立精神, 1904)에 나타난 이승만의 대한독립방안 연구』」, 이화여대 정치외교학과 석사학위 논문, 2005, 66-86쪽.

에 국한되어 있으며, 이승만이 대체하려고 하였던 조선의 전통 종교와 민간 신앙의 한계에 대한 분석이 이루어지지 않아 기독교 수용의 연결고리를 찾지 못했다. 그리고 기독교 수용 배경으로 배재학당의 기독교 교육 즉 교육 목적, 교육 과정, 선교사로 구성된 교사진 등을 제시했다.[12] 이 연구들은 이승만의 기독교 교육과 선교사들과의 교류를 해명하여 생애의 전환점이 되는 청년기를 이해하는 데 유용했다. 하지만 본격적인 분석이 이루어지지 않았으며, 특히 교육과정과 선교사들과의 대면 교류에 대한 구체적·체계적 분석이 부족했다. 또한 기독교 수용 배경으로 신실한 기독교 신자였던 서재필과 윤치호가 주장한 기독교 개화론의 영향을 언급했지만,[13] 그들이 이승만에게 미친 영향에 대한 구체적 논거를 제시하지 않고 일반론적 차원에서 추론했다. 끝으로 기독교 수용 배경으로 감옥에서 느낀 죽음에 대한 공포감을 들고 있지만,[14] 죽음의 공포는 '순간'에 대한 설명은 가능하지만 맥락에 대한 설명은 미약하다.

둘째, 기독교관의 성격에 관련해서는 이승만이 사회참여적 기독교관을 소유하게 된 동기와 경로를 조명했다.[15] 이 연구들은 기독교 입국론 차원에서 이승만이 기독교를 수용하게 되었다는 점을 해명하는 데 실마리를 제공했다. 하지만 분석 시기가 한말에 국한되어 일제시기·해방 이후사와의 연속성 차원에서 이해하는 데 어려움이 있다. 나아가 '중세인' 이승만이 '근대인'으로 이행하는 데 겪었을 사상적 혼종성을 주목하지 않았다.

....

12) 高珽烋,「開化期 李承晚의 言論·政治 및 執筆活動」, 고려대 사학과 석사학위 논문, 1984, 10-11, 49쪽 ; 서정민,「구한말 이승만의 활동과 기독교」,『한국기독교사연구회 소식』, 한국기독교역사연구소, 1988, 15-16쪽 ; 이덕주, 앞의 논문, 41, 43, 48-49쪽.
13) 高珽烋, 위의 논문, 10-11, 49-50쪽 ; 서정민, 위의 논문, 15-16쪽 ; 이덕주, 위의 논문, 42-44쪽.
14) 高珽烋, 위의 논문, 49-50쪽 ; 李光麟, 앞의 논문, 495쪽 ; 이덕주, 위의 논문, 46-48쪽.
15) 서정민, 앞의 논문, 17-20쪽 ; 이정식,『이승만의 청년시절』, 동아일보사, 2002, 113-124쪽 ; 손세일,『이승만과 김구 1875-1919 – 양반도 깨어라 상놈도 깨어라②』, 나남, 2008, 98-99쪽.

셋째, 기독교국가건설론의 성립과 전개에 관해서는 기독교국가건설론의 이념과 모델 그리고 활동이 주로 연구되었다. 먼저 국가건설론의 이념으로 기독교를 제시했다.[16] 이 연구들은 이승만의 기독교국가건설론의 이상을 이해하는 단초를 밝혔다는 점에서 의의가 있다. 그러나 분석 대상으로 삼은 기간이 특정 시기에 국한되어 있거나,[17] 기독교를 국가 건설의 이념으로 설정한 내적 계기에 대한 분석이 이루어지지 않음으로써[18] 이승만이 구상한 기독교국가의 전체상을 그리는 데 한계를 갖는다. 그리고 기독교국가건설론의 모델로 영·미국과 같은 상등 문명국가를 제시했다.[19] 하지만 이 연구는 국가건설론의 모델로 영·미국을 설정한 이유를 해명하지 못했다. 또한 기독교국가건설론의 활동으로 한인기독학원·한인기독교회의 설립과『한국교회핍박』·『태평양잡지』·『태평양주보』의 발간을 제시했다.[20] 이 연구는 본격적으로 기독교국가건설론의 관점에서 이승만의 활동을 분석했다는 점에서 가치가 있다. 하지만 한인기독학원·한인기독교회의 운영 과정에서 기독교적 가치의 투영 여부나『태평양잡지』·『태평양주보』의 간행 목적에 대한 분석은 미흡했다. 더불어 기독교국가건설론의 내용으로 근대의식 개혁론, 기독교 교육론, 기독교 구국론, 기독교인 책임론을 제시했지만,[21] 체

---

16) 유영익,『이승만의 삶과 꿈』, 중앙일보사, 1996, 218-219쪽 ; 맹청재, 「이승만의 종교 활동과 종교정책에 관한 연구」, 목원대 신학과 석사학위 논문, 2003, 46-49쪽 ; 이덕주, 앞의 논문, 68-70쪽 ; 서홍인, 「해방 후 국가 건설과 기독교인들의 활동 연구 - 이승만과 김창준을 중심으로-」, 감신대 신학과 석사학위 논문, 2009, 38-40쪽 ; 오영섭, 「1910-1920년대『태평양잡지』에 나타난 이승만의 정치사상」,『한국민족운동사연구』70, 한국민족운동사학회, 2012, 64-66쪽 ; 유영익,『건국대통령 이승만』, 일조각, 2013, 89-99쪽.

17) 이덕주, 위의 논문 ; 오영섭, 「1910-1920년대『태평양잡지』에 나타난 이승만의 정치사상」, 64-66쪽.

18) 유영익,『이승만의 삶과 꿈』, 218-219쪽 ; 맹청재, 앞의 논문, 46-49쪽 ; 이덕주, 위의 논문, 68-70쪽 ; 서홍인, 앞의 논문, 38-40쪽 ; 오영섭, 「1910-1920년대『태평양잡지』에 나타난 이승만의 정치사상」, 64-66쪽 ; 유영익,『건국대통령 이승만』, 89-99쪽.

19) 이덕주, 위의 논문, 55-57, 79쪽 ; 서홍인, 위의 논문, 84-85쪽 ; 박혜수, 앞의 논문, 43쪽.

20) 박혜수, 위의 논문, 48-60, 77-79쪽.

계적·구체적 분석이 부족할 뿐만 아니라 기독교국가건설론의 내용과 활동이 조응하지 않는 문제점을 내포하고 있다. 한편 1913년 이승만이 하와이에서 저술한『한국교회핍박』의 집필 동기가 하와이 한인 동포들에게 자신의 정치적 비전, 즉 기독교국가 건설의 이상을 제시한 것이었다는 분석이 있다.[22] 그러나 이 연구는『한국교회핍박』에 국한되었을 뿐만 심층적·체계적 분석 없이 일반론적 차원에서 접근했다.

마지막으로 기독교국가건설론의 구현에 관해서는 이승만의 친기독교 정책이 주로 연구되었다. 즉 해방 이전 이승만이 열망했던 기독교국가 건설을 해방 이후 각종 친기독교 정책을 통해 실현했다고 새롭게 조명했다.[23] 하지만 이 연구들은 친기독교 정책의 성격에 대한 분석을 간과함으로써 친기독교 정책을 과잉 해석한 측면이 있다.

이상의 연구 성과와 한계를 바탕으로 이 책에서는 다음과 같은 구성으로 이승만의 기독교국가건설론의 구성과 성격을 검토하고자 한다.

제1장에서는 유년기와 청년기의 이승만을 심리적·정치적·교육적·사회적 차원에서 분석함으로써 그가 기독교를 수용하게 되는 배경을 파악하고자 한다. 기독교 수용 배경으로 심리적 측면에서는 가정환경을 통해 형성된 종교적 감수성을 살펴보려고 한다. 정치적 측면에서는 기독교 수용의 전제로

---

21) 박혜수, 위의 논문, 40-47쪽.
22) 손세일,『이승만과 김구 1875-1919 - 양반도 깨어라 상놈도 깨어라③』, 나남, 2008, 150-160쪽.
23) 김인서, 「이대통령의 건국대업」,『基督公報』1953년 3월 31일자 ; 유영익, 「이승만과 한국의 기독교」,『성결교회와 신학』제13호, 현대기독교역사연구소, 2005 ; 유영익, 「이승만 대통령의 업적」, 유영익 편,『이승만 대통령 재평가』, 연세대학교 출판부, 2006 ; 김흥수, 「기독교인 정치가로서의 이승만」, 유영익 편,『이승만 대통령 재평가』; 전상인, 「이승만의 사회사상·사회운동·사회개혁」, 유영익 편,『이승만 대통령 재평가』; 김형찬, 「이승만의 생애와 신앙 연구」, 호서대 이론신학과 석사학위 논문, 2007 ; 김흥수, 「이승만의 비전, 기독교국가 건설」,『성결교회와 신학』제19호, 현대기독교역사연구소, 2008 ; 강인철, 「대한민국 초대 정부의 기독교적 성격」,『한국기독교와 역사』제30호, 한국기독교역사연구소, 2009 ; 이덕주, 앞의 논문 ; 박혜수, 앞의 논문 ; 강인철,『종속과 자율: 대한민국의 형성과 종교정치』, 한신대학교 출판부, 2013.

써 조선의 전통 종교와 민간 신앙에 대한 인식과 그것이 정신혁명의 기제로 기독교를 수용하게 되는 역설적 계기로 작용한 원인을 분석하고자 한다. 그리고 이런 맥락에서 제기된 기독교정신혁명론의 내용과 성격을 살펴보고자 한다. 교육적 측면에서는 배재학당의 교육 과정과 선교사들과의 교류가 그의 기독교관에 미친 영향을 분석할 것이며, 사회적 측면에서는 개종 전후 선교사들의 총체적 지원 노력이 기독교와 선교사를 전폭적으로 신뢰하는 이유가 되었음을 밝히고자 한다.

제2장에서는 이승만의 기독교관의 변화 과정과 성격을 구명하고자 한다. 제1절에서는 이승만의 기독교관의 형성과 변화 과정을 통해서 적대적 기독교관에서 절대적 기독관으로 전환한 원인과 그 계기적 발전 내용을 해명하고자 한다. 뿐만 아니라 종래의 연구에서는 해방 이후 이승만의 기독교관이 절대적 기독교관에서 상대적 기독교관으로 전환했다고 해석했다.[24] 이러한 해석은 이승만이 1899년 개종 이후 일관되게 절대적 기독교관을 표명했다는 점에서 그의 기독교관과는 배치되는 설명 방식이었다. 이러한 문제점을 해결하기 위해 논거로 이용된 담화문이 발표된 사회적 맥락을 고려하여 재조명하고자 한다. 한편 기존의 연구들은 이승만의 대미관이 한말부터 해방 이후까지 친미적으로 일관했다는 평가[25]와 2단계 내지 3단계로 변화·발전하는 과정을 겪었다는 평가[26]로 나뉘어졌는데, 이를 재고하고자 한다. 이를 통해 그의 대미관이 3단계의 계기적 발전 과정을 겪었으며, 궁극적으로는 用美的 대미관으로 정립되는 이유를 밝히고자 한다.

제2절에서는 이승만의 기독교관의 성격을 사회참여에서 세속화로의 변질과 혼종성이라는 시각에서 해명하고자 한다. 우선 사회참여적 기독교관

---

24) 유영익, 『이승만의 삶과 꿈』, 218쪽.

25) 정병준, 『우남 이승만 연구』, 역사비평사, 2005, 107쪽 ; 柳永益, 「개화기의 대미인식」, 『한국인의 대미인식』, (주)民音社, 1994, 110쪽.

26) 신계주, 「우남 이승만의 대미관에 관한 연구」, 한국정신문화연구원 한국학대학원 석사학위 논문, 1997, 7-41쪽 ; 차상철, 「이승만의 미국인식: 형성과 전개」, 『韓國人物史研究』 제9호, 한국인물사연구소, 2008, 283-296쪽.

을 소유하게 된 동기와 경로를 추적한 후, 그것이 해방 이후 '신앙의 세속화'라는 굴절된 형태로 표출되어 가는 내용과 전개과정을 분석하고자 한다. 그리고 기독교와 전통 종교·민간 신앙 사이에서 그의 의식이 일생동안 표류했던 이유와 추이를 파악하고자 한다.

제3장에서는 이승만의 기독교국가건설론의 성립과 전개 과정을 해명하고자 한다. 제1절에서는 국가건설의 이념으로 '기독교민주주의'를, 모델로 문명 부강국 영국과 미국을 상정한 이유를 검토한 후, 방략으로 제시한 기독교교육론과 언론·문서선교 그리고 기독교계활용론의 내용과 논리를 분석하여 기독교국가건설론의 구성과 내용을 파악하려고 한다.

제2절에서는 이승만이 설립·관여하였던 옥중학교, 상동청년학원, 한인중앙학원·한인여자학원·한인기독학원, 한인기독교회 등을 검토하여 이 단체들의 설립 및 교육 목적이 애국적 사회참여형 기독교인을 양성하는 데 있었음을 밝히려고 한다. 또한 『태평양잡지』·『태평양주보』의 발간과 번역서의 간행을 통한 이승만의 언론·문서선교 활동의 목적 역시 애국적 사회참여형 기독교인을 육성하는 데 있었다는 점을 분석하고자 한다. 그리고 기독교계활용론에 의거해 이승만이 미국 기독교계를 활용한 외교 독립운동을 전개했음을 해명하고자 한다.

제4장에서는 친기독교 정책과 기독교국가건설론의 실상을 밝히고자 한다. 제1절에서는 기존 연구에서 기독교국가건설론의 구현 논거로 제기한 친기독교 정책을 검토한 후, 이승만의 역할에 주목하면서 그의 친기독교 정책이 피동적, 정략적, 당위적, 합리적, 특수적 성격을 갖고 있었음을 밝히고자 한다.

제2절에서는 기독교의 핵심 가치인 민족·자유·박애·평화·평등의 관념을 이승만이 어떻게 인식하였으며, 그것이 현실의 정책과 언행에 어떻게 투영되었는지 분석함으로써 그가 지향한 기독교국가건설론의 실상을 해명하고자 한다. 구체적으로 해방 이후 그의 기독교 신앙에 민족지상주의·반공주의가 결합되면서 어떻게 기독교의 본질적 개념들이 왜곡되었는지 그리고

그 논리와 내용이 무엇이었는지를 파악하고자 한다.

3. 자료

이 책 작성에 주로 활용된 자료는 이승만의 저작과 언설류이다. 그중 첫 번째로 이용한 자료는 이승만의 비평류이다. 우선 1904년『청일전긔』·『데국신문』논설,『신학월보』논설 등을 토대로 집필한『독립정신』27)(1910, 대동신서관)과 1898년-1944년간『데국신문』,『공립신보』,『대한매일신보』,『동아일보』,『협성회회보』,『신학월보』,『태평양잡지』,『태평양주보』,『국민보』,『뉴욕타임즈(The New York Times)』등의 신문·잡지에 기고한 논설이 있다. 이들 논설류는 이승만이 기독교를 수용하게 된 배경을 해명하는 데 도움이 되었다. 그리고 1900년 편역한 편역서(編譯書)『청일전긔』(1917, 태평양잡지사)와 1904년 탈고한『옥중잡기』(1999, 연세대 인문과학 연구소)는 청년기 이승만의 대외관과 기독교의 수용 계기를 해명하는 데 유용했다. 또한 1913년 발간된『한국교회핍박』(1913, 신한국보사)과 1941년 저술한 영문 저서『Japan inside out』(1941, Fleming H. Revell Co.)은 기독교계활용론의 논리를 파악하는 데 활용되었다. 뿐만 아니라『이승만문서』12권에 실려 있는 하와이·미주 교민단체 관련 문서는 한인기독학원과 한인기독교회의 설립 목적을 이해하는 데 이용했다. 특히 1910년 프린스턴대에서 출판된 박사학위 논문「미국의 영향을 받은 중립(Neutrality as Influenced by the United Stated)'」(1910, 프린스턴대 출판부)은 그의 대미관을 이해하는

---

27) 연세대 현대한국학연구소에서 발행한『이화장소장 우남이승만문서 (동문편)[梨花莊所藏 雩南李承晚文書(東文篇)[이하『雩南李承晚文書』로 약칭]]』, 연세대 현대한국학연구소, 1998에 수록되어 있는 이승만의 저작들은 다음과 같다. 우남이승만문서(雩南李承晚文書)1권에는『독립정신』, 2권에는『옥중잡기(獄中雜記)』,『체역집(替役集)』,『청일전긔』,『한국교회핍박』, 3권에는『신영한사전』,『학생 청년회의 종교상 회합』,『학생 청년회 회장』,『신입 학생 인도』, 12권에는 이승만의 하와이·미주 교민단체 관련 문서, 16-18권에는 일제시기 간찰(簡札)이 실려 있다.

데 도움이 되었다.[28] 한편 1954년 발간된『일민주의개술』(1949, 일민주의 보급회), 1948년-1953년간의 담화문 『대통령이승만박사담화집 제1집』(1953, 공보처), 각종 신문 기사는 일민주의의 전개 과정과 국가상을 이해하는 데 활용했다.

한편 1911년 번역·발행한『학생 청년회의 종교상 회합(*Religious Depart ment of the Student Association*)』(1911, 황성기독교청년회),『학생 청년회 회장(*The President of the Student Young Men's Christian Association*)』(1911, 황성기독교청년회),『신입 학생 인도(*WORK FOR NEW STUDENTS*)』(1911, 황성기독교청년회) 등의 번역서는 이승만의 문서선교 활동을 이해하는 데 유용했다.

이 책에서 두 번째로 활용한 자료는 이승만의 담화문·서한문·전문류이다. 우선 1945년의 담화문『건국과 이상』(1945, 국제문화협회), 1945년 -1948년간의 담화문『우남실록 1945-1948』(1976, 열화당), 1949년의『이대통령훈화록』(1950, 중앙문화협회), 1948년-1953년간의 담화문『대통령이승만박사담화집 제1집』(1953, 공보처), 1954년-1955년간의 담화문『대통령이승만박사담화집 제2집』(1956, 이승만), 1956년-1959년간의 담화문『대통령이승만박사담화집 제3집』(1959, 이승만), 1954-1958년간의 유교 담화문『대통령이승만박사유교담화집』(1958, 유도회총본부), 해방 이후 담화문을 엮은『우남노선』(1959, 명세당) 등과 1944년-1965년간의 영문 서한문집『大韓民國史資料集: 李承晩關係書翰資料集 1-10』28-37권(1996, 국사편찬위원회) 등이 있다. 이들 자료집은 이승만의 기독교국가건설론의 실상과 성격을 구명하는 데 활용되었다. 그리고 1904년-1948년간의 영문 서한문『*The Syngman Rhee correspondence in English*: 1904-1948』1-8권(2009, 연세대 현대한국학 연구소)과『우남이승만문서』16-18권에 수록된 국문, 국한문,

....

28) 박사학위 논문은 원문[朝鮮日報社『이승만: 초대대통령의 나라 세우기』(CD-ROM), 솔빛조선미디어, 1995]과 번역본[이승만 지음·정인섭 옮김, 『이승만의 전시중립론』, 나남, 2006]으로 간행되었다.

한문, 영문으로 된 육필(肉筆) 서한문들 중 국한문, 한문, 영문 서한문을 정서(淨書) 번역 출판한 『이승만 동문 서한집』1-3권(2009, 연세대 출판부)이 있다.[29] 이들 자료집은 이승만이 절대적 기독교관을 소유하게 된 배경과 그의 인맥을 이해하는 데 이용되었다. 또한 1948년-1960년간의 대한민국 건국 후 이승만의 통치사료 문서철인『 The Syngman Rhee Presidential Papers 』[30](연세대 국학자료실 소장)가 있다. 이 문서철은 영문 서한문·담화문 및 각종 자료로 구성되어 있는데, 미국 기독교계를 이용한 이승만의 반공정책 선전 활동을 파악하는 데 이용되었다. 한편 1919년-1925년간의 영문 전문집 『The Syngman Rhee Telegrams』1-4권(2000, 연세대 현대한국학 연구소)은 한인기독학원의 후원 주체에 대한 이해를 도와준다.

이 책에서 세 번째로 활용한 자료는 이승만의 자서전류·전기류·일기류이다. 우선「청년 이승만 자서전」(2002, 동아일보사),「리승만박사의 경력담(2)」(1919,『新韓民報』), 그리고 "Autobiography of Dr. Syngman Rhee" (『핏치 문서철』, 하버드대 옌칭연구소 소장, 국립중앙도서관 복제본)· "Child Life in Korea"(1912,『 The Korea Mission Field』)· "Korean School Is Important Factor in Educational Field"(1913,『Honolulu Star-Bulletin』)· "투옥 경위서(Mr. Rhee's Story of His Imprisonment)" 등의 영문 자서전류 와 『우남이승만전』(1995, 화산문화기획),『Syngman Rhee: The Man Behind the Myth』[31](1955, Dodd Mead and Company) 등의 전기류가 있

---

29) 柳永益·宋炳基·李明來·吳瑛燮 編,『李承晩 東文 書翰集』上, 연세대학교 출판부, 2009, 5-7쪽.

30) 2005년 연세대 한국학 연구소에서는 이 문서철의 문서 목록을『 The Syngman Rhee Presidential Papers: A Catalogue』라는 이름으로 간행했다(Young Ick Lew and Sangchul Cha,『The Syngman Rhee Presidential Papers: A Catalogue』, The Institute for Modern Korean Studies, Yonsei University, 2005).

31) 이 책은 로버트 올리버(Robert T. Oliver)가 쓴 것으로 1954년에 초판본이 나왔고, 1955년에 필자 교정에 의한 재판본이 나왔다. 1956년 박마리아는 올리버의 1954년 초판본을 합동도서주식회사에서『리승만박사전 -신비에 쌓인 인물-』이라는 이름으로 번역·출판했고(로버트 T. 올리버 지음·朴瑪利亞 옮김,『리승만박사전 -신비에 쌓인

다. 이들 자료들은 이승만의 가계와 심리적 측면을 분석하는 데 큰 도움이 되었다. 그리고 1954년 7월 26일부터 8월 13일까지 진행된 이승만의 방미 활동 기간의 일기를 갈홍기가 "*President Syngman Rhee's Journey to America*"라고 기록한 것을 2011년 이현표가 번역한 『이승만 대통령 방미일기(*President Syngman Rhee's Journey to America*)』[2011, 코러스(KORUS)]가 있다. 이 자료는 이승만의 반공지상주의에 대한 이해를 도와준다.

이 책에서 네 번째로 이용한 자료는 이승만의 한시집이다. 이승만의 한시는 『체역집』(1998, 현대한국학연구소), 『우남시선』(1959, 이승만), 『우남 이승만박사한시선집』(1982, 도서출판 동성미술출판사), 『우남이승만박사 서집』(1990, 도서출판 촛불), 『경무대비화』(1965, 삼국문화사), 『우남이승만전』(1995, 화산문화기획), 『청년 이승만 자서전』(2002, 동아일보사) 등에 남아 있다. 이들 한시집은 중세인에서 근대인으로 이행하는 과도기 이승만의 인생관과 세계관을 파악하는 데 도움이 되었다.

마지막으로 이 책에서 이용한 자료는 『대한민국임시정부자료집』18, 20, 41, 43권(2007, 국사편찬위원회)과 구미위원부 산하 필라델피아통신부가 발행한 영문 월간잡지 『*Korea Review*』(1919-1922, 필라델피아 통신부)이다. 이들 자료들은 미국 기독교계 구성원들이 이승만의 독립운동을 지원했던 실상을 파악하는 데 활용되었다.

....

인물-』, 合同圖書株式會社, 1956), 2002년 황정일은 올리버의 1955년 재판본을 건국대학교 출판부에서 『이승만-신화에 가린 인물』이라는 서명으로 번역·간행했다(로버트 올리버 저·황정일 역, 『이승만-신화에 가린 인물』, 건국대학교 출판부, 2002)[정용욱, 「홍보, 선전, 독재자의 이미지 관리-1950년대의 이승만 전기」, 『세계정치8』제28집 2호, 서울대학교 국제문제연구소, 2007, 22, 31쪽]. 이 책에서는 1955년 올리버의 재판본 원문(Robert T. Oliver, *Syngman Rhee: The Man Behind the Myth*, Dodd Mead and Company, 1955)과 1956년 박마리아의 번역본을 이용했다.

제1장

기독교 수용의 배경

이승만(李承晚)은 1875년(고종 12) 3월 26일(음력 2월 19일) 황해도 평산군(平山郡) 마산면(馬山面) 대경리(大慶里) 능내동(陵內洞)에서 아버지 이경선(李敬善, 1839-1912)과 어머니 김해 김씨(金海 金氏, 1833-1896) 사이에 5대 독자로 태어났다. 태몽으로 용꿈을 꾸어 아명은 이승룡(李承龍)이었다. 그는 전주 이씨로 양녕대군(讓寧大君)의 16대손이었다.[1] 양녕대군파는 대대로 남대문 밖 양녕대군 사당인 지덕사(至德祠) 부근 도동(桃洞)에 모여 살았는데,[2] 조부 창록(昌祿) 대에 이르러 황해도 해주·평산으로 이주했다.[3] 그는 족보상 왕족의 후손이었지만, 직계 7대조부터는 벼슬에 오른 조상이 없었으며 그가 출생했을 무렵 그의 집안은 몰락양반과 다를 바 없었다.[4] 아버지는 풍수지리설에 심취하여 조상의 묘자리 이장에 몰두하여 재산을 탕진하고 방랑으로 일생을 보냈으며,[5] 어머니는 삯바느질과 친척들의 도움으로 생계를 유지했다.[6]

이승만은 1877년 황해도 평산에서 서울 남대문 밖 염동(鹽洞)으로 이주했다.[7] 이후 그는 1881년 낙동(洛洞)으로 이사하여 퇴직 대신 이건하(李建夏)

---

[1] Ancestry, "Autobiography of Dr. Syngman Rhee", *George A. Fitch Papers*, Yenching Institute, Harvard University(이하『핏치 문서철』로 약칭), p. 3. ; S. Rhee, "Child Life in Korea", *The Korea Mission Field*, Mar 1912, p. 94. ; 徐廷柱, 『雩南李承晚傳』, 華山문화기획, 1995, 30쪽 ; 정병준, 앞의 책, 51쪽.

[2] Ancestry, "Autobiography of Dr. Syngman Rhee",『핏치 문서철』, p. 2. ; 이정식 역주, 「청년 이승만 자서전」,『이승만의 청년시절』, 동아일보사, 2002, 250쪽 ; 徐廷柱, 위의 책, 30쪽 ; 曺惠子, 「'人間리승만'의 새傳記」,『여성中央』1월호, 中央日報社, 1983, 241쪽.

[3] 정병준, 앞의 책, 55쪽.

[4] 정병준, 위의 책, 51-52쪽.

[5] "Autobiography of Dr. Syngman Rhee",『핏치 문서철』, p. 5. ; S. Rhee, "Child Life in Korea", *The Korea Mission Field*, Mar 1912, p. 94. ; 徐廷柱, 위의 책, 30-31쪽.

[6] 徐廷柱, 위의 책, 32쪽.

가 조카 이범교(李範喬)를 위해 세운 낙동서당에서 한학을 공부하기 시작했다.[8] 그는 1884년 남산 서남쪽 지덕사(至德祠)가 있는 도동(桃洞)의 우수현(雩守峴)으로 이사했다. 그는 이곳에서 양녕대군의 직계 종손인 판서 이근수(李根秀, 1842-1907)가 설립한 도동서당에 다녔다. 그는 이 서당에서 갑오개혁 때까지 과거 시험을 준비했다.[9]

이승만은 서당 교육을 통해 유교적 가치를 내면화하고 과거를 준비했다.[10] 그는 여섯 살 때까지 『천자문(千字文)』을, 이후 『동몽선습(童蒙先習)』을, 일곱살 때 『통감(通鑑)』을, 그리고 13세 이전에 『사서삼경(四書三經)』을 독파했다.[11] 그는 13세 때인 1887년(고종 24년) 처음으로 과거에 응시한 이래 1894년 갑오개혁으로 과거 제도가 폐지될 때까지 계속하였으나 합격하지 못했다.[12]

또한 유학자였던 아버지의 영향으로 이승만은 유교적 소양을 갖추게 되었다. 아버지는 양녕대군의 후손이라는 자긍심으로 일생을 보냈으며,[13] 보학(譜學)에 심취하여 무위도식하면서 그에게 조상들의 이야기를 자주 들려주었으며,[14] 매일 몇 시간을 24권의 족보를 공부하는 데 썼다.[15] 부친은 그에게 '고시(古詩)나 설화 수필 같은 것'을 가르쳤고,[16] "고목에 핀 꽃은 흰 곰팡

7) 徐廷柱, 위의 책, 31-32쪽.

8) 徐廷柱, 위의 책, 51쪽.

9) 徐廷柱, 위의 책, 66-74쪽.

10) Robert T. Oliver, op. cit., pp. 4-5.

11) Religious Conditions, "Autobiography of Dr. Syngman Rhee", 『핏치 문서철』, p. 4. ; S. Rhee, "Child Life in Korea", *The Korea Mission Field*, Mar 1912, pp. 96-97. ; Ibid., pp. 13-14. ; 徐廷柱, 앞의 책, 40쪽 ; 정병준, 앞의 책, 61, 65쪽.

12) 徐廷柱, 위의 책, 75-87쪽.

13) 정병준, 앞의 책, 62-63쪽.

14) 이승만, 「한글의 의의와 가치를 강조」(단기 4289.10.24), 『大統領李承晩博士談話集 第三輯』, 1959, 214쪽.

15) Ancestry, "Autobiography of Dr. Syngman Rhee", 『핏치 문서철』, p. 1. ; Robert T. Oliver, op. cit., p. 4, 6.

16) Ibid., p. 4.

이다"라는 속담을 언급하면서 "오지도 않을 복을 바라지도 말라"고 교육했다.[17] 이런 아버지의 영향으로 그는 유교적 합리주의와 현실주의 정신을 함양할 수 있었다.

이처럼 서당과 아버지를 통해 습득한 유교는 기본적으로 현실 지향적이었기에[18] 그의 종교성 형성에 영향을 끼치지 못했다. 하지만 유교의 비종교성은 역설적으로 그가 종교성을 갖추는 데 간접적인 기여를 했다. 즉 그는 유교에서 실존적 고민에 대한 해결책을 찾는 데 실패했다. 하지만 유교에서 체험한 이러한 좌절감은 역으로 그의 종교성을 자극했다.

따라서 이승만의 종교적 감수성 형성에 직접적인 영향을 미친 요인은 유교와 아버지보다는 불교와 어머니 그리고 당대의 사회적 분위기에서 찾아야 한다. 우선 그는 어머니에게 받은 불교적 감화를 통해 종교성을 습득했다.[19] 그는 어머니를 유교적 예절과 불교의 교리 속에서 살아온 사람이라고 평가했다.[20] 모친은 그에게 생일 때마다 북한산 문수암(文殊庵)에 가서 부처에게 공양하게 하였는데,[21] 그가 그때 문수암에서 느낀 영적이고 신성한 분위기는 마치 속세를 떠난 극락을 본 것 같았다고 회고했다.[22] 모친은 문수암에

---

[17] Ibid., p. 8.

[18] 이승만은 불교는 현생에 유교는 내생에 관심이 없다고 평가했다(Religious Conditions, "Autobiography of Dr. Syngman Rhee", 『핏치 문서철』, p. 4.).

[19] 이덕주, 앞의 논문, 39쪽. 한편 당시의 전통적 관습대로 이승만은 아버지보다는 어머니와 가까웠다. 이승만은 자기를 지도해 주고 감화를 준 것은 아버지가 아니라 어머니였으며(Robert T. Oliver, op. cit., p. 14.), 어머니는 그에게 '태양, 우주, 생의 등불' 같은 존재였고(許 政, 『雩南 李承晚』, 太極出版社, 1969, 33쪽), 조지워싱턴 대학 재학 중 보이드 부인(Mrs. Boyd)의 별장 옆집에 살던 보이어(Ethel Boyer)에게도 자주 어머니 얘기를 했다(Robert T. Oliver, op. cit., p. 344.).

[20] 許 政, 위의 책, 25쪽.

[21] Religious Conditions, "Autobiography of Dr. Syngman Rhee", 『핏치 문서철』, p. 4. ; S. Rhee, "Child Life in Korea", *The Korea Mission Field*, Mar 1912, p. 96. ; "Korean School Is Important Factor in Educational Field", *Honolulu Star-Bulletin*, Sep. 20, 1913. ; Robert T. Oliver, op. cit., pp. 12-13.

[22] Religious Conditions, "Autobiography of Dr. Syngman Rhee", 『핏치 문서철』, p. 4. ; S. Rhee, "Child Life in Korea", *The Korea Mission Field*, Mar 1912, p. 96. ; Ibid., p.

서 제를 올린 직후 용꿈을 꾸고 자신을 낳았다는 태몽을 애기하면서, 그것은 부처님의 가호였다고 했다.[23] 그는 어린 시절 모친에게 들은 부처와 오백나한 이야기는 그의 뇌리에 각인되어 잊을 수 없다고 회고했다.[24]

이처럼 불교도였던 어머니의 영향으로 이승만은 "教會에 가면 남의 집에 간 것 같고 절간에 들르면 제집에 들어서는 것 같으니 피는 역시 佛教에 가까운가보다"고 할 정도로 불교에 우호적이었다.[25] 그는 1913년 『Honolulu Star-Bulletin』과 대담하는 자리에서 어린 시절 생일날 불교 사찰에 갔던 추억을 회상하면서, 그때의 경험이 자신의 유년기의 성격과 종교적 감수성 형성에 깊은 영향을 주었다고 고백했다.[26]

또한 이승만의 종교적 감수성은 당시의 사회적 분위기에 영향을 받은 것이기도 했다. 그 당시 조선 사회에서는 점술, 굿, 마술 등의 민간 신앙이 유행하였고 다수의 민중들이 이를 신앙했다.[27] 1912년 그가 어린 시절을 회상하면서, 무당의 점술과 굿하는 장면을 상세하게 묘사한 것으로 보아[28] 민간신앙은 그의 종교성 형성에 한 축을 담당했다고 추측된다. 한편 부친은 지덕사의 느티나무 일화를 통해 그에게 세상만사는 운수소관이라고 이야기했다.[29]

이처럼 아버지와 서당 교육에 기인한 유교의 현실 지향적 비종교성은 역

----

13. ; 曺惠子, 「'人間 리승만'의 새傳記」1월호, 243쪽.

[23] S. Rhee, "Child Life in Korea", *The Korea Mission Field*, Mar 1912, p. 94.

[24] S. Rhee, "Child Life in Korea", *The Korea Mission Field*, Mar 1912, pp. 95-96.

[25] 權五琦, 「李青潭인터뷰」, 『新東亞』2월호, 東亞日報社, 1967, 227쪽.

[26] "Korean School Is Important Factor in Educational Field", *Honolulu Star-Bulletin*, Sep. 20, 1913.

[27] Robert T. Oliver, op. cit., p. 12. 민간 신앙이 풍미했던 당시의 시대상은 아펜젤러의 전기에도 자세히 묘사되어 있다(이만열 편, 『아펜젤러-한국에 온 첫 선교사-』, 연세대학교 출판부, 1985, 27-29, 213-219쪽).

[28] S. Rhee, "Child Life in Korea", *The Korea Mission Field*, Mar 1912, p. 97.

[29] Ancestry, "Autobiography of Dr. Syngman Rhee", 『핏치 문서철』, p. 2. ; Robert T. Oliver, op. cit., pp. 7-8.

설적으로 이승만의 종교적 신심을 자극하는 계기가 되었다. 또한 그는 어머니에게 받은 불교적 감화와 민간 신앙이 유행하던 사회적 분위기의 영향으로 종교성을 형성하게 되었다. 이렇게 형성된 그의 종교성은 이후 옥중에서 기독교에 귀의할 수 있는 심리적 기반이 되었다.

제2절 | 기독교정신혁명론

1880년대 급진 개화파들은 조선의 문명 개화를 위해 서양의 과학·기술과 같은 물질 문명뿐만 아니라 제도·종교·사상과 같은 정신 문명까지도 수용하자는 문명 개화론을 주장했다. 이승만은 배재학당과 독립협회 시절 문명 개화론의 세례를 받았다. 이후 투옥 시절(1899-1904) 그는 비합리적·반근대적인 조선의 전통 종교와 민간 신앙 대신 기독교로 민중의 정신을 개조하여 조선을 문명 부강국으로 만들자는 기독교정신혁명론을 주장했다. 그가 제기한 기독교정신혁명론은 이러한 급진 개화파의 문명 개화론을 계승했다.

이승만의 기독교정신혁명론은 '애국계몽운동' 시기(1905-1910) 종교입국론으로 이어졌다. 즉 '애국계몽운동' 시기 기독교 민족운동가들은 국권 회복과 문명 개화의 원천으로서 기독교에 접근했다. 따라서 그들은 먼저 기독교로 인민의 정신을 감화시켜 독립심과 근면심, 합중심(合衆心)을 불러일으키고, 교육과 산업을 진흥시킴으로써 국가의 독립과 사회의 문명화를 이루어 나가자고 주장했다. 그것은 종교입국(宗敎立國), 교육 구국, 민족 산업 육성 등의 구호로 구체화되었다.[30]

이승만은 투옥 시절 기독교정신혁명론을 주창했다. 그는 조선이 문명 개화를 통해 문명 부강국으로 거듭나기 위해서는 물질·제도의 개혁과 기독교

---

[30] 장규식, 앞의 책, 16, 86-87쪽.

를 통한 정신의 교화가 동시에 진행되어야 한다고 하면서도, 전자보다는 후자가 더 본질적인 부분이기에 후자의 개혁이 시급하다고 판단했다. 그는 1904년 『독립정신』[31]에서 군사력이나 외교력보다 학문 장려와 정신 교육이 시급하다고 주장했다.[32] 문명 부강국은 민중들이 무력감에서 벗어나 자신감을 찾는 사고의 전면적 변화가 선행될 때 건설될 수 있다고 역설했다.[33]

이런 맥락에서 이승만은 사람의 마음은 '법률로 바로잡지 못하고 오직 종교를 통해 바로 잡을 수 있는 것'이기에, '마땅히 종교로서 모든 일의 근본을 삼아야 할 것'[34]이라고 하여 종교로 한국인의 정신을 변화시켜야 한다고 제창했다. 그는 1913년 『한국교회핍박』에서 만일 한국인이 하루빨리 회개하고 감화되지 않는다면, 북미 인디언이나 하와이 원주민들처럼 서로 해치고, 결국 한민족도 멸망할 것이라고 우려했다.[35] 그러면 우선 그가 타종교를 어

....

31) 『독립정신』은 1904년 2월 19일에 집필하여 4개월 10일 후인 6월 29일에 끝마쳤다. 『독립정신』의 원고는 박용만이 가지고 있다가 미국으로 반출하여 1910년 2월 로스앤젤레스 대동신서관(大同新書館)에서 처음 출판하였고("Autobiography of Dr. Syngman Rhee", 『핏치 문서철』, p. 14. ; 『新韓民報』(1910.2.23) ; 이승만, 「제2차 발간 머리말」, 『풀어쓴 독립정신』, 청미디어, 2008, 28쪽), 1917년 3월 3일 하와이 호놀룰루에서 2판이 나왔으며, 1945년 11월 서울에서 중간(重刊)된 후 여러 판본이 나왔다("Autobiography of Dr. Syngman Rhee", 『핏치 문서철』, p. 14. ; 柳永益, 「李承晩著作 解題」, 『雩南李承晩文書(東文篇)』第一卷, 147-148쪽). 이 책에서는 1910년 출판된 초판본과 1993년 정동출판사가 중간(重刊)한 『독립정신』그리고 재미학자 김한교가 번역한 영문판을 대조하여 2008년에 청미디어에서 출판한 『풀어쓴 독립정신』을 이용했다(이승만, 『풀어쓴 독립정신』, 16쪽).
『독립정신』은 『청일전긔』, 『뎨국신문』논설, 『신학월보』기명 논설 등을 토대로 집필되었다(高珽烋, 앞의 논문, 57쪽). 『독립정신』에서 이승만은 3단계로 그의 사상을 표출했다. 즉 한국의 자주 독립 수호와 문명 발전의 방안으로 첫째, 기독교 수용을 통한 국민 사상의 개혁, 둘째, 서구 기독교 제국들의 정치제도의 수용, 셋째, 공명 정대한 국제 협약과 외교를 통한 조선의 독립 추구를 제시했다(서정민, 앞의 논문, 17쪽).

32) 이승만, 『풀어쓴 독립정신』, 343쪽.

33) 이승만, 위의 책, 63-64쪽.

34) 이승만, 위의 책, 409쪽.

35) 이승만, 『한국교회핍박』, 청미디어, 2008, 205-206쪽. 『한국교회핍박』은 '105인사건'(1911년 9월)에 관련된 저서이다. 이 책은 이승만이 1913년 2월 3일 하와이에 도착한 후 집필하기 시작하여 1913년 3월 20일 '105인사건'에 대한 판결이 내려진 직후 탈

떻게 인식하고 있었는지 검토해 보자.

이승만은 기존의 유교, 불교, 동학 등 조선의 전통 종교와 민간 신앙이 미신적 요소를 내포하여 근대적 합리성이 결여되어 있다고 판단했다. 먼저 유교의 미신적 요소에 대해 비판적 견해를 밝혔다. 그는 공자를 신으로 대우하여 제사를 지내는 것은 유교를 숭상하는 후배 유학자들이 꾸며낸 것이며, 제사의 본의는 조상을 기념하는 것임에도 조상의 신령이 제사 음식을 와서 먹는다는 미신적 생각을 가지고 있으며, 조상의 영혼을 귀신으로 받들어 복을 받고 화를 피하려 한다고 탄식했다.[36] 즉 그는 현재의 제사 의식과 공자 숭배는 본래 취지에서 벗어나 기복적 행위로 변질되었다고 비판했다. 또한 그는 『주역(周易)』은 음양복술(陰陽卜術)에 가깝고 『서전(書典)』은 점성과 산천 기도를 숭상하고 있다[37]고 하여 성현의 본래 가르침에서 벗어난 후학들의 잘못을 질타했다. 그리고 그는 어린 시절부터 아버지의 친구들이 가문의 살림이나 나라의 일을 돌보지 않고, 족보에 통달하여 가계(家系)를 외우며 가문을 팔아 무위도식하는 허위의식을 드러내는 것에 대해 반감을 가지고 있었다고 밝혔다.[38]

그리고 이승만은 유교는 의문이나 합리적 비판의식이 없다고 1902년 『뎨국신문』 「부강문명의 근원」에서 다음과 같이 밝혔다.

세계의 문명 근원을 상고하건대 인물과 정치 교화가 다 아시아 주에서

....

고되어 1913년 4월 호놀룰루의 신한국보사(新韓國報社)를 통해 발간되었다(유영익, 「李承晚 著作 解題」, 『雩南李承晚文書(東文篇)』 第一卷, 147, 154-155쪽 ; 이승만, 「서문」, 『한국교회핍박』, 23-24쪽 ; 손세일, 『이승만과 김구 1875-1919 - 양반도 깨어라 상놈도 깨어라③』, 150쪽).

36) 이승만, 「유교의 교훈을 직혀 례의지국 백성이 되자」(단기 4287.10.1), 『大統領李承晚博士談話集 第二輯』, 1956, 246쪽 ; 이승만, 「제4차 3군 합동 추도식에 제하여」(단기 4288.4.22), 221쪽.

37) 이승만, 「나라의 폐단을 고칠 일(2)」, 『뎨국신문』(1904.12.30).

38) Ancestry, "Autobiography of Dr. Syngman Rhee", 『핏치 문서철』, p. 1. ; Robert T. Oliver, op. cit., p. 6. ; 이승만, 「리승만박사의 경력담」, 『新韓民報』(1919.9.20).

생겨서 구라파로 들어가 퍼져갔다. 먼저 열린 동양은 어찌 하여 이렇듯 쇠약하고 나중에 배운 서양은 어찌하여 저렇듯 강성하뇨? 당초 정치와 교화의 근원이 옛 인들이 창설하신 바라. 모든 성현들이 아니런들 우리가 아직 오랑캐를 면하지 못하였을지니 문명의 근원을 열어 놓기는 이 성현네가 하셨다 하겠으나 일변으로 생각하면 문명의 지혜를 막은 자 또한 옛 성현네라 한지라. 항상 옛 성현은 곧 천신같이 높여 후세 사람들이 능히 따르지 못할 줄로 알게 한지라. 옛 성현의 말하지 않으신 것은 후세 사람들이 말을 못하며, 옛 사람이 행하지 못하는 것은 후세 사람이 행하지 못하고, 古人이 모르는 것은 후인이 알지 못하여 설령 지혜가 고인보다 나은 자 있어도 성인의 모르는 것과 잘못하는 것을 바로 잡으려 하면 난적으로 몰리매 사농공상과 각색 것이 다 옛 사람의 말에 결박된 바 되어 조금도 넘치지 못함이라. 옛 글에 격물치지 등 설이 있으되 그 사람이 물건 이치를 발명하지 못하여 금은동철을 캐어 쓰지 못하며 전기 공기 등을 잡아 쓰지 못하였나니 이 어찌 옛 사람들의 해를 받아 지혜 길을 막음이 아니리요. 실상인즉 옛 사람이 말한 바는 예의만 말할 뿐이요. 그 외에 참 이치가 있는 줄은 모르는 고로 그 말이 많을수록 참 이치와 어기는 것이 많은지라. 이러므로 옛 사람의 정치와 교화가 일호도 더 늘지도 못하였나니 늘지 못하면 줄어드는 것은 자연한 이치라 인하여 동양은 이렇듯 쇠하였고 서양 사람들은 세상만사를 다 새로 분석, 확인하는 것을 주장삼아 이로되 옛 사람의 말씀이나 의심 없다는 말을 마땅히 버리고 일마다 먼저 의심을 두어 내 눈으로 친히 본 후에 믿어서 의심 중에서 믿음을 얻으며 이것이 참 믿음이라 하나니, 이런 말이 세상에 통행하여 모두 준신하매 이후로 새 의사가 척척히 생겨 옛 사람이 못할 문명을 차차 성공할 것이라.[39)]

위 기고문에서 이승만은 원래 문명은 동양에서 시작되었지만, 현실에 안주하면서 동양의 문명은 퇴보했다고 보았다. 즉 그는 동양 문명은 성현의 지혜에 대한 의문이나 합리적 비판 의식이 결여됨으로써, 격물치지(과학기술)를 진보시키지 못했다. 따라서 우리도 서양의 근대적 사유 체계를 수용하여

....

39) 이승만, 「부강문명의 근원」, 『뎨국신문』(1902. 10. 29).

경험적 관찰과 실험을 통한 세계관으로 문명 개화하자고 주장했다.

불교에 대해 이승만은 "기독교가 전파되지 않은 곳에서 사람들이 우상을 숭배하며 예수를 구세주로 받아들이지 않는 것은 불교 때문이다"고 하여 불교를 우상을 숭배하는 미신이라고 폄하했다.[40]

동학에 대해 옥중에서 이승만은 혹세무민하는 동학의 말에 속아 입교한 민중들이 동학농민운동이 실패한 후에는 그 실체를 깨닫고 '실지상 지혜를 궁구'해야 함에도 여전히 미혹되어 추종하고 있다고 개탄했다.[41] 그리고 그는 1900년 7월 번역·완성한 『청일전기』[42]에서 동학의 혹세무민의 사례들을 『정감록』신앙, 신장 부리기, 주술, 부적 등이라고 열거하면서 '지금도 어리석은 백성들이 종시 요사한 말을 믿고 작당'하고 있다고 민중의 우매함을 비판했다.[43]

한편 이승만은 민간 신앙이 그 시대의 민중들에게 광범한 영향력을 행사했다고 회고하였지만,[44] 민간 신앙의 긍정성을 부정하고 문명 개화를 위해

---

[40] S. Rhee, "Child Life in Korea", *The Korea Mission Field*, Mar 1912, p. 96.

[41] 이승만, 「국민이 함께 침익하며 가는 근인」, 『뎨국신문』(1902.9.4).

[42] 이승만은 1900년 4월 4일(음력)에 번역작업에 착수하여 7월 6일에 『청일젼긔』를 완성했다. 『청일젼긔』는 이승만이 미국 선교사 알렌(Young J. Allen, 1836-1907)과 중국인 채이강(蔡爾康)이 한문으로 쓴 『중동전기본말(中東戰紀本末)』(상해 광학회, 1897)을 현채(玄采)가 선별하여 국한문으로 초역(抄譯)한 『중동전기(中東戰紀)』(황성신문사, 1899)를 참고하면서 순한글로 번역한 청일전쟁사이재유영익, 『젊은 날의 이승만』, 71, 74, 78쪽 ; 이정식, 앞의 책, 105-107쪽], 청일전쟁 전후(1894-1897년간) 동아시아 국제관계사를 다룬 책이다(오영섭, 「이승만의 『청일전기』 번역·간행과 자주독립론」, 『韓國史學史學報』22집, 韓國史學史學會, 2010, 198, 209쪽). 그런데 『청일젼긔』는 번역서라기보다 편역서(編譯書)에 가깝다. 『청일젼긔』에는 이승만이 지은 「전쟁의 원인」·「권고하는 글」등 2편의 논설과 일황(日皇)의 선전 조칙에 대한 비판적 논평 3행이 첨가되어 있기 때문이다(오영섭, 「이승만의 『청일전기』 번역·간행과 자주독립론」, 193, 209쪽). 이승만은 『청일젼긔』의 번역 작업을 1900년 7월에 끝냈지만, 재정상의 어려움으로 출판하지 못했다. 그러다가 1917년 하와이 호놀룰루의 태평양잡지사(太平洋雜誌社)에서 『청일젼긔』라는 제목으로 출판했다(유영익, 『젊은 날의 이승만』, 74-75쪽 ; 이정식, 위의 책, 105-107쪽).

[43] 「전쟁의 원인」, 『청일전기』, 『梨花莊所藏 雩南李承晚文書(東文篇)』第二卷, 245쪽.

[44] Robert T. Oliver, op. cit., p. 12.

극복되어야 할 적대적 대상물이라고 인식했다. 먼저 그는 운수(運數)에 대해 1901년 『뎨국신문』 「나라의 흥망는 운수보다 정치에」에서 다음과 같이 비판했다.

> 동양 사람들은 유무식 간에 흔히 생각하기를 사람의 빈부귀천과 길흉화복이 다 운수소관이요, 모두 팔자라서 매사를 인력으로 능히 할 바 아닌 즉 내두(內頭)에 궁달(窮達)을 어찌 가히 예탁하리오 하며 자포자기하는 마음으로 정신을 가다듬고 힘을 수고롭게 할 경영은 아니 하니 어찌 개탄치 아니 하리오 (중략) 어찌 나라의 흥망이 운수에 있다 하리오. 이로 좇아 볼진대, 사람의 화복은 사람의 행위에 있고 나라의 흥망은 나라의 정치에 있으니 다른 것을 믿지 마오.[45]

그리고 이승만은 『정감록(鄭鑑錄)』과 『토정비결(土亭秘訣)』을, "어두운 중에서 헛것을 믿는 마음이 생기며 정대한 성인의 도는 구하지 않고 정감록이라, 토정비결 같은 잡류서를 준신(準信)하니 어찌 대도(주자와 정자의 말씀-인용자)의 쇠함이 이다지 심하뇨"[46]라고 하여 미신적 차원에서 이해했다. 또한 그는 일진(日辰)을, "일진(日辰)이라 하는 것은 당초에 날짜를 분별하기 위하여 글자를 지목하여 육갑(六甲)을 만든 것이라. 무슨 다른 이치가 없거늘 요사한 술객들이 혹 일진을 보아 길흉화복을 가린다고 하며, 자, 축, 인, 묘를 쥐라, 소라, 말이라, 용이라 하여 정초면 육기(六氣)책으로 일 년 길흉을 판단한다고도 하니 다 어두운 데서 생긴 생각으로 풍속이 되어 이치와 근본을 생각지 아니함이라"[47]고 하여 비과학적 반근대적이라고 비판했다.

뿐만 아니라 단군에 대해 이승만은 1946년 10월 3일 개최된 개천절 기념

45) 이승만, 「나라의 흥망은 운수보다 정치에」, 『뎨국신문』(1901.2.8). 그리고 1903년 『뎨국신문』 「국가 흥망의 근인」에서도 운수를 같은 맥락에서 이해했다[이승만, 「국가 흥망의 근인」, 『뎨국신문』(1903.2.5)].
46) 이승만, 「국민이 함께 침익하며 가는 근인」, 『뎨국신문』(1902.9.4).
47) 이승만, 「음양력(陰陽曆)을 바꾸는 론」, 『뎨국신문』(1903.2.10).

사에서 '단군은 신이 안이요 신성한 인물'이라고 선언했다.[48] 그는 1949년 10월 3일 개천절 대통령 경축사에서 단군은 우리와 같은 사람이기 때문에 단군을 천신(天神)으로 섬기는 것은 미신이라고 역설했다. 그는 이것은 일시적인 감상에서 나온 것이 아니라 오래전부터 확고하게 믿어 왔던 생각이라고 밝혔다.[49]

한편 이승만은 문명 개화를 인간의 지혜를 이용하여 발명·개량된 기계와 같은 물질 문명뿐만 아니라 진보된 정치·법률·제도·윤리도덕 등의 정신문명까지도 포함된 개념이라고 파악했다.[50] 그는 각국 사이에 문명 차이가 나는 것은 언어·풍속·제도 등을 개혁하지 않았기 때문에 나타난 것으로 보았다.[51] 그리고 그는 문명 개화의 도달 수준에 따라 오색인종을 문명 개화인, 반개화인, 야만인 세 가지로 구분했다. 아시아 인종은 반개화인에 해당한다고 규정했다.[52] 그는 반개화인은 사람의 지혜가 반쯤 개명되어 예의염치와 삼강오륜 등을 중시한 반면, 여전히 우상 숭배, 천지 만물 숭배, 인신제사(人身祭祀) 등을 하기 때문에 수천 년간 발전을 하지 못했다고 보았다.[53] 그는 우리가 바로 이 상태에 머물러 있다고 하여 우상 숭배, 자연 숭배, 인신제사(人身祭祀) 등을 미신적 행위라고 규정했다.[54] 따라서 이승만은 타종교를 민중의 정신을 개조하는 수단에서 배제했다.[55]

....

48) 이승만, 「檀君 聖祖를 追慕 -三千萬 겨레의 統一 獨立 祈念, 서울의 開天節 奉祝式」, 『朝鮮日報』(1946.10.29).
49) 이승만, 「檀君 創業을 繼承-開天節에 李大統領 談話 發表」, 『서울신문』(1949.10.5).
50) 이승만, 『풀어쓴 독립정신』, 116-117쪽.
51) 하유식, 「대한제국기 이승만의 정치사상과 대외인식」, 『지역과 역사』 제6호, 부경역사연구소, 2000, 41쪽.
52) 이승만, 『풀어쓴 독립정신』, 114-115쪽.
53) 이승만, 위의 책, 115-116쪽.
54) 이승만은 1948년 대한민국 정부 수립 직후부터 1959년까지 사회부, 문교부, 경찰, 서울시 등을 동원하여 과상적으로 '미신 타파'와 '사이비종교 단속' 작업을 지속했다(강인철, 『종속과 자율: 대한민국의 형성과 종교정치』, 50-53, 129쪽). 민간 신앙에 대한 이러한 이승만의 극도의 적대감은 청년기에 형성된 민간 신앙에 대한 인식에 비롯되었다고 할 수 있다.

결국 이승만은 한국인의 정신 혁명을 완수할 종교로 기독교를 선택했다. 이는 그가 한국인들이 기독교로 교화되지 않으면 신학문 학습, 외교 증진, 주권 보호, 도덕적 의무 존중 등이 된다고 하더라도 소용없다고 판단했기 때문이었다.[56] 또한 그는 『옥중잡기(獄中雜記)』[57] 「나라를 세움에 있어서는 교화로 근본을 삼아야 함(立國以敎化爲本)」에서,

> 무릇 형법은 사람의 드러난 죄를 다스리기 위한 것일 뿐이지, 드러나지 않은 악행과 마음속에 숨어있는 허물을 다스릴 수는 없다. 반드시 全知하고 전능하신 聖神으로써 마음을 다스리는 법관을 삼고, 至仁하고 至善한 교화로써 어둠을 비추는 法監으로 삼아야 한다. 그리하여 백성으로 하여금 上帝(하나님-인용자)의 治理는 天上, 地下, 水中의 萬物, 萬生과 모든 인간이 평생 행하는 바를 하나도 빠짐없이 정확하게 알고 밝게 보고 있다는 것을 알게 해야 한다. 그렇게 되면 마음이 한 가지 선한 일이나 한 가지 악한 일이라도 벌을 피할 수 없으며 다른 세상(천국-인용자)에서 상을 받게 되기 때문에 감히 자신을 속이거나 남을 속일 수 없을 것이다. 그리하면 은혜로써 원수를 갚고 자신을 희생하여 세상을 위해 속죄할 것이다. 대개 이것은 그 소망이 일시의 浮華와 허영에 있지 않고 永世(천국-인용자)의 長生과 圓福(축복-인용자)에 있기 때문이다. (중략) 교화가 유성한 나

---

55) 한편 타종교에 대한 비판적 인식은 1920년 가을 서재필(徐載弼)이 이승만에게 보낸 「[임시]정부의 정책 및 조직 대강(Outline of Policy and Organization of Government)」에도 나타나 있다. 즉 "12. 종교의 자유가 법적으로 보장되어야 한다. 그러나 한국의 독립과 개화의 진전에 방해가 되었던 것으로 판명된 종교는 장려해서는 안된다. 한국민의 도덕적 내지 정신적 순발력의 발달을 위해서는 역시 기독교 개신교가 가장 적합하다. 그러나 어떤 한 종교가 교리상 공동체의 화평과 질서를 저해하지 않는 한 그 종교를 법적으로 차별서는 안된다"(Philip Jaisohn, *My Days in Korea and Other Essays*, edited by Sun-pyo Hong, Yonsei University Press, 2000, p. 207.).

56) 이승만, 『풀어쓴 독립정신』, 412-413쪽.

57) 『옥중잡기(獄中雜記)』는 이승만이 한성감옥에서 1899년에 집필하기 시작하여 1904년에 탈고한 40종의 잡다한 글모음이다(柳永益, 「李承晚著作 解題」, 『雩南李承晚文書(東文篇)』第一卷, 146-147쪽 ; 柳永益, 「雩南 李承晚의 ‘獄中雜記’ 白眉」, 『인문과학』80집, 延世大學校 人文科學 硏究所, 1999, 18쪽).

라에서는 백성이 정권을 장악하기 때문에 반란, 侵漁, 기만, 시기 등의 폐단이 없다. 지금의 미국이 그러한 예이다. 반면 政法을 교화보다 중시하는 나라에서는 무릇 각국의 良法과 美規를 찬란하게 두루 갖추고는 있지만 갖가지 더러운 일들이 생겨난다. 오늘날의 일본이 그러한 예이다.[58]

고 하여 형법(정법, 政法)은 현상적 변화를 초래할 뿐이지만, 기독교를 통한 교화는 본질적 변화를 일으킨다고 역설했다. 때문에 그는 전자는 일본의 불안정을 가져왔지만, 후자는 미국의 안정을 가져왔다고 주장했다.

이승만은 한국인의 민족성은 기본적으로 이기적인 반면, 영·미국인의 민족성은 이타적이라고 진단했다.[59] 후자가 이러한 특성을 가진 것은 '남을 자신의 몸같이 사랑하는 하나님의 도리', 즉 기독교 때문이라고 판단했다.[60] 그는 설령 '기독교의 가르침이 진실이 아닐지라도' 너무나 이기적이고 동포의 삶에는 무관심했던 한국인의 심정을 변화시킬 수 있는 유일한 종교라고 깊이 신뢰했다.[61] 따라서 그는 교화의 변화가 긴요하다고 주장하면서, '새 물줄기를 예수교회'에서 찾자고 주장했다.[62] 왜냐하면 그는 기독교에는 '본래 경장하는 주의를 포함'하고 있다고 판단했기 때문이다.[63] 그러나 그는 '교화로써 나라를 변혁하는 것이 제일 순편(順便)하고 순리(順理)된 바'[64]라고 하여 정치 혁명이 아닌 정신 혁명을 상정했다. 나아가 그는 "교회의 흥하고 쇠함이 국가 존망과 인민 화복에 근본이다"고 단언했다.[65] 때문에 그는 개화 지식인들도 "다 대한 장래의 여망을 예수교에 바라는 바라"고 했다.[66]

58) 이명래 역, 「立國以敎化爲本」, 『젊은 날의 이승만』, 연세대 출판부, 2003, 319-321쪽.
59) 이승만, 『한국교회핍박』, 147-150쪽 ; 「기독교 선교와 한국의 독립운동」(이정식, 앞의 책, 101쪽 재인용).
60) 이승만, 『한국교회핍박』, 147-150쪽.
61) 「기독교 선교와 한국의 독립운동」(이정식, 앞의 책, 101쪽 재인용).
62) 이승만, 「두 가지 편벽됨」, 『신학월보』(1903.9).
63) 이승만, 「예수교가 대한 장래의 기초」, 『신학월보』(1903.8).
64) 이승만, 「두 가지 편벽됨」, 『신학월보』(1903.9).
65) 이승만, 「교회경략」, 『신학월보』(1903.11).

심지어 그는 기독교로 전세계를 영혼상 통일시키자고 주장했다.[67)

이승만의 기독교정신혁명론은 기독교인 책임론을 수반했다. 그는 1904
년『신학월보』「대한 교우들이 힘쓸 일」에서, 한국의 기독교인들은 기독교
국가 영국과 미국의 기독교인들과는 달리 열강의 침략에 대해 무관심하거나
방관적인 소극적 자세를 갖고 있다고 비판했다. 그러면서 그는 망국의 위기
에 처한 조선의 암울한 현실에서 무엇보다도 충군애국과 자주독립을 위한
기독교인들의 책임이 막중하다고 강조했다.[68)

이승만은 기독교를 통한 정신 혁명의 결과를 다음과 같이 지적했다. 즉 그
는 1908년 피츠버그(Pittsburg)에서 개최된 제1차 세계선교사대회(The First
International Missionary Convention)에서 기독교로 정신 혁명을 한 결과
한민족이 그동안 소유했던 민족적 우월감, 조상숭배, 관습적 미신 등에서 탈
피하는 효과를 가져왔다고 보고했다.[69) 또한 그는 한일병합 이후 다수의 한
국인들이 일제의 지배에 순응하거나 친일파로 전락하고 주색잡기에 빠졌던
데 비해, 기독교인들은 주색잡기나 일제가 전파한 담배와 마약에 빠지지 않
았다는 점에서도 그 효과가 입증된다고 주장했다.[70)

그런데 이승만이 극복 대상으로 지목했던 조선의 전통 종교와 민간 신앙
은 역설적으로 기독교를 수용하는 토양으로 작용했다. 그 이유는 첫째, 천도
교·민간 신앙과 기독교의 신앙 체계가 친연성을 갖고 있었기 때문이었다.
원래 한민족은 원시시대부터 고유의 천신(天神) 신앙을 가지고 있었는데, 이
러한 천신 신앙은 삼국시대에 유교와 불교가 전래되면서 억눌리게 되었다.
이후 조선 후기에 이르러 민족 고유의 천신 신앙은 천도교의 한울님과 기독
교의 하나님을 만나면서 소생했다. 당시 기독교인들도 기독교에서 한민족

---

66) 이승만, 「교회경략」, 『신학월보』(1903.11).
67) 이승만, 「교회경략」, 『신학월보』(1903.11).
68) 박혜수, 앞의 논문, 45-47쪽.
69) "Appeals of Native Christian", *The Korea Mission Field*, Jun 1908, p. 96.
70) 이승만, 『한국교회핍박』, 150-154쪽.

전통의 천신 신앙을 인식했기 때문에 기독교를 쉽게 수용할 수 있었다.[71]

　이승만 역시 천도교 · 민간 신앙과 기독교의 교리적 유사성에 경도되었다. 그는 원래 한민족의 종교는 "단 하나의 神인 '하나님'을 신앙하고 사람의 혼은 영원히 죽지 않는다는 믿음에 기초를 두고 있다"고 하여 유일신 신앙과 영생 신앙의 교리를 가지고 있다고 지적했다.[72] 즉 그는 선교사들이 유교와 비슷하나 불교와는 상당히 다른 새로운 종교를 이야기 한다고 하면서,

　　왜냐하면 이 새로운 종교가 종전의 천도교와 여러모로 같은 데가 많았기 때문이다. 천도교의 신도는 이백만 명쯤이나 되었으며 단 하나의 하느님이 있을 따름이고 사람의 생명이라는 것은 영원불멸이며 죽은 후로도 영원히 좋은 보람을 받느냐 또는 벌을 받느냐 하는 일은 오로지 그 사람의 생전 생활이 똑바르고 의로운 것이었느냐 또는 믿음을 제대로 믿었느냐의 여부에 달려 있다고 가르치고 있었다. 몇몇 한국 사람들은 선교사들이 말하는 예수교라는 것이 천도교를 외국 사람들이 바꾸어 놓은 것이 아닌가 하고 의심할 정도였다. 어쨌든 선교사들의 하는 말은 들을 만한 가치가 있었다. 이러한 터전이 마련되어 있었기에 예수교는 그렇게도 널리 한국 안에 전도되었으며 한국은 선교사들 사이에 '동양에서는 제일 예수님에 가까운 나라'라는 말이 있을 정도로까지 되었다.[73]

고 하여 기독교가 한국 사회에 신속하게 전파된 원동력을 천도교의 유일신 신앙 · 영생 신앙과 기독교 교리의 유사성에서 찾았다. 또한 그는 "천지신명이 우리 인민을 불쌍히 여기사 하루바삐 정부에 계신 관인들의 마음을 열어 밤낮으로 각각 맡은 직무를 공평하게 힘쓰며 학교를 지방마다 세워 인민의 지식을 발달하게 하며 신문사를 배설하게 하여 백성의 이목을 날로 새롭게 하며"[74]라고 하여 샤머니즘의 천지신명(天地神明)을 기독교의 하나님과 유

---

71) 전택부, 『한국 기독교청년회 운동사』, 정음사, 1978, 18-19쪽.
72) Robert T. Oliver, op. cit., p. 6.
73) Ibid., p. 18.

사한 개념으로 이해했다.

둘째, 유교와 기독교의 신앙 체계가 유사성을 갖고 있었기 때문이었다. 18세기 성호(星湖, 1681-1763) 학파 유교 지식인 중 천주교를 신앙으로 수용했던 신서파(信西派)[75]는 천주교 교리를 쉽게 수용할 수 있었는데, 이는 마테오 리치(Matteo Ricci)가 저술한 『천주실의(天主實義)』의 영향 때문이었다. 마테오 리치는 보유론적(補儒論的) 교리서인 『천주실의』에서 유교 경전과 주자의 성리학이 다른 것임을 명확히 밝히면서, 천주교 교리와 유교 경전이 조화될 수 있는 것으로 제시하면서 주자학과 천주교 교리를 차별화시키는 사유 체계를 보여주었다.[76] 다시 말해 유교 경전에서는 궁극존재를 '천(天)'·'천지(天地)'·'상제(上帝)'로 일컬었으며, 주자학의 세계관에서 이러한 궁극존재를 '리(理)' 내지 '태극(太極)'의 형이상학적 개념으로 해석했다. 마테오 리치는 『천주실의』에서 '리'나 '태극'은 실체가 없기 때문에 창조주요 주재자로서 '천주'와 동일시할 수 없다고 밝혔다. 이러한 '리'나 '태극' 개념의 해석은 주자학의 입장과는 현격한 차이를 드러내는 것이지만, 주자학에서 탈피하려고 하는 신서파 유교 지식인들에게는 큰 거부감 없이 수용될 수 있었다.[77]

마테오 리치는 '천주'의 존재를 유교 경전에서 제시한 '상제'와 일치시켰다. 다만 유교 경전에서 궁극존재로 일컫는 또 다른 명칭으로 '천'과 '천지'에 대해서는 의미를 한정시켜 인정했다. 즉 유교 경전에서 명확한 개념적 분별 없이 '천'·'천지'를 '상제'와 동일한 존재로 보는 것에 대해, 임금을 가리켜 '대궐'이라고 일컫듯이 '천지의 주인(天地之主)'으로서 '천주'를 가리키는 호칭으로 '천'이나 '천지'라 지칭할 수 있다고 인정했다. 이러한 인식에 기초해 신

....
74) 이승만, 「어찌 나라를 위해 할 일이 없으리」, 『뎨국신문』(1901.6.18).
75) 신서파(信西派)는 권상연(權尙然), 권철신(權哲身), 윤지충(尹持忠), 이가환(李家煥), 이벽(李檗), 이승훈(李承薰), 정약용(丁若鏞), 정약종(丁若鍾) 등을 지칭한다(금장태, 『한국유교와 타종교』, 박문사, 2010, 239-243쪽).
76) 금장태, 위의 책, 236-241쪽.
77) 금장태, 위의 책, 250쪽.

서파 유교 지식인들은 유교 경전 속의 '상제'와 천주교의 '천주' 사이에 차별이나 간격을 의식하지 않고 '천주' 개념을 쉽게 수용할 수 있었다.[78]

이러한 신서파 유교 지식인들의 '천'에 대한 인식은 이승만에게도 동일하게 보인다. 이승만은 옥중에서 "장차 극항에 이르는 날은 피차 소망제황을 면하지 못할 터인데 오늘날 부요호화한 사람이 먼저 재앙을 당할지라. 이는 반드시 하늘이 무심하지 않을지니 소소히 믿을 바거니와 서전에 하였으되 하늘 들으심이 백성으로부터 하며 하늘 보심이 백성으로부터 하신다 하였나니, 민심이 돌이켜 천리를 바로 잡고자 하는 날은 하늘이 반드시 국세를 부지하게 하실 줄을 믿겠도다"[79]고 밝혔으며, "옛 글에 하였으되 너무 무도한 세상이 아니면 하늘이 다 붙들어 주고자 하신다 하였나니 사람이 만불지일이라도 사람이 도리만 하면 하나님이 반드시 이렇게(망하게-인용자) 만들지 않으실 것이거늘"[80]이라고 하여 기독교의 하나님과 유교 경전의 '천(天)'을 동일시했다.

한편 이승만이 정신 혁명의 필요성을 자각한 데에는 이성적 측면뿐만 아니라 성격적 측면도 작용했다. 즉 그는 반항·고집·자기주장·타협 없는 강인한 자아 등의 성격을 지니고 있었다.[81] 이승만은 1895년 말 단발령이 내려지자 미국 북장로교 선교사로 제중원(濟衆院) 원장이던 애비슨(Oliver R. Avison, 1860-1956)에게 상투를 자른 적이 있었다.[82] 그 애비슨(Oliver R. Avison)이 1949년 12월 21일 이승만에게 보낸 서한에서 그 당시 '당신은 청년 혁명가'였다고 회상했다.[83] 올리버(Robert T. Oliver)[84]는 '단발은 보수

---

78) 금장태, 위의 책, 251쪽.

78) 금장태, 위의 책, 251쪽.
79) 이승만, 「화복이 고르지 못한 연고」, 『뎨국신문』(1902.10.4).
80) 이승만, 「충심(忠心)이 변하면 역심(逆心)이 난다」, 『뎨국신문』(1902.10.24).
81) 李丙允, 「精神醫學者가 본 李承晚博士」『新東亞』9월호, 東亞日報社, 1965, 213쪽.
82) "Autobiography of Dr. Syngman Rhee", 『핏치 문서철』, p. 5. ; 이광린, 『올리버 알 에비슨의 생애』, 연세대학교 출판부, 1993, 130쪽 ; 올리버 R. 에비슨 지음·박형우 편역, 『올리버 R 에비슨이 지켜본 근대 한국 42년 1893-1935 下』, 청년의사, 2008, 83-84쪽.
83) 이정식 역주, 앞의 글, 273쪽 ; Robert T. Oliver, op. cit., pp. 94-95.

적인 지난날과의 결별이며, 양친이 이승만이 성취하기를 갈망했던 구식 인생으로부터의 탈피를 의미했'으며,[85] 이승만은 성격적으로는 '반역아'였으며 이성적으로는 낡은 사회를 변혁시켜야 한다는 생각을 가진 인물이라고 평가했다.[86] 이승만 자신도 대한민국 건국 후 "나는 내 일생을 통해서 민중을 충동하여 왔으며 지금에 와서는 도저히 그러지 않을 수도 없는 것이다"고 변명했다.[87] 즉 이승만이 정신 혁명의 긴급성을 강조한 것은 당시 조선 사회가 처한 제반 모순에 대한 객관적 진단에 근거한 것이며, 여기에 선동적이며 반항적인 그의 기질적 측면이 가미되면서 나타난 사고의 결과물이었다.

이승만은 정신 혁명의 추진 주체로 개화 지식인을 상정했다. 감옥에서 그는 '유지각한 이들'[88] 혹은 '한두 사람의 뜻있는 인사'가 민중들을 먼저 교화시켜야만 애국심이 고취되어 국권을 수호할 수 있다고 주장했다.[89] 서정주

....

84) 올리버(Robert T. Oliver, 1909-2000)는 미국 오리건 주 출신으로 오리건 주 소재의 퍼시픽대를 졸업하고, 시애틀 소재의 워싱턴대에서 석사(영문학 전공), 위스콘신대에서 박사(연설학) 학위를 취득했다. 그리고 펜실베니아 주 버크넬대의 조교수로 재직하다가 태평양전쟁이 발발하자 워싱턴의 민방위국 부국장으로 재직하면서 전시 상황에 협조하도록 하는 연설문을 작성했다. 태평양전쟁 말기에는 워싱턴을 떠나 시라큐스대(Syracuse University)의 수사학 교수로 재직했다. 1942년 9월 중순 올리버는 이승만을 처음 만났다. 이후 그는 이승만의 홍보·선전 고문으로 미국에서 이승만과 한국선전 활동에 진력했다. 대한민국 정부 수립 이후 그는 미국 법무부에 이승만의 홍보고문이자 김동성이 사장으로 있는 합동통신(Korea Pacific Press) 워싱턴 지국장으로 등록하고 홍보·선전 고문 활동을 계속했다. 그는 1953년-1954년경 이승만의 전기 *Syngman Rhee: The Man Behind the Myth*를 집필하였으며(Robert T. Oliver, op. cit. ; Robert T. Oliver, *Syngman Rhee and American involvement in Korea*, 1942-1960: *a personal narrative*, Panmun Book Company Ltd, Seoul, 1978 ; 고정휴, 「올리버, 이승만의 충실한 대변인이자 로비스트」, 『내일을 여는 역사』 여름호, 도서출판 선인, 2006, 157-159쪽 ; 정용욱, 앞의 논문, 35-40쪽), 1960년 이승만이 하와이로 망명할 때까지 20여 년간 이승만의 '분신'으로 활동했다.
85) Ibid., p. 22.
86) Ibid., pp. 21-22.
87) Ibid., p. 28.
88) 이승만, 「교회경략」, 『신학월보』(1903.11).
89) 이명래 역, 「立國以敎化爲本」, 317-321쪽.

는『독립정신』을 '先知者로서의 글'이라고 평가했으며,[90] 올리버도『독립정신』의 핵심은 희망도 없이 무기력하게 주저앉아 있는 사람들을 계몽하는 데 있다고 하여 이승만과 같은 개화 지식인을 정신 혁명의 주체로 평가했다.[91]

이승만은 개화 지식인의 역할은 정신 혁명의 객체인 민중을 계몽하는 데 있다고 파악했다.[92] 투옥 중 그는 민중의 무지가 국권 침탈의 원인이라고 하면서,[93] 국권 상실의 피해는 지배층들만 받는 게 아니며 민중들도 그로부터 자유로울 수 없다고 보았다.[94] 그러면서 그는 민중이 갖추어야 할 정신 혁명의 8가지 항목을 제시했다. 즉 '반상 구분 타파'·'주체적 판단'·'관리들에게 무조건 복종하는 노예 근성 탈피'·'의존적 사고 타파'·'사익추구 탈피'·'구습 타파'·'거짓말 불사용'·'만물을 다스릴 권리 자각' 등이다.[95] 반면 그는 고종과 대한제국, 그리고 대한제국의 지배층들을 정신 혁명의 객체에서 배제했다. 이는 그들에 대한 격렬한 반감 때문이었다. 그는 고종과 대한제국에 대해 '한국의 왕정은 게으름과 모략중상 그리고 부패 속에 빠져'있으며,[96] 특히 고종은 '반동적인 황제'라고 비난했다.[97] 그는 대한제국의 지배층도 청나라의 비위를 거스르지 않으려고 조선을 자주 독립국으로 선포하지 못하고 있다고 개탄했다.[98]

이승만은 정신 혁명의 대중화를 위해 한글을 사용하자고 역설했다.[99] 그는 1913년 11월『태평양잡지(太平洋雜誌: *Korean Pacific Magazine*)』「국

---

90) 徐廷柱, 앞의 책, 177-178쪽.
91) Robert T. Oliver, op. cit., p. 59.
92) 이명래 역, 「立國以敎化爲本」, 317-321쪽.
93) 이승만, 『풀어쓴 독립정신』, 228쪽.
94) 이승만, 위의 책, 268쪽.
95) 이승만, 위의 책, 169-191쪽.
96) Robert T. Oliver, op. cit., p. 29.
97) Ibid., p. 48.
98) 이승만, 『풀어쓴 독립정신』, 228-229쪽.
99) 이승만의 한글운동에 대해서는 김인선, 「개화기 이승만의 한글운동 연구」, 연세대 국학협동과정 박사논문, 1999를 참조.

문은 조선의 대복」이라는 사설에서 "보통 평민을 개명시키는 것이 우리의 제일 힘쓰는 바이니 이것이 국문 숭상하는 큰 복이라"고 하면서, 한자에 비해 배우기 쉬운 한글로 『태평양잡지』를 발행하게 되었다고 밝혔다.[100] 1956년 그는 자신이 1898년 1월 1일 창간된 『협성회회보』의 주필이 된 이래 신문, 잡지, 주보를 줄곧 한글로 쓴 것은 '잃어버린 나라를 회복하고 애국적인 민족 정신을 고취하려면 국문 안가지고는 될 수 없다는 각오로 그와 같이 해 나온 것'이라고 회고했다.[101] 그는 영어 공부의 목적도 '학문적 수준에 도달하려고 한 것이 아니라, 한국 사람들을 지적 정신적으로 갱생시키기 위한 것'이었기에, 모든 저작물을 한글로 썼다고 밝혔다.[102] 이런 그의 이상은 1948년 10월 9일 한글전용법을 제정·공포하면서 구현되었다.[103]

제3절 | 배재학당의 교육 과정과 선교사들과의 교류

이승만은 1895년 음력 2월 1일에서 음력 4월 6일 사이 배재학당(培材學堂) 영어과(英語科)에 입학했다. 먼저 이승만의 배재학당 입학 시기를 살펴보면, '1894년 11월(음) 설', '1895년 2월 1일(음) 이후 설', '1895년 4월(음) 설' 등이 있다.

'1894년 11월(음) 설'은 배재학당 입학 이후 알게 된 의료선교사 화이팅(Georgiana E. Whiting)의 사진에 있는 이승만의 친필 싸인에 1894년으로 기록되어 있으며, 서정주의 『雩南李承晩傳』에서도 '1894년 동짓달'에 입학했다는 사실에 근거하고 있다.[104]

....

100) 「국문은 조선의 대복」, 『태평양잡지』(1913.11).
101) 이승만, 「한글의 의의와 가치를 강조」(단기 4289.10.24), 214쪽.
102) 이정식 역주, 앞의 글, 305쪽.
103) 유영익, 「이승만 대통령의 업적」, 563쪽.
104) 孫世一, 「李承晩과 金九」, 『月刊朝鮮』(2001.11), 朝鮮日報社, 2001-2003. 하지만 손

'1895년 2월 1일(음) 이후 설'은 1895년 음력 2월 16일 조선 정부와 배재학당 사이에 체결된 관비위탁생협약(官費委託生協約)에 개학일이 1895년 음력 2월 1일로 정해져 있었다는 사실에 근거하고 있다. 관비위탁생협약(官費委託生協約)에 의하면, 조선 정부는 급증하는 영어 통역관 수요를 충당하기 위해 배재학당에 영어 교육을 위탁하면서 음력 2월 1일 배재학당 개학과 동시에 재정 지원을 약속했다.[105] 따라서 이승만이 배재학당에 입학한 것은 신긍우의 권유에 의한 것이지만 제발로 찾아간 것이 아니라 바로 이 같은 관비 위탁생 모집에 응했기 때문이라는 것이다.[106]

'1895년 4월(음) 설'은 화이팅(Georgiana E. Whiting)이 1895년 음력 4월 6일 내한했다는 사실에 근거하고 있다.[107]

우선 '1894년 11월(음) 설'은 화이팅(Georgiana E. Whiting)이 1895년 음력 4월 6일 내한했다는 점에서 설득력이 없다.[108] 또한 이 주장의 근거인 1894년이라는 이승만의 친필 싸인은 자세히 보면 1894년이 아니라 1896년으로 수정한 흔적이 보이는데,[109] 이는 화이팅이 1895년 음력 4월 6일 내한하여 1923년 미국으로 귀국했다는 점을 고려하면,[110] 1895년부터 배재학당에 입학하여 화이팅과 교류하던 이승만이 1896년에 싸인한 것으로 추정된다.

따라서 객관적으로 확인 가능한 관비위탁생협약(官費委託生協約)에 나

....
세일은 『이승만과 김구 1875-1919 – 양반도 깨어라 상놈도 깨어라①』에서는 화이팅의 내한 날짜가 1895년 음력 4월 6일인 것을 근거로 '1895년 봄 무렵'으로 추측했다(손세일, 『이승만과 김구 1875-1919 – 양반도 깨어라 상놈도 깨어라①』, 나남, 2008, 153-154쪽).

[105] 「1895년 배재학교와 정부가 맺은 협정서」, 이만열 편, 앞의 책, 370쪽 ; 류방란, 「개화기 배재학당의 교육과정 운영」, 『敎育史硏究』제8집, 서울대학교 敎育史學會, 1998, 175-176쪽.

[106] 주진오, 「청년기 이승만의 언론·정치활동 해외활동」, 『역사비평』여름호, 1996, 역사비평사, 160, 200쪽.

[107] 유영익, 『젊은 날의 이승만』, 168-169쪽.

[108] 김승태·박혜진 엮음, 『내한 선교사 총람』, 한국기독교역사연구소, 1994, 507쪽.

[109] 유영익, 『이승만의 삶과 꿈』, 26쪽.

[110] 김승태·박혜진 엮음, 앞의 책, 507쪽.

타난 배재학당 개학 날짜인 음력 2월 1일과 화이팅의 내한 일자인 음력 4월 6일을 가지고 판단해야 한다. 이승만은 청일전쟁(1894-1895)이 끝난 후 정부가 과거 제도 폐지(1894년)의 대안 중 하나로 외국어 인재 양성을 장려할 때 배재학당에 입학했다고 밝혔으며,111) 배재학당에 입학한 지 몇 주일이 지나지 않아서 화이팅의 한국어 교사가 되었다고 했다.112)

이상을 종합해 보면 이승만은 배재학당 개학일인 1895년 음력 2월 1일부터 화이팅이 내한한 1895년 음력 4월 6일 사이 배재학당에 입학한 것으로 생각된다.

한편 종래의 연구는 이승만의 배재학당 입학 동기로 영어를 습득하여 관직에 진출하려는 욕구,113) 친구이자 의형제인 신긍우의 권유,114) 그리고 생계수단의 일환115) 등을 지적했다. 그러나 기독교국가를 건설하겠다는 그의 일관된 언행에 비추어 볼 때, 우선 무엇보다도 그의 사회참여적 기독교관에 주목하여야 한다. 그는 자신이 배재학당에 입학한 동기 중 가장 중요한 요인으로, "예수 크리스도가 세상을 위해서 목숨을 바첫다고 햇는데 나만 살면 고만이라고 하는 세상에 선교사들이 자기 목숨을 버리고 세계를 구한다고 말하는 것이 듯기 조왓으며 이것이 제일 긴요한 것이엇섯다"116)고 하여 기

....

111) "Autobiography of Dr. Syngman Rhee", 『핏치 문서철』, p. 5. ; 이정식 역주, 앞의 글, 254쪽 ; 이승만, 「우남학관 낙성식에서」(1958.11.16), 235쪽.
112) 徐廷柱, 앞의 책, 110쪽.
113) "Korean School Is Important Factor in Educational Field", *Honolulu Star-Bulletin*, Sep. 20, 1913. ; Robert T. Oliver, op. cit., p. 61. ; 이정식 역주, 앞의 글, 274쪽 ; 이승만, 「리승만박사의 경력담」, 『新韓民報』(1919.9.20) ; 李承晚, 「튼튼한 磐石 우에」, 『綠十字』[通卷 1號(第 1卷 1號)](1946.1), 綠十字社 文化部 ; 이승만, 「배재학교 창립 70주년 기념식에 참석하여」(단기 4288.6.8), 『大統領李承晚博士談話集 第二輯』, 1956, 257쪽 ; 이승만, 「우남학관 낙성식에서」(1958.11.16), 235쪽 ; 高珽烋, 앞의 논문, 8-10쪽.
114) Ibid., p. 14. ; 이승만, 「배재학당 창립 70주년 기념식에 참석하여」(단기 4288.6.8), 257쪽 ; 徐廷柱, 앞의 책, 105-109쪽 ; 全澤鳧, 『人間 申興雨』, 大韓基督敎書會, 1971, 45-46쪽.
115) 徐廷柱, 위의 책, 108-109쪽 ; 高珽烋, 앞의 논문, 9-10쪽 ; 정병준, 앞의 책, 67쪽.

독교의 사회참여 정신을 제시했다.

한편 배재학당은 1883년 8월 3일 미국 감리교 선교사 아펜젤러(Henry G. Appenzeller, 1858-1902)가 2명의 조선인 학생을 데리고 영어를 교습하는 영어 학교로 출발했다.[117] 아펜젤러의 의도는 먼저 영어를 가르치면서 장차 선교 사업의 발판으로 삼으려는 데 있었다.[118] 그러다가 이 영어 교습 학교는 1887년 2월 21일 정부로부터 배재학당(培材學堂)이라는 교명을 받아 공식 학교로 인정받았다.[119]

배재학당의 표면적 교육 목적은 영어 교수를 통한 통역관 양성이었다. 이러한 교육 목적은 정부와 체결한 관비위탁생협약(官費委託生協約, 1895. 2. 16)이 1901년 8월 종료되면서 정부의 지원이 중단되자 교양 교육에 기반한 기독교 전파로 변경되었다.[120] 그럼에도 아펜젤러의 의도가 선교였던 것으로 미루어 볼 때 배재학당 개교 때부터 내면적 교육 목적은 기독교 교양인 양성에 있었다. 따라서 아펜젤러는 처음부터 개인적, 비공식적으로 학생들에게 접촉하여 기독교를 전파했다.[121] 또한 배재학당의 내면적 교육 목적은 배재학당의 교훈을 통해서도 확인할 수 있다. 배재학당의 교훈은 「欲爲大者 當爲人役(크게 되고자 하는 자는 마땅히 다른 사람의 부림을 받아야 한다)」이었다. 이것은 『성경』 「마태복음」 20장 28절[122]의 "인자가 온 것은 섬김을 받으려 함이 아니라 도리어 섬기려 하고 자기 목숨을 많은 사람의 대속물로 주려함이니라"는 정신에 기초했다. 이처럼 배재학당의 교훈에는 기독교적

---

116) 이승만, 「배재학당 창립 70주년 기념식에 참석하여」(단기 4288. 6. 8), 257쪽.
117) 류방란, 앞의 논문, 170쪽.
118) 류방란, 위의 논문, 172쪽.
119) Daniel L. Gifford, "Education in the Capital of Korea", *The Korean Repository*, August 1896, p. 310. ; 류방란, 위의 논문, 173쪽.
120) 류방란, 위의 논문, 177-178, 187쪽. 여기에 근거해 1902년부터 기독교 교육을 강화했지만 영어 습득이 목적이었던 학생들이 지원을 기피하면서 학생 수가 감소하자 1907년 이러한 정책을 포기했다(류방란, 위의 논문, 178-179쪽).
121) 培材百年史編纂委員會 편, 『培材百年史』, 培材學堂, 1989, 48쪽.
122) 『아가페 큰글성경』, 아가페 출판사, 1993, 34쪽.

교육이념이 강력하게 배어 있었다.[123]

배재학당의 표면적 교육 과정[124]은 영어, 한문, 교양 교육으로 구성되었다.[125] 교양 과목으로는 산술, 기하, 화학, 물리, 어원학, 서양 지리, 서양사, 정치, 과학, 성경, 음악, 체조, 교련 등이 있었다.[126] 모든 교과서를 엄격한 기독교적 입장에 따라 편집·채택했다.[127] 교수 용어는 한글, 한문, 영어를 사용했으며,[128] 학과는 한문과(漢文科) 언문과(諺文科) 영어과(英語科)로 나뉘어 있었다.[129] 한편 배재학당은 1896년 학생들을 남산에 모아 군대식 행진과 애국가 제창을 하는 등 학생들의 독립 의식 고취에도 관심을 가졌다.[130]

한편 학생 자치 단체였던 배재학당의 협성회는 매주 토요일 오후 2시에 배재학당에서 토론회를 개최했다. 협성회는 1896년부터 1898년까지 전개된 정기 토론회를 개최하였는데, 제7차 토론회 주제는 '우리나라 종교를 예수교로 함이 가함'이었다.[131]

배재학당의 잠재적 교육 과정을 살펴보면, 1889년에는 학교 내에서 예배와 성경의 교수가 가능해졌으며, 1895년에는 의무적으로 학생들이 예배에

---

123) 서정민, 『교회와 민족을 사랑한 사람들』, 기독교문사, 1990, 66쪽.
124) 교육 과정은 표면적 교육 과정과 잠재적 교육 과정으로 나뉜다. 전자는 학교에 의하여 의도적으로 조직되고 가르쳐지는 교육 과정으로 교과를 통해 배우는 지적 영역을 의미한다. 후자는 학교가 의도하지 않았지만 학교 생활 중 은연중 배우게 되는 교육 과정으로 흥미, 태도, 가치관, 신념 등 정의적 영역을 의미한다(김남, 『으뜸 敎育學(上)』, 학문사, 1999, 395쪽).
125) 아펜젤러는 감리교 선교부에 몇 차례에 걸쳐 배재학당의 교육 과정을 보고하였는데(류방란, 앞의 논문, 181-182쪽), 이 책에서는 이승만이 배재학당에 재학할 당시 적용되었을 1888년-1889년과 1894년의 교육 과정을 가지고 검토했다.
126) 류방란, 위의 논문, 181, 187, 189-191쪽 ; 培材百年史編纂委員會 편, 앞의 책, 37, 65쪽.
127) D. A. Bunker, "Pai Chai College", The Korean Repository, September 1896, p. 361. ; 培材百年史編纂委員會 편, 위의 책, 49쪽.
128) 류방란, 앞의 논문, 181쪽.
129) 류방란, 위의 논문, 177쪽 ; 培材百年史編纂委員會 편, 앞의 책, 65쪽.
130) 류방란, 위의 논문, 192쪽.
131) 高珽烋, 앞의 논문, 50쪽 ; 培材百年史編纂委員會 편, 앞의 책, 84-87쪽.

참석하도록 했다.[132] 이승만은 배재학당의 예배와 성경 공부를 통해 단지 기독교를 표면적 교육 과정인 종교 과목으로 수용하려고 의지적인 노력을 기울였다. 하지만 이미 그의 무의식 속에는 그의 의사와 무관하게 기독교의 교리와 가치가 은연중 잠재적 교육 과정으로 내면화되고 있었다.

이처럼 배재학당의 표면적 교육 과정과 잠재적 교육 과정을 통해 받은 기독교 교육은 옥중에 재 투옥된 절망적 상황에서 이승만을 기독교로 개종하게 만들었다. 이승만은 1919년 『新韓民報』「리승만박사의 경력담(2)」에서 회심의 순간을 다음과 같이 표현했다.

> 그 후(옥중에 재 투옥된 후-인용자)에는 그전에 내가 저 예수교 학교에서 듣던 이야기들을 생각하였나니 그 이야기를 들을 그때에는 내가 그 이야기로 말미암아 나의 맘을 영향주지 못하게 하려 하였으나 그러나 그것들은 다 나의 기억에 인상되어 있었도다.[133]

위의 기고문에서 이승만은 그가 개종하는 데 배재학당의 교육 과정이 결정적 요인이었다고 평가했다.[134] 특히 그는 배재학당의 교육 과정은 그의 의지와 달리 은연중 그의 뇌리에 각인되었다고 고백했다.

이승만은 해방 이후에도 이와 같이 회상했다. 1945년 11월 28일 조선기독교남부대회(朝鮮基督敎南部大會) 주최로 정동감리교회에서 열린 임시정부 영수 환영회에서 그는 옥중에서 개종 순간 "甚히 어리석게 들리든 培材學堂 키 큰 선생이 말하든 獨生子 예수 그리스도만이 靈魂을 救한다는 이야기가

----

132) Daniel L. Gifford, "Education in the Capital of Korea", *The Korean Repository*, August 1896, p. 311. ; Harold E. Fey, "Korean President Seeks Aid", *The Christian Century*, January 2, 1952, p. 7. ; 이승만, 「리승만박사의 경력담」, 『新韓民報』(1919.9.20) ; 培材百年史編纂委員會 편, 위의 책, 48-49쪽.
133) 이승만, 「리승만박사의 경력담(2)」, 『新韓民報』(1919.9.23).
134) 이러한 주장은 이승만의 다른 영문 자서전에서도 동일하게 언급되어 있다 ("Autobiography of Dr. Syngman Rhee", 『핏치 문서철』, p. 11. ; "Mr. Rhee's Story of His Imprisonment", O. R. Avison, *Memoirs of Life in Korea*, pp. 275-276.).

分明히 깨달아졌다"고 추억했다.[135] 1951년 12월 6일 이승만은 기독교세계
봉사회(Church World Service) 한국 책임자 아펜젤러(Henry D. Appenzeller,
1889-1953)[136]목사와 미국의 기독교 잡지『The Christian Century』기자 페
이(Harold E. Fey)에게 배재학당의 예배 시간에 의무적으로 출석하여 들어
야만 했던 기독교 교리가 자신의 "기독교 개종의 출발점이었다"고 회상했
다.[137] 1958년 우남학관 낙성식에서 이승만은 배재학당에서 '하느님을 찾는
것 즉 하느님을 공경해서 잊지 말자는 것'을 배웠다고 회고했다.[138]

   뿐만 아니라 이런 공식적 예배와 성경 공부 이외에 선교사들의 개인적 접
촉을 통한 기독교 선교는 영향력이 더 컸다.[139] 이승만은 1913년『Honolulu
Star-Bulletin』과 회견하는 자리에서 그의 개종의 순간을 다음과 같이 추억
했다.

   간수가 내 대신 내 곁의 동료 죄수를 잡아가 처형했다. 나는 고통 속에
   서 몸 부림쳤다. 그때 나는 선교사들이 나에게 살아있는 하나님과 그의 무
   한한 사랑 을 말했던 것이 떠올랐다. 그래서 나는 바닥에 엎드려 무릎을
   꿇고 기도했다. 곧 나의 영혼은 내가 결코 전에는 경험해 본 적이 없는 평
   화 속으로 빠져들었 다.[140]

   이승만은 배재학당에서 수학하면서 선교사들과 처음으로 만났다.[141] 당

---

135) 李承晚,「튼튼한 磐石 우에」,『綠十字』[通卷 1號(第 1卷 1號)](1946.1), 綠十字社 文
   化部.

136) 이승만의 배재학당 시절 스승이었던 헨리 아펜젤러(Henry G. Appenzeller, 1858-
   1902)의 아들이다(안종철,「문명개화에서 반공으로: 이승만과 개신교의 관계의 변
   화, 1912-1950」,『東方學志』제145호, 연세대학교 국학연구원, 2009, 219쪽).

137) Harold E. Fey, "Korean President Seeks Aid", The Christian Century, January 2,
   1952, p. 7.

138) 이승만,「우남학관 낙성식에서 치사」(단기 4291.11.16), 236쪽.

139) 培材百年史編纂委員會 편, 앞의 책, 49쪽.

140) "Korean School Is Important Factor in Educational Field", Honolulu Star-Bulletin,
   Sep. 20, 1913.

시 배재학당의 교사진은 미국 감리교 선교사로 배재학당(培材學堂)을 설립한 아펜젤러(Henry G. Appenzeller, 1858-1902), 미국 감리교 선교사 노블(William A. Noble, 1866-1945), 미국 감리교 선교사 벙커(Dalziel A. Bunker, 1863-1932), 미국 감리교 선교사 헐버트(Homer B. Hulbert, 1863-1948), 미국 감리교 선교사 존스(George H. Jones, 1867-1919), 미국 감리교 선교사 올링거(Franklin Ohlinger, 1845-1919) 등으로 구성되어 있었다.[142] 특히 배재학당에서 노블(William A. Noble, 1866-1945)[143]은 이승만에게 영어를 가르쳤다.[144] 이들은 개인적 친교를 통해 이승만에게 우호적 기독교관을 갖도록 노력하였고, 그 결과 이승만은 '그들과 친구'가 되었다.[145]

뿐만 아니라 이승만은 배재학당 시절 화이팅(Georgiana E. Whiting), 애

----

141) 해방 이전까지 내한한 개신교 선교사 1,530명 중 65.9%가 미국인이었다. 1893년부터 1983년까지 한국에서 활동한 개신교 선교사 1,952명 중 87.6%가 미국인이었다(강인철, 『한국기독교회와 국가·시민사회: 1945-1960』, 한국기독교역사연구소, 1996, 86쪽).

142) 이승만의 배재학당 시절 교사진 구성은 자료에 따라 약간씩 차이가 있다(Daniel L. Gifford, "Education in the Capital of Korea", *The Korean Repository*, August 1896, p. 310. ; Robert T. Oliver, op. cit., pp. 18-20. ; 培材百年史編纂委員會 편, 앞의 책, 113쪽 ; 유영익, 『이승만의 삶과 꿈』, 26쪽). 이 책에서는 올리버의 *Syngman Rhee: The Man Behind the Myth*에 따랐다. 다른 자료들이 당시의 공식 기록인 데 비해 *Syngman Rhee: The Man Behind the Myth*는 해방 이후 이승만의 회고를 바탕으로 집필되었다는 점을 고려한다면, 당시의 공식 기록에서 제외될 가능성이 높은 강사나 연사로 초빙되었던 인물들이 포함되었을 가능성이 있기 때문이다.

143) 이후 노블(William A. Noble)은 이승만의 충실한 후원자가 되었다. 1920년 6월 23일 이승만은 이상재에게 보낸 편지에서 노블(William A. Noble) 편으로 금전을 부송(付送)하라고 했다(정병준, 앞의 책, 295-296쪽). 해방 이후 노블(William A. Noble)의 아들인 헤롤드 노블(Harold Noble)도 이승만의 정치 고문으로 이승만을 도왔다(Ibid., p. 19. ; *Robert T. Oliver, Syngman Rhee and American involvement in Korea*, 1942-1960, pp. 141-143. ; 정병준, 위의 책, 295쪽). 노블뿐만 아니라 다른 선교사들도 이승만의 일생 동안 그의 후원자로 활동했다.

144) "Autobiography of Dr. Syngman Rhee", 『핏치 문서철』, p. 5. ; Ibid., p. 19.

145) Ibid., pp. 18-20.

비슨(Oliver R. Avison, 1860-1956) 등과 교류했다. 이승만은 1895년 4월 6일 내한한 미국 북장로교 여자 의료선교사로 제중원(濟衆院)에 근무하던 화이팅(Georgiana E. Whiting)에게 한국어를 가르쳤다.[146] 미국 북장로교 선교사로 제중원(濟衆院) 원장이던 애비슨(Oliver R. Avison)은 1895년 11월 15일 단발령이 시행되었을 때 그의 상투를 잘라 주었다.[147] 이들은 이승만과 사적으로 교류하면서 그들의 진정성을 이해시키려고 노력했다. 특히 애비슨은 1940년부터 집필하기 시작한 「재한 회고록(*Memoirs of Life in Korea*)」에서, 이승만이 배재학당 시절 화이팅(Georgiana E. Whiting)에게 한국어를 가르치기 위해 제중원에 올 때 자기 방에 들러 한국의 정치 체제를 변혁시켜야 한다고 주장했다고 회고했다.[148] 또한 애비슨은 1949년 12월 21일 이승만에게 보낸 편지에서도 같은 내용을 회고한다.[149] 결국 배재학당 재학 시절부터 선교사들과의 사적 교류를 통해 이승만의 잠재의식 속에서는 이미 우호적 기독교관이 배태되고 있었다. 이것은 그의 개종의 또 하나의 배경으로 작용했다.

요컨대 배재학당 시절 체득한 교육 과정과 선교사들과의 사적 교류로 이승만의 기독교와 선교사들에 대한 적대적 인식에는 균열이 일어났다. 이것은 이후 감옥 속의 절망적 상황과 결합하면서 기독교 수용이라는 결과를 낳았다.

....

146) Religious Conditions, "Autobiography of Dr. Syngman Rhee", 『핏치 문서철』, p. 5. ; 徐廷柱, 앞의 책, 25쪽 ; 김승태·박혜진 엮음, 앞의 책, 507쪽.

147) "Autobiography of Dr. Syngman Rhee", 『핏치 문서철』, p. 5. ; 이광린, 앞의 책, 130쪽.

148) 이광린, 위의 책, 130쪽 ; 올리버 R. 에비슨 지음·박형우 편역, 앞의 책, 80쪽.

149) Robert T. Oliver, op. cit., pp. 94-95. ; 이정식 역주, 앞의 글, 273쪽 ; 유영익, 『젊은 날의 이승만』, 196-197쪽.

이승만은 1897년 7월 8일 배재학당을 졸업했다.[150] 그는 졸업생 대표 연사로 선정되어 배재학당의 당장(堂長) 아펜젤러(Henry G. Appenzeller), 벙커(Dalziel A. Bunker), 헐버트(Homer B. Hulbert), 존스(George H. Jones) 등의 미국 선교사와 미국 공사 씰(John M. B. Sill)·서기관 알렌(Horace N. Allen, 1858-1932), 영국 총영사 조오단(J. N. Jordan) 등의 외국인 하객과 정부의 고관들 앞에서 '한국의 독립(Independence of Korea)'이라는 영어 연설을 했다.[151] 이 연설을 경청한 선교사들은 이승만을 한국의 기독교 지도자로 양성하려는 계획을 다시 한번 확신하였을 것이다. 또한 이승만은 1895년 배재학당에서 공부한 지 6개월 만에 배재학당의 영어 교사가 될 정도로 출중한 재능을 보였다.[152] 선교사들은 이러한 그의 능력을 그때부터 주목해 왔을 것이다.

이승만은 배재학당 졸업 후 다음 해인 1898년에는 언론 활동과 정치 활동을 활발하게 전개했다. 먼저 그는 『협성회회보』(1898.1.1), 『매일신문』(1898.4.9), 『데국신문』(1898.8.10) 등을 창간하여 민중을 계몽하려는 언론 활동을 전개했다.[153]

....

150) 「잡보」, 『독립신문』(1897.7.10).
151) 「잡보」, 『독립신문』(1897.7.10) ; "Commencement Exercises of Paichai School", *The Independent*, July 13th, 1897. ; "The Closing Exercises of Paichai", *The Korean Repository*, July 1897, pp. 271-274. ; 미 감리회 선교부 1898년 연회록, 이만열 편, 앞의 책, 391쪽 ; 유영익, 『젊은 날의 이승만』, 8쪽.
152) "Autobiography of Dr. Syngman Rhee", 『핏치 문서철』, p. 5. ; 이정식 역주, 앞의 글, 254쪽.
153) "Autobiography of Dr. Syngman Rhee", 『핏치 문서철』, p. 6. ; 徐廷柱, 앞의 책, 133-134쪽 ; 高珽烋, 앞의 논문, 17-23쪽 ; 서정민, 앞의 논문, 6-7쪽 ; 정진석, 「언론인 이승만의 말과 글」, 원영희·최정태 편, 『뭉치면 살고: 1898-1944 언론인 이승만의 글 모음』, 朝鮮日報社, 1995, 44쪽. 『뭉치면 살고: 1898-1944 언론인 이승만의 글 모음』은 1898년-1944년간의 『데국신문』, 『共立新報』, 『大韓每日申報』, 『東亞日報』, 『협

동시에 이승만은 독립협회의 민중 집회인 만민공동회(萬民共同會)에서 청년 지도자로 활약하면서 정치 활동을 전개했다. 그는 1898년 3월 10일 만민공동회의 총대위원(總代委員)으로 선출되어 러시아의 절영도(絶影島) 조차 요구를 반대하는 연설을 했다.[154] 1898년 11월 4일 독립협회가 공화정(共和政)을 실시하려 한다는 소문이 유포되자, 즉각적으로 고종은 독립협회 간부 17명을 구속하고 독립협회 해산 조칙을 발표했다. 이에 이승만이 민중들과 함께 경무청(警務廳)과 평리원(平理院) 앞에서 연일 철야 농성을 벌이자, 고종은 11월 10일 구속된 독립협회 간부 17명을 석방했다.[155] 이승만은 이후에도 고종에게 독립협회 복설과 헌의6조(獻議六條) 실시 등의 요구 조건을 내걸고 투쟁을 계속했다. 특히 11월 21일부터 23일까지 3일간 길영수(吉永洙)가 이끄는 보부상과 치열한 공방전을 벌이면서 그의 명성이 제고되었다.[156] 그 결과 고종은 11월 26일 독립협회 복설과 헌의6조 실천을 약속하기에 이르렀다.[157] 이승만은 11월 29일 고종이 유화책으로 임명한 중추원(中樞院) 의관(議官) 50명 중 한 명으로 임명되었다.[158] 이승만은 12월 16일 제1차 중추원 회의에서 최정덕(崔廷德)과 함께 일본에 망명 중이던 급진 개혁가 박영효(朴泳孝, 1861-1939)를 소환·서용(敍用)하자는 주장에 앞장섰다.[159] 고종은 12월 23일 만민공동회를, 12월 25일 독립협회를 해체시켰고,

　　성회회보』, 『신학월보』, 『태평양주보』, 『국민보』, 『뉴욕타임즈(*The New York Times*)』등의 기명 논설과 『뎨국신문』에 기고한 옥중논설을 모은 책이다.

154)　「잡보」, 『독립신문』(1898.3.12) ; 「론설」, 『협셩회회보』(1898.3.19).

155)　"Autobiography of Dr. Syngman Rhee", 『핏치 문서철』, pp. 7-8. ; 유영익, 『젊은 날의 이승만』, 11쪽.

156)　"Autobiography of Dr. Syngman Rhee", 『핏치 문서철』, pp. 8-9. ; 이정식 역주, 앞의 글, 259쪽 ; 徐廷柱, 앞의 책, 151쪽 ; 주진오, 앞의 논문, 169쪽.

157)　"Autobiography of Dr. Syngman Rhee", 『핏치 문서철』, p. 9. ; 주진오, 위의 논문, 170쪽.

158)　"Autobiography of Dr. Syngman Rhee", 『핏치 문서철』, p. 6. ; 「敍任及辭令」, 『官報』 四十一册, 光武 二年(1898년) 十二月 一日字 ; 「잡보」, 『독립신문』(1898.12.1) ; 이정식 역주, 앞의 글, 257쪽 ; 이승만, 「리승만박사의 경력담(2)」, 『新韓民報』(1919.9.23) ; 高珽烋, 앞의 논문, 33쪽 ; 주진오, 위의 논문, 171쪽.

1899년 1월 3일 이승만의 중추원 의관직을 박탈했다.[160]

한편 이승만은 1898년 11월부터 진행된 박영효 쿠데타 음모 사건에 가담하고 있었다.[161] 이 때문에 체포령이 내려지자, 그는 미국 북장로교 선교사로 제중원(濟衆院) 원장이던 애비슨(Oliver R. Avison)의 상동(尙洞) 집에 숨었다.[162] 그런데 1899년 1월 9일 이승만은 미국 의료 선교사 셔만(Harry C. Sherman, 1869-1900)이 낙동(駱洞)의 시병원(施病院)에 출근하면서 통변(通辯)을 부탁하자 함께 길을 나섰다가 체포되어 병영에 수감되었다.[163]

한성감옥에 이승만이 투옥되자 선교사들은 이승만 구명 운동을 시작했다. 미국 의료 선교사 셔만(Harry C. Sherman)은 자신의 통역 때문에 이승만이 체포된 것에 대해 책임을 느끼고 미국 장로교 의료 선교사 출신의 미국 공사 알렌(Horace N. Allen)에게 도움을 청했다. 이에 알렌(Horace N. Allen)은 1899년 1월 17일 외부(外部) 대신 박제순(朴齊純)에게 이승만은 미국 의료 선교사 셔만(Harry C. Sherman)의 통변(通辯)이라며 석방을 요구하는 공문을 보냈으며,[164] 동시에 경무청 영국인 고문관 스트리플링(A. B. Stripling)에게는 매일 감방을 방문하여 이승만이 고문 등 부당한 형벌을 받지 않도록 부탁했다.[165]

....

159) 徐廷柱, 앞의 책, 155-156쪽 ; 高珽烋, 위의 논문, 37쪽 ; 유영익,『젊은 날의 이승만』, 12쪽.

160) 「敍任及辭令」,『官報』四十二冊, 光武 三年(1899년) 一月 六日字 ; 주진오, 앞의 논문, 172쪽.

161) 徐廷柱, 앞의 책, 156-157쪽 ; 高珽烋, 앞의 논문, 35-43쪽 ; 尹炳喜, 「第 2次 日本亡命 時節 朴泳孝의 쿠데타 陰謀事件」,『李基白先生古稀紀念 韓國史學論叢(下)』, 一潮閣, 1994, 1685-1687쪽 ; 주진오, 위의 논문, 171-174쪽.

162) 鄭喬,『大韓季年史』下, 國史編纂委員會, 1957, 3쪽 ; 이광린, 앞의 책, 131쪽 ; 올리버 R. 에비슨 지음·박형우 편역, 앞의 책, 85-86쪽.

163) "Autobiography of Dr. Syngman Rhee",『핏치 문서철』, pp. 5-6. ; Robert T. Oliver, op. cit., p. 45. ; 이승만, 「리승만박사의 경력담(2)」,『新韓民報』(1919.9.23) ; 徐廷柱, 앞의 책, 155-157쪽 ; 李元淳,『人間 李承晩』, 新太陽社, 1965, 70쪽 ; 高珽烋, 앞의 논문, 43쪽.

164) Ibid., p. 45. ; 유영익,『젊은 날의 이승만』, 15쪽 ; 주진오, 앞의 논문, 174쪽.

그러나 이승만은 외국 공사의 도움으로 석방되는 것은 "독립 정신에 위배된다"고 생각했기 때문에 이들의 호의를 거절하고 만민공동회운동 같은 대중운동을 다시 시작하려고 했다.[166] 그래서 그는 1월 30일 최정식(崔廷植)·서상대(徐相大)와 탈옥을 시도하여 도망 중 다시 체포되어 병영으로 끌려갔다가 곧 경무청(警務廳)으로 이송되었다.[167] 그는 2월 1일 한성감옥[서](漢城監獄[署])으로 이감되어 목에 칼을 쓰고 수갑과 족쇄에 묶인 상태로 사형 집행을 기다렸다.[168] 그는 1899년 7월 8일 열린 평리원(平理院) 재판에서 재판장 홍종우(洪鍾宇, 1850-1913)에 의해 태1백(笞一百)과 종신형(終身刑)을 선고 받았다.[169] 그는 1899년 12월 13일 15년으로, 22일 10년으로 잇달아 특사조칙(特赦詔勅)으로 감형되어 형기가 10년으로 단축되었고,[170] 1904년 8월 7일까지 만 5년 7개월 간 수감되었다.[171]

선교사들은 이승만이 한성감옥에 재투옥되자 구명운동을 본격화했다. 미국 북장로교 선교사 언더우드(Horace G. Underwood, 1859-1916)와 엄비(嚴妃, 1854-1911)의 주치의였던 언더우드(Horace G. Underwood)의 부인(Mrs. Lillias Underwood)은 이승만의 석방에 앞장섰다.[172] 1901년 11월 9

165) "Autobiography of Dr. Syngman Rhee", 『핏치 문서철』, p. 10. ; 徐廷柱, 앞의 책, 158쪽 ; 유영익, 『젊은 날의 이승만』, 15쪽.

166) "Autobiography of Dr. Syngman Rhee", 『핏치 문서철』, pp. 10-11. ; 「내보」, 『대한크리스도인회보』(1899.2.1).

167) "Autobiography of Dr. Syngman Rhee", 『핏치 문서철』, p. 11. ; 「잡보」, 『뎨국신문』(1899.2.2) ; 徐廷柱, 앞의 책, 162쪽 ; 高珽烋, 앞의 논문, 44-45쪽 ; 주진오, 앞의 논문, 174-175쪽.

168) 유영익, 『젊은 날의 이승만』, 17쪽.

169) 法部 編, 『司法稟報』乙, 19冊, 光武 三年(1899년) 七月 八日字 ; 『高宗時代史』四, 國史編纂委員會, 1960, 941-942쪽 ; 高珽烋, 앞의 논문, 45-47쪽.

170) "Autobiography of Dr. Syngman Rhee", 『핏치 문서철』, pp. 12-13. ; 高珽烋, 위의 논문, 48쪽 ; 주진오, 앞의 논문, 176쪽.

171) 이정식, 앞의 책, 98쪽 ; 유영익, 『젊은 날의 이승만』, 26쪽 ; 손세일, 『이승만과 김구 1875-1919 – 양반도 깨어라 상놈도 깨어라②』, 174쪽 ; 정병준, 앞의 책, 74쪽.

172) 이정식, 위의 책, 104쪽 ; 유영익, 『젊은 날의 이승만』, 43쪽.

일 아펜젤러(Henry G. Appenzeller), 애비슨(Oliver R. Avison), 벙커(Dalziel A. Bunker), 헐버트(Homer B. Hulbert), 게일(James S. Gale, 1863-1937) 등 선교사 5명은 대한제국 내부협판(內部協辦) 이봉래(李鳳來)에게 연명(連名) 탄원서(「Letter to Yi Bong Nai, Vice Minister to Imperial Household」)를 제출했다. 선교사들은 이 탄원서에서 "지난 겨울(1900년 겨울-인용자) 언더우드 박사의 진지한 노력의 결과로 황제 폐하께서는 이승만을 가장 가까운 기회에 사면·석방하겠노라고 약속하신 바 있습니다"고 하면서 이승만의 석방을 청원했다.[173] 1919년 5월 16일 한국친우회(The League of the Friends of Korea) 창립 기념식에서 이승만은 옥중에서 "죽을 고비마다 선교사들의 도움으로 살아났다"고 회상했다.[174] 이처럼 선교사들이 이승만의 구명에 전력을 기울인 것은 이승만이 목사로서의 완벽한 자질, 즉 지성, 추진력, 민중에 대한 애정, 독실한 신앙 등을 가지고 있었기 때문이었다.[175]

그런데 이러한 선교사들의 석방 노력을 이승만은 옥중에서도 소상히 파악하고 있었다. 그는 1902년 2월 6일 아펜젤러에게 보낸 편지에서 선교사들의 노력에 감사를 표했다.[176] 1904년 3월 20일 존스(George H. Jones)는 투옥 중인 이승만에게 편지를 보냈다. 이 편지에서 존스는 "나는 황제께서 당신에게 완전한 사면을 내리실 것과 당신이 출옥하여 한국을 기독교국가로 만들려는 우리들의 노력을 도울 것을 고대하면서 기도하겠다"고 이승만을 격려했다.[177] 1904년 7월 18일 이승만은 미국 공사 알렌에게 「치미공사서(致美公使書)」라는 서한을 보냈다. 이 서한에 의하면, 알렌은 주한 일본 공사관과

---

173) 유영익 역, 「Letter to Yi Bong Nai, Vice Minister to Imperial Household」, 국역 「옥중잡기」, 『젊은 날의 이승만』, 53-55, 266-267쪽.

174) *Korea Review*, Ⅰ-4(1919.6), "Other Addresses", pp. 14-15.

175) Chong-Sik Lee, "The Personality of Four Korean Political Leaders", (金俊燁博士華甲紀念論叢) 「韓國과 亞細亞」, 아세아문제연구소, 1984, p. 205.

176) 유영익, 『젊은 날의 이승만』, 55-56쪽.

177) Robert T. Oliver, op. cit., pp. 66-67.

대한제국 외부(外部)에 이승만 석방을 호소했다. 이에 대해 이승만은 1899년 1월 처음 투옥되었을 때처럼 '독립 존중'이라는 명분으로 알렌 공사의 석방 노력을 사절했지만, 사적으로 알렌 공사의 노력에 대해 감사를 표시했다.[178] 1904년 8월 7일 이승만이 석방되자 헐버트가 편집하던 영문 월간 잡지『한국평론(*The Korea Review*)』1904년 8월호에는 "5년 이상의 투옥 기간 동안 항상 그의 외국인 친구들에게 걱정거리가 되었던 이승만이 드디어 석방된 것을 우리는 크게 기뻐한다"는 이승만 석방 환영 기사가 실렸다.[179]

1902년 10월 이승만이 개설한 옥중학교에도 주한 선교사들의 지원이 이어졌다. 언더우드, 벙커, 게일 등은 성경과 찬송가를 들고 한성감옥에 드나들면서 그가 조직한 성경반과 옥중학교를 인도·격려해 주었다.[180] 특히 한국에 파송되기 전 상해(上海)에서 선교했던 벙커는 상해의 광학회(廣學會)에서 출판된 기독교 및 제도 개혁에 관련된 책자들을 모아 차입시켜 이승만이 옥중에 서적실(書籍室: 도서실)을 마련할 수 있도록 도왔다.[181]

또한 아펜젤러는 영어 대사전을, 애비슨은 콜레라 치료약을, 존스는 문안 편지를 통해 투옥 중인 이승만을 후원했다.[182] 한편 애비슨은 투옥 중인 이승만의 요청에 따라 영문『신학성서』와 영어 사전을 감옥에 넣어 주었다.[183] 영국『데일리 메일(Daily Mail)』지의 기자 맥켄지(Frederick A. McKenzie, 1869-1931)의 지적처럼 선교사들은 이승만을 목회자로 키우기

---

[178] 이명래 역,「致美公使書」, 268쪽.

[179] *The Korea Review* 4(August 1904), "News Calendar", p. 364.

[180] "Autobiography of Dr. Syngman Rhee",『핏치 문서철』, p. 13. ; 李光麟, 앞의 논문, 485-492쪽 ; 유영익,『젊은 날의 이승만』, 52쪽.

[181] Robert T. Oliver, op. cit., p. 64. ; 申冕休,「獄中 開學顚末」,『箴訓編謄』, 全澤鳧,『人間 申興雨』, 大韓基督教書會, 1971, 58-59, 60-62쪽 ; 서정민, 앞의 논문, 13-14쪽 ; 유영익,『젊은 날의 이승만』, 52쪽.

[182] "Autobiography of Dr. Syngman Rhee",『핏치 문서철』, p. 13. ; "Mr. Rhee's Story of His Imprisonment", O. R. Avison, *Memoirs of Life in Korea*, p. 275. ; 이정식 역주, 앞의 글, 265쪽 ; 李元淳, 앞의 책, 76쪽.

[183] 이광린, 앞의 책, 131쪽 ; 올리버 R. 에비슨 지음·박형우 편역, 앞의 책, 87쪽.

위해 "할 수 있는 일은 무엇이든 해 주었다".184)

심지어 아펜젤러는 이승만이 투옥 중일 때 가족의 생계까지 돌보아 주었다. 이승만은 1899년 12월 28일 아펜젤러에게 보낸 편지에서 자신의 가난한 가족들을 위해서 값비싼 담요와 쌀, 그리고 땔감 등을 보내준 것에 대해 진심으로 감사를 표시했다.185)

요컨대 투옥 과정에서 선교사들이 보여준 물질적·정신적 후원은 이승만의 믿음을 한층 더 굳건하게 만들었다. 이승만의 개종에 대해 리차드 알렌(Richard C. Allen)이라는 가명을 사용했던 테일러(John M. Taylor)186)는 "이승만이 옥중에서 선교사들로부터 받은 호의를 생각하면 그가 옥중에서 기독교로 개종했다 해서 별로 놀라울 것은 없을 것이다"고 할 정도로 결정적이었다고 평가했다.187)

---

184) Frederick A. Mckenzie 著·李光麟 譯, 『韓國의 獨立運動』, 一潮閣, 1969, 48쪽.

185) 1899년 12월 28일자 아펜젤러의 일기, 이만열 편, 앞의 책, 415-416쪽 ; 유영익, 『젊은 날의 이승만』, 53쪽.

186) 테일러(John M. Taylor, 1930-현재)는 윌리암스대(Williams College) 역사과를 졸업하고 조지워싱턴대에서 석사 학위를 취득했다. 1952년부터 1987년까지 미국의 정보·외교 관련 부서에서 근무했다. 그는 1960년 리차드 알렌(Richard C. Allen)이란 가명으로 Korea's Syngman Rhee: An Unauthorized Portrait라는 책을 저술했다. 그는 이 책을 출판하기 전 약 2년간 한국에 머물면서 여러 정파의 정치인들과 접촉했다. 그는 한국전쟁 당시 미8군 사령관으로 1953년 5월 4일과 6월 8일에 '비상상비계획(Plan Everready)'이라는 이승만 제거 계획을 입안한 맥스웰 테일러(Maxwell Taylor) 대장의 아들이다(유영익, 「이승만 대통령의 업적」, 476쪽).

187) Richard C. Allen 著·尹大均 譯, 『韓國과 李承晩』, 合同通信社, 1961, 28쪽.

제2장

기독교관의 변화와 성격

종래 이승만의 기독교관은 1899년 개종[1]을 기점으로 적대적 기독교관에서 절대적 기독교관으로 변화했다고 평가되어 왔다. 이러한 주장은 「투옥경위서(Mr. Rhee's Story of His Imprisonment)」를 논거로 했다.[2] 그러나 그의 기독교관은 3단계의 발전 과정을 통해 형성되었다. 즉 이승만의 기독교관은 적대적 기독교관을 피력했던 배재학당 입학 이전의 1단계(1875-1895), 혼종적 기독교관을 표명했던 배재학당 시절부터 개종 이전까지의 2단계(1895-1899), 절대적 기독교관을 표출했던 개종 이후의 3단계(1899-1965)로 계기적 발전 과정을 거쳤다. 여기서는 이승만의 기독교관이 3단계로 변화되는 이유와 그 내용을 밝히고자 한다.

1. 적대적 기독교관(1875-1895)

이승만은 배재학당 입학(1895년) 이전까지 기독교에 대해서 강렬한 적대감을 표출했다. 그 이유는 먼저 외래 종교에 대한 선험적 판단에 근거한 자문화중심주의적 사고 때문이었다. 그는 친구 신긍우(申肯雨)의 권유로 배재학당에 처음 간 날의 소감을 조선의 전통 학문과 종교를 전복시키려고 온 '서양의 악마', 곧 선교사들을 비웃으려고 배재학당 안의 예배당 맨 뒷자리에 슬며시 들어가 앉았다고 술회했다.[3] 또한 그는 선교사들을 '양귀자(洋鬼者)'라고

---

[1] 이승만의 개종 시기는 '1899년 1-2월 설'(유영익, 『젊은 날의 이승만』, 60-61쪽)과 '1899년 1월말부터 7월말 이전에 시작되어 점진적으로 진행되었다는 설'(이덕주, 앞의 논문, 49쪽)로 나뉜다. 그 근거는 양자 다 영어 성경에 두고 있다. 유영익은 영어 성경의 전래 시기를 1899년 1-2월 경으로 추정하는 데 비해, 이덕주는 1900년 9월 이후로 보고 있으며, 1899년 이승만이 읽은 것은 영어 성경이 아닌 한문 성경으로 파악하고 있다. 여기서는 유영익 설을 따른다. 이승만이 영어 성경과 한문 성경을 구분하지 못했을 것으로 생각되지는 않기 때문이다.

[2] 유영익, 『젊은 날의 이승만』, 60-62, 157-158, 203-204쪽.

부르며 우리 고유한 신령들에게 예수교가 우리나라를 해치기 전에 빨리 망하게 하여 달라고 빌었다고 회고했다.[4]

둘째, 객관적으로 검증 불가능한 영역은 미신으로 규정하는 합리주의적 세계관 때문이었다. 이승만은 1905년 4월 23일 미국에서 세례를 받으면서 "1900년 전에 죽은 사람이 나의 영혼을 구원해 준다는 사실이 기이했으며, 그러한 어리석은 신조를 믿을 수 없었다"고 회상했다.[5] 즉 그는 기독교의 사후 세계와 구원 사상은 비합리적·선험적 영역이기에 그것을 신앙하는 행위는 우매한 행동이라고 인식했다.

따라서 이승만은 증명 불가능한 영생과 구원을 믿는 내세 지향적인 사람들은 가난하고 무식하다고 판단했다. 그는 1905년 4월 23일 미국에서 세례를 받으면서 가난하고 무지한 사람들만 교회에 갔으며, 불교나 유교에 대한 학식이 풍부한 학자들은 기독교의 교리에 현혹되지 않는다. 이러한 자신감이 있었기 때문에 어머니에게 배재학당에 다닌다는 사실을 말할 수 있었다고 밝혔다.[6] 또한 그는 1919년 9월 20일 『新韓民報』 「리승만박사의 경력담」에서 어린 시절 선교사들이 기독교를 전도하는 것을 보았으나 "다만 무식하고 빈한한 사람들만 뎌 선교사들의 말을 들으려 단니고 나는 공자와 석가여래의 일과 이 세상 여러 종교를 다 안다"고 몹시 업신여겼다고 회상했다.

셋째, 기독교에 대해 배타적이던 어머니의 영향 때문이었다. 이승만은 친구 신긍우(申肯雨, 1871-1895)의 배재학당 입학 권유에 대해 "그 사람들이 하늘하고 땅을 뒤바꿔 버리든 말든 하는 대로 내버려 두게. 난 우리 어머니의 믿음을 바꿀 수는 없으니까"라고 대답했다.[7] 그는 1895년 배재학당 재학 중

---

3) Robert T. Oliver, op. cit., p. 14.

3) Robert T. Oliver, op. cit., p. 14.
4) "Korean School Is Important Factor in Educational Field", *Honolulu Star-Bulletin*, Sep. 20, 1913. ; 이승만, 「리승만박사의 경력담」, 『新韓民報』(1919.9.20).
5) Robert T. Oliver, op. cit., p. 60.
6) Ibid., p. 60.
7) Ibid., p. 14.

64_이승만의 기독교 수용과 기독교국가건설론 연구
64_이승만의 기독교 수용과 기독교국가건설론 연구

미국 북장로교 여자 의료선교사 화이팅(Georgiana E. Whiting, 1869-1952)의 한국어 교사가 되어 은화 20달러의 월급을 받아 생활비를 벌었다.[8] 이를 어머니가 못마땅하게 생각하자 "유교와 불교의 가르침과 믿음에 대한 마음은 조금도 변하지 않았다"고 변명하면서,[9] "굶어죽어도 좋으니 행여 천주학은 하지 말라"는 어머니의 가르침을 절대로 잊지 않겠다고 굳게 약속했다.[10]

2. 혼종적 기독교관(1895-1899)

그러나 1895년 배재학당에 입학한 지 얼마 지나지 않아 이승만의 강고한 적대적 기독교관에는 균열이 일어났다. 배재학당 입학 후 며칠 후부터 이승만은 "목사가 한 말은 무엇이고 지금까지의 종교적인 믿음이나 사회적인 믿는 바와 조금도 대립하지 않는다"는 사실을 깨달았다.[11] 특히 그는 배재학당의 예배 시간을 통해 예수를 '동포애와 희생의 계시를 가져다주는 위대한 교사'로 인식하였으며, '공자와 대개 같은 위치에 있는 사람'으로 여기게 되었다고 밝혔다.[12] 즉 그는 배재학당 수학을 통해 기존의 선험적인 적대적 기독교관에서 기독교를 학문적 탐구의 대상으로 삼는 중립적 기독교관으로 전환하기 시작했다. 이러한 인식의 전환은 제1장 3절에서 살펴본 것처럼 배재학당의 표면적 교육 과정과 잠재적 교육 과정에 영향을 받은 것이었다. 또한 주한 선교사들과의 사적 교류를 통해 그의 잠재의식 속에는 이미 우호적 기독교관이 싹트고 있었다.

이처럼 이승만은 배재학당에서 선교사들과 교류하면서 우호적 기독교관을 소유하고 있었지만, 동시에 그들에 대한 증오감과 불신감도 가지고 있었

---

8) "Autobiography of Dr. Syngman Rhee", 『핏치 문서철』, p. 5. ; 이정식 역주, 앞의 글, 254쪽 ; 徐廷柱, 앞의 책, 110-115쪽.
9) Robert T. Oliver, op. cit., p. 21.
10) 徐廷柱, 앞의 책, 114쪽.
11) Robert T. Oliver, op. cit., p. 14.
12) Ibid., p. 61.

다고 자신의 「투옥 경위서(Mr. Rhee's Story of His Imprisonment)」에서 다음과 같이 밝혔다.

(개종으로 그동안-인용자) 내가 선교사들과 그들의 종교에 대해서 갖고 있던 증오감, 그리고 그들에 대한 불신감이 사라졌다. 나는 그들이 우리에게 자기들 스스로 대단히 값지게 여기는 것을 주기 위해 왔다는 것을 깨달았다.13)

그리고 이승만은 개신교 선교사들을 미제의 앞잡이로 의심했다고 자신의 「투옥 경위서(Mr. Rhee's Story of His Imprisonment)」에서 다음과 같이 밝혔다.

우리는 미국 선교사들이 한국에 오기 조금 전에 미국 정부가 이[하와이] 섬들을 모두 병합하여 그 영토의 일부로 만들었으며 이 과정에서 하와이 인들의 여왕이 폐위되었음을 알았다. 따라서 우리 한국인은 당연히 우리 나라에 대해서도 똑같은 운명이 계획된 것으로 생각했다. 미국인들이 일본과 중국 그리고 한국으로 하여금 문호를 개방하고 통상하도록 강요한 다음 선교사들이 왔기 때문에 우리로서는 그렇게 생각하지 않을 수 없었다. 우리는 선교사들이 장래의 병합을 준비하기 위해 미국 정부가 파견한 앞잡이들이라고 간주하지 않을 수 없었다.14)

또한 1958년 이승만은 우남학관 낙성식에서,

70년 전 이 학교(배재학당-인용자)에 들어와서 영어를 배우고자 했는

---

13) "Mr. Rhee's Story of His Imprisonment", O. R. Avison, *Memoirs of Life in Korea*, pp. 275-276.
14) "Mr. Rhee's Story of His Imprisonment", O. R. Avison, *Memoirs of Life in Korea*, p. 272.

데 그때는 일청전쟁이 끝난 뒤로서 정부에서는 이 학교를 반공립으로 해서 한문과 영어와 각국 어학을 가르쳤던 것이오 그 당시의 형편으로서는 외국 사람들이 들어와서 상업을 한다 종교를 선교한다 하면서 대포와 기타 군기를 가지고 들어와서 땅을 점령하여서 아세아 사람들은 세계 사정이 어둡고 아세아는 주인 없는 딴 세상이 되었으므로 영어를 공부해서 세계 사정을 알 필요가 있었던 것이오.[15]

라고 하여 배재학당 시절(1895-1897) 적대적 기독교관을 소유하고 있었다고 회고했다.

이처럼 배재학당 시절부터 1899년 개종 이전까지 이승만의 기독교관은 적대적이면서도 우호적이었다. 그의 기독교관이 혼종적이었던 것은 제국주의 국가의 종교가 갖는 침략성에 대한 현실적 우려가 작용하기도 하였지만, 동시에 기독교의 자유와 평등 같은 원리들을 통해 근대적 문명 부강국을 수립하려는 욕망이 교차했기 때문이었다.

3. 절대적 기독교관과 대미관의 변화

1) 절대적 기독교관(1899-1965)

이승만이 혼종적 기독교관에서 절대적 기독교관으로 변화하게 되는 계기는 한성감옥 투옥 중 1899년 기독교로 개종하면서부터였다고 「투옥 경위서(Mr. Rhee's Story of His Imprisonment)」에서 다음과 같이 밝혔다.

나는 감방에서 혼자 있는 시간이면 이 성경을 읽었다. 그런데 선교학교[배재학당]에 다닐 때에는 그 책이 나에게 아무런 의미가 없었는데 이제 그것이 나에게 깊은 관심거리가 되었다. 어느 날 나는 선교학교에서 어느 선교사가 하나님께 했던 말이 생각났다. 그래서 나는 평생 처음으로 감방

---

15) 이승만, 「우남학관 낙성식에서」(1958.11.16), 235쪽.

에서 "오 하나님, 나의 영혼을 구해 주시옵소서. 오 하나님. 우리나라를 구해주시옵소서!"라고 기도했다. 금방 감방이 빛으로 가득 채워지는 것 같았고 나의 마음에 기쁨이 넘치는 평안이 깃들면서 나는 변한 사람이 되었다. 내가 선교사들과 그들의 종교에 대해서 갖고 있던 증오감, 그리고 그들에 대한 불신감이 사라졌다. 나는 그들이 우리에게 자기들 스스로 대단히 값지게 여기는 것을 주기 위해 왔다는 것을 깨달았다.[16]

이처럼 이승만의 절대적 기독교관은 체험에 기초한 종교적 확신에 근거했다. 그는 1898년 11월 21일 길영수를 필두로 하는 보부상들이 만민공동회를 습격했을 때, "이승만씨, 진정하시고 빨리 달아나시오"라고 속삭이는 누군가의 소리를 신의 음성으로 확신했으며,[17] 1899년 1월 30일 탈옥 시 권총을 발사하지 않은 것도 '보이지 않는 그의 손이 [나를 보호하고] 있다는 또 하나의 증거'였다고 회상했다.[18] 1911년 9월 '105인사건'이 터지면서 그에게 체포의 손길이 미치자, 이승만은 1912년 3월 26일 미국 미네아폴리스(Minneapolis)에서 개최되는 [국제]기독교 감리회 4년 총회(The Quadrennial General Conference of the Methodist Episcopal Church)에 한국의 평신도 대표로 참석한다는 명목으로 서울을 떠났다.[19] 이때 일을 그는 "이번도 인간으로서는 도저히 극복할 수 없는 곤경으로부터 보이지 않는 손이 나를 구출해 준 여러 경우의 하나였다"고 회고했다.[20]

1899년 개종 이후 이승만은 변함없는 절대적 기독교관을 표명했다. 개종

---

16) "Mr. Rhee's Story of His Imprisonment", O. R. Avison, *Memoirs of Life in Korea*, pp. 275-276.
17) "Autobiography of Dr. Syngman Rhee", 『핏치 문서철』, p. 9. ; Robert T. Oliver, op. cit., p. 42. ; 이정식 역주, 앞의 글, 259쪽.
18) "Autobiography of Dr. Syngman Rhee", 『핏치 문서철』, p. 11. ; Ibid., p. 46. ; 이정식 역주, 위의 글, 262쪽.
19) "Autobiography of Dr. Syngman Rhee", 『핏치 문서철』, p. 22. ; Ibid., p. 119. ; 유영익, 『이승만의 삶과 꿈』, 90-92쪽.
20) 이승만 지음·李鍾益 옮김, 『日本軍國主義實像』, 나남, 1988, 112쪽.

이후 한평생 그는 자신의 삶의 고통도 하나님의 섭리 안에 있다는 사실을 신께 고백할 때 여러 가지 걱정이 사라지는 것을 경험했다고 고백했다.[21] 프란체스카(Francesca Donner Rhee, 1900-1992)는 이승만이 아침과 저녁으로 기도와 성경 읽기를 일상화했으며, 특히 마태복음을 좋아했으며 대통령 재직 동안 그의 마음은 예수가 설교하던 그런 심정이었다고 밝혔다.[22] 이승만은 1953년-1954년 사이 자신의 전기 *Syngman Rhee: The Man Behind the Myth*를 쓰려는 올리버에게 생애를 술회하는 자리에서, 자신은 "환경보다는 신념에 의하여 더 지배되어 왔다"고 밝혔다.[23] 이 대담을 통해 올리버는 이승만이 '깊은 종교적 확신을 지니고 있었으며', "그의 명상은 절반이 기도였다"고 평가했다.[24] 프란체스카는 이승만의 일생은 조국의 독립과 민족의 자유를 회복하기 위한 고난의 길이었으며, 그 길을 이승만은 자신의 소명으로 알고 걸어갔다고 평가했다.[25]

이러한 사실들에 비추어 봤을 때 이승만에게서 기독교가 차지하는 위상이 얼마나 절대적이었는지 알 수 있다. 때문에 이승만은 1930년대 이후 거듭된 외교 활동 실패로 동지들이 그의 노선에 회의적일 때도, 기독교 신앙에 기대

----

21) Robert T. Oliver, op. cit., p. 64.
22) Ibid., p. 276. ; Robert T. Oliver, *Syngman Rhee and American involvement in Korea*, 1942-1960, p. 390. ; 프란체스카 도너 리 지음·조혜자 옮김, 『이승만 대통령의 건강: 프란체스카 여사의 살아온 이야기』, 도서출판 촛불, 2007, 51쪽. 이승만이 좋아한 성경 구절은 다음과 같다. "나는 평화를 주려고 온 것이 아니라 칼을 주려고 왔노라"(마태복음 10장 34절)와 "흐르는 모래 위에 지은 집은 설 수가 없나니라"(마태복음 7장 26절) 그리고 "누구든지 자기 생명을 구하려하는 자는 이를 잃으리라"(요한복음 12장 25절)[Robert T. Oliver, *Syngman Rhee and American involvement in Korea*, 1942-1960, p. 390.].
23) Robert T. Oliver, *Syngman Rhee and American involvement in Korea*, 1942-1960, p. 390.
24) Robert T. Oliver, *Syngman Rhee and American involvement in Korea*, 1942-1960, p. 390.
25) 曺惠子, 「'人間리승만'의 새傳記」 7월호, 334-335쪽 ; 曺惠子, 「'人間리승만'의 새傳記」 12월호, 283쪽.

어 자신의 외교 독립 노선이 최선의 방략이라는 믿음을 지킬 수 있었다.[26] 이승만은 1942년 미 국무성으로부터 임시정부의 목적을 알려달라는 요청을 받았다. 이에 대해 그는 우리는 겟세마네, 곧 예수 수난의 땅을 통과하고 있다고 하면서 민족의 자유 쟁취를 위한 불굴의 신념만이 우리에게 기독교의 소위 부활을 가져다 줄 것이라고 대답했다.[27] 즉 그는 기독교 신앙에 근거하여 한국인=고난받는 예수, 한국 해방=예수의 부활이라는 등식의 논리를 천명했다.

이승만이 절대적 기독교관을 표명한 이유는 첫째, 영·미계 선교사들의 인격을 확고하게 신뢰했기 때문이었다. 옥중에서 그는 1904년 2월 러일전쟁 발발(1904.2.8) 소식을 듣고 충격을 받아 영한 사전 편찬 작업을 중지하고 1904년 2월 19일부터 『독립정신』을 저술하기 시작했다.[28] 그는 『독립정신』에서 선교사들의 선교 목적은 다른 의도가 있는 것이 아니며 단지 자기들의 경비를 들여 무지한 백성들에게 자기들의 종교를 전하여 우리나라 사람들도 '자기들과 같이 복 받게 되기를 원하는 것 뿐'이라고 하여 선교사들의 진정성을 깊이 신뢰했다.[29] 그는 선교사들이 병원, 고아원, 학교 등을 세워 자선 사업을 하고 있는데, 그들의 진정성을 모르고 오히려 그들을 해친다면 우리들은 문명인이 아니라고 역설했다.[30]

1908년 피츠버그(Pittsburg)에서 개최된 제1차 세계선교사대회(The First International Missionary Convention)에서 이승만은 선교사들이 그간 한국에서 행한 봉사에 대해 감사를 표시했다.[31] 그는 1913년 『한국교회핍박』에서 1882년 미국과 통상한 이래 미국의 상업 자본가들은 자신들의 경제적 이

---

26) Robert T. Oliver, op. cit., p. 172. ; 許 政, 앞의 책, 172쪽.

27) Ibid., pp. 186-188.

28) 이승만, 『풀어쓴 독립정신』, 26쪽.

29) 이승만, 위의 책, 264, 368-369쪽.

30) 이승만, 위의 책, 368-369쪽.

31) "Appeals of Native Christian", *The Korea Mission Field*, Jun 1908, p. 96.

권을 얻기 위해 내한했다. 반면 선교사들은 오직 그리스도의 도를 전하러 온 우리들의 친구이며, 대졸자이며, 경천애인의 도와 상등 문명의 학문과 지식으로 우리를 가르치며, 러일전쟁 때에도 피난하지 않고 한국의 교우들과 사생을 함께 한 사람들이라고 무한한 신뢰를 표시했다.[32] 그는 1919년 4월 필라델피아 한인자유대회(First Korean Congress, 1919.4.16-4.18)[33]에 작성 보고한 「미국인에게 호소함(An Appeal to America)」에서 재한 선교사들이 "우리 국민에 대한 사랑과 예수님에 대한 신앙으로 인해 생명과 재산을 잃을 위기에 처해 있다"고 밝혔다.[34] 그는 1941년 『Japan inside out』(이하 『일본군국주의실상』)[35]에서 재중국 서양 선교사들이 중국인의 영혼 구원을 위해

....

[32] 이승만, 『한국교회핍박』, 167-169쪽.

[33] 한인자유대회(First Korean Congress)는 1919년 4월 16일부터 18일까지 미국의 옛 수도인 필라델피아에서 개최되었다. 대회의 명칭은 미국의 독립 선언과 헌법 제정의 산실이었던 '대륙회의(Continental Congress)'에서 착안한 것으로, 미국의 건국 과정과 유사한 형태로 한국도 새로운 국가 건설을 착수하겠다는 의미를 담고 있었다(고정휴, 「독립운동기 이승만의 외교 노선과 제국주의」, 『역사비평』 겨울호, 역사비평사, 1995, 173-174쪽). 이 대회는 일종의 종교 집회 같은 식순으로 진행되었으며, 참석한 미국인들은 대부분 선교 사업에 종사하는 종교인들이었다. 이 대회의 하이라이트는 필라델피아 독립관까지 행진해서 초대 미국 대통령 워싱턴이 앉았던 의자에 이승만이 앉고 참석자들이 만세를 부르는 장면이었다(정병준, 앞의 책, 198-199쪽).
한인자유대회에서는 총 5건의 결의문이 채택되었다. 제목과 작성자를 시간 순으로 나열하면 다음과 같다. 즉 「대한민국 임시정부에 보내는 멧시지」(민찬호, 정한경, Mr. S. H. Chunn 등이 작성, 제1일 오후회의, 1919.4.14), 「미국인에게 호소함」(이승만, 이상설, Mr .Y. N. Park 등이 작성, 제1일 오후회의, 1919.4.14), 「한국인의 목표와 열망」(유일한, 김현철, Miss Joan Woo 등이 작성, 제1일 오후회의, 1919.4.14), 「일본의 지성인들에게 보내는 메시지」(윤병구, Mr. Cho Lim, 김혜숙 등이 작성, 제2일 오전회의, 1919.4.15), 「미국정부와 파리평화회의에 보내는 청원서」(제3일 오전회의, 정한경, 윤병구, 민찬호 등이 작성, 1919.4.16) 등이다(元聖玉 옮김, 제1일 오전회의 (1919.4.14), 『最初의 韓國議會』, 汎韓書籍株式會社 1986, 121-186쪽).

[34] 元聖玉 옮김, 「미국인에게 호소함」제1일 오후회의(1919.4.14), 140-142쪽.

[35] 중일전쟁(1937.7.7) 발발 이후 한동안 중일전쟁의 추이와 미국 내의 여론동향을 살피던 이승만은 1939년 3월말 하와이를 떠나 동년 4월 미국 수도 워싱턴 D.C.에 도착했다. 그는 1939년 9월 1일 2차 세계대전이 발발하여 유럽이 전쟁의 화염에 휩싸이던 1939년 겨울부터 『Japan inside out』을 집필하기 시작하여 1941년 6월 말 내지 7월초 탈고했고, 이를 뉴욕의 프래밍 H. 레벨 社(Fleming H. Revell Co.)에서 간행했다(고정

생명과 위험을 무릅쓰며 자신의 재산을 사용하면서까지 선교 사명을 다하고 있다고 격찬했다.[36]

1949년 8월 미국 감리교 선교사 헐버트의 영결식에서 이승만은 헐버트는 외모는 미국인이었지만 그의 마음과 행동은 평생 한국을 위해 헌신했다고 추모했다.[37] 이승만은 1950년 2월 헨리 아펜젤러(Henry G. Appenzeller, 1858-1902)의 딸로 이화여전 교장을 역임한 앨리스 아펜젤러(Alice R. Appenzeller, 1885-1950)[38]의 장례식에 보낸 조사에서 1898년 만민공동회 투쟁 시 미국 선교사들은 표면적으로는 중립적 태도를 견지했으나 내면적으로는 자신과 배재학당 학생들을 동정했다고 회고했다. 특히 앨리스 아펜젤러의 아버지 헨리 아펜젤러가 만민공동회에서 투쟁하던 자신과 배재학당 학생들을 밤중에 몰래 찾아와 보여준 호의는 지금도 잊을 수 없다고 밝혔다.[39]

미국 선교사들에 대한 신뢰는 미국인에 대한 신뢰로 확장되었다. 이승만은 미국인은 기독교 정신으로 무장한 기독교도이기에 정의롭고 양심적이라고 판단했다. 그는 1913년 『한국교회핍박』에서 영국과 미국인들이 정의를

휴, 「이승만의『일본내막기』집필 배경과 내용 분석」, 송복, 『이승만의 정치사상과 현실인식』, 연세대학교 출판부, 2011, 181-188쪽). 그는 이 저서에서 미일전쟁은 불가피하다고 주장했는데, 그가 예고했던 태평양전쟁(1941.12.8)이 터지자 그의 책은 2판 내지 3판이나 팔렸고 그는 워싱턴 일각에서 예언자란 평을 받았다고 한다(유영익, 『이승만의 삶과 꿈』, 190쪽 ; 『雩南李承晩文書(東文篇)』第一卷, 147쪽). 하지만 이를 뒷받침할 수 있는 객관적인 자료는 아직 부족한 형편이다(고정휴, 「이승만의『일본내막기』집필 배경과 내용 분석」, 197쪽). 이 책을 1954년 9월 5일 박마리아가 『日本內幕記』라는 이름으로 번역 출판했는데, 실질적인 번역은 이종익이 했다고 한다(이승만 지음·李鍾益 옮김, 앞의 책, 9-12쪽). 1987년 6월 다시 이 저작을 이종익이 『日本軍國主義實像』이라는 이름으로 출판했다. 그리고 2007년 『일본 그 가면의 실체 - 다시는 종의 명에를 메지 말라』라는 번역본이 출간되었다(이승만, 『일본 그 가면의 실체 - 다시는 종의 명에를 메지 말라』, 청미디어, 2007). 이 책에서는 1987년에 출판한 『日本軍國主義實像』을 참고했다.

36) 이승만 지음·李鍾益 옮김, 위의 책, 99쪽.
37) 金珖燮 編, 『李大統領訓話錄』, 中央文化協會, 1950, 96쪽.
38) 안종철, 앞의 논문, 198쪽.
39) 이승만, 「李大統領 偉勳을 欽慕 아女史 別世에 弔意」, 『東亞日報』(1950.2.24).

수호하며 사회적 약자를 보호하는 데 앞장서는 것은 "인간의 본성이겠지만 특별히 기독교 진리를 통해 더욱 발달시킨 것이다"고 주장했다.[40] 그는 1941년『일본군국주의실상』에서 현재 중국에서 미국 외교관이 구타당하고 있음에도 미국을 방문한 가가와 도요히꼬(賀天豊彦)는 진심어린 환영을 받았는데, 이는 '미국 국민의 기독교 정신의 영원한 증좌'라고 평가했다.[41] 그리고 그는 1941년『일본군국주의실상』에서,

> (미국의-인용자) 선량한 기독교인들은 평화를 사랑하는 왕자의 제자들과 같이 진실한 평화의 창조자들이다. 그들은 말뿐인 평화주의자들이 아니라 예수 그리스도의 헌신적이고 양심적인 추종자들로서 지구상에 있는 평화의 원리와 사람들을 대하는 호의를 가르치기 위하여 이 세상에 온 사람들이다.[42]

고 하여 미국 기독교도들의 속성을 예수의 봉사와 헌신, 그리고 평화의 체현자들이라고 규정한 후 전적인 신뢰를 표시했다.

이러한 인식은 이승만이 개인적으로 기독교도 미국인들과 교류하면서 형성되었다. 그는 1905년 2월 20일 전(前) 주한 미국공사를 역임했던 기독교도 딘스모어(Hugh A. Dinsmore) 하원의원의 주선으로 헤이(John Hay) 국무장관을 만났다.[43] 헤이 국무장관은 장로교 신자로 평소 한국 교회 사업에 흥미를 가지고 있었는데, 이승만과의 면담에서 조미수호조약(1882.4.6) 제1조 제2항의 거중조정 조항을 이행하기 위하여 최선을 다하겠다고 약속했다. 이 확언을 깊이 신뢰한 이승만은 1905년 7월 5일 헤이(John Hay) 국무장관이 사망하지 않았더라면 한국이 독립할 수 있었을 것이라고 항상 생각했다.[44]

----

40) 이승만,『한국교회핍박』, 121쪽.
41) 이승만 지음·李鍾益 옮김, 앞의 책, 148쪽.
42) 이승만 지음·李鍾益 옮김, 위의 책, 230-231쪽.
43) Robert T. Oliver, op. cit., pp. 81-83. ; 이정식 역주, 앞의 글, 286, 289-290쪽 ; 고정휴,「독립운동기 이승만의 외교 노선과 제국주의」, 137쪽.

또한 이승만은 조지 워싱턴대 재학 중 여름방학이던 1905년 6월 19일 늦은 밤 미국 동부의 별장지 오션 그로브(Ocean Grove)에서 숙소를 찾지 못해 곤경에 처했을 때 기독교도인 스탁스(Mrs. Starks) 부인의 도움을 받았고 이후에도 그녀에게 많은 도움을 받았다.[45]

특히 이승만은 프린스턴대(Princeton University) 대학원 박사 과정 시절 (1908.9월-1910.7월) 윌슨(Thomas Woodrow Wilson) 총장과 그의 가족들과 개인적으로 교류했다. 이러한 교류를 통해 이승만은 기독교도 윌슨을 깊이 신뢰하게 되었다. 예컨대 윌슨(Thomas Woodrow Wilson, 1913-1921년 재임)이 대통령으로 재임하던 어느 날, 윌슨은 이승만에게 이승만의 면회 신청을 거절했던 1919년 2월 26일 일기를 보여 주었다. "만나자는 친구를 거절해야 하는 괴로움, 이 세상에 정치가라는 직업이 왜 생겼을까?"라는 그 날짜의 일기를 보며 서로 손을 잡고 바라보았다고 한다.[46] 이러한 일화는 그가 얼마나 기독교도 윌슨의 인격을 신뢰하였는지 단적으로 보여준다.

이승만은 1941년 『일본군국주의실상』에서 3·1운동에 대한 일제의 탄압에 대해 미국의 수많은 교회들이 한국인을 동정하고 일제의 압제를 비난했지만,[47] 선교부의 지도자들은 정교 분리의 원칙을 내세워 방관하고 있다고 지적했다.[48] 하지만 그들도 일제의 압력 때문에 겉으로만 일제의 정책을 지지하는 척하고 있는 것이라고 설명했다.[49] 다시 말해 일제의 회유와 압력으로 미국의 기독교 지도자들이 한국을 지원하는 데 미온적인 성향을 보이지

....

44) Ibid., p. 83.
45) "Autobiography of Dr. Syngman Rhee", 『핏치 문서철』, p. 18. ; "Koreans See The President", *The New York Times*, August 5, 1905, 方善柱, 『在美韓人의 獨立運動』, 翰林大學校 아시아문화연구소, 1989, 229쪽 ; 이정식 역주, 앞의 글, 293쪽 ; 孫世一, 「李承晩과 金九」, 『月刊朝鮮』(2002.12).
46) 曺惠子, 「人間리승만」의 새傳記」11월호, 310쪽.
47) 이승만 지음·李鍾益 옮김, 앞의 책, 234쪽.
48) 이승만 지음·李鍾益 옮김, 위의 책, 234쪽.
49) 이승만 지음·李鍾益 옮김, 위의 책, 235쪽.

만 그들도 정의감과 동정심을 소유한 기독교인이기 때문에 마음으로는 한국에 대한 변함없는 지지를 보내고 있다고 파악했다.

한편 톰킨스(Floyd W. Tomkins, 1850-1932) 목사는 1919년 4월 필라델피아 한인자유대회에서 하나님을 의지하는 미국인은 사랑과 동정을 가지고 있기 때문에 한국의 독립을 위해 기도할 것이라고 하였으며,[50] 라이머(Dr. Reimer)는 수백만의 미국인 친구들이 한국인 곁에 있다는 것과 "그들의 마음을 깊이 믿으라"고 했다.[51]

둘째, 이승만과 미국 기독교계 구성원들의 종교적·사상적 지향이 일치했기 때문이다. 이승만은 1905년 4월 23일 부활절에 워싱턴 D.C.에 소재한 커버넌트 장로교회(The Presbyterian Church of the Covenant)의 햄린(Lewis T. Hamlin) 목사로부터 세례를 받았다.[52] 이는 신에 대한 믿음과 헌신의 고백이기도 하지만, 미국 기독교계 구성원들과의 종교적·사상적 동일시의 과정이기도 했다.

또한 1919년 필라델피아 한인자유대회에서 딘(James J. Dean) 신부는 다음과 같은 기도를 했다.

애정이 깊은 하나님 아버지, 필요한 모든 것을 관대하게 베풀어 주시는 아버지 하나님. 불의도 압박도 없는 곳, 축복받은 사람들의 거처인 하늘에 계신 아버지, 이름을 거룩하게 하옵시며, 그 이름으로만이 세계의 **평화**가 확신되고, 사람들 사이에 선(善)이 퍼지게 할 수 있는 아버지 하나님, 당신의 왕국이 오게 하옵소서. 모든 이에게 정직과 **평등**이 주어지는 나라에 모든 개개인과 국가가 진로를 정하여 외국의 개입에 의해 간섭을 받지 않고,

....

50) 元聖玉 옮김, 제1일 오전회의(1919.4.14), 111-114쪽.
51) 元聖玉 옮김, 제3일 오전회의(1919.4.16), 193-194쪽.
52) Robert T. Oliver, op. cit., p. 97. ; Rhee, "*Log Book of S.R.*,"(유영익, 『이승만의 삶과 꿈』, 118쪽 재인용). 하지만 이승만은 원래 감리교 선교학교인 배재학당을 졸업했기 때문에 이후에도 줄곧 감리교회에 교적(教籍)을 두고 감리교 교인으로 행세했다(유영익, 『이승만의 삶과 꿈』, 118쪽).

종교적 편견으로부터 **해방**되며 당신의 명예와 영광을 따르게 하는 당신의 뜻이 이루어지게 하소서. (중략) 우리의 가슴 속에 진실과 **정의**에 대한 불타는 **사랑**을 심어 주십시오.(강조-인용자.)53)

위 기도문에서 딘(James J. Dean) 신부는 정의·자유·평화·평등·박애 등 기독교의 핵심 개념들을 언급했다. 그리고 김혜숙(Miss Nodie Dora Kim)은 "우리 모두는 하나님이 정의와 자유의 편에 서 있다는 것을 잘 알고 있고, 우리들의 기도를 들어주시리라 확신한다"54)고 하여 한인자유대회에 참가한 이승만을 비롯한 한인들과 미국 기독교인들의 종교적·사상적 지향이 일치했음을 알려준다.

그리고 기독교를 공통분모로 한 종교적·사상적 일치의 모습은 이승만의 후원 조직이나 그가 주도한 행사 절차에도 투영되었다. 먼저 그의 후원 조직인 대한인동지회(1921.6.29 설립)는 행사에 앞서 '하나님 앞에 맹세'했고,55) 「입회식」 절차에도 '축도'와 '묵상 기도 폐식'이 들어가 있었으며,56) 대한인부인구제회(1919.4.1.설립)는 회의 시 '기도로 개회'했다.57) 그리고 1919년 필라델피아 한인자유대회의 식순은 기독교 예배 형식을 모방한 기도와 성서 낭독 순서로 진행되었다.58) 예컨대 한인자유대회 제2일 오전회의는 개회 선

---

53) 元聖玉 옮김, 「James J. Dean 신부의 기도」제2일 오전회의(1919.4.15), 150-151쪽.

54) 元聖玉 옮김, 제3일 오전회의(1919.4.16), 196-197쪽.

55) 통지서」(1922.4.22), 『雩南李承晩文書(東文篇)』第十二卷, 231쪽 ; 「선서문」, 『雩南李承晩文書(東文篇)』第十二卷, 255쪽.

56) 1924년 대한인동지회의 「입회규례」에 의하면, 입회식은 "一.본부에서는 리사장의 인도로 지부에서는 주무원의 인도로 집행함, 二.애국가, 三.축도, 四.서명, 五.정강 낭독, 六.선서문 송독, 一.묵상 기도 폐식, 一.총회는 1년 1차로 하되 입원회의 결정으로 반포" 등의 순서로 진행되었다(「입회규례」(1924.11.21), 『雩南李承晩文書(東文篇)』第十二卷, 244-245쪽).

57) 하와이 대한인부인구제회 대표회 회의록」(1928.1.25), 『雩南李承晩文書(東文篇)』第十二卷, 403쪽 ; 「하와이 대한인부인구제회 대표회 회의록」"제14차 대표회"(1936.4.11), 『雩南李承晩文書(東文篇)』第十二卷, 426쪽.

58) 元聖玉 옮김, 앞의 책, 109-110, 150-151, 179쪽.

언, 빌라노바 대학(Villanova University) 학장인 딘(James J. Dean) 신부의
『성경』「시편」53편59)의 낭독, 딘(James J. Dean) 신부의 기도 순서로 진행
되었다.60)

이승만은 이러한 기독교적 가치를 자신의 인생관과 세계관으로 삼고 있었
기 때문에 독립운동의 방략으로 독립전쟁 노선이 아닌 실력양성 노선과 외
교 독립 노선을 선택했다. 그는 1908년 7월 11일-15일 콜로라도 州 덴버
(Denver)시의 그레이스 감리교회에서 열린 [한국인] 애국동지대표자대회
(The Korean Patriots' Delegation Convention)에서 의장으로 선출되었
다.61) 영국 『데일리 메일(Daily Mail)』지의 기자 맥켄지(Frederick A.
McKenzie)는 이 대회의 실력양성 독립운동은 올바른 결정이지만, 스티븐스
사살 사건은 동정적인 서구 여론의 지지를 잃게 할 수 있을 것이라고 우려했
다.62) 이러한 시각은 대체로 기독교인들의 공론을 대표한 것으로 당시 이승
만의 가치관과 일치했다.63) 또한 그는 1908년 7월 16일 장인환·전명운의
스티븐슨 저격 사건(1908.3.23)의 재판 통역 요청을 "시간 관계로 오래 있을
수 없으며 예수교인의 신분으로 살인재판 통역을 원하지 않는다"고 거절했

....
59) 원문에는 「시편」53편[First Korean Congress, Held in The Little Theatre 17th and
   Delancey Streets(Philadelphia), 1919, p. 41. ; 元聖玉 옮김, 위의 책, 149-150쪽]이라
   고 나와 있으나, 『성경』대조 결과 「시편」54편이 맞다. 「시편」53편은 인간의 타락을
   비탄히 여기는 노래인 데 비해(『아가페 큰글성경』, 1993, 839쪽), 「시편」54편은 자기
   를 죽이고자 하는 원수들로부터의 구원과 악인들에 대한 보응을 하나님께 호소한 다윗
   의 기도이기 때문이다(『아가페 큰글성경』, 1993, 840쪽). 「시편」54편의 낭독은 식민
   지 한국의 상황과 한국인의 독립 열망을 제창한 한인자유대회의 성격과도 부합하기 때
   문이다.
60) 元聖玉 옮김, 「James J. Dean 신부의 기도」제2일 오전회의(1919.4.15), 150-151쪽.
61) 정병준, 앞의 책, 89-90쪽 ; 손세일, 『이승만과 김구 1875-1919 – 양반도 깨어라 상놈도
   깨어라③』, 29-30쪽.
62) (Frederick A. McKenzie)〉Syngman Rhee, 1908.8.4), The Syngman Rhee
   correspondence in English: 1904-1948, Volume2, The Institute for Modern Korean
   Studies, Yonsei University, 2009, pp. 38-39.
63) 유영익, 『이승만의 삶과 꿈』, 66쪽.

다.[64] 이에 대해 정교 분리의 원칙을 지키고 있었던 미국 기독교 선교 본부의 자금과 후원으로 유학하던 이승만이 반일 정치운동에 나설 경우 그의 학업과 장래가 불안해질 수 있었기 때문이라는 평가가 있지만,[65] 그것은 기독교 사상으로 무장한 이승만의 정신 세계로 미루어 당연한 선택이었다.

한편 톰킨스(Floyd W. Tomkins) 목사는 1919년 4월 필라델피아 한인자유대회에서 항일 무장 투쟁보다 실력 양성을 우선해야 한다고 하면서 자유와 독립은 하루아침에 이루어지는 것이 아니라 일종의 성숙기인 고난 극복의 과정을 거쳐야 한다. 그리고 그것이 하나님의 뜻이라고 역설했다.[66] 이러한 발언은 왜 그토록 이승만이 실력양성론과 외교 독립 노선에 집착했는지 설명해 준다. 또한 이 대회에 참석한 서재필도 테러, 암살 같은 비열한 방법보다 공명정대하게 싸우는 것이 그 효과 여부와 관계없이 기독교적인 것이라고 역설했다.[67] 즉 미국 기독교계의 구성원들은 한국의 독립운동의 방략은 힘이나 폭력이 아니라, 자유, 정의, 인도와 같은 인류의 보편적 가치와 이상에 호소해야 한다고 인식하고 있었다.[68]

셋째, 미국 기독교계 구성원들이 이승만의 독립운동을 지원했기 때문이었다. 이러한 지원은 개별 기독교인 차원의 한국 독립운동 지원과 개별 기독교인들로 구성된 이승만 후원 조직의 한국 독립운동 지원으로 구분된다. 우선 개별 기독교인 차원의 한국 독립운동 지원을 살펴보면, 1904년-1905년 도미 독립유지외교 활동 단계, 1912년 미국 '망명' 단계, 1919년 필라델피아 한인자유대회 단계, 1919년 3·1운동 직후 단계, 1921-1922년 워싱턴회의 청원 외교 활동 단계 등으로 나누어 볼 수 있다.

....

64) 이정식 역주, 앞의 글, 304-306쪽 ; 김원용 지음·손보기 엮음, 『재미한인 50년사』, 혜안, 2004, 244쪽.
65) 정병준, 앞의 책, 89-90, 103-104쪽.
66) 元聖玉 옮김, 제1일 오전회의(1919.4.14), 111-114쪽.
67) 元聖玉 옮김, 제1일 오전회의(1919.4.14), 117-120쪽.
68) 고정휴, 『이승만과 한국독립운동』, 연세대학교 출판부, 2004, 328쪽.

먼저 주한 선교사들과 미국 기독교인들은 1904년 11월 4일부터 1905년 8월 7일까지 이승만이 전개한 도미 독립유지외교 활동을 전폭적으로 지원했다. 1904년 8월 7일 그가 출옥한 후 미국 선교사들은 도미 독립유지외교 활동을 위해 도미하라고 권고와 지원을 했다.[69] 특히 게일(James S. Gale), 언더우드(Horace G. Underwood), 벙커(Dalziel A. Bunker), 존스(George H. Jones), 질레트(Philip L. Gillett, 1874-1939), 미국 감리교 선교사 스크랜턴(Williams B. Scranton, 1856-1922) 등 주한 선교사들은 미국 기독교계 지도자들에게 이승만을 소개하는 19통의 편지를 써 주었다.[70]

이승만은 11월 4일 민영환과 한규설의 개인 밀사 자격으로[71] 제물포를 출발했다.[72] 11월 29일 하와이 호놀룰루 港에 도착하여 하와이 감리교 선교부의 와드맨(John W. Wadman) 감리사와 윤병구(尹炳求) 목사의 영접을 받았다.[73] 그는 11월 30일 하와이 호놀룰루 항을 출발하여, 샌프란시스코, 로스엔젤레스, 시카고, 그리고 피츠버그를 거쳐서 12월 31일 워싱턴에 도착했다.[74]

이승만은 1905년 1월 1일 오전에 한국 공사관을 방문하였고,[75] 점심 때에

[69] 徐廷柱, 앞의 책, 181-182쪽.

[70] Robert T. Oliver, op. cit., pp. 99-100. ; Rhee, "*Log Book of S.R.*,"(유영익, 『이승만의 삶과 꿈』, 46쪽 재인용)

[71] "Autobiography of Dr. Syngman Rhee", 『핏치 문서철』, pp. 15-16. ; Ibid., p. 75. ; 이정식 역주, 앞의 글, 279쪽 ; 고정휴, 「독립운동기 이승만의 외교 노선과 제국주의」, 137쪽 ; 주진오, 앞의 논문, 184쪽 ; 정병준, 앞의 책, 82-83쪽.

[72] "A Record of the dates of trips made by S. Rhee Since Nov. 1904", *The Syngman Rhee Presidential Papers*, File 01010003-01010005. ; Ibid., p. 76. ; 이정식 역주, 앞의 글, 313쪽 ; 徐廷柱, 앞의 책, 184쪽.

[73] "Autobiography of Dr. Syngman Rhee", 『핏치 문서철』, p. 16. ; Ibid., p. 77. ; 이정식 역주, 위의 글, 278쪽 ; 徐廷柱, 위의 책, 185-187쪽.

[74] "Autobiography of Dr. Syngman Rhee", 『핏치 문서철』, pp. 16-17. ; Ibid., pp. 78-79. ; 이정식 역주, 위의 글, 278, 282-283, 313쪽 ; 徐廷柱, 위의 책, 187-189쪽 ; 孫世一, 「李承晚과 金九」, 『月刊朝鮮』(2002.10).

[75] "Autobiography of Dr. Syngman Rhee", 『핏치 문서철』, p. 17. ; Ibid., p. 79. ; 이정식 역주, 위의 글, 283쪽 ; 徐廷柱, 위의 책, 189쪽.

는 미국 북장로교 선교사 게일(James S. Gale)의 소개장을 들고 커버넌트 장로교회(The Presbyterian Church of the Covenant)의 햄린(Lewis T. Hamlin) 목사를 방문했다.[76] 이승만은 1905년 2월 민영환과 한규설의 편지를 가지고 전(前) 주한 미국 공사를 역임했던 기독교 신자 딘스모어(Hugh A. Dinsmore) 하원의원을 방문했다. 딘스모어(Hugh A. Dinsmore)는 헤이(John Hay) 국무장관과의 면담 주선을 약속하였으며,[77] 2월 20일에는 딘스모어(Hugh A. Dinsmore)의 주선으로 헤이(John Hay) 국무장관을 만났다.[78]

한편 1905년 7월 2일 루즈벨트(Theodore Roosevelt, 1901-1909년 재임) 대통령은 8월 5일 뉴햄프셔주 포츠머스(Portsmouth)에서 러일 포츠머스 강화회의(1905.8-9월)를 개최한다고 발표했다. 이보다 하루 전인 7월 1일 루즈벨트(Theodore Roosevelt)는 육군장관 태프트(William H. Taft)를 하와이·필리핀·일본·중국에 파견하여 당면 현안을 해결하게 했다. 이러한 문제를 해결하기 위해 태프트가 7월 14일 첫 번째로 하와이를 방문하자, 윤병구 목사는 와드맨(Jhon W. Wadman) 감리사와 앳킨슨(Atkinson) 주지사 대리의 도움으로 태프트로부터 루즈벨트에게 자신을 소개하는 소개장을 받아내는 데 성공했다.[79] 태프트의 도착 이전인 7월 12일 하와이 한국 교포들은 포와임시공동회(布蛙臨時共同會)를 소집하여 윤병구 목사를 러일 포츠머스 강화회의에 파견할 하와이의 한인 대표로 선정했다.[80] 한편 샌프란시스코에

---

76) Ibid., p. 97. ; 이정식 역주, 위의 글, 284쪽 ; 徐廷柱, 위의 책, 189쪽.

77) 이정식 역주, 위의 글, 286쪽 ; 손세일, 『이승만과 김구 1875-1919 - 양반도 깨어라 상놈도 깨어라②』, 292쪽.

78) "Autobiography of Dr. Syngman Rhee", 『핏치 문서철』, pp. 17-18. ; Robert T. Oliver, op. cit., p. 82. ; 이정식 역주, 위의 글, 289-290쪽 ; 고정휴, 「독립운동기 이승만의 외교 노선과 제국주의」, 137쪽.

79) "Autobiography of Dr. Syngman Rhee", 『핏치 문서철』, p. 19. ; Ibid., p. 84. ; 이정식 역주, 위의 글, 297쪽 ; 정병준, 「1905년 윤병구·이승만의 시오도어 루즈벨트 면담외교의 추진과정과 그 의미」, 『한국사연구』57, 한국사연구회, 2012, 143쪽.

80) 정병준, 「1905년 윤병구·이승만의 시오도어 루즈벨트 면담외교의 추진과정과 그 의

모인 미주의 학생들은 러일 포츠머스 강화회의에 파견할 미주의 한인 대표로 이승만을 선출했다.[81]

1905년 7월 31일 윤병구 목사는 워싱턴에 도착했다.[82] 그의 도착에 앞서 당시 조지워싱턴대에 재학 중이던 이승만은 필라델피아로 가서 서재필과 함께 루즈벨트(Theodore Roosevelt)에게 제출할 청원서를 협의·작성했다.[83] 이 청원서의 내용은 곧 개최될 러일 포츠머스 강화회의에서 조미수호조약의 거중조정 조항에 의거해 미국이 한국의 독립 유지를 위해 중재와 개입을 해 달라는 것이었다.[84] 8월 2일 이승만은 윤병구 목사와 함께 이 청원서를 가지고 워싱턴을 출발하여 뉴욕으로 가서 존스(George H. Jones) 선교사의 집에서 하룻밤을 묵고, 8월 3일 오후 6시 반 뉴욕의 동북부에 있는 피서지 오이스터 베이(Oyster Bay)에 도착했다.[85] 그날 오후 그는 8시 윤병구 목사와 함께 대통령 비서실을 찾아가 임시 비서관 반즈(Barnes)에게 태프트의 소개장과 청원서를 제출하고 루즈벨트(Theodore Roosevelt) 대통령과의 면담을 요청했다.[86] 이승만은 8월 4일 루즈벨트 대통령과 면담하였는데, 그는 주미 한국 공사관을 통해 청원서를 제출하라고 했다.[87] 하지만 이미 가쓰라·태프

미」, 144-151쪽.

81) 정병준, 「1905년 윤병구·이승만의 시오도어 루즈벨트 면담외교의 추진과정과 그 의미」, 152쪽.

82) "Autobiography of Dr. Syngman Rhee", 『핏치 문서철』, p. 19. ; 이정식 역주, 앞의 글, 297-298쪽.

83) (이승만〉)민영환, 1905.8.9), 柳永益·宋炳基·李明來·吳瑛燮 編, 『李承晚 東文 書翰集』 上, 29-30쪽 ; 정병준, 「1905년 윤병구·이승만의 시오도어 루즈벨트 면담외교의 추진과 정과 그 의미」, 157, 166쪽.

84) F.A. 매켄지 지음·신복룡 역주, 『대한제국의 비극』, 집문당, 1999, 287-289쪽.

85) "Autobiography of Dr. Syngman Rhee", 『핏치 문서철』, p. 19. ; (이승만〉)민영환, 1905.8.9), 柳永益·宋炳基·李明來·吳瑛燮 編, 『李承晚 東文 書翰集』上, 30쪽 ; 정병준, 「1905년 윤병구·이승만의 시오도어 루즈벨트 면담외교의 추진과정과 그 의미」, 167쪽.

86) "Autobiography of Dr. Syngman Rhee", 『핏치 문서철』, pp. 19-20. ; "Will Ask Roosevelt to Protect Koreans", *The New York Times*, August 4, 1905, 方善柱, 앞의 책, 228-229쪽 ; Robert T. Oliver, op. cit., p. 85. ; 이정식 역주, 앞의 글, 298쪽 ; 손세일, 『이승만과 김구 1875-1919 – 양반도 깨어라 상놈도 깨어라②』, 314쪽.

트 조약(Taft-Katsura Agreement)이 1905년 7월 31일 체결되어 미국은 일제의 한국에 대한 종주권을 인정한 상태였다.[88] 따라서 루즈벨트가 이승만과 윤병구를 만난 것은 외교적 제스추어에 불과했는데도 당시 이승만은 희롱당하는 것을 몰랐고 미국의 선의를 믿고 있었다.[89] 8월 5일 이승만은 워싱턴에 도착하여 청원서를 가지고 주미 한국 대사관에 갔으나, 대리공사 김윤정의 배신으로 청원서를 접수하지 못했다. 그는 8월 6일 재차 주미공사관을 방문했으나, 대리공사 김윤정의 접견 거부로 결국 그의 대미 독립유지 외교는 실패했다.[90] 하지만 이승만은 도미 독립유지외교 활동 시 주한 선교사들과 미국 기독교인들의 도움으로 숙식을 제공받고 그들의 인맥을 이용해 비교적 손쉽게 미국의 국무장관과 대통령을 면담할 수 있었다.

그리고 1910년 귀국해 한국YMCA 간사로 활동하던 이승만은 1911년 9월 일어난 '105인사건'으로 체포 위험에 처하자, 1912년 3월 26일 미국 미네아폴리스(Minneapolis)에서 개최되는 [국제]기독교 감리회 4년 총회에 한국의 평신도 대표로 참석한다는 명목으로 서울을 떠났다.[91] 이때 주한 선교사들과 감리교계 목회자들은 이승만을 출국 도피시키기 위해 총력을 다했다. 특히 감리교 해리스(Merriman C. Harris) 감독은 일본 정부에 부탁하여 여권을 마련해 주었다.[92] 한편 미국 기독교도들은 '105인사건'으로 박해받는 한국 기독교인들을 위한 특별 기도회를 개최했다.[93] 또한 1913년 2월 장로교 총

....

87) "Autobiography of Dr. Syngman Rhee", 『핏치 문서철』, pp. 19-20. ; "Koreans See The President", *The New York Times*, August 5, 1905, 方善柱, 위의 책, 229쪽 ; Ibid., p. 86. ; 이정식 역주, 위의 글, 298쪽.

88) 정병준, 앞의 책, 2005, 85쪽.

89) 方善柱, 「李承晩과 委任統治案」, 앞의 책, 194쪽.

90) "Autobiography of Dr. Syngman Rhee", 『핏치 문서철』, p. 20. ; Robert T. Oliver, op. cit., pp. 87-89. ; 이정식 역주, 앞의 글, 296, 300쪽 ; (이승만)〉민영환, 1905.8.9), 柳永益・宋炳基・李明來・吳瑛燮 編, 『李承晩 東文 書翰集』上, 33-34쪽.

91) "Autobiography of Dr. Syngman Rhee", 『핏치 문서철』, p. 22. ; Ibid., p. 119. ; 유영익, 『이승만의 삶과 꿈』, 90-92쪽.

92) "Autobiography of Dr. Syngman Rhee", 『핏치 문서철』, p. 22. ; Ibid., p. 119.

회 기관보『*Continent*』의 주필 엘리스(Wm. Ellis)는 일제가 한국 교회를 탄압하고 있다고 비난했다.[94]

또한 1919년 4월 필라델피아 한인자유대회에서 미국 기독교인들은 한국의 독립을 지원했다. 샤트(Alfred J. G. Schadt) 교수는 미국 기독교도들이 한국의 독립을 지원할 것이며, 또한 미국 대통령도 여기에 동의할 것이라 믿고 있으며, 먼로주의[95]가 외국 여러 나라에 있어 좋은 반응을 얻을 것이라고 확신한다고 주장했다.[96] 톰킨스(Floyd W. Tomkins) 목사는 조만간 미국정부와 의회는 한국의 독립을 지원하는 공식 입장을 표명할 것이라 믿고 있다고 밝혔다.[97] 딘(James J. Dean) 신부는 압박받는 민족의 자유와 갱생을 얻기 위해 기도했는데,[98] 이는 일제의 억압에 신음하는 식민지 한국을 위한 위로의 기도였다. 또한 딘(James J. Dean) 신부는 불의한 외세에 맞서 싸우는 것이 정의이며, '정의는 종국에 가서는 반드시 승리'할 것이라는 연설을 했다.[99] 비코비츠(Henry Berkowitz)는 '정의의 신은 존재하며' '여러분들은 반드시 승리하여 여러분들이 마땅히 가져야 할 자유를 얻게 될 것'[100]이라고 선언하여 한국 독립의 정당성을 신의 이름으로 보증했다. 베네딕트(George G. Benedict) 기자는 "본인은 한국이 자유를 얻게 되리라는 것을 확신하며, 또 그 자유가 하루빨리 성취되도록 하나님의 뜻이 함께 하시길 빕니다"[101]

....

93) 이승만 지음·李鍾益 옮김, 앞의 책, 114쪽.

94) 국사편찬위원회, 『태평양잡지·태평양주보 색인』, 國史編纂委員會 , 2005, 1쪽.

95) 1823년 먼로(Monroe) 대통령이 교서에 밝힌 미국의 외교방침으로서, 미국은 유럽 제국이 아메리카 제국의 정치에 간섭하는 것을 묵인하지 않겠다는 것이다(元聖玉 옮김, 제1일 오전회의(1919.4.14), 133쪽).

96) 元聖玉 옮김, 제1일 오전회의(1919.4.14), 132-133쪽.

97) 元聖玉 옮김, 제1일 오전회의(1919.4.14), 111-114쪽. 이 연설에 대해 서재필은, "자유와 독립을 얻기 위한 여러분들의 잘 무장된 군인들로 구성된 몇 개의 연대와도 맞먹을 수 있는 것이다"고 격찬했다(元聖玉 옮김, 제3일 오후회의(1919.4.16), 190쪽). 이러한 인식은 이승만도 크게 다르지 않았을 것이다.

98) 元聖玉 옮김, 「James J. Dean 신부의 기도」제2일 오전회의(1919.4.15), 150-151쪽.

99) 元聖玉 옮김, 「James J. Dean 신부의 연설」제2일 오전회의(1919.4.15), 151-154쪽.

100) 元聖玉 옮김, 제3일 오전회의(1919.4.16), 181쪽.

고 하여 한국의 독립에 하나님의 축복이 임하길 축원했다. 이런 맥락에서 이승만은 한국교회가 선교사들로부터 독립하는 문제에 대해서 부정적이었다. 이러한 인식은 일제의 탄압에서 벗어나는 데는 한국 교회의 독립적 성장보다 서구 기독교계의 보호 아래 있는 것이 더 현실적이라는 판단 때문이었다.[102]

나아가 1919년 3·1운동 직후 주한 선교사들과 미국 기독교도들은 이승만의 독립운동을 지원했다. 1919년 3·1운동 당시 주한 선교사들은 3·1운동의 실상을 세계에 알려 한국에 대한 동정과 관심을 고조시켰다.[103] 1919년 7월 5일 이승만은 한국과 일본 양국의 감리교 감독을 겸임하던 주한 선교사 웰치(Bishop Herbert Welch, 1862-1969)에게 보낸 편지에서 [미국]기독교교회연합회(The Federal Council of Churches)가 한국 관련 정보를 미국 국민들에게 선전하기로 동의했다는 데 대해 감사를 표시했다.[104] 그는 1919년 12월 2일 미국 장로교 목사 할세이(Jesse Halsey)에게 보낸 편지에서 추수감사절 설교에서 미국 교회 목사들이 한국 독립의 필요성을 언급한 것에 대해 감사를 표시했다.[105] 그는 1919년 12월 12일 미국 장로교 목사 맥키(Mackie)에게 보낸 편지에서 그의 교회에서 한국의 실정을 홍보할 수 있는 기회를 준 것에 대해 사의를 표했다.[106] 그는 1919년 12월 16일 미국 교회 목사 맥알핀(J. J. McAlpine)이 한국의 독립운동에 관심을 보여 준 것과 한국친우회(The League of the Friends of Korea)의 회비를 납부한 것에 대해 우의를 표시했

101) 元聖玉 옮김, 제3일 오전회의(1919.4.16), 183쪽.

102) 이승만, 『한국교회핍박』, 88-91쪽.

103) Robert T. Oliver, op. cit., p. 142.

104) (Syngman Rhee)〉Bishop Herbert Welch, 1919.7.5), *The Syngman Rhee correspondence in English*: 1904-1948, Volume1, p. 153.

105) (Syngman Rhee)〉Jesse Halsey, 1919.12.2), *The Syngman Rhee correspondence in English*: 1904-1948, Volume1, p. 180.

106) (Syngman Rhee)〉Mackie, 1919.12.12), *The Syngman Rhee correspondence in English*: 1904-1948, Volume1, p. 188.

다.[107] 1920년 6월 2일 잠시 미국 뉴욕에 체류 중이던 주한 선교사 애비슨(Oliver R. Avison)은 워싱턴에 있던 이승만에게 보낸 편지에서 현재 주한 선교사들은 현실 여건상 한국의 독립을 직접적으로 지원할 수 없다. 하지만 종교와 교육 분야에서는 헌신적으로 봉사하고 있기에 간접적으로 한국의 독립운동을 지원하고 있는 셈이라고 밝혔다. 또한 종국에는 신의 섭리 안에서 적당한 때가 되면 하나님은 분명히 한국을 독립시킬 것이라고 심정적으로 동정을 표시했다.[108] 1920년 6월 26일 장로교 목사 화이팅(Harry S. Whiting)은 이승만에게 보낸 편지에서 미국에서 일제의 한국 지배의 잔혹성을 폭로하는 선전활동을 한국이 해방되는 그날까지 계속하겠다고 밝혔다.[109] 1922년 4월 워싱턴에 거주하는 스미스(Robert E. Smith)는 이승만에게 보낸 편지에서 한국인을 위해 애통해 하며 하나님의 선한 시간 가운데 한국인은 자유롭게 될 것이며 장차 한국은 모든 분야에서 미증유의 발전을 경험하게 될 것이라고 격려했다.[110] 1922년 7월 이승만은 중국에서 활동하던 미국 장로교 선교사 피치(George A. Fitch, 1883-1981)에게 보낸 편지에서 그간 한국의 독립운동을 지원한 것에 대해 깊은 감사를 표시한 후, 한국YMCA의 이상재(李商在), 신흥우(申興雨), 윤치호(尹致昊) 등에게 보내는 비밀 편지를 전달해 달라고 부탁했다.[111]

한편 임정의 대통령으로 상해에 체류하던 시절(1920.12.8.-1921.5.29)에도 선교사들은 이승만의 독립운동을 지원했다. 미국 안식교 선교사 크로푸

107) (Syngman Rhee)〉J. J. McAlpine, 1919.12.16), *The Syngman Rhee correspondence in English*: 1904-1948, Volume1, p. 205.

108) (Oliver R. Avison)〉Syngman Rhee, 1920.6.2), *The Syngman Rhee correspondence in English*: 1904-1948, Volume2, pp. 356-357.

109) (Harry S. Whiting)〉Syngman Rhee, 1920.6.26), *The Syngman Rhee correspondence in English*: 1904-1948, Volume2, p. 379.

110) (Robert E. Smith)〉Syngman Rhee, 1922.4.22), *The Syngman Rhee correspondence in English*: 1904-1948, Volume3, p. 181.

111) (Syngman Rhee)〉George A. Fitch, 1922.7.8), *The Syngman Rhee correspondence in English*: 1904-1948, Volume1, p. 458.

트(J. W. Crofoot)는 이승만이 1921년 1월 1일부터 5월 29일까지 약 6개월간
임정의 대통령 직무를 수행할 수 있도록 상해 프랑스 조계 안에 있던 자신의
사택에서 기거하게 했다.[112] 그리고 상해YMCA의 총무로 활동하던 미국 장
로교 선교사 피치(George A. Fitch)는 이승만이 5월 29일 상해에서 미국으
로 귀환할 때 호놀룰루까지의 배표를 구해주었다.[113]

　한편 1921년 11월 12일 아시아·태평양 지역의 현안을 해결하기 위해 워
싱턴회의(The Washington Conference, 일명 태평양회의 또는 태평양군축
회의, 1921.11.12-1922.2.6)[114]가 개최되었다. 1921년 7월 중순 미국의 신
임 대통령 하딩(Warren G. Harding)이 워싱턴회의를 개최하자고 제안했다.
여기에 고무된 구미위원부는 1921년 9월 29일 이승만을 단장, 서재필을 부
단장으로 하는 '한국대표단(Korean Mission)'을 구성하고 워싱턴회의에 참
석해 한국인의 주장을 설명하고 한국문제를 상정하기 위해 노력했다. 그러
나 주최국 미국은 '한국대표단'의 청원 활동에 일체 반응하지 않음으로써
1921-1922년 구미위원부의 워싱턴회의 청원외교 활동은 실패했다.[115]

　이처럼 전개된 1921-1922년 구미위원부의 워싱턴회의 청원외교 활동 때
에도 미국 기독교계 구성원들은 한국의 독립운동을 지원했다. 1921년 6월
28일 한국친우회 회장 톰킨스(Floyd W. Tomkins) 목사는 주미 일본대사 시
데하라(幣原喜重郎)에게 편지를 보내 한국친우회 회원들은 평화를 사랑하
는 기독교도라고 하면서, 한국을 독립시켜 주는 것이 일본의 명예를 높이고
일본의 안전을 지키며 세계의 정의로운 사람들과 우호를 도모할 수 있는 길
이라고 충고했다.[116] 톰킨스(Floyd W. Tomkins) 목사는 워싱턴회의 개최

---

112) 유영익, 『건국대통령 이승만』, 38쪽.
113) 유영익, 『건국대통령 이승만』, 40쪽.
114) Robert T. Oliver, op. cit., pp. 151-154. 이승만과 워싱턴회의에 대해서는 고정휴, 『이
　　 승만과 한국독립운동』, 389-424쪽 ; 정병준, 앞의 책, 204-205쪽을 참조.
115) 고정휴, 『이승만과 한국독립운동』, 389-414쪽.
116) Korea Review, III-6(1921.8), "Friend of Korea Writes to Japanese Envoy", pp.
　　 13-14.

하루 전날인 1921년 11월 11일 미국대표단 단장 휴즈(Charles E. Hughes)에게 보낸 편지에서 동양에서 서구문명 특히 기독교를 가장 빨리 그리고 폭넓게 수용한 한국인들에게 미국인들이 단순한 동정이 아니라 실질적인 도움을 줄 수 있는 때가 바로 지금이라고 하면서 한국인들이 워싱턴회의에서 그들의 주장과 요구를 진술할 수 있도록 해달라고 요청했다.[117] 1921년 11월 22일 톰킨스(Floyd W. Tomkins) 목사가 주재한 필라델피아의 한 침례교회 집회에서 참석자들은 워싱턴회의에 출석한 미국대표단이 한국문제를 진지하게 고려하고 조미수호조약에 부합하는 공평한 조치를 취할 것을 요구하는 결의안을 채택했다.[118]

한편 대부분의 미국 선교사들은 1948년 대한민국 정부 수립에 대해서도 우호적 입장을 견지하여 이승만을 지원했다.[119] 미국 북장로교 선교사 언더우드(Horace H. Underwood, 1890-1951)[120]는 대한민국 정부는 '꼭두각시 정부라든가 미국에 의해 세워진 것이 아니라' 대다수 국민들의 자유 의지에 따라 수립되었다고 주장했다.[121] 미국 남감리교 선교사 피셔(J. Ernest Fisher)[122]는 대한민국 정부 수립 직후 이승만을 '총선거에서 국민들이 선출

....

117) 고정휴, 『이승만과 한국독립운동』, 414쪽.
118) *Korea Review*, III-10(1921.12), "Mass Meeting", p. 15.
119) 안종철, 「미군정 참여 미국선교사관련 인사들의 활동과 대한민국 정부수립」, 『한국기독교와 역사』 제30호, 한국기독교역사연구소, 2009, 18쪽.
120) 언더우드(Horace H. Underwood, 1890-1951)는 주한 선교사 언더우드(Horace G. Underwood, 1859-1916)의 아들로 서울 정동에서 출생했다. 뉴욕대를 졸업하고, 뉴욕대에서 석사와 박사 학위를 취득했다. 1912년 미국 북장로교 선교사로 내한하여 사역하다가 1942년 일제에 의해 강제 추방되었다. 1945년 10월말에는 미국전략정보국(OSS)의 요원으로 근무했다. 해방 이후 미군정 고문으로 군정청 '인사조정위원회'에서 활동했다(강인철, 「미 군정기의 국가와 교회」, 한국사회사학회 편, 『해방 후 정치세력과 지배구조』, 문학과지성사, 1995, 221-222쪽 ; 김승태·박혜진 엮음, 앞의 책, 486-487쪽).
121) Horace H. Underwood(with a concluding chapter by Marion E. Hartness), *Tragedy and Faith in Korea* (New York: Friendship Press, 1951), p. 12.
122) 피셔(J. Ernest Fisher)는 컬럼비아대를 졸업하고, 박사 학위를 취득했다. 1919년 미국 남감리교 선교사로 내한하여 시무하다가 1935년 귀국했다. 2차 대전 중 미국전략정

한 대표들에 의해 민주주의적으로 선출된' 인물이며, '국민 대다수가 선택한' 사람이라고 평가했다.[123] 미국 감리교 선교사 헐버트(Homer B. Hulbert, 1863-1948)는 일제로부터 독립한 대한민국의 가치를 가장 높게 평가한 대표적 인물이었다.[124] 대한민국 정부가 수립된 바로 다음날인 1948년 8월 16일 미국 북장로교 해외 선교부는 한국 선교부를 통해 이승만에게 정부 탄생의 축전을 전달했다.[125] 이는 미국 남장로교나 감리교 등 다른 미국 교파들도 예외가 아니었다.[126] 이에 대해 이승만은 1948년 10월 6일-8일 미국 오하이오(Ohio) 주에서 개최된 각 교파 해외선교부 연합회의에 보낸 전문에서, 지난 60여 년간 미국 선교사들의 한국에 대한 지원과 헌신의 결과 "오늘날 기독교의 영향력은 국가의 사회적·정치적 삶 도처에 깊게 각인되어 있다"고 격찬했다.[127] 이처럼 미국 선교사들이 대한민국 정부 수립에 대해 우호적 입장을 취한 것은 신생 독립국에서 선교의 자유를 얻으려는 의도적 목적에서 나온 것이라는 평가가 있지만,[128] 이승만이 1899년 개종 이래 미국 선교사들의 박애와 동정이라는 진정성에 근거해 절대적 기독교관을 표명해왔다는 점을 고려한다면 그에게는 그들의 이러한 행동이 그들의 진정성을 증명하는

....

보국(OSS)에서 근무했다. 1946년 1월 내한하여 미군정 정치교육 담당 고문으로 활약했다(강인철, 「미 군정기의 국가와 교회」, 222쪽 ; 김승태·박혜진 엮음, 앞의 책, 217-218쪽).

[123] J. Ernest Fisher, *Pioneers of Modern Korea* (Seoul: The Christian Literature Society of Korea, 1977), pp. 218-219.

[124] 안종철, 「미군정 참여 미국선교사관련 인사들의 활동과 대한민국 정부수립」, 22쪽.

[125] Harold H. Henderson(Acting Secretary) to the Korea Mission, "Greetings to President Syngman Rhee", 1948.12.1, RG 140-2-29, Presbyterian Church in the U. S. A(PCUSA) Board of Foreign Missions, *Korea Mission Reports* 1911-1954. Department of History, Philadelphia, PA(이하 PCUSA로 약칭), p. 1.

[126] 안종철, 「미군정 참여 미국선교사관련 인사들의 활동과 대한민국 정부수립」, 23쪽.

[127] Harold H. Henderson(Acting Secretary) to the Korea Mission, "President Syngman Rhee's Message to the Korea Missions Conference", 1948.12.1, RG 140-2-29, PCUSA, p. 1.

[128] 안종철, 「미군정 참여 미국선교사·관련 인사들의 활동과 대한민국 정부수립」, 18쪽.

또 하나의 증거로 이해되었음은 자명하다.

그리고 개별 기독교인들로 구성된 이승만 후원 조직의 한국 독립운동 지원을 살펴보면, 주로 기독교인들로 구성된 한국친우회, 한미협회, 한국기독친우회 등 이승만 후원 조직들이 한국의 독립운동을 지원했다. 한국친우회(The League of the Friends of Korea)는 1919년 5월 16일 회장 필라델피아 성삼위교회(Rector of Holy Trinity Church)의 톰킨스(Floyd W. Tomkins) 목사, 부회장 오벌린대의 밀러(Hebert A. Miller) 교수, 서기 『*Evening Ledgers*』의 베네딕트(George G. Benedict) 기자, 회계 페이슬리(H. E. Paisley) 등 기독교인들을 중심으로 필라델피아에서 서재필이 조직했다. 1920년 6월 현재 미국 18개 도시에 지부를 두었고 1만 명의 회원을 확보했다고 한다. 한국친우회의 목적은 식민지 한국에서 발생하는 문제들에 대한 정치적 간섭 시도를 배제하면서, 기독교와 독립정부의 수립을 위해 노력하는 한국민에 대한 동정과 도덕적 지원의 확대, 그리고 한국의 현실에 대한 홍보 활동과 전 세계에 하나님의 나라를 확장하는 것이었다. 한국친우회의 주된 활동은 미국 정부와 의회에 탄원서를 내고 지역 언론을 통하여 한국 문제에 대한 관심을 환기시키는 것이었다. 미국 내 친우회의 본부는 워싱턴 D.C.에 설치되었으며, 주한 선교사로 활동했던 벡(S. A. Beck) 목사가 전국을 총괄하는 집행 서기직을 맡았다.[129]

1919년 구미위원부 산하 필라델피아통신부와 한국친우회가 공동 발행한 『한국의 독립(*Independence for Korea*)』에서는, '105인사건'과 3·1운동 시 일제가 자행한 미국인 선교사와 한국교회와 한국 기독교도들에 대한 탄압의 실상을 제시하면서 일제로부터의 독립과 해방을 청원했다.[130] 1920년 3월

---

[129] Robert T. Oliver, op. cit., p. 147. ; 高珽烋, 「大韓民國臨時政府 歐美委員部 (1919-1925) 硏究」, 고려대 사학과 박사학위 논문, 1991, 198-199쪽 ; Richard S. Kim, 「초국가적 국가 건설운동-집단이주 한인과 한국독립운동」, 연세대학교 국학연구원 편, 『미주 한인의 민족운동』, 혜안, 2003, 49-50쪽 ; 고정휴, 『이승만과 한국독립운동』, 363-371쪽.

[130] 한국의 독립(1919)」, 『대한민국임시정부자료집』18, 2007, 226-239쪽.

29일 한국친우회 총무 벡(S. A. Beck)은 미 국무장관 콜비(Bainbridge Colby)에게 워싱턴 소재 콜롬비아 특별구(District of Columbia)의 목사 연합회(Pastors' federation of Washington)가 결의한 「미 국무장관에게 제출된 워싱턴의 교회목사 결의안」을 다음과 같이 제출했다.

> (상략) 4천 년 간 존속한 국가의 자치권에 대한 부당한 무력 공격에 관해 공화국의 시민으로서 연민을 가지게 되었다. 그러나 특히 기독교도로서 우리는 그 땅에서 일어나는 선교사와 기독교 개종자들을 대상으로 하는 지속적이며 단호한 공격에 대한 신빙성 있는 증거가 세상 밖으로 알려짐에 따라 더욱 깊이 분개한다. 한국에서 자행된 학정, 고문, 살육, 그리고 교회 및 가정의 파괴로 말미암아 우리 선교활동의 운명과 거의 300만에 가까운 기독교 신자의 평화와 영적 발전이 위협을 받게 되었다. 이에 다음의 사항을 결의한다.
>   1. 우리는 한국의 자유 및 자치에 대한 일본의 잔혹하면서도 부당한 침해에 엄숙하고 심각하게 이의를 제기한다. 특히 한국 내에 있는 우리 기독교도 형제의 종교적 자유 및 권리에 대한 일본의 직접적이면서도 명백한 침해를 반대한다.
>   2. 우리는 1882년 미국이 한국과 체결한 조약을 미국 정부에 환기시키고자 한다. 그 조약에서는 미국 공화국이 한국이 외부로부터 불공정 대우나 공격을 받게 되는 경우, 한국을 지원한다는 규정과 함께 한국의 독립을 인정하였다(하략).[131]

위 결의안에서 콜롬비아 특별구의 목사 연합회는 일제가 한국인 기독교들과 선교사들을 탄압하고 있다는 사실을 적시하면서, 미국은 조미수호조약의 거중조정 조항에 의거 한국의 독립을 지원해야 할 책무가 있다고 선언했다. 또한 1920년 5월 25일 한국친우회 회장 톰킨스(Floyd W. Tomkins) 목

....

131) 「미 국무장관에게 제출된 워싱턴의 교회목사 결의안」(1920.3.29), 『대한민국임시정부자료집』18, 2007, 40쪽.

사는 윌슨 대통령에게 한국친우회가 개최한 필라델피아 대중집회의 결의안과 관련한 서한을 보냈다. 이 서한에서 톰킨스 목사는 일제가 한국의 기독교인과 미국의 선교사들을 탄압하고 있다고 기독교도 윌슨의 관심을 불러일으킨 후, 조미수호조약 제1조 제2항의 거중조정 조항을 근거로 한국의 독립을 지원해 달하고 청원했다.[132]

한편 1919년 구미위원부 산하 필라델피아통신부에서 발간한 『한국의 어린 순교자들(*Little Martyrs of Korea*)』에서는, 주한 미국 선교사들이 목격한 한국 기독교 학교 학생들의 영웅적 3·1운동 참여와 일제의 잔혹한 진압 사실을 열거하여 한국에 대한 미국인들의 동정과 지원을 환기시켰다.[133] 1919년 구미위원부 산하 필라델피아통신부에서 출판한 『한국에서의 일본의 잔혹행위들(*Japanese Atrocities in Korea*)』에서는, 3·1운동 당시 일제가 한국인들을 십자가 책형(磔刑)으로 처형하고 있는 사진을 제시했다. 그러면서 십자가 책형은 '예수 그리스도에 대한 일본인의 경멸을 보여주는 하나의 수단', 곧 신성 모독 행위라고 하면서 미국 기독교계의 공분을 불러일으키려 했다.[134]

한미협회(Korean-American Council)는 이승만의 미국인 후원 조직으로 워싱턴 파운드리 감리교회(Foundry Methodist Church)의 목사이며 미상원 院牧인 해리스(Frederick Brown Harris), 전 캐나다 대사 크롬웰(James H. R. Cromwell), INS통신사 기자 윌리암스(Jay Jerome Williams), 변호사 스태거즈(John W. Staggers), 시라큐스 대학 교수 올리버(Robert T. Oliver), 주한 선교사 헐버트(Homer B. Hulbert) 등이 중심이 되어 1942년 1월 16일에 결성되었다. 결성 당시에는 한인친우회·한미참모회·한미협상회로 불

....

132) 「필라델피아 대중집회의 결의안과 관련한 서한」(1920.5.25), 『대한민국임시정부자료집』18, 2007, 48-50쪽.
133) 「한국의 어린 순교자들(1919)」, 『대한민국임시정부자료집』18, 2007, 240-254쪽.
134) 「한국에서의 일본의 잔혹행위들(1919)」, 『대한민국임시정부자료집』18, 2007, 255-268쪽.

렸다. 미국 정부에 대한 로비 및 선전 활동을 전개해 임시정부 승인과 무기 지원 획득을 목표로 활동했다. 이를 위해 각종 회보 및 통신문의 발행, 언론 보도자료의 배포, 대중강연 등의 방법을 사용했다.[135]

　1942년 1월 9일과 16일 한미협회의 해리스(Frederick Brown Harris), 스태거즈(John W. Staggers), 윌리암스(Jay Jerome Williams) 등은 미 국무부 국무장관에게 임정의 승인을 요청하는 요청서를 발송했다.[136] 1942년 1월 14일 한미협회(Korean-American Council)는 미국 국무장관 아이크스(Harold L. Ickes)에게 임정 승인을 요구하는 서신을 발송했다.[137] 1942년 3월 1일 대한인자유대회에서 한미협회 회장 크롬웰(James H. R. Cromwell)은 임정을 승인하고 무기를 지원하라고 촉구했다.[138] 1942년 5월 5일 크롬웰(James H. R. Cromwell)은 한미협회 회장 자격으로 미 국무장관 헐(Cordell Hull)에게 보낸 편지에서 임시정부 승인을 요청했다.[139] 1942년 8월 14일 한미협회는 미국인들에게 임정의 승인과 무기 지원 요청에 냉담한 미 국무부에 대한 환기를 부탁했다.[140] 한미협회의 올리버는 1943년 3월 7일자 『The Washington Post』에 미국 정부가 임시정부를 승인하고 무기를 지원하라고 선전했다.[141] 올리버는 1945년 4월 간행된 『한국문제 : 미국외

135) Robert T. Oliver, *Syngman Rhee and American involvement in Korea*, 1942-1960, p. 53. ; 고정휴, 「독립운동기 이승만의 외교 노선과 제국주의」, 156쪽 ; 유영익, 『이승만의 삶과 꿈』, 194쪽 ; 고정휴, 『이승만과 한국독립운동』, 428-431쪽 ; 정병준, 앞의 책, 258-259쪽.

136) 「국무장관에게 보내는 한국문제와 관련한 요청서」(1942.1.9), 『대한민국임시정부자료집』20, 2007, 155-156쪽 ; 「임시정부의 승인에 대한 적극적인 검토를 요청하는 서신」(1942.1.16), 『대한민국임시정부자료집』20, 2007, 157-158쪽.

137) Robert T. Oliver, op. cit., pp. 180-181.

138) 「대한인자유대회 회의록」(1942.2.27-3.1), 『대한민국임시정부자료집』20, 2007, 87-92쪽.

139) 「이승만이 George A. Fitch에게 보낸 서한」(1941.11.29), 『대한민국임시정부자료집』43, 2007, 381쪽.

140) 「한국인과 임시정부의 요청을 미국국민에게 알리는 선언」(1942.8.14), 『대한민국임시정부자료집』43, 2007, 302쪽.

교의 역설(*The Case for Korea : a paradox of United States Diplomacy*)』이
라는 팜플렛에서 미국인들에게 임시정부의 승인과 무기 지원이 필요하다고
홍보했다.[142] 1944년 1월 4일 한미협회의 신상근(James S. Shinn)은 루즈벨
트(Franklin D. Roosevelt, 1933-1945년 재임) 대통령에게 서신을 보내 임시
정부의 승인과 무기 지원의 필요성을 촉구했다.[143]

　한국기독친우회(the Christian Friends of Korea)는 1943년 초경 주한 의
료 선교사 출신 애비슨(Oliver R. Avison)이 발기한 후원 조직이었다.[144]
1943년 2월 현재 한국기독친우회는 회장 아메리칸대 총장 더글라스(Paul F.
Douglass), 서기 겸 재무 애비슨(Oliver R. Avison), 서기 피치(Mrs. George
A. Fitch) 부인, 재무 윌리엄스(Jay Jerome Williams), 법률 고문 스태거즈
(John W. Staggers) 등으로 집행부를 구성했다. 애비슨을 제외하고 모두 한
미협회 회원들이었다. 이사진에는 해리스 목사와 이승만, 뉴욕 애빈뉴장로
교회 목사 마셜(Peter Marshall) 박사, 연방 대법원 판사 머피(Frank Murphy),
스토테스베리(Mrs. E. T. Sttotesbury) 부인이 이사로 활동했다. 한국기독친
우회는 한미협회가 정치 활동을 목적으로 하였기 때문에 거기에 참여하기를
주저하는 기독교인들 중에서 많은 회원을 확보하기 위해 기독교인이라는 명
칭을 택했다. 한국기독친우회는 정부 및 의회를 상대로 한 청원과 대중집회
를 개최했다.[145]

---

141) "한국은 일본의 가장 오래된 적수이다", *The Washington Post,* March 7, 1943, 『대한
　　민국임시정부자료집』41, 2007, 290쪽.
142) 「한국문제 : 미국외교의 역설」(1945.4), 『대한민국임시정부자료집』20, 2007, 107-
　　120쪽.
143) 「한미협회 담당자가 임시정부의 승인과 지원을 촉구하는 서신」(1944.1.4), 『대한민
　　국임시정부자료집』20, 2007, 380-384쪽.
144) 한국기독친우회의 설립 시기는 명확치 않으나 한국기독친우회 회장의 이름으로
　　1943년 2월 9일자로 기독교인 친구들에게 서신을 보낸 것으로 미루어 1943년 초경으
　　로 추측된다(홍선표, 「한국독립운동을 도운 미국인」, 『한국독립운동사연구』제43
　　집, 독립기념관 한국독립운동사 연구소, 2012, 224쪽).
145) 고정휴, 「독립운동기 이승만의 외교 노선과 제국주의」, 156쪽 ; 고정휴, 『이승만과 한

한국기독친우회를 조직했던 애비슨(Oliver R. Avison)은 1942년 11월 7일 『The Washington Post』와의 회견에서 아시아 기독교 선교의 성패는 "오직 한국이 일제의 지배로부터 자유롭게 되도록 하는 방법에 의해서만 효과적으로 얻어질 수 있다"고 하면서 미국 정부가 임정을 승인하도록 촉구했다.[146] 1943년 2월 9일 한국기독친우회 회장 더글라스(Paul F. Douglass)는 교우회 교인들에게 보낸 서신에서 한국에서 기독교가 발전하려면 기독교를 탄압하는 일제의 지배에서 벗어나는 것이 선행되어야 한다고 밝혔다. 이를 위해서는 임정의 승인이 필요하니 미국 의회 상·하 의원들에게 서한을 보내 청원해 달라고 부탁했다.[147] 1943년 2월 26일 한국기독친우회의 피치(Geraldine T. Fitch)는 기독교인 상·하의원들에게 임정의 승인을 요청하는 전보를 보냈다.[148] 1944년 8월 25일 한국기독친우회 회장 더글라스(Paul F. Douglass)는 루즈벨트(Franklin D. Roosevelt) 대통령에게 보낸 서신에서 한국기독친우회의 활동에 대한 루즈벨트의 격려 메시지를 요청했다.[149]

넷째, 미국 기독교계 구성원들의 지속적인 경제적 지원 때문이었다. 1904년 석방 직후 이승만은 상동청년학원을 설립하는 데 한국인들은 후원금을 내지 않았던 반면, "각국 공영사와 교사 목사들이 합력 찬조했다"고 하여 서양 각국 기독교계에 감사했다.[150] 그는 1905년 1월 8일 스미스씨네 교회의 아침 성경반과 저녁의 크리스천 면려회에서 연설하고, 학비 지원을 위한 의연금을 수령했다.[151] 그는 조지워싱턴대 재학 시절(1905.2월-1907.6월)에

국독립운동」, 431-432쪽 ; 정병준, 앞의 책, 259쪽.
146) "애비슨 박사 한국 원조를 요청하다", The Washington Post, November 8, 1942, 『대한민국임시정부자료집』41, 2007, 284쪽.
147) 「한국기독친우회가 임시정부 승인을 권유하는 서신」(1943.2.9), 『대한민국임시정부자료집』20, 2007, 340쪽.
148) 「한국기독친우회의 임시정부 승인 요청과 관련한 공문」(1943.2.26), 『대한민국임시정부자료집』20, 2007, 347쪽.
149) 「한인에 대한 미국 대통령의 위로 메세지를 요청하는 서신」(1944.8.25), 『대한민국임시정부자료집』20, 2007, 398쪽.
150) 이승만, 「상동청년회에 학교를 설치함」, 『신학월보』(1904.11).

YMCA가 주최한 모임에서 자주 연설을 하고 생활비를 벌었다.[152] 그는 조지 워싱턴대 기숙사가 문을 닫는 여름방학 동안 햄린 목사로부터 여비를 받아 투옥 중 그를 도왔던 존스(George H. Jones) 선교사가 소개한 부유한 감리교 신자인 보이드 부인(Mrs. Boyd)의 별장에서 대학 졸업 때까지 무료로 생활했다.[153]

이승만이 하와이에 설립한 한인여자학원과 한인기독학원 그리고 한인기독교회도 미국 기독교도들의 경제적 지원을 받았다. 1916년 12월에 발간된 「호항 한인여학원 재정보단 제4호」에 의하면, 1916년 1년 동안 한인여자학원의 후원금 중 한인 동포들의 후원금은 63%를, 백인들의 후원금은 27%를 차지하고 있다.[154] 1917년 10월 20일 한인여자학원 부교장 송헌주가 지방 찬성회장에게 보낸 문건에 의하면, 한인여자학원의 1916년 통상 경비 부족분을 '백인 친구들'의 후원금으로 충당하였으며, 1917년 한인여자학원의 기숙사 건축비 1만원 중 2천 5백 원을 '한 백인에게 연조'받았다.[155] 이승만은

---

151) 이정식 역주, 앞의 글, 285쪽 ; 徐廷柱, 앞의 책, 191쪽 ; 孫世一, 「李承晩과 金九」, 『月刊朝鮮』(2002.12).

152) 연설은 이승만의 독립운동의 두드러진 특징이었다. 그는 교회와 학교 등 미국 각지에서 1905년 19회, 1906년 39회, 1907년 50여 차례나 연설을 했다. 연설의 목적은 생활비를 벌고 친한 세력을 포섭하려는 데 있었으며, 연설 주제는 한국의 선교 사업과 한국의 점진적인 진보 상태였다. 그는 연설 중에 한국의 독립을 호소하고 일본의 팽창 야욕의 방패로서 미국의 역할을 강조했지만, 청중들의 반응은 첫머리에서는 동정을 보냈으나 끝머리에는 냉담했다(徐廷柱, 위의 책, 191쪽).

153) "Autobiography of Dr. Syngman Rhee", 『핏치 문서철』, pp. 18-19. ; Robert T. Oliver, op. cit., p. 101. ; 孫世一, 「李承晩과 金九」, 『月刊朝鮮』(2002.12).

154) (호항 한인여학원 재정보단 제4호, 1916.12)(이덕희, 『한인기독교회·한인기독학원·대한인동지회』, 한국기독교역사연구소, 2008, 254쪽 재인용).

155) 「호항 한인여학교 지원 요청」(한인여학교 부교장 송헌주)〉지방 찬성회장, 1917.10.20), 『雩南李承晩文書(東文篇)』第十二卷, 10-11쪽. 한인기독학원과 한인기독교회의 후원자로 자주 언급되는 '백인'은 미국인 기독교도를 의미한다. 『태평양주보』의 「기독교정신에서 떠난 이용직목사에게」서 언급된 '백인 교회'[(『태평양주보』 no. 36(1931.6.13)]는 이 글과 짝을 이루는 『태평양주보』의 「우리 사업의 목적」에서는 '타국인 교회'[『태평양주보』no. 37(1931.6.20)], 곧 미국인 교회로 표현하고 있기 때문이다.

1918년 남학생 기숙사의 건축에도 "백인 친구들에게 연조를 청했다"고 밝혔다.156) 이승만은 1918년 기독교도 사운더즈(Lucile Saunders)가 한인여자학원에 기부하자 이에 감사를 표시했다.157) 1919년 한인기독학원은 기본적으로 한국인들의 재정으로 운영되지만, 미국인들이 개인적으로 돕고 있다고 밝혔다.158) 1921년 한인기독학원을 확장할 때 학교 건축비 예산 84만 달러 중 미국인이 약 5만 달러를 기부했다.159) 1926년 1월 4일-10일 개최된 하와이 대한인 기독교회 제8회 평신도대표 회의에서 이승만은 한인기독교회의 설립과 운영이 한국인에 의한 자치와 자립에 기초하고 있다고 밝히면서도, 미국 기독교인들의 재정적 도움에 기대려는 모습을 보였다.160)

다섯째, 미국 대학에서 이승만이 학위 취득을 하는 과정(1905.2월-1910.7월 18일)에서 미국 기독교계에게서 받은 헌신적 지원 때문이었다. 이승만은 조지워싱턴대(The George Washington University)에서 학사(1907.6월), 하버드대에서 석사(1910.2월), 프린스턴대에서 박사(1910.7월) 학위를 취득했다.161) 그는 1905년 2월 조지워싱턴대 콜럼비아 문과대학(Columbian College Arts and Science)에 1년을 월반한 '특별생'으로 입학하여 1907년 6월까지 수학했다. 그의 조지워싱턴대 입학은 커버넌트 장로교회(The Presbyterian Church of the Covenant)의 햄린(Lewis T. Hamlin) 목사가 같

---

156) 「남학생 기숙사 건축 의무금 납부 독려」(1918.5.23), 『雩南李承晚文書(東文篇)』第十二卷, 16쪽.
157) (Syngman Rhee) 〉 Lucile Saunders, 1918.4.22), *The Syngman Rhee correspondence in English*: 1904-1948, Volume1, p. 22. ; (Lucile Saunders) 〉 Syngman Rhee, 1918.4.5), *The Syngman Rhee correspondence in English*: 1904-1948, Volume2, p. 141.
158) (Syngman Rhee) 〉 Chanho Min, 1919.7.20), *The Syngman Rhee Telegrams*, Volume Ⅰ, JoongAng Ilbo and The Institute for Modern Korean Studies, Yonsei University, 2000, p. 362.
159) 김원용 지음·손보기 엮음, 앞의 책, 185쪽.
160) 「하와이대한인기독교회 제8회 평신도대표 회의록」(1926.1.4.-1.10), 『雩南李承晚文書(東文篇)』第十二卷, 91쪽.
161) 유영익, 『이승만의 삶과 꿈』, 58-60쪽.

은 교회의 신자이며 주미 한국 공사관의 법률고문인 조지워싱턴대 총장 니덤(Charles W. Needham)에게 이승만을 소개하여 이루어졌다. 니덤은 이승만에게 학비 전액을 충당할 수 있는 선교 장학금을 주선해 주었다.[162]

이승만은 1907년 가을 하버드대(Harvard University) 대학원 석사 과정(정치학 전공)에 입학하여 1908년 여름까지 수학하였으나,[163] 바로 학위를 취득하지는 못했다.[164]

이승만은 1908년 9월 프린스턴대(Princeton University) 대학원 박사 과정에 입학하여, 1910년 7월까지 수학했다.[165] 프린스턴대 대학원에 입학하는 데는 서울에서 사귀었던 북장로교 선교사 홀(Earnest F. Hall, 1868-1955)이 큰 역할을 했다. 1908년 초가을 홀 목사는 프린스턴 신학교(Princeton Theological Seminary)의 학장 어드먼(Charles R. Erdman)과 프린스턴대(Princeton University) 대학원장 웨스트(Andrew F. West)에게 그를 소개했다. 프린스턴대 대학원 측은 이승만에게 2년 이내에 박사 과정을 끝낼 수 있을 것이라는 보장과 함께 프린스턴대 기숙사에서 무료로 생활할 수 있는 혜택까지 베풀면서 받아주었다.[166]

이승만은 1910년 7월 18일 프린스턴대에서 「미국의 영향을 받은 중립(Neutrality as Influenced by the United Stated)」이라는 제목으로 철학박사

---

162) Robert T. Oliver, op. cit., p. 97. ; 이정식 역주, 앞의 글, 292쪽 ; 徐廷柱, 앞의 책, 190쪽 ; 유영익, 『이승만의 삶과 꿈』, 48쪽 ; 孫世一, 「李承晩과 金九」, 『月刊朝鮮』 (2002.12).

163) 유영익, 『이승만의 삶과 꿈』, 56쪽.

164) 이승만은 하버드대 대학원에서 1년 이내에 석사 학위를 받고 곧바로 박사 과정을 이수하려고 했지만, 경제학에서 낙제점인 D를 받고 또 역사학 하나에서 C학점을 받아 계획에 차질이 빚어졌다(유영익, 『이승만의 삶과 꿈』, 56쪽). 때문에 1909년 여름 학기에 하버드대 대학원에서 추가 학점을 이수한 후 1910년 2월 석사 학위를 받았다(유영익, 『이승만의 삶과 꿈』, 58-59쪽).

165) 이정식 역주, 앞의 글, 313쪽 ; 유영익, 『이승만의 삶과 꿈』, 242쪽.

166) "Autobiography of Dr. Syngman Rhee", 『핏치 문서철』, pp. 21. ; Robert T. Oliver, op. cit., pp. 109-110. ; 이정식 역주, 위의 글, 304, 310쪽 ; 許 政, 앞의 책, 102쪽 ; 유영익, 『이승만의 삶과 꿈』, 56-58쪽.

(Ph. D.) 학위를 취득했다.[167] 최소 12년이 소요되는 박사 학위 취득 기간을 불과 5년 반이라는 단기간에 달성할 수 있었던 가장 큰 이유는 주한 선교사를 비롯한 미국 기독교도들의 전폭적인 지원 때문이었다.[168]

그런데 미국 기독교계 구성원들이 정치적(한국 독립), 경제적(학비·생활비), 교육적(학위 취득) 차원에서 이승만을 전폭적으로 지원했지만, 양자는 처음부터 이해관계를 달리했다. 이승만의 도미 목적은 민영환과 한규설의 밀사 사명과 유학이었다.[169] 때문에 그는 1904년 12월 9일 샌프란시스코 북쪽 샌 라파엘시에 있는 샌 안셀모 신학교(San Anselmo Seminary) 교장 매킨토시(McIntosh)가 장학금을 제의하며 그곳에서 공부한 후 한국에 선교사로 귀국하라는 제의를 거절했다.[170] 이승만은 1906년 말과 1907년 초 하버드

----

167) Ibid., p. 113. ; 이정식 역주, 위의 글, 311-312쪽 ; 徐廷柱, 앞의 책, 195쪽 ; 정병준, 앞의 책, 89쪽. 이승만은 프린스턴대 졸업식에서 윌슨(Thomas Woodrow Wilson)총장으로부터 정치학 박사 학위를 수여받았다. 학위 논문의 주제는 국제법상의 전시중립(戰時中立)이었는데, 중립이란 흔히 말하는 영세 중립이나 중립화·전시 중립 같은 외교상의 혹은 국제 정치상의 중립이 아니라 상업상의 중립 또는 교역상의 중립을 의미했다. 논지는 1776년 미국 독립을 기점으로 중립 제도가 큰 발전을 이루었고 거기에는 미국의 역할이 절대적이었다는 것이다. 이러한 논지를 입증하기 위해 중립 제도의 역사적 변천 과정을 연대기적으로 1776년 미국의 독립 시점부터 1872년 앨라배마호 사건까지 약 100년 동안을 분석 대상으로 삼았다. 1차 자료를 포함한 실증적 자료를 구사하여 그 점을 일관성 있게 논증했다. 그리하여 이승만은 박사 논문의 마지막 페이지에서 1776년 미국의 독립 이전과 비교할 때 중립 제도는 국제법의 다른 어떤 분야보다도 커다란 발전을 했는데, 여기에는 미국의 영향이 절대적이었다고 결론지었다(孫世一,「李承晩과 金九」,『月刊朝鮮』(2003.4) ; 정병준, 위의 책, 125쪽 ; 이승만 지음·정인섭 옮김, 앞의 책, 10-11쪽). 한편 그의 논문이 한국의 국제 정치상의 영세 중립화를 학문적으로 탐구한 것이 아닌 중립 교역 문제를 다루었다는 점에서 조국의 현실과 동떨어진 주제라는 비판이 있지만(주진오, 앞의 논문, 192쪽),『독립정신』(이승만,『풀어쓴 독립정신』, 81-83쪽)과 파리강화회의[(Syngman Rhee)〉Paris Peace Conference, 1919.2.25), The Syngman Rhee correspondence in English: 1904-1948, Volume1, p. 69.] 단계에서 표출된 이승만의 중립 교역에 대한 주장을 고려하면 그의 논문은 일관된 문제의식 하에 작성된 것이라 판단된다.
168) 정병준, 위의 책, 87쪽.
169) 유영익,『이승만의 삶과 꿈』, 46쪽 ; 정병준, 위의 책, 82쪽.
170) "Autobiography of Dr. Syngman Rhee",『핏치 문서철』, p. 16. ; Robert T. Oliver,

대 인문대학원 원장에게 보낸 입학 지망서에서 장차 고국에 돌아가 '서양 문명을 도입하는 일'에 종사하기 위해서는 '하버드와 같은 명문대의 학위가 필요'하니 2년 이내에 박사 학위를 취득하게 해달라고 부탁했다.[171] 그는 1908년 여름 프린스턴대 대학원장 웨스트(Andrew F. West)에게 2년 이내에 박사 학위를 꼭 끝내야 한다고 밝혔다.[172] 즉 이승만의 목적은 귀국 후 미국의 명문대 박사 학위를 이용하여 독립운동을 전개하는 데 있었다.

반면 주한 선교사들과 미국 기독교계 구성원들은 이승만을 정치가가 아닌 목회자로 양성하려 했다. 1904년 11월 4일 도미 독립유지외교 활동을 위해 출발하면서 이승만이 지참한 미국 북장로교 선교사 언더우드(Horace G. Underwood)의 소개장에서 이승만을 '그리스도의 복음이 이교도들에게 무엇을 할 수 있는 지를 증명해 준 빼어난 모범'이라고 극찬하였으며,[173] 미국 남장로교 선교사 프레스톤(John F. Preston, 1875-1975)의 소개장에서도 이승만을 '수년 간의 신앙경력이 있는 독실한 기독교인이며 이 나라 최고의 애국자 중 한 사람'이라고 했다.[174] 1905년 1월 1일 이승만이 커버넌트 장로교회(The Presbyterian Church of the Covenant)의 햄린(Lewis T. Hamlin) 목사에게 건넨 게일(James S. Gale)의 소개장에도 이승만이 장차 한국 기독교계의 지도자가 될 것이니 2-3년 동안 공부한 후 귀국하게 해달라고 기록되어 있었다.[175]

1906년 질레트(Philip L. Gillett)는 이승만에게 보낸 편지에서 미국에서 이승만이 전개하는 독립 운동에 대해 깊이 우려하면서 그런 행동은 무익하며 탈정치적 행동만이 한국민에게 도움이 될 것이라고 역설했다. 동시에 황

---

op. cit., pp. 78-79. ; 이정식 역주, 앞의 글, 282쪽 ; 徐廷柱, 앞의 책, 188쪽.

171) 유영익, 『이승만의 삶과 꿈』, 54쪽.

172) 유영익, 위의 책, 57-58쪽.

173) Robert T. Oliver, op. cit., p. 99. ; 유영익, 위의 책, 50쪽.

174) 유영익, 위의 책, 50쪽.

175) 이정식 역주, 앞의 글, 284-285쪽 ; Robert T. Oliver, op. cit., p. 95. ; 유영익, 『젊은 날의 이승만』, 50-52, 197쪽.

성기독교청년회(皇城基督敎靑年會, 한국YMCA)[176]는 이승만의 귀국을 학수고대하고 있는데 언제쯤 귀국할 것인지 물었다.[177] 1907년 여름 이승만은 석사 학위 취득을 위해 하버드대 대학원에 진학하려고 하자, 미국 기독교계의 지인들은 "당신은 당신의 신앙을 잃게 될지도 모른다"고 하면서 반대했다.[178]

프린스턴대 대학원 박사 과정 시절(1908.9월-1910.7월) 이승만은 윌슨(Thomas Woodrow Wilson) 총장과 그의 가족들과 교류했는데, 그들은 한국의 독립과 한국의 선교 사업에 관심을 보이며 그를 격려했다.[179] 윌슨 총장은 이승만을 '장래의 한국 독립의 구세주'라고 친우들에게 소개했다.[180] 이처럼 이승만이 박사 학위를 취득할 때까지 양자 사이의 차별성은 크게 부각되지 않았다. 그것은 이승만이 학위 취득이라는 일차적 목적을 달성하기 위해 자신의 본심을 명백히 드러내지 않았기 때문이다.

하지만 학위 취득 후 귀국 과정을 협의하는 과정에서 양자의 입장 차이는 보다 선명해진다. 1910년 3월 말 이승만은 일단 귀국하기로 결정한 뒤 뉴욕의 YMCA 국제위원회를 방문해 총무 모트(John R. Mott)를 비롯한 관계자들을 만났다. 그들은 이승만이 프린스턴 대학원을 졸업한 뒤 귀국해 황성기독교청년회(한국YMCA)에서 일해 줄 것을 부탁했다. 하지만 이승만은 언더우드가 1910년 가을 서울에 설립하려고 하는 연합기독교대학(a Union Christian College)의 교수직에 미련을 버리지 못하고 1910년 4월 19일에 언더우드에게 편지를 썼다.[181] 이 편지에서 그는 신변 보장을 걱정하면서 귀

....

176) 1903년 10월 28일 여병현(呂炳鉉), 김필수(金弼秀), 게일, 헐버트, 언더우드 등이 조직했다(전택부, 『한국 기독교청년회 운동사』, 57-65쪽).

177) (Philip L. Gillett)〉Syngman Rhee, 1906.10.3), *The Syngman Rhee correspondence in English*: 1904-1948, Volume2, p. 7.

178) "Autobiography of Dr. Syngman Rhee", 『핏치 문서철』, p. 19. ; Robert T. Oliver, op. cit., p. 104.

179) Ibid., p. 110. ; 이정식 역주, 앞의 글, 304쪽.

180) Ibid., p. 111.

국해도 반일운동을 선동하지 않을 것이며, 하와이에서 좋은 일자리를 찾기보다는 귀국해 가난한 동포들의 교육에 투신하는 것이 자신의 사명이라고 밝혔다. 특히 한국인들에게 기독교 정신과 서양 문명의 축복이 예수 그리스도의 십자가에 기반을 두고 있다는 것을 가르치고 싶다고 밝혔다.[182]

이처럼 이승만은 귀국 후 표면적으로는 자신의 목적이 학원 선교 사업이 될 것이며 반일운동을 부추길 의도는 없다고 밝혔다. 하지만 내면적으로는 교회 조직과 기독교로 한국인의 정신을 개조하여 한국의 독립을 회복하려는 정치운동을 하고자 했다.[183] 즉 이승만의 귀국 목적은 '기독교와 민족 계몽을 통한 청년 학생 계층의 의식화 교육, 의식화된 민족주의 세력을 결집한 민족 공동체 형성, 그리고 이를 기반으로 한 항일 민족저항 운동'에 있었다.[184]

....

181) 유영익,『이승만의 삶과 꿈』, 70쪽.
182) (Syngman Rhee)〉Horace G. Underwood, 1910.4.19), *The Syngman Rhee correspondence in English*: 1904-1948, Volume1, p. 1. 이후 언더우드의 회답을 기다리던 중, 1910년 5월 23일자로 된 한국YMCA의 질레트(Philip L. Gillett) 총무의 취업 초청장을 받았다. 이 편지에서 질레트 총무는 일제 통감부의 소네 아라스케(曾彌荒助) 부통감으로부터 이승만의 신변보장을 약속받았다고 밝혔다(Philip L. Gillett)〉Syngman Rhee, 1910.5.23), *The Syngman Rhee correspondence in English*: 1904-1948, Volume2, p. 47.]. 한편 휴가차 미국에 온 한국YMCA의 그레그(George A. Gregg)는 이승만에게 한국YMCA의 '한국인 총무'(Chief Korean Secretary)의 직책을 맡아 달라는 한국YMCA의 제안을 전했다(George A. Gregg)〉Syngman Rhee, 1910.5.27), *The Syngman Rhee correspondence in English*: 1904-1948, Volume2, p. 48.].
183) 한편 황성기독교청년회(한국YMCA) 학생부·종교부 간사 시절 이승만의 활동이 정치운동과 민족운동이 아닌 종교운동과 선교 사업에 국한되었다는 평가가 있지만(주진오, 앞의 논문, 193-194쪽), 이승만의 일생이라는 총체적 맥락에서 보면 한국의 독립을 위한 정치운동으로 수렴된다. 우선 이승만은 재한 선교사들과 한국 교회 지도자들이 기독교를 한국의 정치 혁명의 기초로 만드는 데는 관심이 없으며, 한국 교인들도 개인 구원에만 매몰되어 있다고 질타했다(이승만,『한국교회핍박』, 180-181쪽). 또한 올리버도 황성기독교청년회(한국YMCA) 학생부·종교부 간사 시절 이승만의 활동을 '제6장. 교육을 통한 정치'라는 항목에서 다루고 있으며(Robert T. Oliver, op. cit., p. 115.), 이승만에게 "교육과 정치는 항상 분리 불가능한 상호 유기체적 성격을 지니는 것이었다"고 평가했다(Ibid., p. 94.).
184) 이덕주, 앞의 논문, 70쪽.

이승만은 이것이 한일병합 후 결사의 자유가 일반인들에게는 허락되지 않았지만, 교회는 종교의 자유를 내세워 합법적으로 모일 수 있는 유일한 조직이었기 때문에 실현 가능하다고 판단했다.[185] 이전의 독립협회나 정치단체에서 활동하던 민족운동가들도 교회의 울타리 속으로 들어와 태극기 사용이 금지된 이후 적십자 깃발을 교회에 달고 애국가 대신 찬송가[186]를 부르면서 교회 조직을 활용하여 독립운동을 했기 때문이다.[187] 이런 맥락에서 이승만은 1912년 3월 26일 출국하여 하와이에 정착하여 교육 활동을 통한 인재 양성으로 한국의 독립을 준비했다.

반면 미국 기독교계 구성원들은 여전히 이승만이 목사나 기독교 지도자가 되길 원했다. 예컨대 1919년 4월 필라델피아 한인자유대회에서 톰킨스(Floyd W. Tomkins)목사는 한국은 미국 기독교계가 실행한 선교 사업의 자랑거리라고 하면서, 한국만큼 선교사들의 호소에 급속하고 열성적으로 참여한 나라는 드물 것이라고 격찬했다.[188] 딘(James J. Dean) 신부도 한국은 '동양의 여러 나라 중 가장 기독교적'이라고 호평했다.[189] 베네딕트(George G. Benedict) 기자는 선교사를 통해 복음화된 '한국인들이 극동에서 선교사가 되는 것이 희망'이라고 밝혔다.[190]

한편 기존의 연구에서는 해방 이후 이승만의 기독교관이 절대적 기독교관에서 상대적 기독교관으로 사상적 전환을 했다고 보았다.[191] 이러한 주장은

---

185) 이승만, 『한국교회핍박』, 138-139쪽.
186) 찬송가 389장 '믿는 사람들은 군병 같으니'는 이승만이 독립운동 시기와 대통령이 된 이후에도 즐겨 부르던 노래였다[「人間李承晩百年」1회(202號室의 永遠한 沈黙), 『한국일보』(1975.3.11)].
187) 이승만, 『한국교회핍박』, 139쪽.
188) 元聖玉 옮김, 제1일 오전회의(1919.4.14), 117-120쪽.
189) 元聖玉 옮김, 「James J. Dean 신부의 연설」제2일 오전회의(1919.4.15), 151-154쪽.
190) 元聖玉 옮김, 제3일 오전회의(1919.4.16), 183쪽.
191) 유영익, 『이승만의 삶과 꿈』, 218쪽. 한편 이승만이 삼강오륜을 강조하는 담화를 발표한 시기(1954년-1957년)에 주목하여 이승만 정권의 성격 및 권력 강화의 차원에서 바라본 시각도 있다. 즉 이승만이 수직적 상하 관계를 중시하는 삼강오륜을 동원하여

이승만이 1954년-1958년 발표한 「유교의 교훈을 지켜 예의지국 백성이 되자」(1954년), 「삼강오륜 지키자」(1957년), 「내가 유교를 믿는 가정에서 자라나서 유교에서 가르치는 교육과 신앙을 배워서」(1958년) 등의 담화문에 따른 것이다. 즉 해방 후 노년의 이승만은 청장년기의 '근본주의적 기독교 준(準)교역자의 모습에서 탈피하여', "기독교 교리가 유교 및 대종교 등의 신앙·윤리 체계에 모순·배치되지 않으며 오히려 상호보완적이라는 절충론적 입장에서 전통문화를 긍정하는 바탕 위에서 신생 한국을 '예수교 국가'로 만들려고 했다"고 평가했다.[192)]

하지만 이러한 인식의 변화는 이승만이 담화문을 발표했던 사회적 맥락을 고려할 때 교리·신앙 차원이 아닌 도덕·윤리 차원에서 제기된 것으로 보아야 한다. 왜냐하면 「삼강오륜 지키자」, 「유교의 교훈을 지켜 예의지국 백성이 되자」, 「내가 유교를 믿는 가정에서 자라나서 유교에서 가르치는 교육과 신앙을 배워서」 등의 담화는 이승만이 당시 미국 교육의 문제점을 지적하고 그 대안을 제시하는 과정에서 나온 것이기 때문이다. 특히 1954년 「유교의 교훈을 지켜 예의지국 백성이 되자」라는 담화에서 이승만은 기독교와 유교는 교리상 본질적으로 차이가 있다고 다음과 같이 밝혔다.

예수교는 하나님을 섬겨서 올흔 일을 행하며 인생을 사랑해서 덕화를 함양 식히므로 인간에 천국을 이루어 가지고 사람들이 肉身으로도 복을 밧거니와 영혼이 영생의 길을 찻게 만든 도이요 유교는 이 세상에서 올흔 일과 慈善을 행함으로 세상에서 복리를 모든 백성과 동일히 밧자는 것이므로 그 신령에 대한 로선에는 다른 조건이 투철히 잇스나 세상에서 복리를 누리는 도리에는 부자유친 군신유의 부부유별 장유유서 붕우유신의 五倫으로 인생이 금수와 갓지 안흔 그 대지로 례의지국에 이르는 것에 드

권위주의 통치와 극우 반공 체제를 강화하려고 했다고 파악했다(서중석, 『이승만의 정치이데올로기』, 역사비평사, 2005, 199, 207-208쪽).

192) 유영익, 『이승만의 삶과 꿈』, 218쪽.

러서는 오회려 유교가 더 세밀하고 또 이 도리에 버서나고는 소위 문명 정
도에는 나가기가 충분한 정도에 이를 수 업슬 것이다.[193]

위 담화문에서 이승만은 기독교는 영생을 추구하는 종교인 반면에 유교는
현생에서 복리를 추구하는 종교라고 규정했다. 한편 유교의 오륜(五倫)은
예의지국을 만드는 데 더 정교한 수단이라고 밝혔다.

우선 불교에 대해 1953년 이승만은 경제적 어려움으로 승려들이 절을 떠
나면서 불교 문화재가 훼손되어 외국 관광객을 유치할 수 없을 뿐만 아니라
후손에게 물려줄 수도 없게 되었다[194]고 하여 불교의 교리·신앙에 대한 언
급 없이, 경제적 문화적 차원에서 사찰 보호의 필요성을 강조했다.

그리고 유교에 대해 1954년 이승만은 서양의 고대 문명은 잠시 번영했다
모두 없어졌지만, 동양의 고대 문명은 현재까지 지속되었다. 그 원인은 동양
고대 문명의 정신적 토대인 유교가 예의와 문물을 개명 발전시킨 데 있다고
보았다.[195] 한편 그는 현재의 서양 문명도 일시적이며 영구히 지속될 수 없
다. 그 이유는 서양 역사가 전쟁, 약육강식, 우승열패의 패도정치를 하기 때
문이라고 보았다.[196] 따라서 그는 그 대안으로 인의(仁義)에 기반한 유교의
왕도정치(王道政治)를 실시하여 천하가 태평한 세상을 건설하자고 했
다.[197] 하지만 그는 유교의 왕도정치가 실시된다면 전쟁을 방지하고 평화를
구축할 수 있겠지만, 현 역사 발전 단계에서는 시기상조에 불과하다고 판단
했다. 따라서 그는 우리가 생존하려면 '공자의 인의로 다스리는 정의만을 밋

193) 이승만, 「유교의 교훈을 직혀 례의지국 백성이 되자」(단기 4287.10.1), 246쪽.
194) 이승만, 「사찰을 보호 유지하자」(1953.5.5), 『大統領李承晚博士談話集 第一輯』,
1953, 277쪽.
195) 이승만, 「유교의 교훈을 직혀 례의지국 백성이 되자」(1954.10.1), 244-245쪽.
196) 이승만, 「유교의 교훈을 직혀 례의지국 백성이 되자」(1954.10.1), 244-245쪽 ; 이승
만, 「국민은 삼강오륜을 지켜라」(1957.12.30), 224쪽 ; 이승만, 「삼강오륜 지키자」
(1957.11.30),『우남노선』, 명세당, 1959, 261쪽. 그런데 「국민은 삼강오륜을 지켜라」
와 「삼강오륜 지키자」라는 두 담화문은 제목과 날짜만 다르고 내용은 같다.
197) 이승만, 「유교의 교훈을 직혀 례의지국 백성이 되자」(1954.10.1), 244-245쪽.

지 말고 지금 패제후 해가는 그 서양의 도를 발버서 남과 경쟁할 만한 자리를 우리가 가야만 될 것'[198])이라고 하여 유교의 왕도정치(王道政治)보다는 서양의 패도정치(覇道政治)를 지향해야 한다고 역설했다.

이처럼 이승만은 현 단계에서는 서양의 패도정치를 실시해야 한다고 주장했다. 하지만 그는 패도정치에 근거한 현재의 서양 문명은 본질적으로 한계를 지니고 있다고 판단했다. 그는 1954년 「유교의 교훈을 직혀 례의지국 백성이 되자」라는 담화에서 서양 문명의 문제점을 다음과 같이 밝혔다.

> 지금 서양에서 자녀 가진 사람들이 우려를 만히 하며 미국 각 학교에서는 근래에 와서 자녀 교육에 큰 문제가 되어 가지고 토론이 분분하고 잇는 중인데 그 사람들이 지금 우리 한인들의 부모에게 효도하며 장로에게 경건한 이것을 보고 부러워하고 우리를 칭찬하는 사람이 만타. 이것은 다름 아니라 미국인들이 근래 와서 자녀들을 방임해 와서 벌을 주며 교정하는 그 범위를 다 해제시켜가지고 아해들을 자유로 해방해서 구속하거나 지도하는 것을 도무지 업새고 지난 까닭으로 그 결과가 오늘 저러케 되어 가는 것이므로 이에 대해서 우리가 극히 조심해야 될 것이다.[199])

위 담화문에서 이승만은 교리·신앙 차원이 아니라 도덕·윤리 차원에서 서양 문명의 문제점에 접근했다. 즉 그는 이 시기 미국식 교육의 중점이 체벌과 통제에서 벗어나 학생 인권 보호로 저울추가 움직이면서 나타난 교육의 문제점을 지적했다. 또한 그는 1956년 미국의 교육 제도가 아동 인권을 보장하면서 초래한 문제점을 지적했다.[200]) 한편 그는 1959년 한국에서 상연되는 서양 영화들은 음란, 협잡, 강도, 살인 등의 야만의 풍기를 띠고 있다고 하여 서양 문명의 비윤리성을 지적했다.[201])

---

198) 이승만, 「유교의 교훈을 직혀 례의지국 백성이 되자」(1954.10.1), 245쪽.
199) 이승만, 「유교의 교훈을 직혀 례의지국 백성이 되자」(1954.10.1), 247쪽.
200) 이승만, 「부모의 은공에 감사하자-어머니날을 마지하여」(단기 4289.5.7), 174쪽.
201) 이승만, 「우리나라 영화의 발전을 치하」(1959.1.2), 237쪽.

따라서 그 해결 방안으로 이승만은 유교의 삼강오륜을 제시했다. 그는 1954년 「유교의 교훈을 직혀 례의지국 백성이 되자」라는 담화에서,

근래 우리나라 사람들이 서양 제도를 만히 모방하고 잇나니 이것은 우리가 남이 하는 만큼 해야만 우리가 떠러서 타락된 민족이 하는 것을 면하기 위해서 조흔 것은 다 하루 밧비 모번해야 하나 동양의 우리 유교의 風化를 바더 삼강오륜의 지도를 폐하고는 우리가 크게 위태할 것이니 소위 서양 문화를 밧는다는 사람들이 자유 동등의 행위만 보아 모번하고 실상 그 사람들의 덕의상 도의 잇는 것은 배우지 못하고 지낸다면 우리는 조곰 잘 못하면 여지 업는 타락의 정도에 빠질 염려가 잇스므로 우리가 유교의 교훈(삼강오륜-인용자)을 바더서 오직 극단에 이르는 것만을 피하고 어른 아해가 그것을 본바더 례의지국 백성임을 잇지 말고 유교의 교훈을 직혀 나가야 할 것이다.[202]

고 하여 서양 문명의 무분별한 수용으로 인한 도덕·윤리의 타락을 경계하면서 그 대안으로 유교의 삼강오륜을 지키자고 역설했다. 또한 이승만은 1956년 '서양 사람들은 종교상이나 물질상으로 많이 발전이 되었지만', 어린이들의 교육에는 효도나 부모 공경심 같은 유교적 가치가 더 적합하다고 주장했으며,[203] 1957년 부모의 은혜를 생각해서 기독교 교리에 배치되는 제사 대신 어머니날을 제정하여 경축하자고 주장했다.[204] 그리고 그는 1957년 양육강식의 서양 문명을 본받지 말고, 삼강오륜을 따르자고 제시했다.[205]

나아가 이승만은 1957년 「서울특별시 교육위원회 창립 1주년 기념식에 치사」에서,

....
202) 이승만, 「유교의 교훈을 직혀 례의지국 백성이 되자」(1954.10.1), 247쪽.
203) 이승만, 「어린이날을 마지하여」(1956.5.4), 211쪽.
204) 이승만, 「어머니 날에 멧세지」(1957.5.8), 183쪽.
205) 이승만, 「국민은 삼강오륜을 지켜라」(1957.12.30), 225-226쪽 ; 이승만, 「삼강오륜 지키자」(1957.11.30), 261-262쪽.

어린 사람들을 교육하는 교사들에게 부탁하고 싶은 것은 어린이들이 놀 때나 공부할 때 될 수 있으면 편하고 자유스럽게 해주어야 되며 너무 엄격히 하지말고 은애(恩愛)를 병행해서 좀 더 편하게 해주는 것이 문명한 나라에서 행하는 방식인 것이다. 신문이나 잡지를 보면 미국에서는 어린이들을 너무 방임해서 교육 제도가 타락하여 아이들이 작란과 파괴적인 행동을 한다고 하는데 우리는 어린 사람들을 너무 방석(방임-인용자) 해서는 않되며 평균하게 인도해 나가야 한다. 옛날에는 성균관이나 향교는 교육 제도가 째어져 있어 도덕과 도의를 가르쳐 왔던 것이다. 그런데 우리의 단점은 외국 사람들은 개량 발전하는데 우리는 수구한다는 것이니 교사들은 이점을 참작해서 평균한 제도를 써서 삼강오륜을 가르쳐 부모에 효도하고 선생을 경애해서 그 명령에 복종하며 배워 나가도록 하는 것이 긴요한 것이다.206)

라고 하여 서양 교육은 방임적이며, 한국 교육은 엄격하다고 각각의 단점을 지적한 후, 양자를 절충한 평균한 교육 제도를 만들자고 제안했다. 곧 서양 교육의 문제점은 삼강오륜을 통한 효도와 교사에 대한 존경을 통해, 한국교육의 문제점은 학생의 인권과 자유 보장을 통해 해결하자고 했다. 다시 말해 이승만은 '예전부터 유전해 오는 가정의 범도를 따라서 얼마쯤은 자유권을 보호하는 제도에다가 오륜을 지켜 나가는 제도'를 한국 교육의 목적으로 구상했다.207) 이러한 동서양 절충형 교육 제도 완성을 위해 그는 1954년 한국의 모든 유생들이 "우리나라의 종교인 유교를 발전식혀서 우리 민생이 덕화를 입어 동방 레의지국임을 동서양에 표시하기를 바라며 부탁한다"고 주문했다.208)

그러면 이승만이 지향한 문명 세계의 실상은 무엇인가? 1958년 「삼강오륜을 잘 지키자」라는 담화에서 이승만은 다음과 같이 답했다.

206) 이승만, 「서울특별시 교육위원회 창립 1주년 기념식에 치사」(1957.10.2), 220-221쪽.
207) 이승만, 「부모의 은공에 감사하자-어머니날을 마지하여」(1956.5.7), 174쪽.
208) 이승만, 「유교의 교훈을 직혀 레의지국 백성이 되자」(1954.10.1), 247쪽.

내가 유교를 믿는 가정에서 자라나서 유교에서 가르치는 교육과 신앙을 배워서 그 외에 다른 종교나 도덕을 연구하거나 또는 비교하거나 하지 않고 다만 이것만이 인류의 고상한 도덕인 것으로만 알고 지냈는데 서양에서 소위 문명이라 또는 개명이라는 것이 발전이 굉장한 것을 볼 적에 자연히 우리가 종교 방면에 뒤떨어진 것을 유감으로 생각하지 않을 수 없었던 것이다.

서양인들은 개명이라는 것이 우리보다 많이 뒤떨어져 있었는데 그 발전이 우리보다도 속하게 된 것을 볼 적에 우리 종교에 어떤 약점이 있어서 우리가 퇴보되어 가는 것으로 생각하지 않을 수 없었던 것이다.

그러나 서양 각국에서 숭배하는 예수교로 말하면 오직 인간과 만물을 창조한 대주재가 있어서 모든 만물을 내고 다스려 간다는 것이며 이 세상에서 상사화복은 다 하느님에게서부터 나온다는 것이고 이 진리를 아는 사람에게는 그 진리가 자유를 준다는 것이니 예수교는 이 세상만을 말하고 가르치는 것이 아니고 저 세상까지 다 합쳐서 교도하는 것이다. 그러므로 이 도리가 발전되어서 인류 생활에 생명과 영혼의 자유라는 것이 귀하다는 것을 사람들이 알게 되며 이렇게 해서 이 사상이 늘수록 인류 생활에 도덕상 새 발전이 되어 나가게 되는 것이다.

유교는 이 세상에 낳은 사람이 어떻게 살고 또 어떻게 서로 지내며 더 복을 받고 화를 면해서 살게 된다는 것을 말한 것이며 이 세상에서 품행과 덕행이 좋은 사람은 복을 받을 것이고 또 이외에 천당이 있으면 옳고 의로운 사람이 천당에 가게 될 것이니 그 작정을 앞세우지 말고 사람의 도리만 잘하면 다 따르게 된다는 것이다. 예수교는 영혼과 육신을 합해서 말하되 영혼의 상관을 더 중하게 말한 것이며 유교는 영혼이 없다는 것은 조금도 아니나 영혼이 길을 닦으려면 이 세상에서 잘하면 가게 될 것이니 걱정할 것 없다고 한 것이므로 유교는 이 세상에 대한 생명을 중요시해서 말한 것이며 예수교는 이후에 영구히 살 영혼을 주로 말한 것이다.

유교에서 배운 사람은 먼저 오륜을 알아야 한다고 하는 것이니, 부자유친·군신유의·부부유별·장유유서·붕우유신, 이 다섯 가지로서 온 세계가 다 잘되며 인생이 보호와 은의 안에서 다 살고 발전할 수 있게 되는 것이다.

우리가 어려서부터 이 은의와 덕화 중에서 자라나서 개명한 나라이며 실로 예의지국이라고 해서 발전이 된 뒤에는 우리가 오륜 제도 하에서 물질적 발전을 합해 가지고 경재해 나가는 힘이 있었더라면 이 인간 사회에서는 우리가 어느 방면으로나 남에게 뒤떨어질 일이 없었을 것인데 우리 선생님들이 이것만이면 더 나갈 것이 없는 줄로 생각하고 그 습관에 젖어서 그냥 앉아서 지내게 되었던 것이다. 그러나 남들은 나중에 시작해서 경쟁을 해 가지고 우리보다 낫게 만드는 데 힘을 쓴 까닭으로 지금 와서 보면 우리가 많이 뒤떨어져서 물질과 도덕상에도 남만 못한 것이니 지금부터라도 우리가 다 깨다를 것은 인류사회에서 예의도덕 상에 최고 문명한 인생 생활을 하려고 하면 유교의 삼강오륜이 남의 사회보다 낫다는 것을 알아야 할 것이고 동시에 물질적 발전을 하루바삐 시켜서 물질적 능력을 발휘해야 될 것이니 그렇게 하자면 우리도 자유 사상을 배우며 연구해서 우리 육신의 행동만 자유라는 것이 아니고 우리의 심리 사상을 자유시켜서 세상에서 다른 사람들이 행하는 것은 우리도 할 수 있다는 것을 가지고 모든 물질에 천연한 능력을 사람의 사상으로 연구해서 발전시켜 놓으며 옛날과 같이 사람은 공중에서 날을 수도 없고 천리만리를 단축해서 한 시간에 왕래할 수 없다는 생각을 다 파괴시키고 우리가 광대한 세계에서 무한한 능력을 사용해 가지고 대물주의 조화력을 어디까지든지 진전시켜 나가야 될 것이니 그 길로 다 배우고 행하도록 막론하고 다 힘써야 할 것은 육신 생활에 있어서 문명한 사람의 제도를 행하려면 불가불 유교의 삼강오륜을 알고 행해 나가야만 될 것이며 이것은 나와 같이 어려서부터 유교의 도리를 알아 가지고 세상에 나가서 다른 나라 사람들이 행해 나가는 것을 다 조사해 본 뒤에는 판결이 날 것이다. 그 판결은 서양에서 자유하는 사람은 자기의 자유권을 중히 여기며 그 제도에는 방한이 있어서 그 방한 안에서 자유를 써야 문명한 사람의 지위에 올라가게 된다는 것을 알아야 한다는 것이니 우리는 유교의 부자유친, 군신유의, 부부유별, 장유유서 및 붕우유신 등의 오륜의 도리를 배우고 행하면 실로 어디 가서든지 문명한 사람이 사는 데서는 높은 대우를 받게 될 것이다.[209]

....
209) 이승만, 「삼강오륜을 잘 지켜라」(1958.2.26), 226-228쪽. 이 담화문은 『大統領李承

위 담화문에서 이승만은 서구 문명의 비약적 발전상을 목도하고 그 본질적 원인을 서양 종교인 기독교에서 찾았다. 그는 서구 문명의 근원인 기독교 사상은 '인류 생활에 생명의 자유', 곧 자유의 관념을 내포하고 있었는데, 이것을 지속적으로 발전시켰기 때문에 서구 문명이 동양 문명보다 더 발전하게 되었다고 보았다. 반면 그는 유교는 삼강오륜 같은 도덕·윤리 분야가 서구 문명보다 앞섰다고 인식했다. 하지만 그는 우리는 '유교의 덕화로' 문명과 삼강오륜 같은 예의가 발전된 뒤에는 '물질적 발전을 합해가지고 경재내가는 힘이' 없었기 때문에 서양에 뒤처졌다고 보았다.[210] 즉 그는 동양의 문명은 도덕·윤리의 차원에서, 서구 문명은 기독교의 자유 관념에 기초한 물질 문명(과학 기술)의 차원에서 각각 우위에 있다고 보았다.

따라서 이승만은 '유교의 삼강오륜이 남의 사회보다 낫다는 것을 알아야 할 것이고 동시에 물질적 발전을 하루바삐 시켜서 물질적 능력을 발휘해야 될 것이니 그렇게 하자면 우리도 자유 사상을 배우며, 연구해서 우리 육신의 행동만 자유라는 것이 아니고 우리의 심리 사상을 자유시켜'야 한다고 결론지었다.[211] 다시 말해 이승만은 정신 문명 중 종교는 기독교, 도덕·윤리는 삼강오륜, 관념 체계는 서구의 민주주의와 자유, 물질 문명은 서양의 과학 기술을 채택해야 한다고 보았다.

2) 대미관의 변화

종래 이승만의 대미관은 한말부터 해방 이후까지 친미주의로 일관했다는 평가와 2단계 내지 3단계로 변화·발전하는 과정을 겪었다는 평가로 나뉘어

晚博士儒教談話集』에 실린 「내가 유교를 믿는 가정에서 자라나서 유교에서 가르치는 교육과 신앙을 배워서」라는 담화문과 제목과 날짜만 다르고 내용은 동일하다[이승만, 「내가 유교를 믿는 가정에서 자라나서 유교에서 가르치는 교육과 신앙을 배워서」(단기 4291.2.26), 『大統領李承晚博士儒教談話集』, 儒道會總本部, 1958, 14-19쪽].

210) 이승만, 「삼강오륜을 잘 지켜라」(1958.2.26), 227-228쪽 ; 이승만, 「유교의 교훈을 직혀 례의지국 백성이 되자」(1954.10.1), 244-245쪽.

211) 이승만, 「삼강오륜을 잘 지켜라」(1958.2.26), 228쪽.

왔다. 전자는 이승만의 독립협회 활동 시절과 투옥 시절 미국 선교사들과 미국인 교사들에게 받은 도움과,[212) 『독립신문』이 전파한 호의적 미국관에 근거하고 있다.[213) 그러나 이러한 주장은 분석 대상으로 삼은 특정 기간의 내용을 바탕으로 전체상을 조명하려는 한계를 내포하고 있다. 때문에 이승만의 대미관의 계기적 발전 과정에 대한 이해를 어렵게 한다.

후자의 경우를 살펴보면, '2단계 설'은 이승만의 개종을 기점으로 시기 구분을 하고 있다. 개종 이전에는 1898년 미국의 하와이 왕국 불법 병합 사실에 근거해 미국을 제국주의 국가로 인식한 반미주의자였고, 개종 이후에는 한성감옥 투옥 중 미국 공사 알렌의 석방 알선을 사절한 사실을 들어 맹목적 대미 사대주의자가 아니라, 미국과 미국 정부에 대해서는 엄정하고 공식적인 입장을 유지하는 知美·친미주의자였다고 평가했다.[214) 하지만 개종 이후 이승만의 미국과 미국 정부에 대한 인식이 확고하게 정립된 것은 아니었다. 그는 1913년 4월 『한국교회핍박』을 발간한 시점에서도 미국 정부에 대해 "일본은 각국에 선언하기를 한일병합 이전에 한국이 각국과 조약을 체결한 모든 조건은 다 취소해 주기를 청구한다고 했다. 그렇지만 미국은 조미통상조약 조건을 취소하는 뜻으로 인정하지는 않았다"고 하여 여전히 우호적 기대를 했다.[215) 이는 이승만의 대미관이 아직 미숙했음을 뜻하며, 미국의 제국주의적 속성을 제대로 파악하지 못했음을 의미한다.

'3단계 설'은 다시 2개의 입장으로 구분된다. 1904년 도미 이전의 崇美 단계, 도미 이후부터 해방 직전까지의 知美 단계, 해방 이후의 聯美·用美 단계로 나누어 계기적 발전 과정을 거쳤다는 입장과,[216) 도미 이전의 親美 단계, 도미 이후부터 『일본군국주의실상』이 출간된 1941년까지의 知美 단계,

....
212) 정병준, 앞의 책, 107쪽.
213) 柳永益, 「개화기의 대미인식」, 『한국인의 대미인식』, 110쪽.
214) 유영익, 『젊은 날의 이승만』, 157-158쪽.
215) 이승만, 『한국교회핍박』, 46, 165-170쪽.
216) 차상철, 앞의 논문, 283-296쪽.

1941년 이후의 用美 단계로 구분하여 계기적 발전 과정을 거쳤다는 입장이 있다.[217] 하지만 전자의 '崇美 단계'·'知美 단계'와 후자의 '知美 단계'의 논거로 이승만의 언설이나 저작을 제시하지 않는 간접적 추론에 그쳐 이승만의 의도를 파악하는 데 어려움이 있다. 따라서 이승만의 대미관을 이해하기 위해서는 그의 언설과 저작들을 검토할 필요가 있다.

한편 '親美'는 이상적 정치 제도의 이상적인 형태로서 미국의 제도를 무비판적·맹목적으로 수용하고 미국의 국익을 우선적으로 대변하는 대외관이다.[218] 그러나 이승만의 내면에 대한 심층적 이해를 고려한다면 그의 대외관은 한국의 자주와 독립이라는 설명틀로 이해되어야 한다. 즉 그의 대미관은 적대적 대미관을 표명했던 개종 이전의 1단계(1875-1899), 우호적 대미관을 가졌던 개종 이후부터 1919년 파리강화회의(1919. 1. 18-1919. 6. 28) 종결 이전까지의 2단계(1899-1919), 윌슨의 민족 자결주의에 대해 실망하면서 用美的 대미관으로 변화한 1919년 파리강화회회의 종결 이후의 3단계(1919-1965)로 계기적 발전 과정을 거쳤다. 여기서는 이승만의 대미관이 3단계로 변화 발전하는 이유와 그 내용을 밝히고자 한다.

1단계(1875-1899)는 개종 이전까지의 시기로, 이승만은 자신의 「투옥 경위서(Mr. Rhee's Story of His Imprisonment)」에서 다음과 같이 미국을 제국주의 국가로 인식한 적대적 대미관을 갖고 있었다.

> 우리는 미국 선교사들이 한국에 오기 조금 전에 미국 정부가 이[하와이] 섬들을 모두 병합하여 그 영토의 일부로 만들었으며 이 과정에서 하와이인들의 여왕이 폐위되었음을 알았다. 따라서 우리 한국인은 당연히 우리나라에 대해서도 똑같은 운명이 계획된 것으로 생각했다. 미국인들이 일본과 중국 그리고 한국으로 하여금 문호를 개방하고 통상하도록 강요한 다음 선교사들이 왔기 때문에 우리로서는 그렇게 생각하지 않을 수 없었다.[219]

<hr />

217) 신계주, 앞의 논문, 7-41쪽.
218) 신계주, 위의 논문, 5쪽.

그리고 1958년 이승만은 우남학관 낙성식에서,

> 70년 전 이 학교(배재학당-인용자)에 들어와서 영어를 배우고자 했는데 그때는 일청전쟁이 끝난 뒤로서 정부에서는 이 학교를 반공립으로 해서 한문과 영어와 각국 어학을 가르쳤던 것이오 그 당시의 형편으로서는 외국 사람들이 들어와서 상업을 한다 종교를 선교한다 하면서 대포와 기타 군기를 가지고 들어와서 땅을 점령하여서 아세아 사람들은 세계 사정이 어둡고 아세아는 주인 없는 딴 세상이 되었으므로 영어를 공부해서 세계 사정을 알 필요가 있었던 것이오.[220]

라고 하여 배재학당 시절(1895-1897) 적대적 대미관을 소유하고 있었다고 회고했다.

19세기 후반 상품 판매 시장과 원료 공급지를 확대하려는 제국주의 열강의 식민지 쟁탈전은 더욱 본격화하였고, 그 약육강식의 파도는 조선으로 밀려오고 있었다. 이러한 국제 정세에 대해 이승만은 이미 개종 이전부터 나름대로의 식견을 갖추고 있었다. 즉 그는 미국 선교사들이 제국주의 열강의 첨병 역할을 한다고 인식하고 있었다. 때문에 개종 이전 그의 대미관은 적대적일 수밖에 없었다.

2단계(1899-1919)는 옥중 개종 이후부터 1919년 파리강화회의 종결 이전까지의 시기로, 이승만의 대미관은 적대적 관점에서 우호적 관점으로 변화했다. 그 이유는 우선 이승만이 기본적으로 미국은 영토 침략을 일삼는 제국주의 국가가 아니라고 판단했기 때문이었다. 투옥 중 그는 미국이 영국의 지배를 받다가 독립을 쟁취한 역사적 경험이 있기에 "남의 권리는 침해하지 않고, 남의 권리를 보호하는 것을 자기 자신의 권리를 보호하는 것 같이 여겼

---

219) "Mr. Rhee's Story of His Imprisonment", O. R. *Avison, Memoirs of Life in Korea*, p. 272.
220) 이승만, 「우남학관 낙성식에서」(1958.11.16), 235쪽.

다"221)고 하여 조선의 권리도 지켜줄 것이라 기대했다. 또한 옥중에서 그는 미국이 신미양요의 구원(舊怨)에서 벗어나 보빙사(1883.7.15)를 환대했다는 점과 조선의 문명 개화와 통상 교류 정책을 지지했다는 사실에 비추어 볼 때 조선의 동반자라고 판단했다.222) 그는 1913년 『한국교회핍박』에서 영국과 미국이 정의와 사회적 약자 편에 섰던 예수와 같이 약소 민족에 대한 침략을 하지 않을 것이라고 확신한다고 밝혔다.223) 한편 톰킨스(Floyd W. Tomkins) 목사는 1919년 4월 필라델피아 한인자유대회에서 미국 정부와 의회가 가까운 시일 안에 한국의 독립을 공식적으로 지지할 것이라고 연설하였는데, 이러한 격려에도 영향을 받았다.224)

이러한 이승만의 인식은 만국공법, 즉 국제법은 보편성을 갖고 있기에 강대국과 약소국 간에도 현실적 힘의 우위를 떠나서 지켜질 것이라는 믿음에 근거했다. 이승만과 윤병구 목사는 도미 독립유지외교 활동을 하던 1905년 8월 3일 『뉴욕타임즈(The New York Times)』와의 회견에서 조미수호조약의 거중조정 조항에 의거해 미국의 친구인 한국의 독립을 유지시켜 달라고 호소했다.225) 다음날인 8월 4일 이승만이 서재필과 협의·작성하여 루즈벨트(Theodore Roosevelt) 대통령에게 제출하려고 한 청원서에서도 러일 포츠머스 강화회의에서 조미수호조약의 거중조정 조항에 의거해 미국이 한국의 독립 유지를 위해 중재와 개입을 해 달라고 청원했다.226) 이승만은 1913년 『한국교회핍박』에서 조미수호조약(1882.4.6) 제1조 제2항의 거중조정 조항을 신뢰하고 1904년-1905년 도미 독립유지외교 활동을 전개했다고 밝

221) 「전쟁의 원인」, 『청일전기』, 『雩南李承晩文書(東文篇)』第二卷, 242쪽 ; 이승만, 『풀어쓴 독립정신』, 146쪽.
222) 이승만, 위의 책, 241쪽.
223) 이승만, 『한국교회핍박』, 121쪽.
224) 元聖玉 옮김, 제1일 오전회의(1919.4.14), 111-114쪽.
225) "Will Ask Roosevelt to Protect Koreans", The New York Times, August 4, 1905, 方善柱, 앞의 책, 229쪽.
226) F.A. 매켄지 지음·신복룡 역주, 『대한제국의 비극』, 집문당, 1999, 287-289쪽.

했다.[227] 그는 1918년 말과 1919년 초 윌슨 대통령에게 조미수호조약 제1조 제2항의 거중조정 조항을 근거로 한국의 독립 문제를 파리강화회의에 상정하여 해결해 주기를 호소했다.[228] 그는 1919년 4월 필라델피아 한인자유대회에서 조미수호조약 제1조 제2항의 거중조정 조항을 근거로 한국의 독립을 지원해 달라고 요청했다.[229] 그는 1919년 6월 6일 워싱턴의 메소닉 템플(Masonic Temple)에서 '대한자유공동대회'를 개최했다.[230] 이 대회에서는 윌슨 대통령과 파리평화회의 미국 대표단에게 조미수호조약 제1조 제2항의 거중조정 조항을 내세워 한국의 독립을 지원해 줄 것을 촉구하는 결의안을 채택했다.[231] 이승만은 1919년 6월 16일 파리강화회의에 참석 중인 윌슨 대통령에게 '대한민국 대통령(President of the Republic of Korea)'[232] 명의로 보낸 공문에서 조미수호조약 제1조 제2항의 거중조정 조항을 근거로 한국의 전권대표인 김규식(金奎植)이 파리강화회의에서 한국인을 대표해 발언할 있도록 협조해 달라고 부탁했다.[233] 이승만은 1919년 6월 26일과 27일 파리

---

227) 이승만, 『한국교회핍박』, 170쪽.
228) (Syngman Rhee)〉Woodrow Wilson, 1918.11.25), *The Syngman Rhee correspondence in English*: 1904-1948, Volume1, p. 57. ; (Syngman Rhee)〉Woodrow Wilson, 1919.2.25), *The Syngman Rhee correspondence in English*: 1904-1948, Volume1, p. 65. ; (Syngman Rhee)〉Joseph Tumulty, 1919.2.28), *The Syngman Rhee correspondence in English*: 1904-1948, Volume1, p. 73. ; (Syngman Rhee)〉Joseph Tumulty, 1919.3.3), *The Syngman Rhee correspondence in English*: 1904-1948, Volume1, p. 74.
229) 元聖玉 옮김, 「미국인에게 호소함」제1일 오후회의(1919.4.14), 120, 140-142쪽.
230) 「리승만 박사의 쥬최로 공동대회를 열어」, 『新韓民報』(1919.6.14).
231) *Korea Review*, I -5(1919.7), "Resolution", p. 15.
232) 이승만은 1919년 4월 23일 서울에서 선포된 한성정부의 집정관총재로 추대된 사실을 6월 14일 확실히 알게 되었다. 이를 계기로 그는 상해의 임시정부 대신 한성정부를 정통 임시정부로 인정하고 6월 14일부터 6월 27일까지 '대한민국 대통령(President of the Republic of Korea)'이라는 직함을 사용했다(유영익, 『이승만과 대한민국임시정부』, 연세대학교 출판부, 2009, 19쪽).
233) (Syngman Rhee)〉Woodrow Wilson, 1919.6.16), The Syngman Rhee correspondence in English: 1904-1948, Volume1, p. 131.

강화회의에 참석하고 있던 윌슨 대통령에게 보낸 서한에서 조미수호조약 제1조 제2항의 거중조정 조항을 내세워 한국의 독립을 지원해 달라고 청원했다.[234] 이처럼 그는 만국공법을 국권과 국가 간의 통상을 보장하는 장치로 인식했다.[235] 즉 그는 만국공법을 국제사회에서 정의구현을 보장해 주는 것이나, 실정법적인 구속력을 마땅히 가지는 것으로 인식했다.[236] 이처럼 그는 조미수호조약 제1조 제2항의 거중조정 조항을 맹목적으로 신뢰했다. 하지만 미국은 그의 기대와 달리 거중조정을 준수할 의도가 없었다. 1882년 조미수호조약 체결 당시 미국의 관심은 '신비에 쌓인 은둔의 나라', 곧 조선의 경제적·전략적 가치에 있었다. 그러나 조선의 경제적·전략적 가치를 낮게 평가한 초대 주한 미국 공사 푸트(Lucius H. Foote)의 조사 보고서를 접한 후 미국은 조미수호조약을 이행해야 할 일종의 동맹 조약으로 간주하지 않았기 때문이었다.[237]

둘째, 미국과 영국의 목적은 영토 침략을 목표로 하는 러시아와 달리, 자유 무역과 선교에 있다고 인식했기 때문이었다. 이승만은 1904년 『독립정신』에서 열강은 의화단의 난을 이용하여 러시아가 만주 지역과 조선의 서북 지방을 침범한 것에 대해 분노했다. 영국과 미국은 청나라를 포함한 모든 나라에서 자유 무역과 자유 선교를 하는 것을 원칙으로 삼았다. 그래서 영국과 미국은 청나라가 열강 중 어느 한 나라의 독점적 영향력 아래 들어가지 않도록 노력했다고 파악했다.[238] 따라서 그는 외국인에 대한 치외법권 보장은 정당

....

234) 「파리강화회의 한국대표단에 도움을 호소하는 서한」(1919.6.26), 『대한민국임시정부자료집』18, 2007, 10쪽 ; 「미국 대통령 윌슨에게 거중조정을 요청하는 서한」(1919.6.27), 『대한민국임시정부자료집』18, 2007, 15쪽.

235) 홍용표, 「이승만의 대외인식과 임시정부 초기 독립외교」, 고정휴 외, 『대한민국 임시정부의 현대사적 성찰』, 나남, 2010, 400-401쪽.

236) 김용직, 「이승만의 『독립정신』과 후기 개화기 정치외교 담론」, 송복 외, 『이승만의 정치사상과 현실인식』, 연세대학교 출판부, 2011, 93쪽.

237) 유영익, 『건국대통령 이승만』, 260-262쪽.

238) 이승만, 『풀어쓴 독립정신』, 272-273쪽.

하다고 역설하였으며,[239] 의화단의 난에서 보듯이 배타적 민족주의 내지 외국인 혐오주의가 조선에 도움이 되지 않는다고 생각했다.[240] 또한 그는 외국인들이 조선과 통상 교류하려는 목적은 상호 이익을 위한 것이기 때문에 막을 필요가 없다고 주장했다.[241]

이승만은 도미 독립유지외교 활동을 하던 1905년 8월 4일 서재필과 협의·작성하여 루즈벨트(Theodore Roosevelt) 대통령에게 제출하려고 한 청원서에서도 미국이 한국에서 가지고 있는 상업과 종교 사업 분야에서의 이권이 일본의 한국 지배 야욕으로 침해당할 것이라고 주의를 환기시켰다.[242] 또한 이승만은 1910년 박사 학위 논문에서도 유럽 국가들과 달리 미국은 언제나 통상의 자유를 위하여 투쟁하였으며,[243] 전시에도 평화시와 같이 기존의 교역을 계속하려는 중립국의 권리를 옹호했다고 역설했다.[244]

이승만은 1913년 『한국교회핍박』에서 러일전쟁 때 미국과 영국이 일본을 후원하여 러시아의 탐욕을 징계했을 때, 자신도 일본이 러시아를 몰아내고 "아시아 세계에 경제적 종교적으로 자유와 공익을 가져다 주기를 바랐다"고 밝혔다.[245] 그는 1918년 11월 25일 윌슨(Thomas Woodrow Wilson)에게 보낸 편지에서 한국에서 미국은 산업, 상업, 종교 분야에 이해관계를 갖고 있기 때문에 한국 문제에 대해 무관심할 수는 없을 것이라고 주장했다.[246] 그는 1919년 2월 25일 파리강화회의에 보낸 편지에서 한국을 중립 교역 지대로 만들어 극동에 완충 상태가 창조되면 특정 국가가 한국을 침략하지 못

239) 이승만, 위의 책, 325쪽.
240) 「권고하는 글」, 『청일전기』, 『雩南李承晚文書(東文篇)』第二卷, 388쪽.
241) 이승만, 『풀어쓴 독립정신』, 272-273쪽.
242) F.A. 매켄지 지음·신복룡 역주, 『대한제국의 비극』, 집문당, 1999, 288쪽.
243) 이승만 지음·정인섭 옮김, 앞의 책, 36쪽.
244) 이승만 지음·정인섭 옮김, 위의 책, 44쪽.
245) 이승만, 『한국교회핍박』, 121쪽.
246) (Syngman Rhee)〉Woodrow Wilson, 1918.11.25), *The Syngman Rhee correspondence in English*: 1904-1948, Volume1, p. 57.

하게 되어 동양의 평화가 보장될 수 있다고 주장했다.247) 한편 서재필은 1919년 필라델피아 한인자유대회에서 한국인들이 우호적 대미관을 갖게 된 이유는 제국주의 국가와 달리 미국은 문호 개방 이래 의료 사업과 학교 사업을 통해 한국의 문명 개화에 기여해 왔기 때문이라고 밝혔는데,248) 이승만도 여기에 공명하였을 것이다.

이런 관점에서 이승만은 파리강화회의가 종결되기 전까지도 '한국은 이미 윌슨 대통령이 말한 자주 정부의 주권을 회복해야 할 피압박 국가로서 그의 일람표 속에 포함되어 있다는 것을 굳게 믿고 있었'으며, 윌슨의 민족자결권을 한국의 자유를 회복시켜 줄 십자군운동으로 인식하고 있었다.249) 때문에 그는 서구 열강의 지지와 미국인의 동정을 얻기 위해 자신이 박용만의 무장투쟁론을 지지한다는 오해를 받을까 우려했으며, 윌슨이 '장차 언젠가 한번은 어떠한 방법으로라도 한국을 위하여 큰 도움이 되어 줄 것이라는 희망을 걸고' 있었다.250)

3단계(1919-1965)는 1919년 파리강회회의 종결 이후로, 윌슨의 민족 자결주의에 대해 실망하면서 우호적 대미관에서 用美的 대미관으로 전환한 시기였다. 파리강회회의 종결 직후인 1919년 7월 10일 윌슨 대통령은 '국제연맹 규약(Covenant of League of Nations)'을 미 상원에 제출했다. '국제연맹 규약' 제 10조에 의하면, 국제연맹 가입국들이 각 회원국의 영토 보전 및 정치적 독립을 존중하고 외부의 침략에 대해 공동으로 대응할 의무를 갖도록 했다.251) 즉 일제가 한국의 영토를 식민지로 지배하는 것을 인정한다는 것이었다. 이 기사가 구미위원부 산하의 필라델피아통신부에서 발행한『한국

247) (Syngman Rhee)〉Paris Peace Conference, 1919.2.25), *The Syngman Rhee correspondence in English*: 1904-1948, Volume1, p. 69.
248) 元聖玉 옮김, 제1일 오전회의(1919.4.14), 110쪽.
249) Robert T. Oliver, op. cit., p. 132.
250) Ibid., p. 129.
251) 고정휴,『이승만과 한국독립운동』, 372쪽 ; *Korea Review*, II-7(1920.9), "Korea, Japan and the Covenant", p. 12.

평론(*Korea Review*)』1920년 9월호에 실린 것으로 보아 이승만은 틀림없이 이 기사를 읽었을 것이다. 이 순간 이승만의 감정을 *Syngman Rhee: The Man Behind the Myth*는 다음과 같이 기록했다. 1919년 파리강화회의 종결 직후 이승만은 '그의 친구이며 세기의 영웅으로 알려져 있는 정의의 평화 건설자로서 윌슨 대통령이 열강의 세력 균형을 위해 한국의 독립을 희생시키려고 한다는 사실을 알고 하늘이 무너지는 듯한 충격에 빠졌으며', 이 순간 '절망과 새로운 결의가 교차하는 격분(激憤)의 감정을 억누를 수 없을' 정도로 미국과 '기독교도 윌슨'으로 치환된 '미국 대통령 윌슨'에 대해 실망했다.[252]

이승만이 '기독교도 윌슨'으로 치환된 '미국 대통령 윌슨'이라는 인식을 갖게 된 데에는 제2장 1절에서 살펴본 것처럼 프린스턴 대학원 박사과정 시절 (1908.9월-1910.7월)부터 윌슨과 교류하면서 형성된 기독교도는 정의롭고 양심적이라는 신념화된 믿음이 작용했다. 때문에 그는 선한 양심을 소유한 '기독교도 윌슨'이 미국 대통령의 자격으로 한국의 독립운동을 지원할 것이라고 확신했다. 하지만 그는 파리강화회의를 계기로 비로소 '기독교도 윌슨'도 '미국 대통령 윌슨'이라는 틀 안에서만 운신할 수밖에 없다는 사실을 자각했다. 이를 계기로 그는 정의감과 양심을 소유한 기독교도와 자국의 이익을 우선시하는 미국 대통령을 분리하여 인식하게 되었다. 이후 그는 프린스턴 대학의 국제법 교수로 그의 박사 학위 논문을 지도했던 엘리어트(Edward G. Elliot)에게 배운 국제법의 수업료를 되돌려 받아야 된다고 자주 말했는데, 이는 약소 국가를 위한 국제법은 존재하지 않는다는 사실을 체험으로 절감했기 때문이었다.[253] 결국 이승만의 대미관은 '기독교도 윌슨'으로 치환된 '미국 대통령 윌슨'에 대한 실망과 미국 정부에 대한 불철저한 믿음에 근거한 외교 독립 노선이 좌절하면서, 이제까지의 우호적 대미관에서 벗어나 用美

252) Robert T. Oliver, op. cit., p. 143.
253) 曺惠子, 「『人間리승만』의 새傳記」8월호, 308쪽.

的 대미관으로 변화했다.

3단계 이승만의 대미관을 엿볼 수 있는 자료는 1941년 간행된 『일본군국주의실상』이 있다. 그는 1941년 『일본군국주의실상』「제8장 미국 국민과 그들의 권리」에서 제국주의와 선교사의 관계에 대해 다음과 같이 언급했다.

> 국기는 선교사들의 뒤를 따르고 상인들은 국기의 뒤를 따른다는 것은 널리 알려져 있는 사실이다. 사실 목숨을 내걸고 금단(禁斷)의 지역으로 들어가 구원의 복음을 전도하는 것이 선교사들이다. 이들의 뒤를 따라 각기 국가들이 그 발걸음을 내놓기 시작한다. 국기가 가는 곳마다 상인들은 진출하며 그 보호 밑에 통상을 개시한다. 그러므로 선교사는 국제 교섭의 문을 두드리는 개척자이며, 국기는 그 인신(人身)의 보호를 상징하는 뜻을 가지고 있다. 그러나 많은 경우에 있어서 선교사들은 국기의 보호를 바라는 것보다 오히려 생명의 위험을 무릅쓰고 이 길을 택하기를 원하고 있다. 그 이유는 국기 밑에서 그들은 간혹 침략을 일삼는 국가의 도구로서 지목 받는 일이 있기 때문이다.[254]

위 글에서 이승만은 제국주의의 본질을 선교사·국기(제국주의 국가)·상인의 사이의 관계를 통해 간파하고 있었음을 알 수 있다. 하지만 선교사들은 제국주의 국가의 침략 도구[255]가 아니라 순수한 종교적 열정을 가지고 선교하는 것이라고 하여 제국주의 국가와 제국주의 국가 출신의 선교사들을 차별적으로 인식했다.[256] 이러한 이승만의 논리에 따른다면 미국은 제국주의

....
254) 이승만 지음 · 李鍾益 옮김, 앞의 책, 151쪽.
255) 이승만은 1897년 11월 캬오츄(膠州)의 중국인들이 독일인 선교사를 살해하자 독일이 중국 카오츄를 점령하여 독일령으로 만들었는데, 이는 전형적인 제국주의의 식민지 건설 방식이라고 지적했다(이승만 지음 · 李鍾益 옮김, 위의 책, 151쪽).
256) 해방 이후에도 이러한 인식은 지속되었다. "1953년 휴전 회담과 관련하여 제국주의 국가 간의 직접적인 충돌이 있기 전까지 제국주의 국가들은 침략을 멈추지 않는다. 따라서 1921년 워싱턴군축회의처럼 1953년 중공과의 휴전 협정에서도, 중공은 침략을 멈추지 않을 것이기 때문에 타협은 불가능하다"고 밝혔다(로버트 T. 올리버 지음 · 朴瑪利亞 옮김, 위의 책, 275-278쪽. 이 자료는 1956년 박마리아의 번역본에는 있으나,

국가라고 명시되어야 하지만, 그는 미국을 제국주의 국가라고 적시하지 않았다.

그렇다면 이승만이 미국에 대해 우호적인 태도를 취한 의도는 무엇이었을까? 그는 1941년『일본군국주의실상』에서 성조기가 안전 대신에 저주의 역할을 하고 있다고 하면서, 그 근거로 성조기를 게양한 산서성의 미국 선교사 주거지에 대한 일본군의 폭격과 일본군의 성조기 모욕 사건들을 열거했다.[257] 이는 성조기 모욕 사건을 부각시켜 미국인의 애국심을 자극하여 미·일 친선 우호 관계를 절연시키고 미국이 중국과 조선을 지원케 하려는 선전 전술이었다. 즉 이승만은 1941년『일본군국주의실상』단계에 이르러 미국의 지원으로 한국의 독립을 쟁취하려는 用美的 대미관을 넌지시 표명했다. 그러나 그는 미국의 외교적 지원이 절박했기 때문에 노골적으로 자신의 내심을 드러내는 用美的 대미관을 표명할 수 없었다.

이승만의 用美的 대미관의 실체는 해방 이후 좀더 분명히 드러난다. 해방 후 경무대에 모인 청년들에게 이승만은 다음과 같이 말했다.

> 정말 그대들이 한국 사람답게 살려면 지금 내가 하는 말 잘 들어야 해.
> 공산당과 왜놈들은 물리쳐야 돼. 소련 놈에게 속지 말고 미국은 믿지 마.
> 한일합방 때 1882년에 맺은 한미수호조약을 일방적으로 폐기하고 일본과
> 비밀 흥정해서 우리나라를 먹도록 묵인해 준 사람들이야. (중략) 미국은
> 간사한 일본에게 속아서 혼났건만 아직도 일본 위주의 정책(동북아시아
> 의 공산화를 막기 위한 대일본 전후 경제 부흥 계획-인용자)만 미 국무성
> 에선 만들고 있어. 그러나 우리가 생존하기 위해서 우리 힘을 길러야 해.

....

1955년 로버트 올리버의 재판본에는 없다. 이는 박마리아의 번역본이 1955년의 필자 교정에 의한 재판본이 아니라 1954년의 초판본을 번역했기 때문이다(정용욱, 앞의 논문, 22, 31쪽)]. 여기서 이승만은 명시적으로는 '중공'만을 제국주의 국가라고 적시했지만, 논리적으로 볼 때 그는 휴전 회담의 당사자로 그 대척점에 있던 미국 역시 제국주의 국가라고 인식했다는 것을 알 수 있다.

[257] 이승만 지음·李鍾益 옮김, 위의 책, 151쪽.

남이 놀 때 우리는 열심히 배우고 일해야 해.[258]

위 대화에서 이승만은 자신의 대외관을 반공·반소·반일·知美라고 밝혔다. "미국을 믿지 마"라는 표현으로 미루어 1919년 파리강회회의 종결 이후 그의 대미관이 用美的 대미관으로 귀결되었음을 확연히 알 수 있다.

이승만은 미군 철수(1949.6.30) 이후인 1949년 12월 13일 자주 국방의 어려움을 호소하면서 주미 대사 장면(張勉)에게 보낸 편지에서도, 미국은 가쓰라 태프트 밀약과 일제의 한국병합에서도 보았듯이 다시 일본을 위해 한국을 포기할 가능성이 있다고 심각하게 우려했다.[259] 또한 이승만은 1953년 7월 3일 한미상호방위 조약 체결(1953.10.1) 문제를 협의하려고 방한한 미국 국무성 극동담당 국무차관보 로버트슨(Walter S. Robertson)과 회담했다. 이 회담에서 이승만은 "미국에 대한 우리의 확고부동한 신뢰에도 불구하고, 우리는 1910년 일제의 한국병합과 1945년 한반도의 양분에서 볼 수 있듯이 과거 두 번씩이나 미국에게 배신당했다. 현재의 사태 진전은 또 다른 배신이라고 부를 수 있는 어떤 것을 암시하고 있다"고 하여 用美的 대미관을 명백히 표출했다.[260]

이러한 用美的 대미관은 4·19혁명으로 대통령 직을 사임하고 이화장으로 은퇴한 직후, 프란체스카가 말한 다음과 같은 발언에서도 다시 확인할 수 있다.

실로 무거운 짐을 벗게 되어 편해지긴 했지만, 나라와 국민의 앞날을 무척이나 염려했던 남편은 마음을 놓지 못했다. 당시 우리나라는 공산당의

----

258) 曺惠子, 「'人間리승만'의 새傳記」 5월호, 330쪽.
259) "Rhee to Chang Myon"(December 13, 1949), *The Syngman Rhee Presidential Papers*.(차상철, 「이승만과 한미상호방위조약」, 유영익·이채진 편, 『한국과 6·25전쟁』, 연세대학교 출판부, 2003, 264쪽 재인용).
260) "Conversation between the President and Mr. Robertson"(July 3, 1953), *The Syngman Rhee Presidential Papers*, File 10570230-10570233.

위협은 말할 것도 없고, 자기 나라 이익만을 추구하는 강대국들의 영향력 밑에 놓여 있었다. 따라서 어떠한 곤경에서도 외세의 압력에 굴복하지 않고 나라의 권리와 자유를 지킬 줏대 있는 지도자를 절실히 필요한 때였다.[261]

위와 같은 프란체스카의 발언은 이승만의 대미관을 이해하는 데 중요한 단서가 된다. 일반적으로 부부 간에는 공식적 언설에서 표명되지 않는 주요 정책과 개인적 생각들이 여과 없이 표출된다는 점, 그리고 프란체스카가 이승만의 독립운동 시절뿐만 아니라 대통령이 된 후에도 이승만의 정책과 사상을 공유하는 '개인 비서' 역할을 했다는 점 때문이다.

이승만의 用美的 대미관은 망명지 하와이에서 종합 정리되었다. 1962년 하와이에서 이승만은,

> 이제 내가 바라는 바는 우리 국민이 합심협력해서 남북통일을 완수하는 거야. (중략) 또 한 가지는 철천지원수 일인들인데…. 우리나라 사람들이 잊어버리기를 잘해. 우리는 일본과의 역사적인 경험을 잘 생각해야 해. 굳게 서서 다시는 노예의 멍에를 매서는 안돼. 이 두 가지는 내 유언이야. (중략) 그리고 또 한 가지는 미국을 믿어서는 안돼. 항상 그들의 속셈을 알아야 돼. 용감한 우리 국군과 맥아더 원수가 압록강까지 올라가서 통일할 수 있는 기회를 그들이 빼앗아 버렸어. 서로 셈이 틀리면 냉정해지는 것이 국제간의 우호 관계이지. 우리 자신의 힘이 강해져야 해. 이건 중요한 일이야. 자기 이익 때문에 나라를 배신하는 친미기회주의자들과 미국인 친일파들이 일인들과 은밀히 손을 잡고 나라를 결단냈어. 그 놈들이 앞으로도 걱정이야(하략).[262]

....

261) 프란체스카 도너 리 지음·조혜자 옮김, 앞의 책, 104쪽.
262) 曺惠子, 「'人間리승만'의 새傳記」 1월호, 237-238쪽. 1965년 이승만이 남긴 이와 유사한 맥락의 유언이 화진포 별장에 남아 있다(최종고 편저, 『대한민국 건국대통령의 사상록』, 청아출판사, 2011, 105쪽).

라고 하여 그의 대미관을 用美的 대미관으로 결론지었다.

그럼에도 이승만은 한편으로는 여전히 우호적 대미관을 표명했는데, 그 목적은 미국의 경제, 군사 원조 때문이었다. 해방 이후 이승만은 공개적으로 여러 번 미국의 대한 원조에 대해 감사를 표시했다.[263]

하지만 다른 한편으로 이승만은 미국의 대한 원조와 관련하여 미국의 역사적 책무를 강조하면서 用美的 대미관을 드러냈다. 그는 미국이 조미수호조약에 따라 일제의 한국 병합을 저지해야 했지만, 미국은 이를 '묵시(黙視)' 하였으며 일제 35년간 일제의 학살과 탄압을 방관했다고 지적했다. 그럼에도 우리는 "미국이 한국의 구인(救人)이라는 희망을 버리지 않았던 것이다" 고 주의를 환기시켰다. 때문에 그는 정의와 자유의 원칙을 지키는 미국은 남한을 공산 세력의 침략으로부터 지킬 수 있도록 원조해 주어야 할 역사적 부채가 있다고 역설했다.[264] 특히 한반도 분단에 미국도 책임이 있기 때문에 한반도에 안정과 질서가 회복될 때까지 주한 미군은 철수되어서는 안된다고 역설했다.[265] 비록 미국이 분단을 영구화하려고 의도하지 않았다고 하더라도 그 결과는 같다고 주장했다.[266]

....

263) Harold E. Fey, "Korean President Seeks Aid", *The Christian Century*, January 2, 1952, p. 6. ; 金珖燮 編, 「대한민국 정부 수립과 우리의 각오」(단기 4281.8.15), 23-26쪽 ; 이승만, 「미국 溫情에 영원히 감사하자」(1949.6.9), 187쪽 ; 이승만, 「共産主義를 逐出치 않고서는 眞正한 平和가 없다」(1953.4.6), 121쪽 ; 이승만, 「미국민에게 보내는 성탄절 멧세지」(단기 4286.12.23), 99쪽 ; 이승만, 「유엔 총회 의장 레슬리·문로경의 공로를 치하」(단기 4290.10.15), 101-102쪽 ; 이승만 지음·이현표 옮김, 『이승만 대통령 방미일기』, 코러스(KORUS), 2011, 26쪽. 8·15 후 약 17년 간 제공된 미국의 무상 원조는 2차 대전 후의 혼란기와 6·25 전쟁기를 통한 식량난과 공업 생산력을 극복하고 이승만 정권을 지탱하면서 남한의 자본주의 경제 체제를 어느 정도 안정시켜 나가는 데 도움이 되었다(강만길, 『고쳐 쓴 한국현대사』, 창작과비평사, 1994, 311쪽).

264) 이승만, 「停戰문제에 관하여-US뉴스 앤드 월드리포트紙의 기자와 일문일답」(단기 4285.3.19), 296쪽 ; 이승만, 「레이시 대사가 신임장봉정에 대한 답사」(단기 4288.5.13), 108쪽 ; 「李承晩이 Robert T. Oliver에게 보낸 편지」(1945.4.4), 『大韓民國史資料集』28, 1996, 9-10쪽 ; 「성명서」(1947.9.30), 『大韓民國史資料集』28, 1996, 356쪽 ; 「성명서」(1953.6.18), 『大韓民國史資料集』32, 1996, 337쪽.

265) 「성명서」(1947.9.30), 『大韓民國史資料集』28, 1996, 357쪽.

1. 사회참여에서 세속화로 변질

기독교의 선교적 사명은 땅끝까지 가서 그리스도를 증거하는 것, 즉 개인 구원뿐만 아니라 인간 생활의 모든 문제들에 대해서도 증거하는 것, 곧 사회 구원에 대한 새로운 각성이다.[266] 이러한 맥락에서 이승만의 기독교관은 개인 구원보다는 사회참여[268]에 더 큰 주안점을 두는 특징을 보여준다. 그는 옥중에서 개종 순간에도 "오 하나님 내 영혼과 나의 나라를 구원하소서"라고 기도했다.[269]

이승만이 사회참여적 기독교관을 갖게 된 동기는 문명개화를 통해 문명

....

266) 「李承晩이 Robert T. Oliver에게 보낸 편지」(1953.6.18), 『大韓民國史資料集』37, 1996, 276쪽.

267) 장규식, 앞의 책, 173쪽.

268) 서정민에 따르면,『독립정신』에 나타난 이승만의 초기 기독교 신앙의 특징은 정책적, 현실적, 문화적, 서구적이었다. 그는 이러한 기독교관을 바탕으로 한 이승만의 사상적 성향은 다른 기독교 민족주의자들과 달랐다고 분석했다. 그는 정치적 성향(개화 · 구국 · 문명 의지)의 경우 김옥균과 박영효〉이승만〉윤치호와 이승만을 제외한 옥중 개종 인사들〉비정치화 노선의 서북계 기독교 지도자군 순으로 강한 반면, 종교적 성향(개인적 구원 · 영성)은 비정치화 노선의 서북계 기독교 지도자군〉윤치호와 이승만을 제외한 옥중 개종 인사들〉이승만〉김옥균과 박영효 순으로 강하다고 지적했다. 그는 이러한 도식의 근거는 다음과 같은 네 가지 조건과 물음에 대한 각 인물이나 인물군의 성향을 비교했을 때 나타난 결과라고 분석했다. 즉 첫째, 개인적 신앙 고백의 유무, 둘째, 기독교에 대한 문명적 기대나 정치적 이용 성향의 강약, 셋째, 종교 사업 관여의 유무 혹은 과다, 넷째, 성직자로서의 헌신 · 소명감의 유무 혹은 과다 등을 들고 있다. 그는 이 중에서 이승만은 "개인적 신앙 고백이 있고, 기독교에 대한 문명적 기대나 정치적 이용 성향이 강한 반면, 향후 종교 사업의 관여 깊이나 나아가 성직자로서의 헌신 욕구와 소명감은 부족한 모습을 보이고 있다"고 평가했다(서정민, 앞의 논문, 17-20쪽).

269) "Autobiography of Dr. Syngman Rhee", 『핏치 문서철』, p. 11. ; "Mr. Rhee's Story of His Imprisonment", O. R. Avison, *Memoirs of Life in Korea*, p. 275. ; 이승만, 「리승만박사의 경력담(2)」, 『新韓民報』(1919.9.23).

부강국을 건설하려는 정치지향적 성향 때문이었다. 그는 배재학당에서 미국의 민주주의와 평등의 가치를 배우고, 선교사들을 통해 입수한 『19세기와 이후(The Nineteenth Century and After)』와 『전망(The Outlook)』등의 잡지를 탐독하면서 '한국의 중세기적인 정치나 경제 제도'를 개혁해야 한다고 자각했다.[270] 이러한 인식의 전환은 배재학당 졸업 후 1898년에는 언론 활동과 정치 활동을 활발하게 전개하는 동력이 되었다. 이처럼 배재학당 시절의 교육과 독서를 통해 형성된 이승만의 정치지향적 성격은 1899년 한성감옥에 투옥되면서 사회참여적 기독교관을 형성하는 자양분이 되었다.

한편 이승만은 유교의 현세지향적·현실주의적 관점에서 기독교의 예수를 인식했다. 그는 유교의 공자와 같이 기독교의 예수도 신성(神性)을 가진 존재가 아닌 인격체로 파악했다.[271] 이처럼 그가 기독교의 예수를 신성적(神性的) 시각이 아닌 인성적(人性的) 시각에서 인식한 데에는 유교의 인격적·실재론적 차원에서의 공자 이해가 토양으로 작용했다. 그는 배재학당의 예배 시간을 통해 예수를 '동포애와 희생의 계시를 가져다주는 위대한 교사'로 인식하였으며, '공자와 대개 같은 위치에 있는 사람'으로 여기게 되었다고 밝혔다.[272] 그는 1954년 「유교의 교훈을 직혀 례의지국 백성이 되자」라는 담화에서 공자와 예수의 성격을 다음과 같이 규정했다.

공자님이 자긔가 신이라거나 天神이라거나 해서 자긔를 신명으로 섬기라는 것은 유교 경사에 도무지 업고 (중략) 공자를 신으로 대우해서 다른 종교의 교주처럼 대우하기 위해서 공자님에게 제사를 지내며 향화를 밧드는 것은 그 후 유교를 숭배하는 후배들이 주작한 것이고 (중략) 예수교는 하나님을 섬겨서 올흔 일을 행하며 인생을 사랑해서 덕화를 함양 식

---

270) Robert T. Oliver, op. cit., p. 21.
271) 기독교 교리에 의하면, 예수는 신성(神性)과 인성(人性)을 모두 소유한 신인양성론적(神人兩性論的) 존재이다(신옥수·백충현 옮김, 『기독교 조직신학 개론』, 새물결플러스, 2012, 279-332쪽).
272) Robert T. Oliver, op. cit., p. 61.

히므로 인간에 천국을 이루어 가지고 사람들이 肉身으로도 복을 밧거니와 영혼이 영생의 길을 찻게 만든 도이요.[273]

위 담화문에서 이승만은 공자는 신이 아니라 인격체라고 주장했다. 특히 그는 '예수교는 하나님을 섬겨서'라고 하여 하나님의 신성(神性)은 인정하지만, 예수는 공자와 마찬가지로 신성이 없는 인격체로 파악했다. 즉 그는 유교 교육을 통해 현세지향적·현실주의적 가치관을 가지고 있었기 때문에 예수도 공자와 같이 인격적 차원에서 이해했다. 따라서 그가 능동적으로 현실에 참여하여 민족 구원과 사회 구원을 성취하려는 사회참여적 기독교관을 갖게 된 것은 필연적 귀결이었다.

그런데 내한한 초기 선교사들이 사회참여를 강조하는 자유주의자들이 아니라 근본주의자들이었다는 사실에 비추어 보면,[274] 이승만의 사회참여적 기독교관은 독특하다. 때문에 이승만이 사회참여적 기독교관을 수용한 경로는 주한 선교사들보다는 다른 곳에서 찾아야 한다. 즉 그는 한성감옥 투옥중 자유주의적 목사 애보트(Lyman Abbott, 1835-1922)의 사회참여 신학을 접하면서 사회참여적 기독교관을 형성했다. 애보트(Lyman Abbott)는 내세의 영생보다 지상에 하나님의 왕국 건설을 하려고 했던 사회참여 신학자였다. 예컨대 그는 신비주의 배격, 성경의 무오류설 불신빙, 동정녀의 잉태나 오병이어의 기적 불신, 진화론적 신학 등을 추구했다.[275] 이승만의 옥중 동지 신흥우는 옥중에서 이승만이 아펜젤러와 벙커가 전해준 애보트(Lyman Abbott)가 발간한 『전망(*The Outlook*)』[276]과 이와 유사한 경향의 잡지로

273) 이승만, 「유교의 교훈을 직혀 례의지국 백성이 되자」(1954.10.1), 245-246쪽.
274) 이만열, 『한국기독교와 민족의식』, 지식산업사, 1991, 481-486쪽 ; 차성환, 「한국 초기 개신교 선교사들의 종교성과 근대적 삶의 형성」, 『神學思想』73輯, 한국신학연구소, 1991, 438-444쪽 ; 한승홍, 「초기 선교사들의 신학과 사상」, 『한국기독교와 역사』 제1호, 한국기독교역사연구소, 1991, 55-65쪽.
275) 이정식은 1899년-1900년 사이에 발간된 『전망(*The Outlook*)』을 검토·분석하여 이러한 결론을 내렸다(이정식, 앞의 책, 113-124쪽).

애보트(Lyman Abbott)가 기고하던『독립(*Independent*)』277)을 읽었으며, 이들 잡지는 이승만의 사상 형성에 지대한 영향을 끼쳤다고 회고했다.278)

이러한 애보트(Lyman Abbott) 신학의 영향을 받아 이승만도 사회 구원에 관심을 가지게 되었다. 투옥 중 이승만은 "미국의 잡지에서 읽은 정치적·사회적 개혁에 관한 여러 논설이 예수교의 신앙 안에서 해석되지 않는 한 아무런 의미도 없는 것이라고 느꼈다".279) 즉 그는 조선의 당면 정치·사회 제도의 개혁은 민족 구원과 사회 구원의 차원에서 해석·실천되어야 한다는 기독교관을 피력했다.

이승만은 이렇게 형성된 사회참여적 기독교관을 옥중에서 글과 책으로 표출했다. 그는 1903년『신학월보』「두 가지 편벽됨」에서 개인구원보다 민족 구원을 위해 교회에 투신하는 정치지향적 기독교인들과 개인 구원만을 위해 교회에 들어가는 종교지향적 기독교인들을 모두 비판했다. 그러면서 그는 기독교는 '이 세상을 화하여 천국같이' 만들어 그 안에서 구원을 얻게 하는 종교라고 하여 기독교의 성격을 사회참여라고 규정했다.280) 그는 종교지향적

---

276) 『전망(*The Outlook*)』은 뉴욕에서 출판된 비종파적 종교 주간지로서 블리처(Henry Ward Bleecher, 1813-1887)에 의해 1870년『기독교연합(*The Christian Union*)』으로 시작되었다. 1881년부터 애보트가 편집인으로 있게 되었는데, 1893년『전망(*The Outlook*)』으로 개명되었다(이정식, 위의 책, 111쪽).

277) 『독립(*Independent*)』은 1848년 창간된 자유주의적 기독교 단체의 잡지이다. 이 잡지는 기독교인들에게 노예 문제에 대한 관심을 불러일으키는 데 큰 역할을 했다. 이 잡지는 1922년『전망(*The Outlook*)』과 합병하여『전망과 독립(*The Outlook and Independent*)』이 되었다(이정식,『이승만의 구한말 개혁운동 - 급진주의에서 기독교 입국론으로-』, 배재대학교 출판부, 2005, 111쪽).

278) Robert T. Oliver, op. cit., p. 54. ; 이정식, 앞의 책, 109쪽 ; 許 政, 앞의 책, 49, 73쪽 ; 柳永益,「雩南 李承晩의 '獄中雜記' 白眉」,『인문과학』제80집, 연세대학교 인문과학연구소, 1999, 29-30쪽. 한편 이승만은 감옥에서 광범위한 독서를 했는데, 그가 관심을 기울였던 지식 탐구 분야별 우선 순위는 ① 기독교 신앙 서적, ② 역사 서적, ③ 법률·외교 및 시사 관련 서적, ④ 문학 서적, ⑤ 옥중학교 교재 등의 순서였다(유영익, 『젊은 날의 이승만』, 66-79쪽).

279) Ibid., p. 113.

280) 이승만,「두 가지 편벽됨」,『신학월보』(1903.9).

기독교인들을 일신의 안위를 위하여 사익에 병든 자라고 하면서, 어찌 개인 구원에 매몰되어 이웃 구원을 외면하느냐고 질책했다. 특히 그는,

> 예수는 우리를 대신하여 돌아가시니 이는 세상을 구원하심이라. 우리
> 가 남의 환란질고(患亂疾苦)와 멸망함을 돌아보지 아니할진대 우리의 신
> 은 어디 있으며 우리의 일은 어디 있으리요. 마땅히 세상을 생각하며 나라
> 를 생각하며 이웃을 생각할지라. [281]

고 하여 예수의 구속 사역의 의의는 사회와 민족 구원에 있다. 따라서 여기에 부응하지 않고 개인 구원에만 탐닉하는 자들의 신앙은 거짓된 것으로 진정성이 의심된다고 토로했다. 그리고 그는 1904년 『신학월보』에서도 서양 선교사들이 '이 세상을 천국같이 되게 하기 위하여' 조선에서 목숨과 재물을 바쳐 헌신하고 있다고 강조했다. [282] 또한 그는 영국과 미국의 기독교인들도 정치에 무관심한 것이 아니라, 오히려 올바른 정치가 실현될 수 있도록 끊임없이 기도를 생활화 하고 있다고 환기시켰다. [283]

그리고 이승만은 1904년 『독립정신』에서 죄에서 인류를 구원하기 위해 오신 예수의 구속 사역을 설명하면서 예수의 십자가 사건은 하나님의 무한한 사랑을 의미한다고 밝혔다. 따라서 그는 그 은혜에 보답하는 길은 "다른 것으로 갚을 수 없고, 오로지 예수의 뒤를 따라 세상 사람을 위해 목숨을 버릴 각오로 일하는 것뿐이다. 서로 사랑하고 도와주는 가운데 이 잔인하고 난폭한 세상이 천국으로 변하지 않겠는가"[284]라고 하여 그리스도의 정신이 현실에 구현되어야 한다고 강조했다.

한편 이승만은 1903년 『신학월보』에서 종교와 정치의 관계를 밝혔다. 즉

---

281) 이승만, 「두 가지 편벽됨」, 『신학월보』(1903.9).
282) 이승만, 「대한 교우들이 힘쓸 일」, 『신학월보』(1904.8).
283) 이승만, 「대한 교우들이 힘쓸 일」, 『신학월보』(1904.8).
284) 이승만, 『풀어쓴 독립정신』, 411-412쪽.

종교와 정치가 유기적 관련을 맺지만, 양자 사이에는 위계 관계가 존재한다고 보았다. 먼저 그는 "반드시 백성을 감화시켜 새사람이 되게 한 후에야 정부가 스스로 맑아질지니 이 어찌 교회가 정부의 근원이 아니리오"라고 하여 기독교를 통해 민중을 교화시키는 것이 선행되어야 정치적 변혁도 가능하다고 보았다.[285] 한편 그는 1901년 『뎨국신문』에서 민중들이 권력자들의 수탈로부터 자신과 재산을 지키기 위해 기독교에 입교한다고 비판했다.[286] 하지만 이는 애국과 국가보다는 생존권이 더 절박했던 민중의 처지를 고려하지 않은 평가였으며, 고통받는 민중의 대변자였던 예수의 삶의 궤적과도 배치되는 인식이었다.

이승만은 옥중 생활을 거치면서 형성된 사회참여적 기독교관을 일제시기에도 일관되게 표명했다. 그는 1913년 『한국교회핍박』에서 "한국인들의 대부분은 아직까지도 기독교는 내세와 구원에만 관심하는 종교인 줄 알고 장래의 이 세상 복락의 기초가 되는 것은 아직도 깨닫지 못하고 있다"고 비판했다.[287] 즉 그는 한국 교인들이 개인 구원에만 매몰되어 있다고 개탄하면서, '기독교를 한국 정치 혁명의 기초'로 만들자고 주장했다.[288] 그는 1914년 『태평양잡지』 「거듭나는 사람」에서 "일후에도 천당에 영원한 복을 받으려니와 지금 당장 이 세상에서도 우리 사는 곳을 천당같이 만들어 놓고 지낼 수 있스리로다"고 하여 현생에서 하나님 나라를 건설하는 것이 내생의 축복보다 더 시급한 문제라고 역설했다.[289] 그는 1914년 『태평양잡지』 「낙관적주의」에서 "예수를 믿고 천국 복을 구하는 자는 제 육신만 잘 지내다가 제 영혼 하나만 좋은 데를 가자는 것이 아니요 마땅히 남을 위하여 일을 하며 남을 사랑하여 목숨을 버리기까지라도 이르기를 예수가 행하신 것같이 하여 직분을 행

285) 이승만, 「두 가지 편벽됨」, 『신학월보』(1903.9).
286) 이승만, 「외국인이 판을 치는 우리나라 항구」, 『뎨국신문』(1901.4.2).
287) 이승만, 『한국교회핍박』, 69쪽.
288) 이승만, 위의 책, 180쪽.
289) 낙관적주의」, 『태평양잡지』(1914.3).

한 자인즉 제 몸 하나 즐겁고 복 받는 것만 생각지 말고 남들이 또한 저와 같이 복 받기를 힘쓸 터이다"고 주장했다.[290] 즉 그는 개인 구원을 초월하여 민족과 사회 구원을 지향하는 것이 십자가에서 죽은 예수의 정신에 부합하는 것이라고 역설했다.

해방 이후에도 이승만은 사회참여적 기독교관을 지속적으로 피력했다. 그는 1948년 5월 31일 국회 개원식 의장 식사(式辭)에서 대한민국의 안위와 3천만 민중의 행복은 우리 자신의 주체적 결단과 행동에 달린 문제라는 것을 하느님 앞에 맹세하자고 했다.[291] 그는 1949년 4월 하순 8일 간의 전국 순회[292] 연설 중 "우리는 땅 위의 천국을 꿈으로만 꿀 것이 아니라 이를 실현키 위하여 일을 해야 하는 것입니다"라고 역설했다.[293] 그는 1954년 "예수교는 인간에 천국을 이루어 가지고 사람들이 육신(肉身)으로도 복을 밧거니와 영혼이 영생의 길을 찻게 만든 도이요"라고 했다.[294] 제1장 3절에서 살펴본 것처럼 그는 1955년 배재학당 창립 70주년 기념식에서 자신이 배재학당에 입학한 계기는 기독교의 사회참여 정신과 선교사들의 희생정신이었다고 밝혔다.[295]

사회참여적 기독교관은 타자에 대한 봉사와 자기 헌신으로 지상에 신의 구현체인 천국을 실현하는 것이다. 그러나 그 역사를 완성해 가는 것은 인간의 의지가 아니라 온전히 신의 주권적 섭리에 맡긴다는 자기 부인을 의미한다. 해방 이전 이승만은 이러한 과제를 수행하기 위해 나름대로 치열한 삶을 살았고, 그것은 독립운동이라는 형태로 표출되었다. 그러나 해방 이후 이승

290) 「거듭나는 사람」, 『태평양잡지』(1914.1).
291) 雩南實錄編纂會, 「國會開院式 議長 式辭」(1948.5.31), 『雩南實錄 1945-1948』, 悅話堂, 1976, 541쪽.
292) Robert T. Oliver, *Syngman Rhee and American involvement in Korea*, 1942-1960, pp. 228-229.
293) Robert T. Oliver, op. cit., p. 280.
294) 이승만, 「유교의 교훈을 직혀 례의지국 백성이 되자」(1954.10.1), 246쪽.
295) 이승만, 「배재학당 창립 70주년 기념식에 참석하여」(단기 4288.6.8), 257쪽.

만의 사회참여적 기독교관은 자신의 의지대로 신을 조종하려는 '신앙의 세속화'라는 왜곡된 모습으로 나타났다. '신앙의 세속화'는 '신앙의 정치화'·'신앙의 경제화'·'전쟁의 신앙화'로 표현되었다.

우선 '신앙의 정치화'를 살펴보자. 이승만은 겸손히 하나님을 의지하고 그의 섭리를 구하는 것이 아니라 인간의 행위로 신을 역사에 개입시키려 했다. 그는 1945년 11월 유교와 불교가 적극적 움직임을 보이는 데 비해 기독교는 소극적 태도로 임하고 있다고 개탄하면서 3·1운동 때보다도 더 활발하게 움직이라[296]고 주문하여 유교·불교와 기독교의 경쟁을 부추기면서 신앙을 정치적으로 이용하려는 속내를 내비쳤다. 그는 1953년 휴전 회담은 더 많은 전쟁의 서곡에 불과하다고 단언하면서, 이러한 자신의 판단이 틀린 것으로 판명되기를 하나님께 기도한다고 했다.[297] 그는 1953년 분단 상태로 휴전이 될 경우 국군을 유엔군 휘하에서 철수하겠다고 클라크(Mark W. Clark) 유엔군 사령관에게 통고하면서, 이러한 결정을 내릴 수 있도록 하나님께 기도했으며, 이 결정은 자신의 '깨끗한 양심과 의무감'에서 비롯되었기에 올바른 판단이라고 밝혔다.[298] 그는 1954년 7월 26일 워싱턴 공항 도착 연설에서 미국이 겁을 먹어 전쟁을 통한 북진 통일의 길이 막혔지만, '전지전능한 신은 우리의 계획이 기필코 성취되도록 해 주실 것'이라고 표명했다.[299] 그는 1956년 자신의 3선 출마와 당선(1956.5.15)은 통일 국가의 기초를 놓기 위한 하나님의 뜻이라고 강변하였으며,[300] 제3대 대통령 취임사(1956.8.15)에서 한국의 독립과 북진 통일의 완성을 위해 죽엄도 불사하려는 인간의 자발적 행동과 의지가 신의 개입을 이끈다고 강조했다.[301]

296) 「卅八度 問題 解決 不遠 - 臨時政府 還國은 個人的으로!」, 『自由新聞』(1945.11.20).
297) 「성명서」(????.??.??), 『大韓民國史資料集』32, 1996, 647쪽.
298) 이승만, 「크라크 장군에게 보내는 回翰」(단기 4286.6.24), 304쪽.
299) 이승만 지음·이현표 옮김, 『이승만 대통령 방미일기』(1954.7.26), 18-19쪽.
300) 이승만, 「정·부통령 선거 기간 중 지방 유세는 하지 않는다」(단기 4289.5.3), 14쪽.
301) 이승만, 「제3대 대통령 취임사」(단기 4289.8.15), 25쪽.

그리고 이승만은 역사의 주관자인 하나님이 주조한 역사를 자신의 정치적 입장에 따라 자의적으로 취사선택했다. 그는 1955년 과거 한국의 역사에 행복한 역사뿐만 아니라 불행한 역사도 하나님의 은혜라고 파악하여 포함시켰다.[302] 하지만 그는 1958년 1월 과거 불행한 한국의 역사는 신의 은혜가 아니라고 하여 제외시켰다.[303] 또한 이승만의 기독교 우대 정책으로 국기 배례를 주목례로 교체, 국기 우상화 반대운동, 군종 제도, 경찰 선교, 한국 YMCA와 같은 기독교 단체에 막대한 후원, 1954년 기독교 방송국과 1956년 극동 방송국 설립 등을 들고 있지만,[304] 이러한 정책 역시 기독교 신앙에 근거하여 일관된 청사진을 가지고 추진된 것이 아니라 그의 정치적 입장에 따라 편의적으로 추진되었을 뿐이었다. 예컨대 1948년 이승만은 선거일인 5월 9일이 일요일이라 기독교인들이 반대하는 것에 대해,[305] "日曜日이기 때문에 祈禱에 影響이 있다는 사람들은 아침에 選擧가 잘 되도록 祈禱하고 午後에 公正하게 投票하여 주기를 바란다"고 반박했다.[306] 더욱이 그는 1958년 11월 배재학당에서 기독교 신앙을 배워 "하느님을 찾으므로서 오늘날까지 해내 해외에서 아무리 어려운 일이라도 끝에 가서는 성공해 본 적이 한두 번이 아닙니다"[307]고 하여 일의 성공 여부가 신의 경륜을 가늠하는 척도라고 주장했다.

한편 이승만은 일제 식민 지배의 원인을 한국인의 죄에서 찾았다. 그는 1924년 4월 『東亞日報』에 기고한 「자유와 단결」에서 "지나간 수십 년 래에 겪은 모든 잠독한 경력이 다 한인들의 자취요, 또한 상당한 벌이라, 하느님이 우리의 과거를 징계하며 우리의 장래를 개발하심이니 금일이라도 우리는 경

302) 이승만, 「해외 동포들에게 보내는 크리스마스 멧세지」(단기 4288.12.24), 233쪽.
303) 이승만, 「전국 동포들에게 보내는 신년사」(단기 4291.1.1), 54쪽.
304) 이재헌, 「불교와 대통령 이승만」(2011.7.18, 제6차 종책 토론회), 조계종 불교사회연구소, 2011, 4-5쪽.
305) 「일요일인 총선거 기독교단체서 반대」, 『朝鮮日報』(1948.3.9).
306) 「總選擧對策案可決-獨促代表者大會 第二日」, 『東亞日報』(1948.3.20).
307) 이승만, 「우남학관 낙성식에서 치사」(단기 4291.11.16), 236쪽.

성함이 늦지 아니하도다"308)고 하여 식민 지배의 원인을 한국인의 죄에 돌렸다. 이런 시각에서 그는 1953년 4월 한국=예수, 일제의 강점=십자가 형, 무덤 속 장례 후 3일 만의 부활=36년간의 식민 지배 후 해방이라는 등식의 논리를 제시했다.309) 이러한 인식은 현재 한국 기독교 근본주의자들의 인식과 같다는 점에서 시사적이다. 한편 그는 1955년 러시아혁명으로 공산주의 세력이 급속히 확장된 것을 '하나님에 대한 신앙과 신뢰의 결여로 인한 인류의 비극'이라고 규정했다.310)

둘째, 이승만은 '신앙의 경제화'를 시도했다. 그는 1953년 「우리 풍속을 소개하는 성탄 엽서를 많이 만들자」311)와 1954년 「한국 문화를 과시하라-미술 발전을 치하」에서 성탄절에 외국인에게 판매하기 위해 한국산 성탄 예물과 엽서를 만들라고 강조했다.312) 이러한 사고는 성탄절을 예수의 탄생을 기념하고 구속 사역의 의미를 생각하기보다 경제적 차원에서 접근하고 있음을 보여준다. 심지어 그의 1953년 「미주 동포들에게 보내는 크리스마스 멧세지」313)와 「하와이 동포들에게 보내는 크리스마스 멧세지」314)는 성탄절 메시지임에도 하나님에 대한 형식적 언급조차 없었다. 한편 그는 1954년 우리나라의 명산대찰은 우리 후손과 인류에 물려줄 자산이라고 하여315) 불교를 경제적 차원에서 이해했다.

셋째, 이승만은 반공 전쟁을 사탄으로부터 기독교를 수호하는 십자군전쟁으로 인식하는 '전쟁의 신앙화'를 꾀했다. 그는 한국전쟁을 '의로운 십자군

308) 이승만, 「자유와 단결」, 『東亞日報』(1924.4.23).
309) 이승만, 「공산주의를 축출치 않고서는 진정한 평화가 없다-제2군단 창설 기념식 석상에서 訓辭」(단기 4286.4.6), 119쪽.
310) 이승만, 「미軍民과 기타 모든 외국인들에게-성탄절 메시지-」(1955.12.24), 116쪽.
311) 이승만, 「우리 풍속을 소개하는 성탄 엽서를 많이 만들자」(단기 4286.11.11), 281-282쪽.
312) 이승만, 「한국 문화를 과시하라-미술 발전을 치하」(단기 4287.6.30), 242쪽.
313) 이승만, 「미주 동포들에게 보내는 크리스마스 멧세지」(단기 4286.12.15), 195-196쪽.
314) 이승만, 「하와이 동포들에게 보내는 크리스마스 멧세지」(단기 4286.12.16), 195-196쪽.
315) 이승만, 「사찰을 보존하자-김대사(大師)를 찬양」(단기 4287.5.21), 241쪽.

전쟁'으로,[316] 한국전쟁에 참전한 UN군은 성전(聖戰)에 참여한 십자군으로 인식했다.[317] 그리고 그는 북진 통일의 완성을 하나님의 축복으로 이해하였으며,[318] 북진 통일을 위한 전 국민의 노력에 하나님이 응답할 것이라고 확신했다.[319] 심지어 그는 1958년 전쟁 준비가 끝났으니 한국전쟁이 재발하기를 기다리자고 주장하면서, 전쟁을 준비하는 자에게는 하나님이 승리를 가져다 줄 것이라고 역설했다.[320] 즉 이승만은 기독교 신앙과 자신의 양심에 기초하여 한국전쟁을 악의 세력과 맞서 신의 정의를 구현하는 성전으로 이해했다. 때문에 그는 북진 통일을 이 땅에서 불의한 공산당을 물리치고 하나님의 정의를 실현하는 수단으로 이해했다.

그런데 이승만은 신의 주권에 대한 전적인 신뢰를 보여주면서도, 동시에 인간의 주체적 의지로 신의 섭리를 좌우할 수 있다는 자기 모순적 언행을 피력했다. 그는 1956년 북진 통일을 위해 '기도하며 매일 준비하고 있는 것인데 아직도 못하는 것은 준비나 성의가 부족해서가 아니라 세계 대세'[321] 때문이라고 하여 신의 섭리와 경륜마저도 세계 대세에 종속시켰다. 즉 이승만은 당면한 현실 문제와 신앙이 조응할 때는 확고한 믿음을 표현했지만, 양자가 충돌할 경우에는 신앙을 현실 문제에 종속시키는 사고를 드러냈다. 이처럼 그는 자가당착적인 신앙의 행태를 보였지만, 그에게 그것은 모순이 아니라 '일관성'의 표현이었다.

한편 이승만이 직접 언급한 내용은 아니지만, 이승만의 추종자들이 어떠한 인식을 하고 있었는가도 함께 검토할 필요가 있다. 이승만 추종자들은 이승만이 프란체스카와 결혼(1934.10.8)한 것에 대해 '하느님은 그의 신성한

316) 이승만, 「제37회 3·1절 기념사」(단기 4289.3.1), 3쪽.
317) 이승만, 「국군 장병의 분투와 성공을 기원」(단기 4283.9.18), 167쪽.
318) 이승만, 「조속히 통일을 성취하여 단일민족의 전통을 빛내자-북한 동포에 신년 멧세지」(단기 4287.12.31), 60쪽.
319) 이승만, 「전 국민에게 보내는 신년 멧세지」(단기 4288.12.31), 92쪽.
320) 이승만, 「국군의 날 기념식에서 유시」(단기 4291.10.1), 141쪽.
321) 이승만, 「반공 전선에서 강한 백성이 되어라-강능에서」(단기 4289.11.2), 130쪽.

사업을 거들고 그의 외로움을 위로하며 그의 시들어가려는 원기를 회복시키기 위하여' 그에게 배필을 주었다고 평가했다.[322] 즉 이승만 추종자들은 모든 행위를 하느님과 연결시키는 종교 환원주의적 사고를 드러냈다. 또한 그의 추종자들은 1953년 6월 18일 '반공 포로' 석방 문제에 대해 언급하면서 예루살렘 성전에서 장사하는 사람들을 몰아낸 예수의 종교적 행동까지도 정치화하여 사고했다. 즉 예수=이승만, 비둘기='반공 포로', 북한=마귀, 이승만 추종자들=천사로 치환하여 해석했다.[323] 이처럼 이승만의 추종자들은 종교를 정치 행위를 정당화하는 기제로 사용했다. 그들은 "진실로 리박사는 건국의 워싱톤이오 남북통일의 링컨이며 약소 민족의 독립주로 하느님이 내려보내신 한반도의 그리스도이시다"라고 결론지었다.[324]

2. 사상적 혼종성

이승만은 표면적으로는 1899년 개종 이후 기독교 신앙을 가지고 기독교 국가를 건설하겠다고 천명했지만, 내면의 그의 의식은 여전히 조선의 전통 종교·민간 신앙과 기독교 사이에서 부동(浮動)했다.

이승만은 이러한 관점을 개종 직후인 한성감옥 투옥 시절부터 표출하기 시작했다. 그는 1902년 9월 『뎨국신문』에서 왜 조선의 민중들이 주자와 정자와 같은 성인의 도는 구하지 않고『정감록』, 『토정비결』 같은 잡류서를 준신(準信)하느냐고 꾸짖었다.[325] 이는 그가 개종 후에도 여전히 전통적 유학자로서의 시각에서 벗어나지 못하고 있음을 시사한다. 그는 1902년 10월 『뎨국신문』에서 사해동포주의가 편만한 이 세상은 '참 극락 세계'[326]라고 하여

322) 우남전기편찬회 편, 앞의 책, 234쪽.
323) 우남전기편찬회 편, 위의 책, 132-133쪽.
324) 우남전기편찬회 편, 위의 책, 187쪽.
325) 이승만, 「국민이 함께 침익하며 가는 근인」, 『뎨국신문』(1902.9.4).
326) 이승만, 「사랑함이 만국 만민을 연합하는 힘1」, 『뎨국신문』(1902.10.21).

불교적 색채를 엿보였다. 그는 1903년 『신학월보』에서 이 세상에서 기독교적 사랑이 실현된 후에야 '능히 몸을 구원하며 집안을 보전하며 나라를 회복'[327]할 수 있다고 하여 유교 경전 『大學』의 수신·제가·치국·평천하(修身·齊家·治國·平天下)의 관념을 보여주었다.[328] 그는 1904년 『독립정신』에서 대한제국의 탐관오리들이 비참한 최후를 맞은 것에 대해 "하늘의 법은 너무도 분명하여 아무도 이를 피할 수 없다"[329]고 하여 유교 경전에서 궁극존재로 지칭하는 '천(天)'에 대한 관념을 표현했다. 이처럼 그의 정신세계는 개종 이후에도 줄곧 기독교와 조선의 전통 종교·민간 신앙 사이에서 방황했다.

이승만은 일제시기에도 사상적 혼종성을 지속적으로 표명했다. 그는 1916년 대한인국민회 북미 지방 총회 대의원회 축사에서 "만일 우리 민족이 다 같이 숭배하는 상제의 좌편이나 우편에 임하신 우리 단군 성조는 우리를 한결같이 사랑하시리로다"고 하여 유교 경전의 상제(上帝) 신앙[330]과 단군 신앙을 표출했다.[331] 그는 1942년 11월 말 중국 외교부 차관 후시처(胡世澤)로부터 임시정부의 목적을 알려달라는 요청을 받자, 한국은 '孔子의 교훈과 基督의 敎理를 위한 시련장으로서 거대한 역할을 수행할 것'이라고 했다.[332] 이는 임정의 승인을 얻기 위한 외교적 수사였지만, 그의 사고에서 유교가 가지고 있는 비중을 의미하기도 했다.

해방 이후에도 이승만은 일관되게 사상적 혼종성을 표출했다. 그는 1945년 귀국 직후 '과거 수십 년 동안에 왜적을 의지하고 해국잔민한 여러 반역분자들을 군정 당국에서 처벌치 안어 선악이 분별되지 안코 동공일체로 대우하야 충역을 혼잡식히니'[333]라고 하여 친일파의 반민족 행위를 유교적 충성

327) 이승만, 「예수교가 대한 장래의 기초」, 『신학월보』(1903.8).
328) 成百曉 譯註, 「經文 1章」, 『懸吐完譯 大學·中庸 集註』, 傳統文化硏究會, 1991, 24쪽.
329) 이승만, 『풀어쓴 독립정신』, 55쪽.
330) 금장태, 앞의 책, 250-251쪽.
331) 이승만, 「북미총회대의원 축사」, 『新韓民報』(1916.3.9).
332) Robert T. Oliver, op. cit., pp. 186-187.
333) 李承晚, 「全民族의 急務」, 『건국과 이상』, 國際文化協會, 1945, 20쪽.

과 반역의 문제이자 기독교적 선과 악의 문제 차원에서 사유했다. 그는 1946
년 어린 시절 자주 갔던 북한산 문수암(文殊庵)을 다시 찾아간 자리에서 '불
교의 평안과 소리 없이 자기 자신을 잊는다는 교리와 예수교의 友愛 精神과
서로 돕는다는 정신이 잘 결합된다면 고생하고 마음의 평안을 얻지 못하여
괴로워하는 수백만의 사람들에게 커다란 도움이 될 것'[334]이라고 하여 불교
의 평안과 기독교의 사랑이 결합하여 민중의 정신적 위로에 기여하기를 소
망했다. 그는 1954년 「유교의 교훈을 직혀 례의지국 백성이 되자」라는 담화
에서 유교 경전에서 일컫는 '천(天)'을 다음과 같이 표현하여 여전히 그가 유
교적 사고방식에서 자유롭지 못함을 보여 주었다.

> 유교는 仁義로 다스러서 모든 나라들이 그 덕화에 화해서 서로 합동하
> 야 한 황제 밋혜서 모든 나라가 다 통일 천하를 만드러 가지고 평안히 지나
> 게 만든 것이므로 위에 안즌 주권자들이 다 현명해서 공자의 도리를 따라
> 인의로 다스릴 때에는 다 천하태평으로 사방 무사하게 지내다가 그 임금
> 이 극히 그 덕을 일어버려서 민생을 도탄에 너케 될 때에는 하날이 현군과
> 명장을 내서 그 정부를 번복하고 새로 주권을 내서 다시 안전을 회복하게
> 만든 것.[335]

한편 올리버에 따르면, 해방 이후 이승만은 민주주의의 대안으로 유교의
이상 사회인 대동 사회를 구현하고자 했다.[336]

이처럼 이승만은 개종 직후인 투옥 시절뿐만 아니라 이후에도 지속적으로
사상적 혼종성을 드러냈다. 그 이유는 우선 제1장 1절과 2절에서 살펴본 것
처럼 그가 유년 시절부터 조선의 전통 종교와 민간 신앙의 세례를 받았기 때
문이었다. 그는 개종 이후부터 표면적으로는 기독교정신혁명론을 주창하며

334) Robert T. Oliver, op. cit., p. 13.
335) 이승만, 「유교의 교훈을 직혀 례의지국 백성이 되자」(1954.10.1), 244-245쪽.
336) Robert T. Oliver, *Syngman Rhee and American involvement in Korea*, 1942-1960,
   pp. 391-392.

조선의 전통 종교와 민간 신앙을 기독교로 대체하려고 진력했다. 하지만 그의 정신세계에는 여전히 조선의 전통 종교와 민간 신앙의 영향력이 파편적으로 잔존하여 기독교 신앙과 상충되는 언행을 지속적으로 표출했다.

또한 조선의 전통 종교와 민간 신앙의 비합리성·반근대성을 타파하려는 근대인의 특성을 보여주었지만, 그 역시 봉건사회에서 근대사회로의 이행기 과도기 인간으로서 시대와 사회의 한계 속에 갇힌 존재였기 때문이었다. 즉 그는 봉건적 사고방식을 가진 중세인에서 탈각하여 합리적 사유 체계를 갖춘 근대인으로 전화하지 못한 존재였다. 때문에 그의 측근 허정은 그를 봉건시대에서 민주주의 시대로 이행하는 과도기에 언행의 불일치를 보여주는 모순 집약적 존재라고 평가했다.[337]

337) 許政, 『許政 回顧錄: 내일을 위한 證言』, 샘터사, 1979, 233쪽. 반면 이승만의 사상적 혼종성에 대해 동양과 서양 교육을 통한 두 조류의 합조물로 그의 정치 역량의 원천이라는 평가도 있다(Robert T. Oliver, op. cit., p. 114.).

제3장
기독교국가건설론의
성립과 전개

1. 기독교국가건설론의 이념과 모델

이승만의 기독교국가건설론은 한성감옥 투옥 시절(1899.1.9-1904.8.7)
에 형성되었다. 그는 투옥 중 기독교국가건설론의 동기와 목적, 이념, 모델
을 제시했다. 그는 「옥중잡기」, 『신학월보』, 『독립정신』등을 통해 기독교
국가건설론의 동기로 한민족의 정신혁명을[1], 목적으로 문명 부강국 건설을
제시했다.[2] 또한 그는 1904년 『신학월보』「상동청년회에 학교를 설치함」
에서 기독교국가의 이념으로 기독교를, 모델[3]로 문명 부강국인 기독교국가
미국과 영국을 제시했다.

> 우리가 우리 힘과 우리 손으로 이 기회(상동청년회 설립-인용자)를 타
> 서 이 나라를 예수 그리스도의 나라를 만들기로 힘써 일들 하십시다. 영국
> 이 예수의 나라 아닙니까. 미국이 예수의 나라 아닙니까. 세계 문명한다
> 는 나라들이 다 예수의 나라 아닙니까. 세계 문명한다는 나라들이 다 예수
> 의 나라 아닙니까.[4]

투옥 시절 형성된 이승만의 기독교국가건설론의 이념인 기독교는 1919년
한인자유대회 단계에 이르러 '기독교민주주의'로 완성되었다. 그는 1919년

---

1) 이승만, 「두 가지 편벽됨」, 『신학월보』(1903.9) ; 이승만, 『풀어쓴 독립정신』, 412-413쪽.
2) 이명래 역, 「改新敎·新學問 勸獎論」, 326쪽 ; 이승만, 위의 책, 204쪽 ; 이덕주, 앞의 논
   문, 55-57, 79쪽.
3) 이승만은 1903년 『신학월보』「교회경략」에서도 "저 서양 친구들도 당초에 하느님이
   자기들에게만 특별히 주신 복음이 아니거늘 (중략) 우리도 오늘부터 깨달아 우리 손으
   로 힘들여 나라를 영국, 미국 같이 만들어 놓자"고 주장했다(이승만, 「교회경략」, 『신학
   월보』(1903.11)].
4) 이승만, 「상동청년회에 학교를 설치함」, 『신학월보』(1904.11).

한인자유대회의 「미국인에게 호소함(An Appeal to America)」5)에서 '기독교민주주의'의 성격을 다음과 같이 규정했다.

> 여러분들(미국인들, 특히 기독교인들-인용자)은 자유와 민주주의를 위해 싸웠고 나아가 기독교와 인간애를 지지하고 있다는 것을 믿기 때문에 여러분들께 지지와 찬성을 호소합니다. 우리의 대의명분은 신과 인간의 법 바로 그것입니다. 우리의 목적은 군사적 독재로부터의 자유이며, 우리의 투쟁 목표는 아시아 민주주의의 실현입니다. 또한 우리의 희망은 기독교 신앙을 널리 전파시키는 것입니다.6)

위 호소문에서 이승만은 자유와 민주주의라는 인간의 법과 기독교와 인간애라는 신의 법이 우리의 목적이라고 명시했다. 즉 그가 구상한 '기독교민주주의'는 자유·민주주의라는 세속 이념과 기독교라는 종교 이념이 결합된 형태였다. 특히 세속 이념으로 자유와 민주주의를 제시한 것은 기독교국가인 강대국 영국과 미국이 그와 같은 정치 이념을 가지고 있었기 때문이었다.

한편 1919년 한인자유대회에 참석한 서재필을 비롯한 '한국인 대표들'도 이승만의 '기독교민주주의'에 동의했다. 먼저 서재필은 '아시아 대륙에 민주주의와 나아가 기독교 정신이 확고히 토착'되어야 한다고 역설하였으며,7) 한인자유대회의 목적이 '한국의 독립과 기독교적 민주주의를 위한' 것이라고 밝혔다.8) 또한 정한경, 윤병구, 민찬호 등은 「미국정부와 평화회의에 보내는 청원서」에서 다음과 같이 밝혔다.

> 해외에 살고 있는 모든 한국인을 대표하여 1919년 4월 14일부터 16일

---

5) 유영익은 이승만이 「미국인에게 호소함(An Appeal to America)」라는 결의문에서 '한국적' 기독교국가 건설을 표명했다고 보았다(유영익, 『이승만의 삶과 꿈』, 218쪽).

6) 元聖玉 옮김, 「미국인에게 호소함」 제1일 오후회의(1919.4.14), 140-142쪽.

7) 元聖玉 옮김, 「제1일 오전회의 '개회사'」(1919.4.14), 110쪽.

8) 元聖玉 옮김, 제1일 오전회의(1919.4.14), 118쪽.

까지 펜실베니아 주의 필라델피아 의회에 모인 우리들은, 1919년 3월 1일 조직된 2천만 이상의 전 한국인의 의지를 대표하는 대한민국 임시정부를 승인해 줄 것을 여러분에게 정중하게 요청합니다. 이 임시정부는 형태에 있어 공화정체를 취하며, 그 정부를 이끄는 정신은 민주주의입니다. 또한 고등 교육을 받았으며 고매한 기독교적인 인격을 갖춘 사람들이 주로 이 정부를 구성하고 있읍니다. 우리의 유일한 목표는 우리 민족을 위한 자결 이라는 양도할 수 없는 권리를 다시 얻어 기독교민주주의라는 기본 이념 아래 자유 국민으로서 성장하는 것입니다.[9]

위 청원서에서 그들은 '임시정부'의 주체는 고등 교육을 받은 기독교인이 라고 주장했다. 그리고 그들은 '한국인 대표들'은 '대한공화국 임시정부'[10]의 기본 이념이 '기독교민주주의'라고 규정했으며, 정부형태는 공화정체를 지 향한다고 했다.

이처럼 이승만은 1919년 한인자유대회 단계에서 완성된 기독교국가건설 론의 이념인 '기독교민주주의'를 이후에도 일관되게 표명했다. 우선 그는 1919년 4월 30일 파리강화회의에 참석하고 있던 미국 대통령 윌슨에게 보낸 서한에서 '자유로운 기독교민주주의'에 입각한 정부 수립이 한국민의 강력 한 염원이라고 밝혔다.[11] 그리고 1919년 8월 27일 대한민국 대통령 (President of the Republic of Korea) 이승만과 구미위원부 위원장 김규식의 공동 명의로 발표한 「한국민의 독립운동 지속 선포와 요청(Proclamation and Demand for Continued Independence of the Korean Nation)」에서는,

....

9) 元聖玉 옮김, 「미국정부와 파리평화회의에 보내는 청원서」제3일 오전회의(1919. 4.16), 185-186쪽.

10) 이승만은 현순의 보도에 근거해 4월 5일부터 '대한공화국 임시정부 국무경'으로 공식 적으로 활동하고 있었다(정병준, 앞의 책, 170-171쪽).

11) (Syngman Rhee)〉Woodrow Wilson, 1919.4.30), *The Syngman Rhee correspondence in English*: 1904-1948, Volume1, p. 106. ; 「이승만이 Woodrow Wilson에게 보낸 서 한」(1919.4.30), 『대한민국임시정부자료집』43, 2007, 20쪽.

우리는 민주주의를 믿습니다. 우리는 자유를 믿습니다. 우리는 모든 민주주의적이며 기독교적인 국민들이 한국민의 독립 및 주권 유지를 위한 의로운 결심과 노력을 적극적으로 협조하고 지원해 줄 것을 호소합니다.[12]

고 하여 '기독교민주주의'를 지향하는 한국의 독립을 지원해 달라고 촉구했다. 또한 1920년 2월 20일 보스턴 대학 집회에 참석한 이승만은 "2천만 명의 한국인들은 일제에 맞서 기독교와 민주주의의 원칙을 위해 투쟁하고 있습니다. (중략) 우리 한국인은 미국의 그것(기독교와 민주주의의 원칙-인용자)과 동일한 원칙들을 위하여 투쟁하고 있습니다. 우리는 기독교적 원칙들을 지지합니다"고 밝혔다.[13]

그러나 이승만은 즉각적으로 민주공화정체의 국가를 건설하려고 구상하지는 않았다. 재미 한인들은 1919년 필라델피아 한인자유대회에서 「한국인의 목표와 열망(Aims and Aspirations of the Korean People)」이라는 10개 조로 구성된 결의문을 채택했다. 이 결의문을 구성하는 10개 조는 일종의 신국가의 '헌법대강(憲法大綱)'이라고 할 수 있는데, 이승만은 이것을 심의·채택하는 데 참여했다.[14] 결의문 10개 조 중 제2조에서,

우리는 우리 정부가 가능한 한 대중의 교육과 일치하는 미국의 정부 형태를 따랐으면 한다. 앞으로 10년 동안은 정부가 오히려 중앙집권을 필요로 할지 모르지만, 국민의 교육이 증가함에 따라 국민들이 자치제에 더 많은 경험을 쌓음으로써, 그들은 보다 보편적으로 정치 문제에 참여할 수 있을 것이다.[15]

....

12) *Korea Review*, Ⅰ-8(1919.10), "Proclamation and Demand for Continued Independence of the Korean Nation", p. 15.
13) *Korea Review*, Ⅰ-12(1920.2), "Korean Meeting at the Boston University", p. 15.
14) 유영익, 『이승만의 삶과 꿈』, 220쪽.
15) 元聖玉 옮김, 「한국인의 목표와 열망」 제1일 오후회의(1919.4.14), 145-148쪽.

고 하여 '미국의 정체를 모방한 미국식 민주 공화 정부이면서, 건국 후 10년 간 강력한 중앙집권적 통치체제 유지'[16]나 '미국의 정치 제도를 표본하되 10년 동안은 전면적인 참정권 허용의 유보'[17] 혹은 '완전한' 민주주의 정치를 실천·향유하기 전 거쳐야 하는 준비 단계로써 일종의 교도민주주의(教導民主主義) 정치를 표명했다.[18] 또한 1924년 『태평양잡지』에서도 이승만은 민주공화 정부 조직 초기 교육받은 국민의 부족으로 발생하는 불가피한 혼돈을 막기 위해서는 "우리가 주의는 공화를 지키되 방법은 명령적으로 행할밖에 다른 수가 없다"고 밝혔다.[19]

한편 1920년 가을 서재필이 이승만에게 보낸 「[임시]정부의 정책 및 조직 대강(Outline of Policy and Organization of Government)」에서도 우리는 민주주의 정부를 운영할 교육받은 인재가 부족하기 때문에 "향후 10년간 강력한 혹은 거의 전제적인 중앙집권적 정부가 필요하다"고 제안했다.[20]

결국 이승만의 단계론적 민주공화제 정부 수립론은 일제의 식민지 차별 교육으로 발생한 문맹자 증가라는 현실적 판단을 고려한 것이었기도 했지만, 동시에 해방 이후 그가 독재 정치를 실시할 수밖에 없는 사상적 기반으로도 작용했다.

이승만이 국가건설론의 이념으로 '기독교민주주의'를 제시한 이유는 첫째, 유교의 교리가 가지고 있는 한계 때문이었다. 우선 옥중에서 그는 유교에는 기독교와 달리 현생의 죄과에 대해 사후 영혼이 벌을 받는다는 관념이 없기 때문에, 사람들은 현생에서 이타적·애국적·도덕적 삶에 대한 열망이 부족하다고 판단했다.[21] 그리고 그는 '사람의 도는 악한 일을 아니하게 하는

---

16) 유영익, 『이승만의 삶과 꿈』, 220쪽.
17) 고정휴, 「독립운동기 이승만의 외교 노선과 제국주의」, 174쪽.
18) 유영익, 「이승만 대통령의 업적」, 523쪽.
19) 「공화주의가 일러」, 『태평양잡지』(1924.10).
20) Philip Jaisohn, *My Days in Korea and Other Essays*, pp. 204-205.
21) 이승만, 『풀어쓴 독립정신』, 409-410쪽.

제3장 기독교국가건설론의 성립과 전개_147

것이요, 하느님의 도는 악한 일을 못하게 하는 것이니, 사람으로 하여금 착한 도와 옳은 교를 배워 제 몸만 착하고 악이 없으면 사람의 도에 극진히 됨이니, 사람의 도는 불과 제 몸만 착하게 하는 것이요, 하느님 도는 천벌을 들어 벌하여 악을 감히 못하게 하며 한편으로 천복을 구하고자 하여 남을 또 착하게 만들 것이 그 중에 포함'되어 있다고 보았다.[22] 즉 이승만은 유교는 개인의 도덕적 수양을 통해 악행을 방지하는 데 머물러 있지만, 기독교는 악행을 하려는 개인의 성품 자체를 변화시킬 뿐만 아니라 타인의 악한 성격도 바꿀 수 있다고 보았다.

둘째, 개신교는 구교(舊敎: 유교·불교·이슬람교·러시아 정교)와 달리 자유와 평등의 이념을 가지고 있었기 때문이었다. 이승만은 배재학당에서 수학하면서 서양의 개신교 국가들이 민중의 자유권을 보장한다는 사실에 크게 고무되었는데,[23] 그 근원이 개신교에 있다고 인식했다. 옥중에서 그는 개신교를 신교(新敎)로, 유교·불교·이슬람교·러시아 정교 등을 구교(舊敎)로 규정했다.[24] 그런데 그는 이 양자 사이에는 명확히 구분되는 특징이 있다고 보았다. 예컨대 그는 러시아 정교를 구교(舊敎)의 하나라고 하면서 구교의 폐단을 구속과 압제라고 주장했다.[25] 반면 그는 개신교는 자유와 평등을 통해서 해방되는 것을 그 공효(功效)로 삼고 있다고 파악했다.[26] 따라서 그는 '자유스러운 新敎로써 기왕에 속박당한 사상을 풀어버리고 활발하게 자강지심을 갖게'하자고 주장했다.[27] 왜냐하면 그는 문명 부강한 영국과 미국

---

22) 이승만, 「예수교가 대한 장래의 기초」, 『신학월보』(1903.8).

23) "Korean School Is Important Factor in Educational Field", *Honolulu Star-Bulletin*, Sep. 20, 1913. ; Robert T. Oliver, op. cit., p. 61.

24) 이승만, 「문명의 세력2」, 『뎨국신문』(1902.8.21) ; 이명래 역, 「改新敎·新學問 勸奬論」, 322-323쪽 ; 이승만, 『한국교회핍박』, 176-181쪽. 이승만은 천주교를 문맥상 구교(舊敎)로 규정하고 있으나, 다소 애매하게 표현했다. 이는 개신교가 천주교에서 분리되어 나왔다는 점을 고려하여 다른 구교(舊敎)들처럼 엄정하게 평가할 수 없었던 데 원인이 있는 것 같다.

25) 이명래 역, 「改新敎·新學問 勸奬論」, 323쪽.

26) 이명래 역, 「改新敎·新學問 勸奬論」, 322쪽.

의 원천은 자유와 평등에 있기 때문에, 우리도 이를 수용하여 수천 년 동안 마음과 몸을 구속하고 억압했던 과거에서 벗어나 자치의 규범을 배워 독립의 기초로 삼을 수 있다고 판단했기 때문이었다.[28]

셋째, 개신교에는 동양의 사상과는 달리 정치 혁명의 논리가 있었기 때문이다. 이승만은 1913년『한국교회핍박』에서 '백성들이 일어나서 정부를 뒤집고 자신들의 뜻대로 다시 조직하는 것'을 혁명이라고 정의했다. 이런 관점에서 볼 때 동양에서는 혁명이 없었는데, 그 원인은 종교의 성질에 있다고 보았다. 즉 동양의 유교는 임금이 왕도정치를 하지 않을 경우 '앉아서 좋은 천운이나 기다릴 수밖에 없'기에 유교를 숭상하는 동양에서는 영원히 혁명 사상이 생길 수 없다고 혹평했다.[29] 반면 그는 개신교의 예수는 로마에 야합한 유대의 집권자·서기관·세리들의 억압에 저항한 정치 혁명가이며, 동시에 형식적인 예배를 타파하려 했던 종교 혁명가로 인류 역사상 최초의 '혁명 주창자'라고 극찬했다. 때문에 그는 신약에는 혁명 사상이 내포되어 있으며, 이 신약의 혁명사상이 루터의 종교개혁에 영향을 끼쳤다. 루터의 종교개혁이 정치 제도의 개혁을 촉발시킴으로써 영국, 프랑스, 미국 등 각국의 정치 혁명이 일어나게 되었으며, 오늘날 서양 각국이 동등한 자유와 평등권을 누리는 것은 모두 신약의 혁명 사상에서 기원했다고 역설했다. 이처럼 그는 정치 혁명과 종교의 관계가 유기적이기 때문에, 개신교는 한국 정치 혁명의 기초라고 주장했다.[30] 한편 이승만은 루터의 종교개혁 이래 천주교가 신약을 보지 못하게 했던 것은 신약에 내포된 자유와 평등의 혁명성 때문이었다고 주장했다.[31]

....

27) 이명래 역,「改新敎·新學問 勸奬論」, 326쪽.

28) 이명래 역,「改新敎·新學問 勸奬論」, 322-326쪽.

29) 이승만,『한국교회핍박』, 173-176쪽.

30) 이승만, 위의 책, 176-181쪽. 이승만은 1904년『신학월보』에서도 "예수교가 가는 곳마다 변혁주의가 자라는 법이라"고 하면서 바리새파의 율법주의를 비판하고, 기독교의 변혁주의를 실천한 루터(Martin Luther, 1483-1546)와 워싱턴(George Washington, 1732-1799)을 옹호했다[이승만,「대한 교우들이 힘쓸 일」,『신학월보』(1904.8)].

넷째, 종교적 체험을 통해 기독교는 관념적 종교가 아니라 조선을 구원할 실재적 종교라고 인식하였기 때문이었다. 이승만은 자신의 「투옥 경위서 (Mr. Rhee's Story of His Imprisonment)」에서 "금방 감방이 빛으로 가득 채워지는 것 같았고 나의 마음에 기쁨이 넘치는 평안이 깃들면서 나는 변한 사람이 되었다. 내가 선교사들과 그들의 종교에 대해서 갖고 있던 증오감, 그리고 그들에 대한 불신감이 사라졌다"[32]고 하여 성령의 감동으로 이루어진 회심의 순간을 설명했다. 이는 그가 합리적 유교에서는 경험할 수 없었던 독특한 체험이었다. 나아가 그는 성령의 임재와 동행의 증거를 우선 서양 역사에서 기독교가 주류 종교로 자리매김하는 과정에서 찾았다. 즉 그는 기독교를 탄압하던 로마제국이 기독교를 공인하였으며, 유럽 각국의 제후들이 기독교를 신봉한 것은 '사람의 힘으로 가능한 것이 아니라', '기독교의 오묘한 이치' 곧 성령의 개입으로 가능했다고 인식했다. 또한 그는 기독교 청년들의 죽음을 두려워하지 않는 믿음의 원동력을 '기독교에만 있는 한량 없는 활력을 충만시킬 수 있는 능력', 즉 성령에서 찾았다.[33] 따라서 그는 현존하는 하나님을 믿는 기독교는 조선을 구원할 살아 있는 종교라고 확신했다.

다섯째, 기독교국가가 '한국 백성의 장래 문명, 복락', 즉 문명 부강국을 표상했기 때문이다. 이승만은 서양 문명의 힘을 비교적 어린 시절부터 경험했다. 그가 예닐곱 살 무렵 천연두로 실명 위기에 처했을 때 외국인 의사의 치료를 받고 나은 적이 있었다.[34] 이 경험을 통해 그는 서양 문명의 힘을 어렴

---

31) 이승만, 『한국교회핍박』, 179-180쪽.

32) "Mr. Rhee's Story of His Imprisonment", O. R. Avison, *Memoirs of Life in Korea*, pp. 275-276.

33) 이승만, 『한국교회핍박』, 141-145쪽.

34) 이 사건이 일어난 때 이승만의 나이는 '여섯 살이라는 설'(프란체스카 도너 리 지음·조혜자 옮김, 앞의 책, 68쪽), '일곱 살이라는 설'(徐廷柱, 앞의 책, 44쪽), '아홉 살이라는 설'(Robert T. Oliver, op. cit., p. 10. ; 로버트 T. 올리버 지음·朴瑪利亞 옮김, 앞의 책, 18쪽 ; Richard C. Allen 著·尹大均 譯, 앞의 책, 15쪽)로 나뉜다. 그리고 치료의 주체는 '선교사 알렌이라는 설'(로버트 T. 올리버 지음·朴瑪利亞 옮김, 위의 책, 19쪽 ; Richard C. Allen 著·尹大均 譯, 위의 책, 15쪽), '일본인 의사라는 설'(徐廷柱, 위의 책,

풋하게 인식하기 시작했다. 또한 그는 서양 사람들(선교사들)을 처음에는 털이 많이 난 야만인으로 보아 경계했지만, "이 서양 사람들이 영리하고 아주 놀랄 만한 재주를 가지고 있다는 것을 아무도 부정하지는 않았다"[35]고 하여 질시하면서도 서양 문명의 우수성을 동경했다. 이후 그는 배재학당에 입학하여 서양식 교육을 받으면서 서양이 세계의 힘의 중심이라는 것을 확인했다.[36]

이러한 인식에 기초해 이승만은 투옥 중 기독교국가건설론의 모델로 문명부강국인 기독교국가 미국과 영국을 건설하겠다는 이상을 표현했다.[37] 이는 그가 영·미국 부강의 근원이 기독교에 있다고 간파하였기 때문이었다.[38] 그는 기독교국가를 상등(相等) 문명국가로 규정했다.[39] 특히 그는 영국과 미국이 문명국가가 된 원동력은 기독교를 사회의 근본으로 삼은 데 있다고 보았다.[40] 그는 역사 발전 과정을 보더라도 구교(舊敎: 유교·불교·이슬람교·러시아정교)를 신봉하는 나라들이 쇠잔하여 갔다.[41] 따라서 청나

44-47쪽), '외국인 의사라는 설'(Ibid., p. 11. ; 프란체스카 도너 리 지음·조혜자 옮김, 위의 책, 68쪽)로 대별된다.

이 책에서는 예닐곱 살 때 외국인 의사가 이승만을 치료했을 것으로 추정한다. 예닐곱 살 때는 인지 능력이 부족한 시기이기 때문이다. 피아제(Piaget)의 인지 발달 이론에 의하면, 2-7세(전조작기)에는 자아중심성과 물활론적 사고를 하는 시기이며, 7-11세 (구체적 조작기)에는 탈중심성과 논리적 사고가 발달하는 시기이다(林承權, 『敎育心理學』, 良書院, 1990, 21-27쪽). 때문에 해방 이후 자서전을 위한 기초 자료 구술에서도 이승만은 차이가 나는 진술을 했던 것으로 생각된다.

35) Ibid., p. 16.

36) Richard C. Allen 著·尹大均 譯, 앞의 책, 15-16쪽.

37) 이승만, 「상동청년회에 학교를 설치함」, 『신학월보』(1904.11) ; 이승만, 『풀어쓴 독립정신』, 63-64, 335쪽. 이승만은 이러한 생각을 해방 이후에도 여러 번 표명했다[이승만, 「부강한 新進 國家가 되자」(단기 4283.10.18), 18쪽 ; 이승만, 「외국 물자는 쓰지 말고 자급자족하도록 경제가들이 협력하여 생산에 노력하라」(단기 4285.11.1., 215쪽)].

38) 이승만, 「삼강오륜을 잘 지켜라」(1958.2.26), 226-228쪽.

39) 이승만, 「예수교가 대한 장래의 기초」, 『신학월보』(1903.8).

40) 이승만, 『풀어쓴 독립정신』, 412-413쪽 ; 이승만, 「예수교가 대한 장래의 기초」, 『신학월보』(1903.8).

41) 이승만, 「문명의 세력2」, 『뎨국신문』(1902.8.21) ; 이명래 역, 「改新敎·新學問 勸獎

제3장 기독교국가건설론의 성립과 전개__151

라와 같이 맹목적으로 서구 문명 수용을 거부하지 말고 우리도 문명국가의 힘의 원천인 기독교를 수용하자고 촉구했다.[42] 그는 기독교로 한국인이 교화된다면 '머지않아 영국과 미국 사람들과 더불어 수레를 나란히 하고 함께 달릴 만큼 발전'할 수 있을 것이라고 확신했다.[43] 이처럼 그는 미국을 비롯한 서구의 앞선 제도, 국민의식, 가치체계가 모두 기독교를 바탕으로 하고 있으며, 그 기독교는 곧 신문명의 힘을 상징하는 것으로 이해했다. 때문에 그는 기독교를 수용하는 것이 낡은 가치관과 제도를 변혁하여 문명 부강국으로 나아갈 수 있는 최선의 방책으로 보았다.[44]

이승만은 1904년 11월 4일 도미하여 독립유지외교 활동을 전개하면서 자신의 기독교국가건설론의 동기, 이념, 완성 시기, 국가형태 등을 미국 기독교계 구성원들에게 설명했다. 그는 1908년 피츠버그(Pittsburg)에서 개최된 제1차 세계선교사대회(The First International Missionary Convention)에 한국 대표로 참석했다. 이 대회에서 그는 외세의 침략에 대해 한국 정부는 무능하며 민중들은 무력감에 빠져 있지만, 동시에 자신들을 구원해 줄 강력한 힘이 필요하다는 것도 자각하고 있다고 주장했다. 그는 그 강력한 힘은 오직 세상의 구세주인 예수 그리스도에게서 찾을 수 있다고 보았다. 왜냐하면 유교와 불교는 그 역할을 하지 못했기 때문이었다.[45] 따라서 그는 한국은 "20년 이내에 완벽한 기독교국가가 되어야 한다"[46]고 하여 새로운 국가의 형태를 기독교국가라고 명시했다. 또한 그는 1910년 귀국 직전 언더우드(Horace G. Underwood)에게 보낸 편지에서 귀국 후 기독교의 주요 원리들을 한국인들에게 교육시키겠다는 포부를 밝혔다.[47] 그는 1914년 『태평양잡

論」, 22-323쪽.

[42] 이승만, 『풀어쓴 독립정신』, 204쪽.

[43] 이명래 역, 「改新教 · 新學問 勸獎論」, 326쪽.

[44] 서정민, 앞의 책, 119쪽.

[45] "Appeals of Native Christian", *The Korea Mission Field*, Jun 1908, p. 96.

[46] "Appeals of Native Christian", *The Korea Mission Field*, Jun 1908, p. 96.

[47] (Syngman Rhee)〉Horace G. Underwood, 1910.4.19), T*he Syngman Rhee*

지』「거듭나는 사람」에서도 신국가 건설의 이치는 "예수교에 있으니 이는 예수교가 능히 사람의 마음을 개량하야 새마음이 생기게 할 수 있는 연고라"고 하여 기독교를 국가건설의 이념으로 명시했으며, 자유복락을 누리는 미국과 영국이 신국가의 모델이라고 밝혔다.[48]

이승만은 1913년 『한국교회핍박』에서 기독교국가 한국의 미래상을 다음과 같이 예견했다.

> 통상이 시작된 지 30년이 다 못되어 한국 기독교는 크게 성장하여 전국에 교인 총수가 25만 명에 달했으며, 작년 12월 14일 아웃룩 잡지에 보도된 바에 의하면 한국 기독교인이 37만 명에 달한다고 했다. (중략) 이러한 크게 발전된 교회의 모습은 실로 고금에 드문 역사가 아닐 수 없다. 각 나라 교회에서 말하기를 하나님이 한국 백성을 이스라엘 백성같이 특별히 택하여 동양에 처음 기독교국가를 만들어 아시아에 기독교 문명을 발전시킬 책임을 맡긴 것이라 한다. 그러므로 이때에 한국 교회를 돕는 것이 후에 일본과 중국을 문명화시키는 기초가 된다고 하여 각 교회에 속한 신문, 월보, 잡지에는 한국 교회 소식이 그칠 때가 없으며, 교회 순례객들의 연설이나, 보도에 한국 교회에 대해 칭찬하지 않은 것이 없을 정도이다. 이대로 얼마 동안만 계속하면 한국 백성의 장래 문명, 자유, 복락을 손꼽고 기다릴 수 있을 것 같다.[49]

2. 기독교국가건설론의 방략

이승만은 투옥 시절과 도미 독립유지외교 활동 시절, 그리고 유학 시절을 거치는 동안 기독교국가건설론의 방략으로 내적으로는 기독교교육론과 언론·문서선교, 그리고 외적으로는 기독교계활용론을 제시했다. 여기서는 이

correspondence in English: 1904-1948, Volume1, p. 1.
[48] 「거듭나는 사람」, 『태평양잡지』(1914.1).
[49] 이승만, 『한국교회핍박』, 61-63쪽.

러한 방략의 논리와 내용을 살펴보고자 한다.

1) 기독교교육론

이승만은 투옥 시절 문명 부강국의 부강과 문명의 원천은 교육에 있다고 파악했다. 때문에 그는 교육을 통한 민중 계몽 운동으로 민중의 주체적 각성을 고취시키면 문명 부강국 실현이 가능하다는 교육 구국론을 역설했다.

이승만은 교육의 유무에 국가의 존망이 달려 있다고 보았다. 옥중에서 그는 한민족의 운명은 청년들의 지식 습득에 달려 있으며,[50] 문명국들의 "부강과 문명은 모두 교육에서 비롯된 것이다"고 파악했다.[51] 그는 만일 백성들이 자포자기하여 활력을 상실한 경우, 개화를 스스로 뿌리내리게 할 수 있는 유일한 방법은 교육밖에 없다고 강조했다.[52] 그는 국가 존망의 위기를 타개할 자강책은 오직 교육의 진흥과 학문의 육성에만 있다고 역설했다.[53] 그는 옥중에서 지은 「白虛의 八條詩를 和作함」라는 한시에서도 교육이 정치, 외교, 군사, 내정 개혁보다 더 중요하다고 역설했다.[54] 석방 직후 그는 조선인은 게으르고 애국심도 없는 데 비해, 일본인은 근면하고 애국적이라고 탄식했다. 양국인의 차이는 "토지 인물이 남만 못한 것이 아니요, 다만 풍기를 열어주지 못한 연고라"고 하여 교육의 유무에 있다고 보았다.[55] 때문에 그는 공부하고자 하는 자는 "미국에 가서 천역이라도 하여 얻어먹어 가며라도 학문을 잘 배워 가지고 돌아오면 나라에 그 안이 유조할지라"고 하여 교육 구국론을 주장했다.[56] 한편 1919년 필라델피아 한인자유대회에서 유일한이 작성

---

50) 이승만, 「소년의 전정을 기약할 일」, 『뎨국신문』(1902.8.12).
51) 이승만, 『풀어쓴 독립정신』, 117쪽.
52) 이승만, 위의 책, 145쪽.
53) 이명래 역, 「改新教·新學問 勸奬論」, 326쪽.
54) "圖治先在篤交隣 臨事當間達變人 憂國戒存孤立勢 導民務作自由身 法僞恐後無泥舊 從善爭前莫厭新 教育俊英今最急 養兵唯止壓邊塵"(丁奎祥 編, 「和白虛八條詩」, 『雩南李承晩博士漢詩選集』, 圖書出版 東成美術出版社, 1982, 79쪽).
55) 이승만, 「미국으로 가는 이승만씨 편지」, 『뎨국신문』(1904.11.26).

낭독한 10개 조로 구성된 「한국인의 목표와 열망」에서는 "우리는 정부의 어떤 다른 활동보다 더 중요한 것은 국민의 교육이라고 믿는다"고 밝혔다.[57)

하지만 이승만은 조선의 기존 교육은 민중의 정신을 억압하여 주체적 자각의 가능성을 차단했다고 보았다. 투옥 중 이승만은 기존의 민중의 몰주체적 행동들은 '사람의 마음을 결박하여 자유로운 권리를 귀하게 여길 줄 모르는 데서 온 폐단'이라고 규정했다.[58) 따라서 그는 조선의 기존 교육이 잘못되었다고 지적했다.[59) 구체적으로 그는 기존 교육의 문제점을 '허탄함의 숭상(미신 숭배)', '일심을 결박함(자유의 억압)', '큰 것을 섬기는 주의(복종과 노예 의식)', '빈 생각만 숭상(실상과 유리된 도덕)', '이기주의' 등 5가지로 파악했다.[60)

따라서 이승만은 교육을 통한 민중 계몽으로 민중의 주체적 각성을 촉구하고자 했다. 그는 자신이 1904년 『독립정신』을 집필하게 된 계기는 투옥 중 유성준이 국권을 회복하려면 민중계몽운동이 필요하다고 권유했기 때문이라고 밝혔다.[61) 올리버도 『독립정신』이 '아무런 희망도 없고 또한 책임자도 없이 그저 주저앉아 있는 사람들'을 계몽하려는 목적으로 저술되었다고 밝혔다.[62) 이승만은 1903년 『뎨국신문』에서 "대개 사람의 권리는 학문에서 생기나니 학문이 없으면 권리가 무엇인지 모를지라"[63)고 하여 교육은 민중의 권리를 자각케 한다고 보았다. 그는 『독립정신』에서 서양 문명국들의 현재의 영광과 번영은 하늘에서 자연적으로 준 특권이 아니라 교육을 통한 민중

....

56) 이승만, 「미국으로 가는 이승만씨 편지」, 『뎨국신문』(1904.11.26).
57) 元聖玉 옮김, 제1일 오후회의(1919.4.16), 146쪽.
58) 이승만, 『풀어쓴 독립정신』, 169-191쪽.
59) 이승만, 「나라의 폐단을 고칠 일(1)」, 『뎨국신문』(1904.12.29).
60) 이승만, 「나라의 폐단을 고칠 일(2)」, 『뎨국신문』(1904.12.30).
61) "Autobiography of Dr. Syngman Rhee", 『핏치 문서철』, p. 14. ; 이정식 역주, 앞의 글, 267쪽.
62) Robert T. Oliver, op. cit., p. 59.
63) 이승만, 「국권을 보호할 방책」, 『뎨국신문』(1903.1.19).

계몽의 결과라고 주장했다.[64]

이승만은 궁극적으로 민중의 각성은 교육을 통한 정신 혁명으로만 달성될 수 있다고 역설했다. 옥중에서 이승만은 죄수를 회개천선시키는 근본적 처방은 '형벌로 그 육체를 괴롭게 하는 것보다 먼저 교화로 그 마음을 감복케' 하는 것에 있다고 보았다.[65] 그는 압제에 대해 침묵하지 않고 전제 정치에 대항하여 자유와 평등을 획득한 프랑스 혁명의 원동력은 '교육과 학문을 통해 정신력'을 강화했기 때문이라고 보았다.[66]

투옥 중 이승만은 민중이 타파해야 할 폐습으로 '반상 구분 타파', '주체적 판단', '관리들에게 무조건 복종하는 노예 근성 탈피', '의존적 사고 타파', '사익추구 탈피', '구습 타파', '거짓말 불사용', '만물을 다스릴 권리 자각' 등의 8가지를 제시했다.[67] 그는 이 폐습에서 벗어나는 방법은 신학문을 통해서만 가능하다고 보았다. 신학문이란 몇 천 년 동안 어리석게 믿던 것을 내던지고 분명한 증거와 확실한 실체를 기초로 하는 학문, 즉 자연 현상에 대한 비과학적 인식에서 벗어나 세상 만물의 원리를 분명하게 이해할 수 있는 개화된 사회의 천문·지리·화학 등이라고 했다.[68] 즉 신학문은 동양의 학문이 아닌 서양의 학문을 의미했다.

이승만은 조선의 자주 독립과 국권 회복을 위해 서양의 모든 학문 분야를 배워야 한다고 강조했다. 옥중에서 그는 청일전쟁에서 일본이 승리함으로써 조선이 청의 속국 처지에서 벗어나 자주 독립국이라는 사실을 세계가 주목하게 되었다. 하지만 이것은 우리의 주체적 노력으로 된 것이 아니고 일본의 힘에 의한 것이었다. 따라서 우리는 이를 부끄럽게 여겨야 하며, 진정한 자주 독립국으로 거듭나기 위하여 국내외 정세를 공부해야 한다고 주장했

---

64) 이승만, 『풀어쓴 독립정신』, 58-59쪽.

65) 이승만, 「도둑을 죽이기보다 개과천선시켜야」, 『뎨국신문』(1901.3.6).

66) 이승만, 『풀어쓴 독립정신』, 152-153쪽.

67) 이승만, 위의 책, 169-191쪽.

68) 이승만, 위의 책, 191-192쪽.

다.[69] 그는 '외교를 잘하자면 만국공회에 들자면 몬져 그 사람네 마음과 모양을 본뜨려 하여야 남이 다 지기상합한 친구로 여겨 의리상으로 붓들어 주고 십흔 법'이라고 하여 국제 사회에서 생존하는 데는 타국에 대한 지식이 필수적이기에 타국의 정신과 기술을 공부해야 한다고 주장했다.[70] 그는 "대한 관민이 외교상 관계되는 일을 당하면 항상 말하기를 만국공법이 대포 한 자루만 못하다 하며, 작은 나라는 공법과 약장을 알아도 쓸데없다"고 하여 만국공법을 공부조차 하지 않는데, 이는 조선의 국세가 쇠하는 원인이 되었다고 한탄했다.[71] 그는 유학생들은 나라를 위해 시급한 것부터 공부해야 한다고 역설했다.[72]

따라서 이승만은 서양의 모든 학문을 교육 과정으로 구성했다. 투옥 중 그는 '우리 대한의 신하와 백성들은 법률, 정치, 천문, 지지, 농상, 기예, 격치 등 여러 新學 분야'를 공부해야 한다고 했다.[73] 또한 그는 서양 문명 부강국이 알고 있는 서양사, 종교학, 문화, 천문학, 지리학, 물리학, 철학, 화학, 신학, 법학, 의학, 농학, 상학, 경제학, 정치학을 모두 배우도록 노력해야 한다[74]고 하여 교육 내용을 서양의 모든 학문으로 선정했다.

한편 투옥 중 이승만은 서양의 학문과 종교, 과학 기술의 수용 여부를 문명과 야만의 구도로 접근했다. 그는 『옥중잡기(獄中雜記)』「도움을 구하려면 배움에 능한 사람을 귀하게 여겨야 함(求益貴能學人)」에서 문명인과 야만인의 차이점을 다음과 같이 밝혔다.

지금 세상 사람에게는 문명과 야만의 구별이 있다. 저들 문명인들은 대공(大公)과 무아(無我)의 도리를 행하고, 인애(仁愛)와 자비(慈悲)의 마

69) 「전쟁의 원인」, 『청일전기』, 『雩南李承晩文書(東文篇)』第二卷, 241-242쪽.
70) 「권고하는 글」, 『청일전기』, 『雩南李承晩文書(東文篇)』第二卷, 388쪽.
71) 이승만, 「국민의 권리 손해」, 『뎨국신문』(1903.1.15).
72) 이승만, 『풀어쓴 독립정신』, 379쪽.
73) 이명래 역, 「務興新學論」, 310쪽.
74) 이승만, 『풀어쓴 독립정신』, 372-373쪽.

음을 행하고 있다. 학교를 세우고 병원을 설치하며 교화를 널리 펴는 등의 갖가지 좋은 일과 기선(汽船)·전차(電車)·전선(電線)·매등(煤燈,석유 등불) 등 여러 새로운 제도는 모두 마음으로 생각하고 지혜로 터득한 결과이다. 야만인들은 풀자리에서 잠을 자고 초목을 뜯어 먹고 나무 껍질로 옷을 해 입고, 기타 많은 사용품도 모두 태초(太初)에 저절로 얻은 것과 별다른 차이가 없으나 끝내 개량하여 발전시킬 것을 생각치 않고 있다. (중략) 문명인은 만물을 그들의 이용물로 만들어 사람의 정교한 솜씨를 지극히 하고 자연의 오묘함을 발휘한다. 그러나 야만인은 성질의 근원을 연구하지 않고 물리(物理)에도 어둡다. 그리하여 만물을 이용하지 못할 뿐 아니라 도리어 일월(日月)·성신(星辰)·조수(鳥獸)·어별(魚鼈) 등과 같은 종류나 사람의 손으로 빚어 만든 목우(木偶)와 토상(土像) 앞에 나아가 절하고 숭상하면서 받든다. 어떤 이는 그것들을 신성시(神聖視)하여 섬기고, 또 어떤 이는 자신을 희생하여 제물로 바치기도 한다. (중략) 학문하는 방법은 신분이 높은가 낮은가 귀한가 천한가에 달려 있는 것이 아니라 능한 자에게는 배우고 능하지 못한 자에게는 가르치는 것이다. (중략) 바라건대 뜻있는 군자들은 신학문(新學問)·신종교(新宗敎)·신이물(新異物)을 보면 그것이 어디에서 왔는가를 묻지 말고, 다만 좋은 것만 가려서 사용하여 내 것을 버리고 남의 것을 따라야 할 것이다.[75]

위 글에서 이승만은 문명인의 선행과 문명 이기들의 제작·활용은 모두 인간과 자연 현상에 대한 탐구와 연구의 결과라고 보았다. 반면 야만인들은 자연 현상을 탐구하고 연구하기보다는 오히려 두려워하여 이를 숭배한다고 비판했다. 따라서 그는 우리도 서양의 학문과 종교, 과학 기술을 수용하여 문명인으로 살아가자고 역설했다.

또한 이승만은 1904년 『독립정신』에서 "하나님이 천지 만물을 창조하신 뜻은 하나도 버릴 것이 없으며, 모든 인류에게 유익하게 쓰임이 되도록 했다"고 밝혔다.[76] 그럼에도 그는 서양은 세상 만물에 대한 이치와 근본을 탐구하

---

75) 이명래 역, 「求益貴能學人」, 313-316쪽.

여 유용한 물건을 만들어 사용했지만, 우리는 그대로 내버려 두고 활용할 생각을 하지 않았다고 개탄했다.[77)]

이처럼 교육의 진흥과 산업의 육성에 주력했던 이승만은 1920년대 독립운동의 방략으로 교육과 산업을 통한 실력양성 노선을 견지했다. 이는 청년기부터 이미 그가 교육과 산업의 중요성을 인식하고 있었기 때문이었다. 투옥 중 그는 개인 구원보다는 민족 구원을 위해 교회에 투신했으나 교회가 여기에 부응하지 못한다고 비판하는 기독교 민족운동가들을, '이는 교회의 효력과 국민의 정형(情形)은 생각지 못하는' '조급한 생각'이라고 반박하면서, 교육을 통해 점진적 실력 양성을 해야 한다고 역설했다.[78)] 그는 1908년 일본이 가장 경계하는 것은 조선인 유학생이라고 주장했다. 이들은 문명 부강한 학문을 배워 일본의 야심을 세상에 폭로하며 동포를 가르치기 때문이었다.[79)] 그는 1913년 『한국교회핍박』에서도 일제는 '아주 드러내 놓고' 독립운동을 하는 사람보다는 겉으로는 일제에 순응하는 것 같으면서도 '교회 속에 몸을 숨기고 교육이나 전도에 종사'하는 자들을 가장 무서워한다고 평가했다. 왜냐하면 이들은 주색잡기·마약·담배에 탐닉하지 않아 기독교로 '윤리적인 풍토를 개선'하려 하기 때문이었다.[80)] 즉 그는 직접적인 무장 투쟁보다는 기독교로 한국인의 정신 윤리를 개선하는 것이 더 급선무라고 인식했다.

이러한 시각은 1920년대 하와이에서 한인기독학원과 동지식산회사를 설립함으로써 구체화되었다. 이승만은 1918년 하와이에서 한인기독학원을 설립하여 한인 교포 2세들을 교육시켰으며,[81)] 1925년 9월 발표된 동지회 합자회사(동지 식산 회사)[82)] 규칙에는 '본 회사의 목적이 우리 민족의 경계력을

---

76) 이승만, 『풀어쓴 독립정신』, 86-89쪽.
77) 이승만, 위의 책, 187-190쪽.
78) 이승만, 「두 가지 편벽됨」, 『신학월보』(1903.9).
79) 이승만, 「일본이 개탄하는 일이 곧 우리의 행복 될 일이라」, 『共立新報』(1908.9.2).
80) 이승만, 『한국교회핍박』, 150-154쪽.
81) 徐廷柱, 앞의 책, 220쪽.
82) 이승만은 동지회 회원들에게 주식을 발행해서 1925년 동지 식산 회사(Dongji

발전코져 함이니 경제적 독립을 엇지 못하고는 정치 독립을 엇어도 우리 민족이 다 살 수 업슬 것을 깨닷는'[83])고 하여 산업을 통한 실력 양성을 주창했다.

이승만의 실력양성 노선에 이승만 지지 단체들도 동의했다. 1924년 11월 17일 동지회, 한인기독학원, 한인기독교회, 태평양잡지사, 대한인부인구제회 등이 참여하여 호놀룰루에서 개최된 '하와이 한인 대표회'에서는 '정강'과 '진행 방침'을 발표했다.[84]) '정강'에서는 "三·一정신을 발휘하야 끝까지 정의와 인도를 주장하야 비폭력인 희생덕 행동으로 우리 대업을 성취하자"고 하였으며,[85]) '진행 방침'에서도 '이것(대업-인용자)을 완성하기까지는 시위운동이나 혹 남을 배척하는 주의를 몬져 행치 말고'[86])라고 하여 이승만의 노선을 적극 지지했다.

때문에 이승만은 의병운동이나 독립전쟁 노선에 대해 비판적이었다. 옥중에서 그는 의화단의 난도 동학농민운동처럼 외세의 군사적 침략 기회를 주어 종국에는 자신도 망하고 국가도 망하게 될 것이라고 우려하면서, 그 대안으로 외교와 내치에 힘쓰라고 권고했다.[87]) 또한 그는 독립전쟁 노선은 대중요법에 불과하며 본질적 해결책은 교육의 진흥이라고 강조했다. 따라서 일본의 영향력에서 벗어나려면 '군사력 증강이나 외교나 계책만으로도 될 수 없다. 오직 학문 장려와 정신 교육에 힘써'야 한다고 주장했다.[88]) 그는 1908년 애국심 함양 없는 의병 봉기는 민족의 역량만 낭비할 뿐이기 때문에,

---

Investment Co.)를 설립했다(정병준, 앞의 책, 303-304, 338-341쪽).

83) 「동지회 합자회사 규칙」, 『雩南李承晚文書(東文篇)』第十二卷, 253-254쪽.

84) 『苞蛙伊 韓人 代表會 宣布文』(1924.11.22), 『雩南李承晚文書(東文篇)』第十二卷, 4, 246쪽.

85) 「정강」, 『苞蛙伊 韓人 代表會 宣布文』(1924.11.22), 『雩南李承晚文書(東文篇)』第十二卷, 246쪽.

86) 「진행방침」, 『苞蛙伊 韓人 代表會 宣布文』(1924.11.22), 『雩南李承晚文書(東文篇)』第十二卷, 246쪽.

87) 「전쟁의 원인」, 『청일전기』, 『雩南李承晚文書(東文篇)』第二卷, 245쪽.

88) 이승만, 『풀어쓴 독립정신』, 343쪽.

교육을 통해 민족정기를 고취하고 국제 정세가 우리에게 유리할 때 승패를 겨루어야 한다고 역설했다.[89] 그러면서 그는 의병운동의 한계로 준비의 부족, 통일된 조직의 부재, 외국 언론에 대한 선전의 부족 등을 제시했다.[90] 그는 의병 활동은 일본이 군사작전을 전개해 진압할 명분을 줄 뿐이라고 판단했다.[91] 그는 1913년 『한국교회핍박』에서 '105인사건'을 설명하면서 "전국 각 지역에서 많은 의병이 일어난다 해도 단련된 일본 군대를 통해, 규율도 없고, 전투 훈련도 안된 흥분된 의병들을 무찌르는 것은 수월한 것이다"[92]고 하여 독립 전쟁론을 부정적으로 인식했다. 한편 그는 이러한 생각을 한시로도 표현했다. 옥중에서 집필된 『체역집(替役集)』[93]의 「白虛의 八條詩를 和

---

[89] 이승만, 「在美 韓人 前途」, 『共立新報』(1908.3.4).

[90] 이승만, 「남을 대적하려면 내가 먼저 준비할 일」, 『共立新報』(1908.8.12).

[91] 이승만, 「일본이 개탄하는 일이 곧 우리의 행복 될 일이라」, 『共立新報』(1908.9.2).

[92] 이승만, 『한국교회핍박』, 77쪽.

[93] 『체역집(替役集)』은 이승만이 한성감옥에서 수감 중이던 1900년에 집필하기 시작하여 1903년에 탈고한 한시집으로, 1998년 연세대 현대한국학연구소에서 영인·출판한 『雩南李承晚文書(東文篇)』 제2권에 수록되어 있다(柳永益, 「李承晚著作 解題」, 『雩南李承晚文書(東文篇)』第一卷, 146-147쪽). 그런데 『체역집』에는 한성감옥 때 지은 것 뿐만 아니라 도동 서당 시절과 임정의 대통령으로 상해에 체류하던 시절에 지은 것까지 포함하여 총 151수가 실려 있다(『雩南李承晚文書(東文篇)』第一卷, 152쪽 ; 오영섭, 「이승만 대통령의 문인적 면모」, 유영익 편, 『이승만 대통령 재평가』, 454-455, 467쪽). 이로 미루어 출옥 후 미국에서 가필된 것으로 생각된다. 1961년 한학자 신호열(申鎬烈)이 『체역집』에 실린 한성감옥 시절의 한시 143수 중 100수와 『체역집』에 실린 상해 시절의 한시를 국한문으로 번역하여 동서출판사(東西出版社)에서 『체역집』(건·곤)이란 이름으로 출판했다. 그런데 이 『체역집』(건·곤)에는 영인본 『체역집』에는 없는 10수의 한시가 새롭게 번역·수록되었다. 『체역집』(건·곤)의 한글본은 1982년 도서출판 동성미술출판사(圖書出版 東成美術出版社)에서 『우남 이승만박사한시선집(雩南 李承晚博士漢詩選集)』이란 이름으로 출판되었다(『雩南李承晚文書(東文篇)』第一卷, 152쪽 ; 유영익, 『젊은 날의 이승만』, 210, 216쪽 ; 오영섭, 「이승만 대통령의 문인적 면모」, 454-455쪽). 이 책에서는 도서출판 동성미술출판사에서 간행된 『우남 이승만박사한시선집(雩南 李承晚博士漢詩選集)』(丁奎祥 編, 앞의 책)을 참고로 했다.
현존하는 이승만의 한시는 210여수인데, 『체역집』이외에 건국기 및 대통령 재임 시절 지은 한시 31수를 이은상(李殷相)이 번역하여 1959년 이승만(公報室)에서 『우남시선(雩南詩選)』이란 이름으로 출판했다. 그리고 대통령 재임시 지은 일부 한시와 휘호가

作함」라는 한시에서 그는 '오늘엔 교육이 가장 중요해. 양병은 전쟁을 막을
뿐이고'라고 주장했다.[94] 그는 1921년 「一九二一年 三一節에 상해에서 회
포를 기록함」라는 한시에서 '사람만 뭉친다면 천지도 도웁느니 병영도 불사
르고 군함도 깨뜨릴시'라고 밝혔다.[95]

민족 해방은 실력 양성론뿐만 아니라 독립 전쟁론 등의 제반 독립운동 노
선이 전방위적으로 융합되어 전개될 때 성취될 수 있다. 그러나 이승만의 실
력 양성론은 여타 독립운동 노선을 배타시하는 실력 양성 만능론의 성격에
가까운 것이었다. 그의 실력 양성 지상주의는 민족 해방 운동 전선의 단일 대
오 형성을 어렵게 만들어 민족 해방 운동의 구심력을 약화시키는 결과를 초
래했다.

이승만은 교육 목적을 첫째, 애국심을 고취하는 것이라고 했다. 옥중에서
그는 지식인의 책무는 입신양명의 추구가 아니라 민족의 교육을 위해 자신
을 희생하는 것이라고 촉구하면서,[96] 외국 유학으로 견문을 넓히면 애국심
은 자연스럽게 함양된다고 보았다.[97] 일제시기 그는 일제가 기독교계 학교
들을 핍박하는 이유도 이들 학교들이 민족 교육을 하기 때문이라고 역설했
다.[98] 해방 후 그는 엄혹한 일제 치하에서도 한국의 부모들이 애국심을 갖고
자녀들에게 한글과 한국어를 교육시켜 민족성을 보존시켰다고 치하했다.[99]

『우남이승만박사서집(雩南李承晚博士書集)』(도서출판 촛불, 1990)에 수록되어 있
다. 그밖에『경무대비화(景武臺秘話)』,『雩南李承晚傳』,『청년 이승만자서전』등에
약간의 시편(詩片)들이 흩어져 있다(『雩南李承晚文書(東文篇)』第一卷, 152쪽 ; 오영
섭,「이승만 대통령의 문인적 면모」, 455쪽).

[94] "圖治先在篤交隣 臨事當問達變人 憂國戒存孤立勢 導民務作自由身 法僞恐後無泥舊
從善爭前莫厭新 教育俊英今最急 養兵唯止壓邊塵"(丁奎祥 編,「和白虛八條詩」, 위의
책, 79쪽).

[95] "人和天地皆同力 營可燒除艦可沈"(丁奎祥 編,「一九二一年三一節 在上海述懷」, 위의
책, 257쪽).

[96] 「권고하는 글」,『청일전기』,『雩南李承晚文書(東文篇)』第二卷, 389쪽.

[97] 이승만,「이승만씨 편지」,『뎨국신문』(1904.12.24).

[98] 이승만,『한국교회핍박』, 154-160쪽.

[99] 金珖燮編,「어린이 날에 대하여」(단기 4282.5.1),『李大統領訓話錄』, 中央文化協會,

그는 1953년 해외 유학생들은 외국에서 과학 기술을 공부한 후 해외에서 정착하지 말고 귀국하여 조국의 부강과 번영을 위한 초석이 되어야 한다고 촉구했다.[100]

둘째, 서양의 학문과 기술을 배워 문명 부강국을 건설하는 것이라고 했다. 옥중에서 이승만은 한민족의 국민성은 '관대·인내·영리·민첩'하다고 규정한 후,[101] 서구 열강과 교류를 통해 우수한 학문과 기술을 배운다면 우리도 그들처럼 문명 부강국을 건설할 수 있다고 역설했다.[102] 따라서 우리도 서구 열강의 국민들이 하는 것을 할 수 있다는 자신감을 가지고 서구 열강을 따라잡기 위해 더욱 열심히 공부하고 일하자고 촉구했다.[103] 해방 후 이승만은 1911년 전국 순회 전도 여행(1911.5.16-6.21) 때 동행한 YMCA 미국인 총무 브로크만(Frank M. Brockman)이 벌거숭이 문맹 한국 소년을 질시하는 것을 보고 교육 활동을 통해 구습을 타파하고 문명 부강국이 되고자 하는 열망을 갖게 되었다고 회고했다.[104]

이승만은 교육 구국론의 구체적 방법론으로 학교 설립을 제시했다. 옥중에서 이승만은 가난한 일본이 부강해진 원인은 학교 설립과 학문 진흥에 있다고 하면서,[105] 도시나 농촌에서 자금을 거두어 학교를 세우라고 강조했다.[106] 또한 그는 개명 진보의 길은 학교를 설립하여 학문을 진흥시키는 것이라고 하면서, 학교 설립은 '한 나라의 근본이자 만 가지 일의 시초이기 때문에' 정부는 시급히 전국에 학교를 설립해야 한다고 역설했다.[107]

....
　　1950, 51-52쪽.
100) 「비망록」(1953.3.10), 『大韓民國史資料集』32, 1996, 44쪽.
101) 이승만, 『풀어쓴 독립정신』, 70쪽.
102) 이승만, 위의 책, 345쪽.
103) 이승만, 위의 책, 405쪽.
104) 金珖燮編, 「어린이 날에 대하여」(단기 4282.5.1), 50-51쪽.
105) 이명래 역, 「務興新學論」, 308쪽.
106) 이명래 역, 「務興新學論」, 310-311쪽.
107) 이명래 역, 「新譯戰記附錄」, 290-292쪽.

이처럼 이승만은 교육 구국론에 근거해 투옥 시절『옥중잡기(獄中雜記)』에서 조선의 자강책으로 "지금 우리가 그 화란을 입지 않으려고 한다면 교육과 학문의 두가지 큰 길 밖에는 없다. 자유로운 신교(新敎)로써 기왕에 속박당한 사상을 풀어버리고 활발하게 자강지심(自强之心)을 갖게 하며, 또한 다같이 하나님이 똑같이 사랑하는 자녀가 되어 맹세코 두 번 다시 남에게 절제를 받지 말아야함을 알게 해야 한다"고 하여 처음으로 기독교국가건설론의 방략으로 기독교교육론을 제시했다.[108]

이후에도 이승만은 지속적으로 기독교국가건설론의 방략으로 기독교교육론을 표명했다. 도미 독립유지외교 활동(1904.11.4-1905.8.7) 직전인 1904년 11월『신학월보』에 기고한 「상동청년회에 학교를 설치함」에서 "이 나라를 예수 그리스도의 나라를 만들기로 힘써 일들 하십시다. (중략) 이 일이 어찌하면 속하고 잘되게 하겠소. 우리가 전도하지요. 우리가 글짓지요. 우리가 학교 설치하지요"[109]라고 하여 기독교교육론을 제시했다. 또한 그는 1904년-1905년 도미 독립유지외교 활동 실패 때 김윤정의 배신을 들면서, '짐승 같은 저열상태에 빠져 있는' 한국인을 갱생시키는 길은 기독교 교육에 있다고 역설했다.[110] 그리고 그는 1910년 귀국 직전 언더우드(Horace G. Underwood)에게 보낸 편지에서 자신의 귀국 후 비전은 '가르치고, 전도하고, 저술하는 것', 곧 기독교교육론이라고 밝혔다.[111]

2) 언론·문서선교

---

108) 이명래 역, 「改新敎·新學問 勸奬論」, 326쪽.

109) 이승만, 「상동청년회에 학교를 설치함」, 『신학월보』(1904.11).

110) "Autobiography of Dr. Syngman Rhee", 『핏치 문서철』, p. 20. ; 이정식 역주, 앞의 글, 303쪽. 이 목적을 위해 1907년 6월 조지워싱턴대를 졸업하고 바로 귀국하려 했으나, 일제에 의해 체포 투옥될 수 있다는 아버지의 권고로 포기했다("Autobiography of Dr. Syngman Rhee", 『핏치 문서철』, p. 20.).

111) (Syngman Rhee)〉Horace G. Underwood, 1910.4.19), *The Syngman Rhee correspondence in English*: 1904-1948, Volume1, p. 1.

이승만은 일찍부터 언론의 위상을 인식하고 신문을 민중계몽운동에 적극 활용했다. 그는 이미 배재학당과 독립협회(1896.7.2-1898.12.25) 활동 시기부터 활발하게 언론 활동을 했다. 그는 배재학당 시절(1895.2.1-1897.7.8) 1896년 5월부터 시작한 서재필의 강연으로 미국의 민주주의와 국회제도 등을 알게 되면서 조선의 전제 정치에 대한 불만을 느끼게 되었다고 했다.[112] 배재학당 학생 13명으로 조직된 협성회는 1896년 11월 30일 창립부터 1898년 6월 25일까지 총 48회의 정기 토론회를 개최했는데,[113] 이 토론회를 통해 이승만은 '충군애국의 여론을 형성하고 민중을 계몽'했다.[114] 협성회는 서재필이 1896년 4월 7일 창간한 『독립신문』을 통해 신문의 영향력을 간파하고, 1898년 1월 1일 『협성회회보』를 주간으로 창간했다. 협성회의 창립 회원이며 초대 서기였던 이승만은 그 회보 창간의 주역이 되었고, 논설위원(혹은 주필) 자격으로 기사를 쓰고 편집을 했다.[115] 이승만은 『협성회회보』를 통해 민권 정치와 국가의 독립 보전을 역설했다.[116]

1898년 4월 9일 『협성회회보』는 한국 최초의 일간지인 『매일신문』으로 바뀌어 창간되었는데,[117] 이승만은 『매일신문』의 사장 겸 저술인(기재원)으로 활동했다.[118] 『매일신문』은 국문(國文)만을 사용했는데, 그것은 갑신정변의 실패를 교훈 삼아 민중을 계몽하기 위해서였다.[119] 『매일신문』의 저

---

112) 徐廷柱, 앞의 책, 126-132쪽 ; 유영익, 『젊은 날의 이승만』, 7쪽 ; 이승만, 「리승만박사의 경력담」, 『新韓民報』(1919.9.20).

113) 高珽烋, 앞의 논문, 14쪽.

114) 장규식, 앞의 책, 65쪽.

115) "Autobiography of Dr. Syngman Rhee", 『핏치 문서철』, p. 6. ; 李承晚, 「튼튼한 磐石 우에」, 『綠十字』[通卷 1號(第 1卷 1號)](1946.1), 綠十字社 文化部 ; 徐廷柱, 앞의 책, 133-134쪽 ; 高珽烋, 앞의 논문, 17-18쪽 ; 서정민, 앞의 논문, 6쪽.

116) 徐廷柱, 위의 책, 133-134쪽.

117) "Autobiography of Dr. Syngman Rhee", 『핏치 문서철』, p. 6. ; 정진석, 「언론인 이승만의 말과 글」, 38쪽.

118) 李承晚, 「튼튼한 磐石 우에」, 『綠十字』[通卷 1號(第 1卷 1號)](1946.1), 綠十字社 文化部 ; 高珽烋, 앞의 논문, 14쪽 ; 서정민, 앞의 논문, 7쪽.

119) 徐廷柱, 앞의 책, 136-137쪽.

술인으로서 이승만은 '긴 세월을 두고 헌신적으로 노력을 기울여 온 사회를 개혁하려는 것과 이를 위하여 대중을 깨우고 채찍질하는 일을 시작하였으며',[120] "어찌하면 부강의 근원이며 남의 나라는 무슨 도리로 문명개화에 나아가는고, 서로 물으매 서로 모르니 이는 백성이 어두운 까닭이라, 그 어두움을 열어주자면 신문에 지나는 것이 없는 지라"[121]고 하여 신문 활용을 통한 민중계몽운동으로 문명 부강국을 건설하자고 촉구했다.

이승만은 1898년 8월 10일 또 다른 일간 신문이자 한국 최초의 여성 대상 신문이라 일컫는『뎨국신문』을 창간했다.[122] 그는 한성감옥 투옥 중에도『뎨국신문』논설을 2년 2개월 동안(1901.2월-1903.4월)이나 썼다.[123] 이 논설은 그의 옥중 저서인『독립정신』의 기초가 되었다.[124]

이승만은 투옥 시절에도 신문이 갖는 파급력을 인식하고 민중계몽운동에 이용하려고 했다. 그는 1901년『뎨국신문』「개명의 척도는 신문 발전 여하에」에서 "백성이 개명되고 못되는 것은 그 나라에 서책이 많고 적은 것과 신문이 잘되고 못되는 것을 보아야 가히 알지라"[125]고 하여 문명 개화의 척도로 신문의 활성화를 제시하여 신문의 중요성을 강조했다. 또한 그는『옥중잡기(獄中雜記)』「큰 신문사의 설립을 청원함(請設大報館)」에서 "속히 큰 신문사를 설립하여 관민(官民)과 사서(士庶)로 하여금 번연(幡然)히 각성하게 해야 합니다"[126]고 하여 신문의 전파력을 통찰하고 신문을 민중계몽운동에 적극 이용하자고 강조했다. 그리고 그는『독립정신』에서 "프랑스 지식인들은 처벌을 각오하고, 미국의 새로운 정치제도를 논의하는 글을 신문에 발

120) Robert T. Oliver, op. cit., p. 20.
121) 이승만, 「신문의 세 가지 목적」, 『매일신문』(1898.4.12).
122) 서정민, 앞의 논문, 7쪽 ; 정진석, 「언론인 이승만의 말과 글」, 44쪽.
123) 서정민, 위의 논문, 21쪽 ; 최기영, 「『제국신문』의 간행과 하층민 계몽」, 『大韓帝國期 新聞研究』, 一潮閣, 1991, 39, 42쪽.
124) 高珽烋, 앞의 논문, 57쪽 ; 서정민, 위의 논문, 21쪽.
125) 이승만, 「개명의 척도는 신문 발전 여하에」, 『뎨국신문』(1901.6.1).
126) 이명래 역, 「請設大報館」, 『젊은 날의 이승만』, 연세대 출판부, 2003, 299쪽.

표하여 많은 사람들에게 이를 알렸다"[127]고 하면서 언론인의 책무는 민중 계몽이라고 밝혔다. 한편 그는 1908년『共立新報』에서 의병운동에 대해 '일조에 몇 백 명의 목숨이 없어지고도 외국 신문에 나는 것을 보면 일본 병사가 한국 난민 몇을 살해하고 지방 소동을 평정하며 안정 질서를 회복했다 할 뿐'[128]이라고 하여 언론의 영향력을 간파했다.

이처럼 이승만은 배재학당과 독립협회 그리고 투옥 시절을 거치면서 언론이 갖는 중요성을 인식하고 언론 계몽 운동에 주력했다. 이러한 경험에 기초해 그는 도미 독립유지외교 활동 직전인 1904년 11월『신학월보』에 기고한 「상동청년회에 학교를 설치함」에서 "이 나라를 예수 그리스도의 나라를 만들기로 힘써 일들 하십시다. (중략) 이 일이 어찌하면 속하고 잘되게 하겠소. 우리가 전도하지요. 우리가 글짓지요. 우리가 학교 설치하지요"[129]라고 하여 비로소 기독교국가건설론의 방략으로 언론·문서 선교를 주장했다. 또한 그는 1910년 귀국 직전 언더우드(Horace G. Underwood)에게 보낸 편지에서 자신의 귀국 후 비전은 문서 선교라고 피력했다.[130]

3) 기독교계활용론

이승만이 구상한 기독교국가의 건설은 일제의 식민지인 현실에서는 실현 불가능했다. 따라서 그는 독립운동을 전개했는데, 그에게 한국의 독립은 곧 기독교국가를 건설할 수 있는 토대를 마련하는 일이었다. 그는 독립운동의 노선으로 외교 독립을 주장했는데, 외교 독립 노선의 핵심은 기독교계활용론이라 할 수 있다.

이승만은 도미 독립유지외교 활동 시절과 유학 시절을 거치면서 기독교국

───────────────

127) 이승만,『풀어쓴 독립정신』, 153쪽.
128) 이승만, 「남을 대적하려면 내가 먼저 준비할 일」,『共立新報』(1908.8.12).
129) 이승만, 「상동청년회에 학교를 설치함」,『신학월보』(1904.11).
130) (Syngman Rhee)〉Horace G. Underwood, 1910.4.19), *The Syngman Rhee correspondence in English*: 1904-1948, Volume1, p. 1.

가건설론의 방략으로 기독교계활용론을 제시했다.[131] 기독교계활용론은 미국 기독교계를 활용해 일반 미국인과 언론의 친한 여론을 조성한 후, 이를 통해 미국 정부와 의회의 친일적 대한 정책을 변경시켜 한국의 독립을 승인 받으려는 것이었다.[132]

이승만이 이러한 시각을 갖게 된 이유는 일제의 한국에 대한 왜곡 선전 때문이었다. 한말부터 일제는 한국인은 자치 능력이 없으며 한국은 지정학적으로 강대국에 포위된 약소국이기에 자주적으로 독립 국가를 유지할 수 없다는 왜곡된 선전을 지속했다. 이승만은 이러한 일제의 악의적 선전이 서구 열강에게 막강한 영향력을 끼친다는 사실에 주목했다. 따라서 자신의 일생은 왜곡된 한국의 이미지를 교정하는 데 전력을 다한 투쟁의 삶이었다고 밝혔다.[133]

때문에 이승만은 미국 기독교계를 매개로 미국에서 친한 여론을 조성하는 것이 무엇보다도 중요하다고 판단했다. 그는 도미 독립유지외교 활동 시 대

---

131) "Autobiography of Dr. Syngman Rhee",『핏치 문서철』, pp. 20-21. ; 이정식 역주, 앞의 글, 304-307쪽 ; 曺惠子,「'人間리승만'의 새傳記」4월호, 362쪽.

132) 이승만의 기독교계활용론의 대상은 이상적으로는 세계 기독교계였지만, 현실적으로는 도미 이전 그가 교류한 선교사들의 출신지와 도미 이후 그의 활동 무대가 주로 미국이었기 때문에 자연스럽게 미국 기독교계가 될 수밖에 없었다. 따라서 이 책에서는 기독교계활용론의 대상을 미국 기독교계로 한정했다.

133)「이승만이 Franklin D. Roosevelt에게 보낸 서한」(1943.5.15),『대한민국임시정부자료집』43, 2007, 478-479쪽 ; (Syngman Rhee》Robert T. Oliver, 1945.4.9), *The Syngman Rhee correspondence in English*: 1904-1948, Volume1, p. 534. ; (Syngman Rhee》Robert T. Oliver, undated), *The Syngman Rhee correspondence in English*: 1904-1948, Volume1, p. 608. ; 李承晩,「三千萬 同胞에게 告함」,『건국과 이상』, 11쪽 ; 李承晩,「일헛든 江山을 찾자」,『건국과 이상』, 36쪽 ; 이승만,「평생에 기쁜 소식」(단기 4282.1.4), 12쪽 ;「李承晩이 張勉·Robert T. Oliver에게 보낸 비망록」(1949.1.13),『大韓民國史資料集』29, 1996, 10쪽 ;「비망록」(1951.1.11),『大韓民國史資料集』30, 1996, 18쪽 ;「비망록」(1951.7.16),『大韓民國史資料集』30, 1996, 326쪽 ;「李承晩이 梁裕燦에게 보낸 비망록」(1951.8.3),『大韓民國史資料集』30, 1996, 334쪽 ;「李承晩이 Robert T. Oliver에게 보낸 비망록」(1953.3.?),『大韓民國史資料集』32, 1996, 111쪽.

미 선전 활동 및 여론호소 활동에는 조선의 독립에 동정적인 미국 '교회가 가장 적합한 장소'라고 판단했다.134) 그는 전명운·장인환 의거(1908.3.23)와 안중근 의거(1909.10.26)로 대미 여론이 악화되어 자신도 친구들과 교수들과의 관계가 어려워지면서 여론의 중요성을 자각했다.135) 한편 1913년 9월 28일 하와이의 2대 영자 신문의 하나인『The Pacific Commercial Advertiser』는 제1면 전체를 할애하여 이승만의 생애와 업적을 자세히 다루었는데,136) 이를 통해 그는 언론의 중요성을 재차 확신했을 것일 것이다. 또한 1919년 4월 필라델피아 한인자유대회에서 서재필은 한국의 독립이라는 대의명분을 미국인들에게 인식시키는 것이 최선의 방법이라고 주장했으며,137) 딘(James J. Dean) 신부는 한국의 독립은 대미 여론선전 활동으로 성취될 수 있다고 하면서 다소 시간이 걸리겠지만 여론의 힘을 믿으라고 권고했다.138) 이승만의 이러한 판단은 한국과 미국 기독교계가 기독교를 매개로 외교 독립운동을 전개하는 것을 일제가 두려워한다는 점에서 비롯되었다. 그는 일제가 한국에 기독교 전파를 기피하는 이유는 기독교를 통해 한국과 서양 각국이 '교회상 친밀한 관계'를 형성하며,139) 선교사들이 한국과 서양 각국 간의 외교 활동에서 가장 믿을 만한 중개자이며, 통로 기능을 하기 때문이라고 파악했다.140) 따라서 그는 일제가 '105인사건'을 일으킨 목적도 한국과 서양 각국의 외교 관계를 단절시켜 한국을 고립시키려는 데 있다고 보았다.141)

134) 曺惠子,「'人間리승만'의 새傳記」4월호, 362쪽.
135) "Autobiography of Dr. Syngman Rhee",『핏치 문서철』, pp. 20-21. ; 이정식 역주, 앞의 글, 304-307쪽.
136) 최영호,「이승만의 하와이에서의 초기 활동 - 초기(1919-1922)의 조직과 내부갈등에 관한 재조명-」, 유영익 편,『이승만 연구 - 독립운동과 대한민국 건국-』, 연세대학교 출판부, 2003, 71-72쪽.
137) 元聖玉 옮김, 제1일 오전회의(1919.4.14), 117-120쪽.
138) 元聖玉 옮김,「James J. Dean 신부의 연설」제2일 오전회의(1919.4.15), 151-154쪽.
139) 이승만,「일본이 개탄하는 일이 곧 우리의 행복 될 일이라」,『共立新報』(1908.9.12).
140) 이승만,『한국교회핍박』, 77-78, 117쪽.
141) 이승만, 위의 책, 115쪽.

그는 실제로 '105인사건' 이전에는 미국인들이 일제의 선전을 신뢰하였으나, 이 사건의 실상이 주한 선교사들을 통해 미국에 알려진 이후에는 일제의 한국에 대한 일방적 선전을 불신하게 되었다고 밝혔다.[142]

한편 이승만의 기독교계활용론은 미국인들이 정의·동정심·자유·인간애·평등·인권 등의 성품을 소유하고 있으며, 그들의 이러한 특성은 기독교 사상과 미국 독립전쟁의 정신에서 기원했다는 분석에 근거했다. 이러한 인식은 제2장 1절에서 살펴본 것처럼 1904년 11월 4일 도미 이전 미국 선교사들의 인격을 신뢰하면서 형성되기 시작하여, 도미 후 독립유지외교 활동 때와 유학 시절 직간접적으로 기독교도 미국인들의 후원을 경험하면서 신념화되었다. 이러한 경험에 기초해 이승만은 1913년 『한국교회핍박』단계에서 처음으로 기독교 정신에 기반한 정의와 동정심이 미국인의 국민성이라고 천명했다.[143]

이러한 관점을 이승만은 일제시기에도 지속적으로 표명했다. 그는 1919년 3월 11일 미국무부 국무장관 대리에게 보낸 전문에서 인간애에 의거해 3·1운동으로 인한 일제의 탄압을 막아달라고 청원했다.[144] 그는 1919년 3월 19일 뉴욕에 있는 장로교 외국전도위원회 간사인 브라운(Arthur J. Brown)에게 보낸 편지에서 미국인의 성격을 자유, 정의, 동정심이라고 표현했다.[145] 그는 1919년 4월 윌리암스(Jay Jerome Williams)에게 보낸 전문에서 '인간애의 보호자인 미국인들'이 3·1운동으로 잔혹한 탄압을 받고 있는 한국인들을 도와달라고 호소했다.[146] 그는 1919년 4월 개최된 필라델피아 한

----

142) 이승만, 위의 책, 76-82쪽.

143) 이승만, 위의 책, 121쪽.

144) (Syngman Rhee, Henry Chung)〉Acting Secretary of State, U.S., 1919.3.11), *The Syngman Rhee Telegrams*, Volume I, p. 29.

145) (Syngman Rhee)〉Arthur J. Brown, 1919.3.19), *The Syngman Rhee correspondence in English*: 1904-1948, Volume1, p. 82.

146) (Syngman Rhee)〉Jay Jerome Williams, 1919.4.12), *The Syngman Rhee Telegrams*, Volume I, p. 100.

인자유대회에서 미국인들은 '진정한 자유와 국제 정의의 실현을 위한 선구자적 사도'라고 규정했다.[147] 그는 1919년 7월 14일 상해의 임시의정원 의원들에게 '대한공화국 대통령(President of the Republic of Korea)' 명의로 보낸 보고서에서 '미국 국민들이 관대하며 자유를 애호하는 선의를 가지고 있다고 믿기 때문에' 그들의 친한 여론을 조성하여 이를 통해 미국 정부의 대한 정책을 변경시키는 것이 필요하다고 역설했다.[148] 1922년 워싱턴회의가 성과 없이 끝났지만, 그는 독립운동의 지름길은 '진정한 자유와 인간의 존귀함을 아는' 미국인의 지원을 받는 데 있다는 사실을 재차 확인하게 되었다고 밝혔다.[149] 그는 1941년 『일본군국주의실상』에서 미국인의 사상을 정의·자유·평등·인간애라고 규정하고, 기독교인들의 사상도 이와 같다고 밝혔다.[150] 그는 1942년 2월 대한인자유대회에서 미국인은 자유를 진정으로 신뢰하는 사람들이라고 격찬했다.[151] 그는 1943년 헐(Cordell Hull) 국무장관과의 알력으로 국무성을 사직한 윌레스(Sumner Welles)가 신문에 기고한 평론을 읽으면서 미국인의 특질을 '정의감과 동정감'이라고 언급했다.[152]

....

147) 元聖玉 옮김, 「미국인에게 호소함」 제1일 오후회의(1919.4.14), 120, 140-142쪽.

148) (Syngman Rhee)〉Members of Korean National Council, 1919.7.14), *The Syngman Rhee correspondence in English*: 1904-1948, Volume1, p. 164.

149) 曹惠子, 「人間리승만'의 새傳記」 12월호, 278쪽.

150) 이승만 지음 · 李鍾益 옮김, 앞의 책, 232쪽.

151) 「대한인자유대회 회의록」(1942.2.27-3.1), 『대한민국임시정부자료집』20, 2007, 11쪽. 1941년 6월 3일 임정이 승인한 주미외교위원부(Korean Commission)는 미주에서 임정승인외교 활동 및 군사지원청원외교 활동, 선전 활동, 여론호소 활동을 했던 임정의 대표적 외교 기관이었다. 이승만은 1941년 6월 6일 주미외교위원부 위원장에 임명된 후부터 본격적으로 대미 교섭에 나섰다. 주미외교위원부의 가장 큰 선전 활동은 워싱턴 D.C. 라파예트(Lafayette)호텔에서 3일간 개최한 대한인자유대회(Korean Liberty Convention, 1942.2.27-3.1)였다. 이 대회는 주미외교위원부, 재미한족연합위원회, 한미협회가 주최했다. 한미협회와 한국기독친우회의 회원들이 대거 등장한 대한인자유대회는 1919년 필라델피아의 한인자유대회를 본 뜬 것으로, 미국의 유력 인사들과 한국인들이 한국의 독립과 임정 승인을 촉구하는 연설을 하는 일종의 대중 집회이자 선전 대회였다(정병준, 앞의 책, 227쪽, 「해제」, 『대한민국임시정부자료집』 20, 2007, iii-vi쪽).

해방 이후에도 이승만은 미국인의 국민성이 정의와 동정심에 바탕을 두고 있다는 신념을 일관되게 표시했다. 그는 1945년 트루만(Harry S. Truman)에게 보낸 편지에서 미국인들이 정의감과 공정심을 가지고 있다는 불변의 믿음을 갖고 있다고 밝혔다.[153] 그는 1951년 '공정하고 정의를 사랑하는 미국인들'처럼 일본도 재일 동포들의 차별을 철폐하고 재산권을 보장하라고 역설했다.[154] 그는 1952년 '평화를 사랑하는' 미국인들의 여론에 호소하여 무기 원조를 얻자고 주장했다.[155] 그는 1955년 미국인의 동정심이 미국의 힘이라고 하면서 한국전쟁 후 미국의 대한 경제 원조는 이러한 동정심의 발로였다고 파악했다.[156] 한편 올리버에 따르면, 이승만은 미국인들은 '소박한 우정과 오직 정의만을 인간 문제 척도의 유일한 기준으로 생각'하며, 미국 역사는 '자유를 얻고자 싸우는 사람들에게 원조와 격려를 주기 위한' 헌신의 여정이었다고 주장했다.[157]

또한 이승만의 기독교계활용론은 미국이 일반 미국인의 여론에 의해 움직이는 나라라는 확신에 근거했다. 그는 1919년 7월 14일 상해의 임시의정원 의원들에게 '대한공화국 대통령(President of the Republic of Korea)' 명의로 보낸 보고서에서 "이 자유로운 독립국가[미국]는 여론과 동정에 의해 지배받는 나라이며 미국 정부는 국민들의 의사에 따라 행동합니다. 따라서 미국 국민들에게 한국의 역사와 현실을 잘 알리는 것이 중요하다"고 밝혔다.[158]

이러한 인식 하에 미국 기독교계를 활용한 대미 선전 활동 및 여론호소 활

---

152) Robert T. Oliver, op. cit., pp. 190-191.

153) (Syngman Rhee)〉Harry S. Truman, 1945.7.18), *The Syngman Rhee correspondence in English*: 1904-1948, Volume1, p. 544.

154) 「李承晩이 梁裕燦에게 보낸 비망록」(1951.8.3), 『大韓民國史資料集』30, 1996, 333쪽.

155) 「李承晩이 梁裕燦에게 보낸 비망록」(1952.8.14), 『大韓民國史資料集』31, 1996, 299-300쪽.

156) 「연설문」(1955.2.24), 『大韓民國史資料集』34, 1996, 118쪽.

157) Robert T. Oliver, op. cit., p. 158.

158) (Syngman Rhee)〉Members of Korean National Council, 1919.7.14), *The Syngman Rhee correspondence in English*: 1904-1948, Volume1, p. 164.

동에서 이승만이 사용한 논리는 다섯 가지로 요약된다. 먼저 그는 한국을 기독교적 가치가 투영된 기독교국가로 만들겠다는 논리를 폈다. 그는 1919년 4월 8일 '대한공화국 임시정부 국무경' 자격으로 미국의 연합통신(AP) 기자와 회견하는 자리에서 "한국으로 동양의 처음 되난 예수교국으로 건설하겟노라"고 천명했다.159) 그는 1919년 4월 10일 필라델피아에 거주하는 쿡(Elliot D. Cook)에게 보낸 편지에서 "수천 명의 우리들과 우리의 친구들이 한국이 기독교국가가 되기를 기도하고 있다고 하면서 이들의 기도에 동참해 달라"고 간청했다.160) 1919년 10월 14일자 뉴져지 州 공보『The State Gazette』에 의하면, 트랜튼(Trenton) 집회에서 이승만은 "한국은 민주주의 정부를 추구하는 나라이며 국민들은 대부분 기독교인으로서 미국이 표방하는 원칙을 지지한다"고 선언했다.161) 그는 1919년 6월 27일 '대한민국 대통령' 명의로 폴크(Frank Lyon Polk) 미 국무장관 대리 앞으로 발송한 공문에서 "우리의 신념과 우리의 교육, 그리고 우리가 받은 훈련은 모두 미국 국민 및 미국의 정부 형태와 결이 같다"고 하여 한국은 미국과 같은 기독교와 민주주의 국가를 지향한다고 역설했다.162) 그는 1942년 12월 5일 중국 외교부 차관 후시처(胡世澤)에게 보낸 서한에서 한국은 '동양에서 기독교의 유일한 보루'라고 밝혔다.163) 이는 미국 기독교계의 관심이 한국을 기독교국가로 만들려는 데 있음을 간파하고 미국 기독교계의 동정과 지원을 받으려는 이승만의 계획된 발언이었다.

미국 기독교계의 관심이 어디에 있었는지는 다음과 같은 사례를 통해 단적으로 드러난다. 우선 쿡(Elliot D. Cook)은 1919년 4월 8일 이승만에게 보

159) 「우리나라 예수교국으로 만드러」,『新韓民報』(1919.4.8).

160) (Syngman Rhee)〉Elliot D. Cook, 1919.4.10), The Syngman Rhee correspondence in English: 1904-1948, Volume1, p. 104.

161) Korea Review, Ⅰ-9(1919.10), "Dr. Rhee's Speaking Tour", p. 9.

162) (Syngman Rhee)〉Frank Lyon Polk, 1919.6.27), The Syngman Rhee correspondence in English: 1904-1948, Volume1, p. 147.

163) Robert T. Oliver, op. cit., pp. 186-187.

낸 편지'에서 대한공화국 임시정부 국무경'이 된 사실을 언론 보도를 통해 알게 되었다고 축하의 말을 전하면서, 장차 수립될 한국의 임시정부는 기독교 정신에 따라 다스려져야 한다고 주장했다. 왜냐하면 역사의 주관자는 하나님이라는 사실을 역사가 증명해 왔기 때문이라고 했다. 쿡(Elliot D. Cook)은 『성경』의 「잠언」14장 34절[164]을 인용하면서 현실 세계에서는 일본의 강대함 때문에 하나님의 주권이 개입하지 않는 것처럼 보이지만, 이것은 지속될 수 없으며 일본은 필연적으로 패망할 것이라고 단언했다. 따라서 이승만이 건설할 "한국의 법과 원리는 나라를 영화롭게 하는 정의의 위대한 법으로 다스려져야 한다"고 밝혔다.[165] 그리고 한국기독친우회 회장 더글라스(Paul F. Douglass)는 1943년 2월 9일 교우회 교인들에게 보낸 서신에서 한국은 동북아 기독교 선교의 전초 기지로써 지정학적 중요성을 갖고 있다고 다음과 같이 밝혔다.

> 현재 한국의 기독교는 일본의 침략에 의해 해산된 상태입니다. 모든 기독교 선교사들은 2,300만의 이 위대한 국가를 이제 강제적으로 떠나게 되었습니다. 만일 기독교가 동방의 이 지역에서 살아남고자 한다면, 지금 즉시 한국에 자유가 주어져야 합니다. (중략) 동양에서 기독교의 발전을 위해서는 한국이 일제의 강점에서 벗어나야 합니다. 또한 한국은 미국 여론의 즉각적인 지지를 필요로 합니다. 현재 여러분들은 바로 도움을 줄 수 있습니다. 귀하께서 상원의원과 하원의원에게 서한을 보내는 것에 대해서 어떻습니까? 동양에 있는 기독교를 위해서 대한민국임시정부의 정식 승인에 대한 시도와 계획이 어떠한가에 대해서 상·하 의원들에게 요구하시지 않겠습니까? 이 편지문에 대해 귀하께서 서명을 해주시고, 사본은 우편을 통해 우리 사무실로 송달해주십시오.[166]

---

164) "의는 나라를 영화롭게 하고 죄는 백성을 욕되게 하느니라"(『아가페 큰글성경』, 1993, 925쪽).
165) (Elliot D. Cook)〉Syngman Rhee, 1919.4.8), *The Syngman Rhee correspondence in English*: 1904-1948, Volume2, pp. 222-223.

둘째, 이승만은 한국 기독교가 비약적으로 성장하고 있다는 논리를 제시했다. 그는 조지워싱턴대 재학 시절(1905.2월-1907.6월) YMCA가 주최한 모임에서 한국의 선교 사업과 한국의 점진적인 진보 상태를 언급하여 미국 기독교계에게 감사를 표시한 후, 한국의 독립을 호소했다.[167] 1919년 6월 6일 한국친우회 회장 톰킨스(Floyd W. Tomkins) 목사와 부회장 오벌린대의 밀러(Hebert A. Miller) 교수가 참석한 가운데, 이승만이 워싱턴의 메소닉 템플(Masonic Temple)에서 개최한 '대한자유공동대회'에서는[168] 지난 20년 동안 미국 선교사들이 한국에서 이룬 눈부신 선교 사업의 성과를 언급하면서 한국에서 자행되고 있는 일제의 '반기독교적이며 비인간적이고 전제적이며 잔혹한 압제적 상황'에 대한 관심을 촉구하는 결의안을 채택했다.[169] 1919년 10월 14일자 뉴져지 州 공보『*The State Gazette*』에 의하면, 트랜튼(Trenton) 집회에서 이승만은 "한국은 대체로 기독교적인데 현재 기독교화가 전보다 더 급속히 진행되고 있다. 한국에는 7천여 명의 안수받은 목사들과 수천 개의 교회가 있다"고 밝혔다.[170] 이러한 이승만의 발언은 한국을 세계 기독교 선교의 성공적 모델로 삼으려는 미국 기독교계의 의도를 파악하고 미국 기독교계의 관심과 지원을 받으려는 의도된 발언이었다.

셋째, 이승만은 '천황'과 신도(神道)를 숭배하는 일제의 군국주의 국민과 기독교를 믿는 미국의 민주주의 국민은 상극의 관계라는 논리를 제시했다.[171] 1919년 10월 14일자 뉴져지 州 공보『*The State Gazette*』에 의하면, 트랜튼(Trenton) 집회에서 이승만은 "일본의 전제 정권은 '천황'의 신성을 믿는다. '천황'이 전쟁과 평화를 결정한다. 일본 헌법은 '천황'에게 대권을 부

---

166) 「한국기독친우회가 임시정부 승인을 권유하는 서신」(1943.2.9),『대한민국임시정부 자료집』20, 2007, 340쪽.
167) 徐廷柱, 앞의 책, 191쪽.
168) 「리승만 박사의 쥬최로 공동대회를 열어」,『新韓民報』(1919.6.14).
169) *Korea Review*, Ⅰ-5(1919.7), "ADDRESS OF WASHINGTON MEETING", pp. 11-15.
170) *Korea Review*, Ⅰ-9(1919.10), "Dr. Rhee's Speaking Tour", p. 9.
171) 유영익,『이승만과 대한민국임시정부』, 45-46쪽.

여하고 있다. 일본은 미국의 지도 이념인 민주주의에 완전히 배치되는 원칙을 따르는 나라이다"고 주장했다.[172] 또한 그는 1941년『일본군국주의실상』에서 일제의 '천황'과 신도 숭배는 본질적으로 '사악과 부정'한 것이며, 힘을 통한 자유의 억압이기 때문에 민주주의 정신과는 결코 양립할 수 없다고 보았다.[173] 반면 그는 1941년『일본군국주의실상』에서 미국을 기독교 사상에 기반한 자유와 평등을 지향하는 민주주의 국가라고 규정했다. 즉 그는 양국 국민성의 적대성은 본질적으로 군국주의를 지향하는 '천황' 숭배·신도와 민주주의를 지향하는 기독교라는 종교의 차이에서 기원하였기 때문에 융화 불가능한 관계라고 분석했다. 이러한 환경과 교육을 받은 일본인들은 군국주의자가 되어 민주주의에 적대적일 수밖에 없다고 보았다.[174] 이런 맥락에서 그는 민주주의에 대한 반대는 곧 미국에 대한 도전이기에 민주주의 국가의 리더로서 미국은 일본과 대적해야 하는 책무가 있다고 강조했다.[175] 특히 그는 미일전쟁을 '선악의 대 쟁투',[176] 즉 기독교적 선과 악의 싸움으로 규정하여 미국 기독교계의 주목을 받고자 했다.

넷째, 이승만은 미국인 선교사와 한국 교회와 한국 기독교도들에 대한 일제의 탄압 사례를 제시했다. 먼저 일제의 미국인 선교사 탄압 사례를 살펴보면, 이승만은 서양 각국은 그동안 자국민의 안전과 재산 문제가 아니면 관심을 갖지 않았는데,[177] '105인사건'으로 주한 선교사들의 자유가 위태롭게 되자 비상한 관심을 보인다는 점에 주목했다.[178] 그는 1919년 3월 뉴욕에 있는 장로교 외국전도위원회 브라운(Arthur J. Brown) 간사에게 보낸 편지에서 3·1운동은 정의와 자유를 위한 투쟁이라고 하면서 미국 선교사들이 모욕과

172) *Korea Review*, I -9(1919.10), "Dr. Rhee's Speaking Tour", p. 9.
173) 이승만 지음·李鍾益 옮김, 앞의 책, 100쪽.
174) 이승만 지음·李鍾益 옮김, 위의 책, 43-44쪽.
175) 이승만 지음·李鍾益 옮김, 위의 책, 232쪽.
176) 이승만 지음·李鍾益 옮김, 위의 책, 47쪽.
177) 이승만,『한국교회핍박』, 46쪽.
178) 이승만, 위의 책, 63쪽.

학대를 받고 있다고 언급했다.[179] 그는 1919년 필라델피아 한인자유대회에
서 재한 미국인 선교사들의 생명과 재산을 지키기 위해서라도 한국의 독립
을 지원해야 한다고 주장했다.[180] 그는 1941년『일본군국주의실상』에서 일
제가 주한 선교사들을 탄압하고 있는 대표적 실례로,[181] 미국인 선교사 마우
리(Ely M. Mowry)와 영국인 선교사 토마스(John Thomas)에 대한 탄압을
제시했다.[182] 1942년 2월 대한인자유대회에서 이승만은 3·1운동 이후 일
제가 주한 미국 선교사들의 재산을 몰수하고 선교 사업을 중지시킨 사실을
환기시켰다.[183]

　　그리고 일제의 한국 교회와 한국 기독교도들에 대한 탄압을 살펴보면, 이
승만은 1913년『한국교회핍박』에서 '105인사건'을 빌미로 한 기독교도 억
압, 불교·동학·일본조합교회에 대한 지원 강화로 간접적 기독교 억압, 한
국YMCA에 대한 회유와 방해 등을 대표적 사례로 들었다.[184] 이승만은 1918
년과 1919년 윌슨에게 보낸 편지에서 일제가 학교에서 기독교 교육을 금지
하고 기독교 예배를 감시하고 교회를 차별하고 있다고 주장했다.[185] 그는
1919년 3월 11일 미국무부 국무장관 대리에게 보낸 전문에서 "3·1운동에 3
천 개의 기독교회를 포함한 3백만 명의 한국인이 참여했다"고 하면서 인간
애에 의거해 일제의 탄압을 막아달라고 청원했다.[186] 그는 1919년 3월 14일

....

179) (Syngman Rhee)〉Arthur J. Brown, 1919.3.19), *The Syngman Rhee correspondence
in English*: 1904-1948, Volume1, p. 82.

180) 元聖玉 옮김, 「미국인에게 호소함」제1일 오후회의(1919.4.14), 120, 140-142쪽.

181) 이승만 지음·李鍾益 옮김, 앞의 책, 99-109쪽.

182) 이승만 지음·李鍾益 옮김, 위의 책, 117-121쪽.

183) 「대한인자유대회 회의록」(1942.2.27-3.1),『대한민국임시정부자료집』20, 2007, 75쪽.

184) 이승만,『한국교회핍박』, 73-78, 85-87, 201-205쪽.

185) (Syngman Rhee)〉Woodrow Wilson, 1918.11.25), *The Syngman Rhee correspondence
in English*: 1904-1948, Volume1, pp. 56-57. ; (Syngman Rhee)〉Woodrow Wilson,
1919.2.25), *The Syngman Rhee correspondence in English*: 1904-1948, Volume1,
pp. 64-65.

186) (Syngman Rhee, Henry Chung)〉Acting Secretary of State, U.S., 1919.3.11), *The
Syngman Rhee Telegrams*, Volume Ⅰ, p. 29.

모트(John R. Mott)에게 보낸 편지에서 한국에서 일어난 3·1운동의 참상을 전하면서 특히 기독교도들의 보호가 필요하다고 강조했다.[187] 그는 1919년 4월 30일『*Christian Science Monitor*』와의 회견에서 일제가 한국의 기독교인들을 박해하려고 시도하고 있다고 말했다.[188] 그는 1919년 5월 1일 전국민중연맹(The National Popular Government League)에서 있었던 연설에서 3월 1일 이래 한국에서는 일제의 만행으로 교회는 불타고 선교사들의 집은 수색당하고 있다고 주장했다.[189] 그는 1919년 6월 10일 미 국무장관 랜싱(Robert Lansing)에게 '대한민국임시정부 국무총리(Premier for the Provisional Government of the Republic of Korea)' 명의로 보낸 공문에서, 일제가 3·1운동 직후 한국 기독교도들을 박해한 근거로 1919년 5월 31일판『리터러리 다이제스트(*Literary Digest*)』의「한국에서 입수된 새로운 사실」이라는 기사와『필라델피아 레저(*Philadelphia Ledger*)』의「일본인에 의해 기독교회에서 살해된 35명의 한국인」이라는 기사를 제시했다.[190] 그는 1919년 6월 27일 '대한민국 대통령' 명의로 폴크(Frank Lyon Polk) 미 국무장관 대리 앞으로 발송한 공문에서 일제가 한국에서 '기독교를 박멸하기 위해 학교 내에서 종교행사를 금지'하고 있다고 환기시켰다.[191] 1919년 10월 14일자 뉴져지 州 공보『*The State Gazette*』에 의하면, 트랜튼(Trenton) 집회에서 이승만은 3·1운동 때 일제가 자행한 만행을 목격한 선교사들의 증언 채록집인 [미국]기독교교회연합회(The Federal Council of Churches)의『한

....

187) (Syngman Rhee)〉John R. Mott, 1919.3.14), *The Syngman Rhee correspondence in English*: 1904-1948, Volume1, p. 79.

188) "일본의 잔혹성을 고발하다", *Christian Science Monitor,* May 1, 1919,『대한민국임시정부자료집』41, 2007, 188쪽.

189) "한국에서의 잔혹행위가 고발당하다", *The Washington Post,* May 2, 1919,『대한민국임시정부자료집』41, 2007, 190쪽.

190) (Syngman Rhee)〉Robert Lansing, 1919.6.10), *The Syngman Rhee correspondence in English*: 1904-1948, Volume1, p. 112.

191) (Syngman Rhee)〉Frank Lyon Polk, 1919.6.27), *The Syngman Rhee correspondence in English*: 1904-1948, Volume1, p. 147.

국사정(*The Korean Situation*)』이라는 보고서를 근거로 일제의 한국교회의 탄압 사실을 환기시켰다.[192] 그는 1920년 6월 10일 주한 미국 감리교 선교사 마이어스(Mamie D. Myers, 1875-1934)에게 보낸 편지에서 일본 동경에서 개최될 주일학교 대회(the Sunday School Convention)에 한국의 기독교도들이 참여하도록 촉구했다. 그의 목적은 이 대회에 참석한 미국과 유럽의 기독교 대표들에게 한국에서 자행되고 있는 일제의 한국 교회와 교회 학교에 대한 탄압의 실상을 선전하려는 데 있었다.[193] 그는 1942년 4월 13일 미국의 전국여성민주주의클럽(Woman's National Democratic Club) 회원들 앞에서 행한 연설에서 현재 한국에서는 수많은 기독교인들이 박해받고 있다고 강조했다.[194] 한편 그는 1940년 10월 7일 일제가 일본과 한국에 있는 모든 기독교 단체들을 해체하고 일제의 통제를 받게 될 새 단체를 조직하기로 발표했는데, 조만간 중국의 교회들도 똑같은 운명에 놓일 것이라고 경고했다.[195] 이처럼 이승만이 일제의 한국 교회와 한국 기독교도들에 대한 탄압 사실들을 제시한 것은 미국 기독교계의 동정과 관심 유발시키려는 의도적 행동이었다.

다섯째, 이승만은 한국과 미국 기독교계 구성원들의 역사적 경험이 일치한다는 논리를 피력했다. 그는 1919년 필라델피아 한인자유대회에서 미국인들이 미국 독립전쟁 때 영국에 맞서 자유, 정의, 민주주의를 위해 싸웠던 것같이 한국도 같은 상황에 처해 있다고 역사적 친연성을 언급했다.[196] 즉

---

[192] *Korea Review*, Ⅰ-9(1919.10), "Dr. Rhee's Speaking Tour", p. 9. ; 고정휴, 『이승만과 한국독립운동』, 362-363쪽.

[193] (Syngman Rhee)〉Mamie D. Myers, 1920.6.10), *The Syngman Rhee correspondence in English*: 1904-1948, Volume1, p. 268.

[194] "한국의 이승만 박사가 경고하다. 일본은 괴뢰가 아니며 전세계의 지배를 획책하고 있다", *The Washington Post,* April 14, 1942, 『대한민국임시정부자료집』41, 2007, 275쪽.

[195] 이승만 지음·李鍾益 옮김, 앞의 책, 117쪽.

[196] 元聖玉 옮김, 「미국인에게 호소함」 제1일 오후회의(1919.4.14), 120, 140-142쪽.

그는 영국의 식민지 미국과 일제의 식민지 한국을 등치시켜 양자 사이에는 강대국에 의한 식민 지배라는 공통의 역사적 경험이 있다고 주의를 환기시켰다. 한편 비코비츠(Henry Berkowitz)는 유대인들과 한민족 사이에는 독립 국가의 부재와[197] 강대국들에 의한 고난이라는 역사적 유사성이 있다고 언급했다.[198] 유대인의 고난이라는 성경을 관통하는 주제는 이미 예배를 통해 지속적으로 확대 재생산됨으로써 미국 기독교계 구성원들의 신앙의 기초가 되었다. 이러한 맥락에서 비코비츠는 유대인들의 민족적 수난을 영국의 식민지 미국의 고난과 등치시킴으로써 미국 기독교계 구성원들이 일제의 식민지인 한국의 고통에 동참해 달라고 호소했다. 이러한 비코비츠의 주장은 이승만의 논리에 대한 화답이었다.

제2절 | 기독교국가건설론의 전개

1. 애국적 사회참여형 기독교인 양성 활동

이승만은 기독교교육론에 기초해 옥중학교, 상동청년학원, 한인중앙학원·한인여자학원·한인기독학원, 한인기독교회 등을 설립하거나 관여했다. 여기서는 그가 이러한 단체들을 통해 애국적 사회참여형 기독교인 양성이라는 설립 및 교육 목적을 실현하려고 했다는 사실을 고찰하고자 한다.

....

197) 한편 서재필도 1919년 필라델피아 한인자유대회에서 나라 없이 유랑하는 유대 민족과 한국 민족의 동일시를 통한 연대를 호소했다[元聖玉 옮김, 제3일 오전회의 (1919.4.16), 176쪽].
198) 元聖玉 옮김, 제3일 오전회의(1919.4.16), 179-180쪽.

1) 옥중학교 설립자

이승만은 1902년 10월 한성감옥에서 학교를 설립했다.[199] 그는 『옥중잡기(獄中雜記)』에서 옥중학교 설립의 필요성을 한성감옥 서장 김영선(金英善)에게 간청했다. 이승만은 조선의 형정(刑政)은 '오직 악을 경계하고 벌을 다스리는 것만을 올바른 행정'이라고 하면서 "가르치고 지도하고 깨우치는 방법에 대해서는 전혀 마음 쓰지 않는다"고 지적했다.[200] 즉 그는 조선의 형정은 징벌에서 벗어나 서양의 형정을 수용하여 교육을 통한 근원적 처방을 해야 한다고 주장했다. 이러한 이승만의 건의를 한성감옥 서장 김영선은 수용하였을 뿐만 아니라 전폭적으로 지원했다.[201]

이처럼 이승만은 옥중학교의 교육 목적을 교육을 통한 죄수들의 교화라고 밝혔다. 그런데 그는 투옥 중이던 1899년 1-2월경 이미 회심을 한 상태였기 때문에 옥중학교의 교육 목적에는 기독교적 가치가 투영될 수밖에 없었다. 즉 옥중학교의 교육 목적은 죄수들의 정신을 기독교로 교화하여 기독교적 심성 가진 인간을 양성하는 데 있었다. 이승만은 『신학월보』에 기고한 「옥중전도」에서 투옥 전에는 '악한 자를 화하여 착한 자가 되게 하는 도가 있는 줄을 깊이 믿지 못하였삽드니'[202]라고 하여 기존의 죄수들의 교화 수단에 대해 불신했다고 주장했다. 그러나 그는 투옥 후 옥중학교의 기독교 교육 경험을 통해 죄수들의 교화 기법으로 기독교가 효과적이라는 사실을 체득했다고 밝혔다. 그 결과 옥중학교는 '각국에 유명한 일과 착한 행실을 듣고 감화한

---

199) 이승만, 「옥중전도」, 『신학월보』(1903.5) ; 이명래 역, 成樂駿, 「[成樂駿] 本署學堂序」, 279쪽 ; 申冕休, 「獄中 開學顚末」, 『箴訓編謄』, 全澤髟, 앞의 책, 61쪽 ; 尹致昊, 『尹致昊日記』6(1904年 8月 9日條), 國史編纂委員會, 1973, 51-52쪽 ; 이승만, 「리승만박사의 경력담(2)」, 『新韓民報』(1919.9.23).

200) 이명래 역, 「寄本署長書」, 274-275쪽.

201) "Autobiography of Dr. Syngman Rhee", 『핏치 문서철』, p. 13. ; 이승만, 「옥중전도」, 『신학월보』(1903.5) ; 이명래 역, 成樂駿, 「[成樂駿] 本署學堂序」, 279쪽 ; 申冕休, 「獄中 開學顚末」, 『箴訓編謄』, 全澤髟, 앞의 책, 61쪽.

202) 이승만, 「옥중전도」, 『신학월보』(1903.5).

흔적은 여러 가지인데 말할 수 없으며 신약(新約)을 여일히 공부하여 조석 기도를 저의 입으로 하며 찬미가(讚美歌) 너더댓 가지는 매우 들을 만하게 하며 언어 행동이 통히 변하여 참사람 된 자 여럿'이라는 성과를 얻었다고 강조했다.[203]

이승만은 교육 목적에 부합한 교육 과정을 운영했다. 즉 옥중에서는 일반 교과 과목으로 한글, 『동국역사』, 『명심보감』, 산술, 세계지리, 세계사, 천문, 의약, 영어, 일어, 문법을 교수했을 뿐만 아니라, 성경과 찬송가도 가르쳤다.[204] 한편 교사로는 이승만, 신흥우(申興雨, 1883-1959), 양의종(梁宜宗: 일명 梁起鐸, 1871-1938) 등이 봉사했다. 교육 대상은 한성감옥에 있던 죄수 어린이와 어른들이었다.[205] 평가는 1주일에 한번 감옥 서장이 참관한 상태에서 도강(都講)을 받은 후 논공행상하는 방식으로 이루어졌다.[206] 이승만은 1903년 1월 중순 선교사들이 지원한 250여 권의 장서를 기증받아 감옥 안에 서적실(書籍室: 도서실)을 마련할 수 있었다.[207]

한편 『옥중잡기(獄中雜記)』에 실려 있는 '읽은 책들의 목록(所覽書錄)'과 「감옥서도서대출부」에 의하면, 옥중에서 이승만의 독서 분야별 우선 순위는 기독교 신앙 서적, 역사(서양사) 서적, 법률(국제법), 외교 및 시사 관련 서적, 문학 서적 순이었다.[208] 그는 기독교 신앙 서적 중에서도 『신약성서』와 『천로역정(天路歷程)』그리고 상해의 광학회(廣學會)에서 출판한 한역(漢譯) 기독교 교리서들을 열독했다.[209] 이를 통해 그는 기독교의 교리와 가

203) 이승만, 「옥중전도」, 『신학월보』(1903.5) ; 이승만, 「리승만박사의 경력담(2)」, 『新韓民報』(1919.9.23).
204) 이승만, 「옥중전도」, 『신학월보』(1903.5) ; 이명래 역, 成樂駿, 「[成樂駿] 本署學堂序」, 279쪽.
205) 이승만, 「옥중전도」, 『신학월보』(1903.5) ; 申冕休, 「獄中 開學顚末」, 『篋訓編謄』, 全澤鳧, 앞의 책, 61쪽.
206) 이승만, 「옥중전도」, 『신학월보』(1903.5) ; 이명래 역, 成樂駿, 「[成樂駿] 本署學堂序」, 279쪽.
207) 이승만, 「옥중전도」, 『신학월보』(1903.5) ; 유영익, 『젊은 날의 이승만』, 27, 85쪽.
208) 유영익, 『젊은 날의 이승만』, 66-79, 85-93쪽.

치에 대한 이해의 폭을 확장시킬 수 있었다.

이승만은 앞서 살펴본 것처럼 옥중학교 단계에서 처음으로 교육 구국론에 의거한 기독교교육론을 제창했다.[210] 이는 그가 옥중에서 죄수들의 교화 수단으로 기독교가 효과적이라는 사실을 체험으로 확신했기 때문이었다. 또한 이는 그가 주창한 기독교정신혁명론이 관념적 차원에서 전개된 것이 아니라, 현실의 실천을 통해 정립된 주장이라는 점을 증명한다. 특히 이때의 경험은 이후 그가 애국적 사회참여형 기독교인 양성이라는 교육 목적을 지속적으로 추진해 나갈 수 있는 논리적, 실천적 토대가 되었다는 점에서 의미가 있다.

2) 상동청년학원 교장

이승만, 전덕기(全德基) 등은 1904년 10월 15일 상동교회(尙洞敎會)의 엡워스(Epworth) 청년회[211] 청년들을 중심으로 상동청년학원(尙洞靑年學院)을 설립했다.[212] 특히 교장으로 임명된 이승만은 설립 과정에서 주도적 역할을 했다.[213]

이승만은 『신학월보』에 기고한 「상동청년회에 학교를 설치함」에서 먼저 상동청년학원 설립 감사, 기독교국가 건설의 주체적 참여, 그리고 기독교국

209) 유영익, 『젊은 날의 이승만』, 66-70쪽.
210) 이명래 역, 「改新敎·新學問 勸奬論」, 326쪽.
211) 엡워스(Epworth)는 감리교 창설자인 존 웨슬리(John Wesley)의 출신지이다. 엡워스 청년회는 1889년 미국에서 창설되었는데, 이후 미국 감리교회가 선교하는 지역마다 엡워스 청년회가 설립되었다. 한국에서는 1897년 감리교 제13회 한국선교년회(韓國宣敎年會)에서 조이스(I.W. Joyce) 감독(監督)이 엡워스 청년회 설립을 승인한 이후, 노블(William A. Noble), 존스(George H. Jones) 등 선교사들과 한국 감리교 신자들이 중심이 되어 전국 감리교회에 엡워스 청년회를 조직했다. 엡워스 청년회의 목적은 청년의 영적 훈련과 친교 및 봉사를 위한 인격 수련이었다(韓圭茂, 「상동청년회에 관한 연구, 1897-1914」, 『歷史學報』第126輯, 歷史學會, 1990, 73쪽).
212) 韓圭茂, 위의 논문, 73-74, 87-88쪽.
213) 이정식, 앞의 책, 205-206쪽.

가 건설의 방략을 제시했다. 그리고 이러한 일들은 이미 교회에서 행해지고 있지만, 성공적인 결과를 맺기 위해서는 청년회의 역할이 중요하다고 강조했다.[214)]

때문에 이승만은 '장차 청년들을 가르쳐 인재를 배양'하려고 상동청년학원을 설립하게 되었다고 그 취지를 밝혔다.[215)] 또한 그는 "지금이라도 나라가 나라 노릇하자면 사람이 먼저 사람 노릇을 하게 되어야겠고 사람이 먼저 사람 노릇하자면 가르치고 배우는 데 있으니 대저 학교는 사람을 만드는 곳이요 또한 나라를 만드는 곳이라고도 하겠사외다"고 하여 상동청년학원의 설립 취지를 부연했다.[216)] 즉 그는 기독교 정신을 바탕으로 학교의 설립과 청년 인재 양성을 통한 국가 건설, 즉 기독교교육론을 기독교국가 건설의 방략으로 제시했다.

그런데 이승만은 기존 관사립 학교들은 '못된 마음은 그저 두고 여간 재주만 가르친 즉 그 재주가 마침내 악한 마음의 이로운 기계나 될 뿐'인 교육 과정을 운영하고 있다고 비판했다.[217)] 즉 그는 기존의 교육이란 공익 추구의 교육 철학 없이 생계 유지의 기술만 가르쳐 사익 추구의 인간을 양성했다. 따라서 근본적 정신혁명이 수반된 교육이 필요하다고 보았다.

그러면 상동청년학원의 교육 목적을 살펴보자. 이승만은 『신학월보』에 기고한 「상동청년회에 학교를 설치함」에서 체육, 지육, 덕육 등을 고루 갖춘 전인적 인간을 육성하자고 주장했다.[218)] 먼저 그는 '노는 처소'를 마련하여 체육을 함양하자고 했다. 그는 혈기 왕성한 조선 청년들이 비행과 도박에 빠지는 것은 운동장과 운동 시설이 없기 때문이라고 보았다. 따라서 운동장과 운동 시설을 마련하여 욕구의 출구를 마련해 줌으로써 건전한 체육을 함양

214) 이승만, 「상동청년회에 학교를 설치함」, 『신학월보』(1904.11).
215) 이승만, 「상동청년회에 학교를 설치함」, 『신학월보』(1904.11).
216) 이승만, 「상동청년회에 학교를 설치함」, 『신학월보』(1904.11).
217) 이승만, 「상동청년회에 학교를 설치함」, 『신학월보』(1904.11).
218) 이정식, 앞의 책, 210쪽 ; 이덕주, 앞의 논문, 64쪽.

할 수 있다고 주장했다.[219] 그리고 그는 '생계에 유조할 재주'를 위해 지육을 함양해야 한다고 주장했다. 이 재주는 산학, 지리학, 치부법, 속거법, 화학, 위생학, 목수질, 화공, 정치학, 경제학, 외국어 그리고 이 외에 모든 요긴한 학문을 가리킨다고 했다.[220] 즉 그는 생계유지와 직결되는 근대 과목과 학문으로 지육을 함양하자고 했다. 마지막으로 그는 '도덕의 길'을 통해 덕육을 함양하자고 했다. 그는 '도덕의 길'은 '상동청년학원 안에 들어와서는 좋은 전도하는 말과 성경의 이치를 깨달아서 각각 세상을 위하며 예수를 위하는 일에 평생을 종사할 사람이' 되는 것으로 달성될 수 있다고 보았다.[221]

　이승만은 이러한 체육, 지육, 덕육을 갖춘 전인적 인간을 통해 '경천애인(敬天愛人)하는 참 도로 근본을 삼아', '청년으로 말하여도 벼슬이나 월급을 위하여 일하는 사람이 되지 말고 세상에 참 유익한 일꾼이 되기를 작정'하는 것이 상동청년학원의 교육 목적이라고 밝혔다.[222] 곧 이승만의 인재상은 경천애인(敬天愛人), 즉 기독교 정신으로 무장하고 있으나 개인 구원에만 매몰된 원자화된 기독교인이 아니라 민족 모순에 능동적으로 대면하여 민족을 구원하는 애국적 사회참여형 기독교인을 양성하는 데 있었다. 이러한 교육 목적을 구현할 상동청년학원에 대해 그는 "장차 군민의 유조한 선배가 많이 생길 줄 기약하노니 어찌 다른 학교와 함께 비교하오리까"라고 확신에 찬 전망을 했다.[223]

　한편 상동청년학원의 교육 과정은 상오반(上午班)과 하오반(下午班)으로 구성되어 있었으며, 3년 과정이었다.[224] 교과목과 교사는 성경(全德基), 국어(周時經), 영어(M. F. Scranton: 스크랜튼 목사의 어머니), 세계사(Homer

219) 이승만, 「상동청년회에 학교를 설치함」, 『신학월보』(1904.11).
220) 이승만, 「상동청년회에 학교를 설치함」, 『신학월보』(1904.11).
221) 이승만, 「상동청년회에 학교를 설치함」, 『신학월보』(1904.11).
222) 이승만, 「상동청년회에 학교를 설치함」, 『신학월보』(1904.11).
223) 이승만, 「상동청년회에 학교를 설치함」, 『신학월보』(1904.11).
224) 韓圭茂, 앞의 논문, 73-74, 102-103쪽.

B. Hulbert), 국사(張道斌, 崔南善), 수학(柳一宣), 체육(金昌煥), 교련(李弼柱), 한문(曺成煥) 등으로 구성되어 있었다.[225]

요컨대 이승만은 1904년 「상동청년회에 학교를 설치함」이라는 기고문에서 그가 지향한 기독교국가건설론의 내용을 표명했는데, 이후 이러한 그의 사고의 틀은 변함이 없었다. 즉 그는 기독교 이념을 바탕으로 학교 설립과 청년 인재 양성이라는 기독교교육론을 방략으로 제시했다. 또한 개인 구원과 동시에 민족 구원도 추구하는 애국적 사회참여형 기독교인 양성을 교육 목적으로 삼았다.

3) 한인중앙학원·한인여자학원 교장, 한인기독학원 설립자

호놀룰루 한인감리교회(The Korean Methodist Church)[226]에서는 1906년 9월 2일 한인기숙학교(The Korean Compound School)를 설립했다.[227] 한인기숙학교에서는 각 지방으로부터 호놀룰루에 와서 공부하는 교인의 자녀들을 기숙시키며 저녁마다 한글을 교수하였고 나이가 많아 공립 초등학교에 들어가지 못한 소년들을 모아서 중학교 입학 준비의 속성과를 만들어 교수했다.[228]

한편 이승만은 1913년 2월 3일 하와이 군도의 하나인 오아후(Oahu)섬 호

---

225) 韓圭茂, 위의 논문, 101쪽.

226) 호놀룰루 한인감리교회는 1903년 11월 3일 하와이의 중심지 호놀룰루에 설립된 한인감리교선교회(Korean Methodist Mission)에서 출발했다. 이후 한인감리교선교회는 1905년 4월 1일 한인감리교회로 승격됐다. 한인감리교회는 1916년 제일한인감리교회(The First Korean Church)로 명칭을 공식화했다. 제일한인감리교회는 1965년 1월 3일 그리스도감리교회로 개명했다. 그리스도감리교회는 1968년 1월 그리스도연합감리교회가 되었다(유동식, 『하와이의 한인과 교회: 그리스도연합감리교회 85년사』, 그리스도연합감리교회, 1988, 34, 38, 411, 416쪽).

227) 유동식, 위의 책, 91, 409쪽 ; 김원용 지음·손보기 엮음, 앞의 책, 50, 184쪽.

228) 김원용 지음·손보기 엮음, 위의 책, 50, 184쪽 ; 유동식, 위의 책, 409쪽 ; 안형주, 「이승만과 하와이 한인청년교육(1913-1923)」, 『미주한인의 민족운동』, 연세대학교 국학연구원, 2003, 150쪽.

놀룰루 港에 입항했다.[229] 하와이 감리교단의 와드만(John W.Wadman)감리사(1905-1914년 재임)가 그를 1913년 8월 26일 미국 감리교 선교부에서 운영하는 한인기숙학교의 교장에 임명하자, 그는 교명을 한인중앙학원(The Korean Central Institute)으로 변경하고 학제를 개편하여 고등과, 소학과, 국어과, 한문과 등을 설치하였으며,[230] 한인 여학생들을 입학시켜 남녀공학제도로 전환했다.[231] 동시에 와드만 감리사는 그에게 감리교 하와이 지방회의 교육분과 위원장 직도 맡겨 한인감리교회의 업무에 관여시켰다.[232] 당시 와드만 감리사는 하와이 일본 영사로부터 한인기숙학교 유지를 위한 보조금을 받은 일로 한인감리교회의 한인 동포들과 갈등을 빚으면서 감리사 직책을 유지하기 어려웠다. 난관에 처한 와드만 감리사의 부탁을 받은 이승만이 양자 사이의 시비를 중재하여 화해시킨 공로로 교장과 위원장 직에 임명되었다.[233]

1914년 6월 와드만(John W.Wadman) 감리사가 해임되고 신임 프라이(William H. Fry) 감리사(1914-1946년 재임)가 와서 호놀룰루 한인감리교회의 일과 한인중앙학원의 재정 출납은 선교부에서 관리할 것이며 이승만은 학교만 관리하라고 결정했다.[234] 이러한 결정에는 한인감리교회와 한인 교육 사업을 위해 이승만이 한인 교포들에게 모금 활동을 하는 것에 대해 중앙집권적 성향이 강한 미국 감리교 선교부가 그들의 사전 승인 없이 모금하는

229) "Autobiography of Dr. Syngman Rhee", 『핏치 문서철』, p. 23. ; "A Record of the dates of trips made by S. Rhee Since Nov. 1904", *The Syngman Rhee Presidential Papers*, File 01010003-01010005. ; 이정식 역주, 앞의 글, 314쪽.
230) 김원용 지음·손보기 엮음, 앞의 책, 50-51, 184쪽 ; 이덕희, 「이승만과 하와이 감리교회, 그리고 갈등: 1913-1918」, 109쪽.
231) 이덕희, 「이승만과 하와이 감리교회, 그리고 갈등: 1913-1918」, 109쪽.
232) 유영익, 『이승만의 삶과 꿈』, 118쪽.
233) 김원용 지음·손보기 엮음, 앞의 책, 44-45쪽 ; 최영호, 앞의 논문, 72-73쪽.
234) 김원용 지음·손보기 엮음, 위의 책, 45쪽 ; 유동식, 앞의 책, 108쪽 ; 최영호, 위의 논문, 77-78쪽.

것은 선교부의 원칙에 위배된다는 지적이 영향을 끼쳤다.[235] 또한 이승만의 민족주의적 교육 내용(한국어와 한국사)에 대해, 이것이 하와이 領의 인종 혼합 정책에 배치된다는 프라이 감리사의 판단이 개재되어 있었다.[236] 이에 이승만은 1915년 6월 한인중앙학원 교장 직을 사임하고 미국 감리교 지방회 교육분과 위원장 직에서도 사퇴했다.[237]

한편 이승만은 1913년 7월 29일 마우이(Maui)섬을 순회하고 오던 길에 학교에 다니지 못하고 집에 있는 한인 여자 아이 5명을 데리고 왔다. 이승만은 한인중앙학원에는 여학생 기숙사가 없었기 때문에 이들을 감리교 여선교회 (Methodist Woman's Home Missionary Society)에서 운영하는 기숙사 수산나 웨슬리 홈(Susannah Wesley Home)에 기숙하게 했다. 이승만이 이 여자 아이들을 1913년 가을 학기에 한인중앙학원에 입학시킴으로써 한인중앙학원은 남녀공학 제도로 전환되었다.[238] 그러나 1906년 9월 2일 한인기숙학교가 설립될 당시 감리교 위원회가 여학교 후원을 하지 않기로 감리교 여선교

235) 최영호, 위의 논문, 78쪽.

236) Robert T. Oliver, op. cit., p. 123. ; Richard C. Allen 著·尹大均 譯, 앞의 책, 52쪽 ; 유영익, 『이승만의 삶과 꿈』, 114쪽.

237) Ibid., p. 123. ; 유동식, 앞의 책, 108쪽 ; 김원용 지음·손보기 엮음, 앞의 책, 45-46쪽. 한편 이승만이 한인중앙학원 교장 직과 미국 감리교 지방회 교육분과 위원장 직을 사임한 이유를 프라이 감리사와의 갈등이 아닌 미국 감리교단 선교국(The Board of Home Missions and Church Extension of the Methodist Episcopal Church)과의 갈등에서 찾는 주장도 있다. 이러한 주장은 프라이 감리사가 미국 감리교단 선교국의 보바드(Freeman D. Bovard) 목사에게 보낸 편지, 연회보고서 등에 근거하고 있다(이덕희, 「이승만과 하와이 감리교회, 그리고 갈등: 1913-1918」, 120-124쪽). 즉 이승만은 미국 감리교단 선교국의 견제를 한인들의 교회와 교육 활동에 대한 간섭으로 받아들였으며, 프라이 감리사가 이승만을 지속적으로 옹호했기 때문에 이승만이 감리교를 떠날 상황은 아니었다고 한다. 그러나 이승만은 교육 및 교회 활동이 민족주의에 기초해야 한다고 생각했기에 그의 장기적인 정치 활동을 고려하여 감리교회의 간섭을 받고 있는 입장일 때 감리교를 떠났다고 한다(이덕희, 「이승만과 하와이 감리교회, 그리고 갈등: 1913-1918」, 125쪽).

238) Ibid., p. 123. ; 이덕희, 「이승만과 하와이 감리교회, 그리고 갈등: 1913-1918」, 109쪽 ; 이덕희, 『한인기독교회·한인기독학원·대한인동지회』, 한국기독교역사연구소, 2008, 239-243쪽.

회와 협약했기 때문에, 웨슬리 홈을 운영하는 감리교 여선교회는 여학생들이 한인중앙학원에 다니는 것을 반대했다.[239]

그런데 1914년 봄 학기에는 웨슬리 홈에 기숙하고 있던 더 많은 여학생들이 한인중앙학원에 입학하게 되면서 한인중앙학원과 웨슬리 홈과의 관계가 증폭되었다. 그래서 이승만은 한인교포들에게 재정 지원을 받아 1914년 7월 29일 하와이 호놀룰루 푸우누이 애비뉴(Puunui Avenue)에 여학생기숙사(The Korean Girls' Dormitory)를 설립하고 국어를 교수했다.[240] 그러나 여학생기숙사에서 한인중앙학원까지는 한 시간 정도 걸어야 하기 때문에 통학이 어려웠다.[241] 그래서 그는 1915년 7월 여학생기숙사 옆에 대한인국민회[242] 보조로 3에이커의 땅을 사서 단층의 학교 건물을 세우고,[243] 가을 학기부터 이곳을 한인여자학원(The Korean Girls' Seminary)이라고 이름하고 교장이 되었다.[244] 또한 그는 1914년 여름부터 프라이 감리사의 요구에 반발하여 하와이 각 지방을 순회하면서 한인 학교의 자립을 호소하여 1916년 정월까지 한인 동포들로부터 거금 7,700달러를 모집했다.[245] 이를 기반으로 그는 1916년 3월 10일 여학생기숙사를 확장하여 한인여자학원으로 학교 인가를 얻어서 영어와 국어를 교수했다.[246]

....

239) 이덕희, 「이승만과 하와이 감리교회, 그리고 갈등: 1913-1918」, 109-110쪽.
240) "Autobiography of Dr. Syngman Rhee",『핏치 문서철』, pp. 23-24 ; 유동식, 앞의 책, 99쪽 ; 김원용 지음·손보기 엮음, 앞의 책, 184쪽 ; 이덕희, 「이승만과 하와이 감리교회, 그리고 갈등: 1913-1918」, 110쪽 ; 이덕희, 앞의 책, 239-243쪽.
241) 이덕희, 「이승만과 하와이 감리교회, 그리고 갈등: 1913-1918」, 110쪽.
242) 1909년 2월 1일 하와이의 한인합성협회와 미주 본토의 공립협회가 통합하여 국민회를 창립했다. 국민회는 1910년 5월 10일 대동보국회와 통합하여 대한인국민회(大韓人國民會, Korean National Association)가 되었다(김원용 지음·손보기 엮음, 앞의 책, 86-88쪽). 대한인국민회는 1912년 11월 샌프란시스코에서 중앙총회를 발족시켰다(고정휴,『이승만과 한국독립운동』, 193쪽).
243) 유동식, 앞의 책, 99-100쪽 ; 김원용 지음·손보기 엮음, 위의 책, 184쪽 ; 이덕희, 「이승만과 하와이 감리교회, 그리고 갈등: 1913-1918」, 110쪽.
244) 이덕희, 앞의 책, 245쪽.
245) 유영익,『이승만의 삶과 꿈』, 114쪽.

이승만은 1918년 9월 한인여자학원을 한인기독학원(The korean Christian Institute)으로 개명하면서 미국 감리교 선교부에서 완전히 분리된 남녀공학제의 민족 교육 기관으로 만들었다.[247] 푸우누이(Puunui) 부지는 경사가 급하고 평지가 없어 이곳에 학교 시설을 더 확장할 수 없었기 때문에 이승만은 와이알라에가 3320번지(3320 Waialae Road) 구(舊) 알리이올라니 학교(Aliiolani College)를 임대하고 9월 학기부터 개교했다.[248] 이승만은 와이알라에 교사 임대 기간이 1923년에 만료되는 것에 대비하여 1922년 칼리히(Kalihi) 지역에 36.53 에이커의 땅을 1만 5천 달러에 구입했다. 그리고 그는 미국인 친지들에게 학교 건축 후원금을 요청하는 편지를 보냈고, 또한 한인기독학원 학생들의 학교 건립 기금 모금을 위한 고국 방문 가능성을 타진했다.[249] 그리하여 1923년 6월 20일부터 동년 9월 18일까지 한인기독학원 학생모국방문단이 한국을 방문했다. 이들은 한국에서 경비를 제외하고 약 4천 9백달러를 학교 건축비로 모았다. 이 액수는 학교 신축에 필요한 1만 5천달러에는 미치지 못하는 금액이었다. 한인기독학원 학생들이 한국을 방문하고 있는 동안 이승만은 1923년 7월 15일 학교 건축을 시작하여 동년 9월 19일 한인기독학원 교사와 남녀 기숙사 낙성식을 거행했다.[250]

한인기독학원은 설립 이래 1928년까지 10년 동안 기숙 학교 제도로 운영되었고, 소학 6년 과정을 개설했다.[251] 이후 교포 2세들의 관심이 줄어들고 또 하와이 領의 공립 학교 제도가 발달하면서 이 학원의 인기는 하락했

246) 김원용 지음·손보기 엮음, 앞의 책, 184쪽 ; 이덕희, 앞의 논문, 111쪽 ; 이덕희, 앞의 책, 246-247쪽.
247) 김원용 지음·손보기 엮음, 위의 책, 184쪽. 한편 이승만은 한인여자학원과는 달리 한인기독학원의 교장직은 맡지 않았다(이덕희, 「이승만과 하와이 감리교회, 그리고 갈등: 1913-1918」, 113쪽).
248) 이덕희, 「이승만의 종교활동과 교육활동」, 오영섭·홍선표 외, 『이승만과 하와이 한인사회』, 연세대학교 대학출판문화원, 2012, 22쪽.
249) 이덕희, 「이승만의 종교활동과 교육활동」, 26-27쪽.
250) 이덕희, 「이승만의 종교활동과 교육활동」, 29-30쪽.
251) 김원용 지음·손보기 엮음, 앞의 책, 185쪽.

다.[252] 그후 한인기독학원은 1945년까지 15년 동안은 폐교 상태에서 고아 기숙을 주무로 하다가 폐지되었다. 한인기독학원의 남아 있던 재산은 1955년 청산하여 인재 양성을 통해 공업 구국의 목표를 실현하려고 인하공과대학 설립 기금으로 기부했다.[253]

그러면 한인중앙학원, 한인여자학원, 한인기독학원의 설립 및 교육 목적을 살펴보자. 한인중앙학원의 교육 목적은 미국 사회에 적용하기 위한 영어 습득과 한국인으로서의 정체성을 유지하기 위한 한국어 숙달에 있었다. 한인중앙학원이 한국어 숙달에 주력한 것은 미국 사회에서 효과적으로 적용하기 위해 시작된 영어 교육이 한인 학생들을 지나치게 미국화시킨 반면, '한국적인 것'을 지나치게 천시했기 때문이었다. 특히 이승만은 한국어 교육을 강조했다. 그가 한인 여자 아이들을 웨슬리 홈에 전격적으로 기숙시킨 것도 한국어 교육을 통해 '한국정신'을 학생들의 뇌리에 각인시키기 위한 것이었다.[254]

이승만은 한인여자학원의 설립 목적을 1916년 12월 「호항 한인여학원 재정보단」에서 "① 우리의 국가 사상을 뇌수에 넣어준다. ② 국어와 한문, 대한 역사, 지리, 작문 등을 교육한다. ③ 성경을 교육한다. ④ 학문만 가르치는 것이 아니라, 학식과 도덕 정도가 높은 미주 본토 교사들이 언어동작과 모든 품행 등에 표준이 되도록 한다. ⑤ 각국인 교사들을 통하여 외교상 이익을 얻는다. ⑥ 한인들이 이런 유익한 사업을 하는 것으로 각국인에게 칭찬을 받는다. 이 여섯 가지보다 더욱 중요한 것은 한인들이 합심하여 이런 사업을 운영하는 중에 차차 독립사상이 발전되고, 모든 일의 규범이 되어 우리끼리 자치하여 간다면, 이것이 곧 독립의 근본이다"고 밝혔다.[255]

....

252) 유영익, 『이승만의 삶과 꿈』, 116쪽.
253) 김원용 지음·손보기 엮음, 앞의 책, 185-186쪽 ; 「비망록」(1953.3.10), 『大韓民國史資料集』32, 1996, 44-46쪽.
254) 윤종문, 「하와이 한인중앙학원의 설립과 운영」, 오영섭·홍선표 외, 『이승만과 하와이 한인사회』, 연세대학교 대학출판문화원, 2012, 59-64쪽.
255) (호항 한인여학원 재정보단 제4호, 1916.12)(이덕희, 앞의 책, 247-248쪽 재인용).

이승만은 한인기독학원의 교육 목적을 '첫째는 '교육과 기독교 지향의 학생 활동', 둘째는 '한국인의 주체성 확보', 셋째는 '젊은이들의 지도력 양성', 넷째는 '사회교육의 추진'이라고 밝혔다.[256] 또한 1928년 한인기독학원 부재무 림쩨시는 「호항 한인 기독학원 재정보단 제11호」의 서문에서 "삼천리 화려한 강산을 개척할 2세 국민 양성을 위하야 물질과 성의로 원조하신 찬성원과 학부형 제위께 감사하오며 국가에 기초되는 교육 사업을 압흐로 더욱 힘써서 건전한 체육과 건전한 정신을 가신 국민을 산출하사이다"고 진술했다.[257]

이처럼 한인중앙학원·한인여자학원·한인기독학원을 관통하는 설립 및 교육 목적은 민족주의적 교육과 기독교 교육을 통한 애국적 사회참여형 기독교인을 양성하는 것이었다.

이승만은 이러한 교육 목적을 우선 표면적 교육 과정을 통해서 관철시켰다. 그는 한국어·한국사 교과목을 통해 한국인의 정체성을 유지하고자 했으며, 성경 교과목을 통해 기독교인을 양성하고자 했다. 한인중앙학원에서는 영어, 성경, 한글, 한문, 한국사, 한국지리 등의 교과목을 가르쳤고,[258] 영어와 한국어를 교수 용어로 병행했다.[259] 한인여자학원에서는 교과목으로 영어와 한국어, 그리고 성경을 교수했다.[260] 한인기독학원의 교육 과정은 미국 공립 학교의 교육 과정과 같았으나, 정규 교과목 이외에 성경, 한글, 그리고 한국사를 가르쳤다.[261]

....

256) "Educational: Korean Christian Institute", 1940년대 하와이대학교 한인단체 조사자료(University of Hawaii Special Collection 소장).(최영호, 앞의 논문, 81쪽 재인용).
257) 「서문」(호항 한인 기독학원 재정보단 제11호, 1923.9-1924.8), 『雩南李承晚文書(東文篇)』第十二卷, 24쪽.
258) Robert T. Oliver, op. cit., p. 122. ; 유동식, 앞의 책, 94쪽 ; 최영호, 앞의 논문, 73, 82쪽.
259) Ibid., p. 122.
260) 김원용 지음·손보기 엮음, 앞의 책, 184쪽 ; 이덕희, 앞의 논문, 111쪽 ; 이덕희, 앞의 책, 246-247쪽 ; (호항 한인여학원 재정보단 제4호, 1916.12)(이덕희, 위의 책, 247-248쪽 재인용).
261) 이덕희, 「이승만의 종교활동과 교육활동」, 24쪽.

그리고 이승만은 잠재적 교육 과정을 통해서도 이러한 교육 목적을 함양했다. 그는 「삼천리반도 금수강산」이라는 찬송가[262]를 자주 하와이 한인 동포 학생들과 함께 불렀다.[263] 이 찬송가의 주제는 민족과 국가에 충성 봉사하는 기독교인이다. 그는 한인기독학원에서 매일 실시되는 채플 시간에 설교를 했는데, 남녀 학생들에게 각각 한국 여자와 남자와 결혼하라고 역설했다.[264] 그는 1913년 9월 『국민보』[265]에 게재한 「혼인길을 막지말라」라는 글에서도 하와이 한인들 간의 결혼으로 한인 후속 세대를 양육·교육하여 독립운동을 전개하자고 권유했다.[266] 그는 민족 문화의 보존 계승과 민족 정신 고취를 위해 동포 학생들에게 한글을 가르치고, 아리랑, 도리지 타령, 숨바꼭질, 연날리기, 씨름, 제기차기 등의 노래와 전통 놀이를 가르쳤다.[267] 결국 이승만은 교육을 통해 애국적 사회참여형 기독교인을 양성을 하고자 했다. 이러한 교육 목적은 그의 열정과 한인 학생들의 적극적 동참으로 성취되었다.[268]

그러나 이승만과 호놀룰루 한인감리교회 사이에는 간극이 존재했다. 이

----

262) 이 찬송가는 남궁억(南宮檍)이 작사했고, 도니제티(G. Donizetti)가 작곡했는데, 가사는 다음과 같다. "삼천리반도 금수강산 하나님 주신 동산, 이 동산에 할 일 많아 사방에 일꾼을 부르네. 곧 이 날에 일 가려고 누구가 대답을 할까. 일하러 가세 일하러 가. 삼천리 강산 위해, 하나님 명령 받았으니, 반도강산에 일하러 가세"(「삼천리강산 금수강산」, 『해설 찬송가』, (주) 성서원, 2007, 371장).

263) 曺惠子, 「「人間리승만'의 새傳記」 10월호, 391쪽 ; 프란체스카 도너 리 지음·조혜자 옮김, 앞의 책, 34쪽.

264) 「人間李承晚百年」 76회(基督學院 발족), 『한국일보』(1975.7.8).

265) 하와이 대한인국민회는 1908년 10월부터 기관지로 『신한국보』를 발간했는데, 1913년 8월 13일부터는 제호(題號)를 『국민보』로 변경했다(이덕희, 「이승만과 하와이 감리교회, 그리고 갈등: 1913-1918」, 107쪽). 제호를 바꾼 이유는 샌프란시스코 대한인국민회 북미 지부가 발행하는 『신한민보』와 혼동되는 것을 막기 위해서였다(이덕희, 「하와이의 한글 언론, 1904-1970」, 연세대학교 국학연구원 편, 『미주 한인의 민족운동』, 혜안, 2003, 208쪽).

266) 이승만, 「혼인길을 막지 말라」, 『국민보』(1913.9.13).

267) 프란체스카 도너 리 지음·조혜자 옮김, 앞의 책, 88-89쪽.

268) 최영호, 앞의 논문, 84-85쪽.

승만이 순수 선교 사업보다는 교육 사업을 통한 애국적 사회참여형 기독교인 양성을 목적으로 삼고 있었기 때문이었다. 1918년 호놀룰루 한인미이미교회(감리교회) 한인중앙학원 이사부장 방화중은 한인중앙학원의 '교육 사업이 하나님의 뜻대로 잘 확장되어 이로 말미암아 우리 교회까지 더욱 확장되기를 기도'[269] 한다고 하여 교육 사업을 선교 사업의 도구라고 명시했다. 물론 이승만도 미국 감리교 선교부가 운영하는 한인중앙학원의 교장으로서 재직 중이었던 1914년 감리교 연회에 제출한 「한인기숙학교 보고서」에서는 한인기숙학교가 선교 사업의 일부로써 그 역할을 다하고 있다고 보고하였지만,[270] 내면적으로는 민족주의적 교육과 기독교 교육을 통해 애국적 사회참여형 기독교인을 양성하고자 했다.

이승만은 실력 양성론 차원에서 교육 사업에 전념했다. 그는 한국의 독립은 단기간에 불가능하다고 전망하고, 장기적 독립운동 방략으로 한인기독학원을 설립했다. 그는 조국이 멸망한 지 2천 년이 지난 뒤에도 지속되고 있는 유대 민족의 독립운동에 착안하여,[271] 교육을 통한 민족의 정신 무장이 가장 급선무라고 생각했다. 그리고 그는 준비가 부족한 상태에서 무장 투쟁을 하는 것은 역량의 낭비라고 보았다. 따라서 그는 외교를 통해 세계 여론에 호소하여 동양 평화를 이룩하기 위한 한국 독립의 필연성과 중요성을 알리고 고국 동포들의 희생을 막으며 국권을 회복하고자 했다.[272] 그의 외교 독립 노선은 윌슨 대통령에게 보낸 1919년 2월 25일자 위임 통치 청원서에서 보듯 국제정세와 한국여건을 감안하여 완전 독립을 목표로 한 점진적·단계론적 독립 구상이었다.[273] 그러나 안창호가 1920년대 즉각적인 개전보다는

269) 특별통첩: 중앙학원 재정지원 요청」(하와이 한인미이미교회(감리교회) 중앙학원 이사부장 방화중, 1918.8.24), 『雩南李承晚文書(東文篇)』第十二卷, 17-18쪽.

270) 유동식, 앞의 책, 93쪽.

271) 曺惠子, 「人間리승만'의 새傳記」10월호, 397쪽.

272) 曺惠子, 「人間리승만'의 새傳記」10월호, 397쪽.

273) 오영섭, 「대한민국임시정부 초기 위임통치 청원논쟁」, 『한국독립운동사연구』 제41집, 독립기념관 한국독립운동사 연구소, 2012, 101-109쪽.

선준비를 강조하며 실력 양성을 주장한 데 비해, 이승만은 독립전쟁 자체를 불가능하다고 여겼으며 더 큰 문제는 독립전쟁을 위한 준비 자체를 방기했다는 점이다.[274] 즉 이승만은 독립전쟁 개시의 가장 중요한 요소가 미일전이라고 생각했기 때문에, 미일전쟁 발발 이전까지의 무장 투쟁은 불가능할 뿐더러 소모적이라고 판단했다.[275] 따라서 그는 외교 독립 노선에 치중했는데, 그의 대미 외교 독립 노선의 핵심은 한국이 독립할 자격이 있음을 증명하거나 호소하는 것이 아니라 동북아시아의 국제 질서 속에서 한국의 독립 필요성을 강조하는 방식이었다.[276]

한편 이승만은 교육 사업을 하면서 박애와 포용이라는 기독교 이념과는 괴리된 모습을 보이기도 했다. 예컨대 그는 1915년 여학생기숙사와 1918년 한인기독학원에 대한 투자 및 재산권을 둘러싸고 발생한 박용만파와의 대립,[277] 1930년 7월 16일 하와이 동지회와 대한인교민단이 연합 주최한 미포(미주와 하와이) 대표 대회 개최 이후 벌어진 한인기독교회 내부에서 이승만파 대 反이승만파의 대립[278] 등에서 그러한 모습을 단적으로 표출했다. 독립운동 노선을 둘러싸고 갈등이 절정에 달했던 1915년, 이승만에 대해 박용만은 "만일 조국이 광복된 후에 이와 같은 인도자와 이와 같은 민기가 있으면 국가와 민족의 비운을 초래할 것이다"고 예견했다.[279]

4) 한인기독교회 교주

앞서 살펴본 것처럼 이승만은 1915년 6월 한인중앙학원 원장직과 미국 감

---

274) 정병준, 앞의 책, 119-120쪽.
275) 고정휴, 「독립운동기 이승만의 외교 노선과 제국주의」, 134쪽 ; 정병준, 위의 책, 122쪽.
276) 정병준, 위의 책, 124쪽.
277) 유동식, 앞의 책, 102-108쪽 ; 김원용 지음 · 손보기 엮음, 앞의 책, 111-125쪽 ; 方善柱,「朴容萬 評傳」, 앞의 책, 78-105쪽.
278) 김원용 지음 · 손보기 엮음, 위의 책, 125-129쪽.
279) 유동식, 앞의 책, 107쪽.

리교 지방회 교육분과 위원장 직을 모두 사퇴했다. 이를 계기로 그는 미국 감리교 선교부와 완전히 단절했다. 이후 그는 동포 신자들에게 한인교회의 독립을 역설하면서, 호놀룰루 한인감리교회에서 이탈한 교인들을 중심으로 1918년 7월 29일 신립교회(新立敎會)라는 무교파 교회를 창설했다. 신립교회의 제도는 감리 교회를 모방하였고 치리(治理) 방도는 교주 리승만 감독 하에 이사부가 있어서 교회를 관리하는 것이었다.[280] 신립교회는 동년 12월 23일 평신도회를 개최하여 신립교회를 한인기독교회(The Korean Christian Church)로 개명했다.[281]

한인기독교회는 처음에는 예배당이 없어 임시 장소를 얻어서 예배했으나, 1922년 11월 19일 스쿨(School Street)에 예배당을 건축했다. 한인기독교회는 예배당을 확장할 목적으로 1928년 5월 10일에 이를 방매했으나, 즉시 건축하지 못하여 10년 동안 신흥국어학교(1923.7.1.설립) 교실을 예배당으로 사용하다가 1938년 4월 24일 호놀룰루 릴리하(Liliha Street)에 예배당을 건축했다.[282]

한인기독교회 설립 이래 1941년까지 예배당 안에 국어학반을 설치하고 아동의 국어교육을 장려하였으며『한인기독교회보(*The Christian Advocate*)』를 발행하다가 1930년에 폐간했다.[283]『한인기독교회보』는 1930년까지 일년에 한두 번 발행되었으며 현재 3개호가 남아 있는데, 내용은 사설, 제반 소식, 주간 성경 강의, 교회 소식 등을 담고 있다.[284]

....

[280] 유동식, 위의 책, 108-109쪽 ; 김원용 지음·손보기 엮음, 앞의 책, 53쪽 ; 이덕희, 「이승만과 하와이 감리교회, 그리고 갈등: 1913-1918」, 119쪽.

[281] 유동식, 위의 책, 109쪽 ; 김원용 지음·손보기 엮음, 위의 책, 53쪽 ; 이덕희, 「이승만과 하와이 감리교회, 그리고 갈등: 1913-1918」, 119쪽.

[282] 유동식, 위의 책, 111-113쪽 ; 김원용 지음·손보기 엮음, 위의 책, 53쪽 ; 이덕희, 앞의 책, 56쪽.

[283] 김원용 지음·손보기 엮음, 위의 책, 54-55쪽 ; 이덕희, 「이승만과 하와이 감리교회, 그리고 갈등: 1913-1918」, 120쪽.

[284] 이덕희, 「하와이의 한글 언론, 1904-1970」, 214-215쪽.

한인기독교회는 1938년 4월 24일 예배당 봉헌식에서 한인기독교회의 설립 목적을 다음과 같이 천명했다. 즉 "우리 기독교회를 세운 목적이 다만 우리 장래 영생의 복을 얻는 것으로만 방안한 것이 아니다. 남들은 각각 저의 일을 다하여 저의 사는 세상을 거의 천국같이 만들어 놓아 자유 행복을 누리며, 따라서 다른 인종을 구원하려고 선교 사업까지 힘쓰는데 우리는 이 처지에서 이 목적을 가지고 우리의 생명 길로 아는 종교 사업을 남에게 의뢰하여 남이 잘해 주면 고맙다 하고 잘못해 주면 원망이나 하며 가만히 앉았으리오"285)라고 하여 개인 구원과 민족 구원을 동시에 완성하는 애국적 사회참여형 기독교인 양성이 한인기독교회의 설립 목적임을 밝혔다. 또한 이승만도 1931년 6월 20일 『태평양주보』「우리 사업의 목적」에서 한인기독교회는 '한족의 장래 복리를 줄 만한 교회를 기초잡아 한인의 주장으로 한인의 소유로 발전시키는 목적'으로 설립했다고 회고했다. 286)

또한 프란체스카도 한인기독교회는 이승만이 독립운동을 위해 설립하였으며 하와이 한인 사회에서 민족 정신의 근거지로,287) 이승만이 매주 일요일 "한인기독교회 중앙에 태극기를 걸어 놓고 한인 동포들과 예배를 보며 조국의 독립을 위해 늘 기도를 드렸다"고 회고했다. 288) 이와 같이 한인기독교회의 설립 목적은 애국적 사회참여형 기독인을 양성하려는 것이었다. 다시 말해 신앙과 삶이 유리된 것이 아니라, 신앙과 삶의 일치를 지향한 것이었다.

한인기독교회는 단순한 종교 공동체를 뛰어넘는 하와이 한인의 사회·역사 공동체로서의 성격을 지니고 있었다. 먼저 한인기독교회는 1938년 4월 24일 한인기독교회 예배당 봉헌식에서 '앞으로 자라나는 자녀들을 위하여 백년대계를 세워주는 데는 예배당을 새롭게 건축하는 것이 가장 지혜롭다는

---

285) 한인기독교회」,『호항 한인기독교회 례배당 봉헌식 기념』(1938.4.24),『雩南李承晩文書(東文篇)』第十二卷, 175쪽 ; 유동식, 앞의 책, 111-112쪽.
286) 『태평양주보』no. 37(1931.6.20).
287) 曺惠子,「人間리승만」의 새傳記」10월호, 394쪽 ; 프란체스카 도너 리 지음·조혜자 옮김, 앞의 책, 122쪽.
288) 프란체스카 도너 리 지음·조혜자 옮김, 위의 책, 110-111쪽.

생각'으로 예배당 건축 위원회를 조직했다고 설립 취지를 설명했다.[289] 그리고 1938년 4월 24일 동지회는 한인기독교회 예배당 봉헌식에 "하나님을 경배하고 예배당을 우리의 성충을 묶어 지어 가지고 후손들에게 유물로 주는 것을 깊이 하례하나이다"[290]는 축하 메시지를 보냈고, 대한인부인구제회도 "하와이 전체 한족의 자랑거리인 기독교 예배당 낙성식을 축하하나이다"[291]는 축하 메시지를 전한 것이 그 사례다. 특히 이승만의 지지 기반이었던 동지회, 대한인부인구제회와 한인기독교회는 상호 밀접한 관련이 있었다.[292] 1944년 2월 23일 대한인부인구제회 제20차 대표회가 한인기독교회 예배당에서 개회되었으며,[293] 1944년 2월 27일 대한인부인구제회 제20차

....

289) 「예배당 건축 연혁에 대하여」, 『호항 한인기독교회 례배당 봉헌식 기념』(1938.4.24), 『雩南李承晚文書(東文篇)』第十二卷, 176쪽.

290) 「축하 한인기독교 배레당 건축」, 『호항 한인기독교회 례배당 봉헌식 기념』(1938. 4.24), 『雩南李承晚文書(東文篇)』第十二卷, 193쪽.

291) 「축하 한인기독교 배레당 건축」, 『호항 한인기독교회 례배당 봉헌식 기념』(1938. 4.24), 『雩南李承晚文書(東文篇)』第十二卷, 193쪽.

292) 이승만과 대한인부인구제회의 상호 관계는 대한인부인구제회가 이승만 개인에게 지출한 금액을 통해서도 파악된다. 대한인부인구제회 예결산 보고에 의하면, 총 지출 금액 중 1935년 제13차 대표 회의에서는 48%, 1945년 제21차 대표회에서는 45%, 1953년 제30차 대표회에서는 38%가 이승만 개인에게 지급되었다(「하와이 雩南李承晚文書(東文篇)』第十二卷, 422, 472, 511-512쪽). 한편 총지출에서 이승만 개인의 비중이 낮은 경우에도 다른 운영비와 비교하면 비중이 낮은 것은 아니었다. 1936년 제14차 대표회의 총지출 111원 50전 중 '리박사 성탄비'로 10원이 지출되었지만, 중앙부 임원 경비는 8원에 불과했다. 1952년 제29차 대표회의 총지출 1,958원 중 '대통령 생일금'과 '대통영 성탄 연금'으로 279원 50전이 지출된 반면, '중앙부장 영접 경비'는 14원 55전이었고, '중앙부 임원 경비'는 9원이었다(「하와이 대한인부인구제회 대표회 회의록」(제29차 대표회, 1952.2.15), 『雩南李承晚文書(東文篇)』第十二卷, 430, 504쪽). 해방 이후에도 대한인부인구제회는 이승만에 대한 후원을 지속했다. 1951년 제28차 대표회의 총지출 3,748원 85전 중 '대통령 탄일 선물'로 50원을 지출했다. 1957년 제34차 대표회의 총지출 4,668원 50전 중 '대통령 선사비'로 9원을 지출했다(「하와이 대한인부인구제회 대표회 회의록」(제34차 대표회 제2차 속회, 1957.2.8), 『雩南李承晚文書(東文篇)』第十二卷, 495, 529쪽).

293) 「하와이 대한인부인구제회 대표회 회의록」(제20차 대표회, 1944.2.23), 『雩南李承晚文書(東文篇)』第十二卷, 462쪽.

대표회 제2차 속회가 동지회 회관 내에서 개최되었다.[294]

1938년 4월 24일 완공한 한인기독교회 예배당의 건축비는 한인기독교회에 의하면, 19,000원이었는데 건축 과정에서 '서양 친구들에게 연보를 청하니 왜스터벨트 박사의 5천 원을 필두로 다대한 금액이 들어오게 되었'다는 지적처럼 미국 기독교계의 재정적 지원을 받고 있었다.[295] 또한 1926년 1월 4일-10일 개최된 하와이 대한인기독교회 제8회 평신도대표 회의에서 한인기독교회의 운영 방침이 자치와 자립이라고 표명했지만, 현실적으로 '백인 친구들(미국 기독교 후원자-인용자)'의 재정적 지원과 후원에 기대려는 모습도 보인다.[296] 이는 한인기독교회가 기반을 잡고 성장해 나가는 데 미국 기독교계의 재정적 후원이 결정적이었음을 의미하는 동시에 이승만이 현실적으로 절대적 기독교관에서 벗어날 수 없는 요인이 되기도 했다.

이승만은 한인기독교회의 창립과 운영 과정에서 기독교 정신인 포용과 박애보다는 대립과 갈등의 중심에 서 있었다. 1918년 신립교회 창립 과정에서 호놀룰루 제일한인감리교회에서 이승만을 지지하는 교인들이 떠났는데, 이는 하와이 한인 교회와 한인 사회가 대립 분열하는 단초가 되었다.[297] 때문에 제일한인감리교회 제직회는 이승만에게 1918년 11월 8일 "본 교회에서 임원회에 의결한 바 座下가 본 교회를 배반하고 章程을 어긴 고로 좌하의 所帶 탁사 임무를 면허하고 3삭 동안에 본 교회로 돌아오기를 기다리기로 하엿사오니 照亮하시오"라고 하여 제일한인감리교회로 복귀하라는 강경한 경고장을 보내기도 했다.[298] 이 사건 이후 제일한인감리교회와 이승만과의 불편

---

294) 「하와이 대한인부인구제회 대표회 회의록」(제20차 대표회, 제2차 속회, 1944.2.27), 『雩南李承晚文書(東文篇)』第十二卷, 464쪽.

295) 「예배당 건축 연혁에 대하여」, 『호항 한인기독교회 례배당 봉헌식 기념』(1938.4.24), 『雩南李承晚文書(東文篇)』第十二卷, 176쪽.

296) 「서문」, 『하와이 대한인기독교회 제8회 평신도대표 회의록』(1926.1.4.-1.10), 『雩南李承晚文書(東文篇)』第十二卷, 91쪽.

297) 유동식, 앞의 책, 109쪽 ; 김원용 지음·손보기 엮음, 앞의 책, 46쪽.

298) (하와이 미이미교회 제일예배당 제직회)〉?이승만, 1918.11.8), 柳永益·宋炳基·李

한 관계는 회복되지 못하고 해방 이후에도 앙금으로 남게 되었다.[299] 또한 1931년 2월 19일 개최된 한인기독교회 제13회 정기 총회에서 이승만를 지지하는동지회 측 교인들이 한인기독교회를 미국 감독교회에 부속시키려 했다는 이유로 이용직 목사를 파면하자, 이용직 목사를 지지하는 대한인교민단 측 교인들이 소송을 제기하면서 법정 공방으로 비화했다. 이 두 파 간의 분쟁에 이승만은 깊이 관련되어 있었다.[300]

한편 올리버에 따르면, 신립교회 창립 이후 줄곧 이승만이 무교파에 속한 이유는 "종파를 초월한 교회를 조직하는 것을 의무로 느끼고 있었다"고 하여 한인 동포 기독교도의 초교파적 통일과 연대 때문이었다.[301] 그러나 이승만은 이러한 이상을 포기했을 뿐만 아니라, "교회 조직 속에 정치성이 개입되면서 점차 직업적인 교인들을 불신하게 되었으며 규칙적인 교회 참석을 단념하고 홀로 예배를 드리는 습관을 갖게 되었다"[302]고 하여 현실의 교회 공동체가 가지고 있는 모순을 적극적으로 해결하지 않고 회피하는 모습을 보여주었다. 하지만 이는 인간이 타자와의 분리가 아니라 타자와의 깊은 관계 속에서 연대감을 이루며 살도록 창조된 존재임을 거부하는 것이었다.[303]

明來·吳瑛燮 編,『李承晚 東文 書翰集』下, 연세대학교 출판부, 2009, 353쪽.

[299] Robert T. Oliver, op. cit., p. 125. 이승만은 1905년 4월 23일 워싱턴 D.C.의 커버넌트 장로교회에서 세례를 받았고, 하바드대 재학 시절에는 캠브릿지(Cambridge)의 엡워스(Epworth) 감리교 감독교회의 교인이었고, 귀국 후에는 서울 정동감리교회에 교적을 두었다("Autobiography of Dr. Syngman Rhee",『핏치 문서철』, p. 18. ; Ibid., pp. 124-125.).

[300] 金度亨,「1930년대 초반 하와이 한인사회의 동향-소위 '교민총단관 점령사건'을 통하여-」,『한국근현대사연구』9, 한국근현대사학회, 1998, 226-229쪽.

[301] Robert T. Oliver, op. cit., p. 125.

[302] Ibid., p. 125.

[303] 신옥수·백충현 옮김, 앞의 책, 276쪽.

2. 언론·문서선교 활동

이승만은 언론·문서선교의 방략에 의지해 언론·문서선교 활동을 전개했다. 이승만의 언론·문서선교 활동은 첫째, 『태평양잡지』·『태평양주보』 간행을 통한 언론선교 활동, 둘째, 번역서 간행을 통한 문서선교 활동으로 구분된다.

첫째, 이승만은 『태평양잡지』·『태평양주보』운영·발간을 통해 언론선교 활동을 전개했다. 호놀룰루 한인감리교회는 1905년 11월부터 『포와한인교보(Hawaiian Korea n Advocate)』라는 월간 잡지를 발간했다. 이승만은 1913년 8월 26일 호놀룰루 한인감리교회에서 운영하는 한인기숙학교 교장으로 임명되자, 이 잡지를 1913년 9월 30일 『포와한인교보』와 『태평양잡지(The Korean Pacific Magazine)』로 분리하여 호놀룰루 한인감리교회의 인쇄기를 이용하여 발행했다. 전자는 주일 성경 공과를 게재하는 교회보였으며, 후자는 논설, 하와이 교회 소식, 감리교 청년회 소식, 독자들의 기고문 등을 실었다.[304]

이승만이 1918년 한인기독학원과 한인기독교회를 설립하여 미국 감리교 선교부와 결별한 이후에는 『태평양잡지』를 자체 인쇄기를 마련하여 한인기독학원에서 발행했다.[305] 그는 1921년 동지회를 조직한 후에는 『태평양잡지』를 동지회의 기관지로 만들어 동지회에서 발간했다. 이 잡지는 1930년 12월 13일 『태평양주보(太平洋週報: Korean Pacific Weekly)』로 이름을 바꾸고 주간으로 발행하다가 1970년 2월 폐간되었다.[306] 그는 『태평양잡지』의 초대 주필로서[307] 지면을 통해 한인 동포들에게 기독교 신앙과 애국심을

---

304) 이덕희, 「하와이의 한글 언론, 1904-1970」, 211쪽 ; 이덕희, 「이승만과 하와이 감리교회, 그리고 갈등: 1913-1918」, 『한국기독교와 역사』21, 한국기독교역사연구소, 2004, 114-115쪽.

305) 이덕희, 「이승만과 하와이 감리교회, 그리고 갈등: 1913-1918」, 116쪽.

306) 이덕희, 「이승만과 하와이 감리교회, 그리고 갈등: 1913-1918」, 116쪽 ; 이덕희, 「하와이의 한글 언론, 1904-1970」, 212, 219쪽.

고취시켰다.[308]

이승만이 『태평양잡지』·『태평양주보』를 통해 전개한 언론선교 활동의 목적은 애국적 사회참여형 기독교인을 육성하는 것이었다. 이러한 모습은 한인기독교회의 설립 목적과 관련한 언급에서 확인할 수 있다. 1930년 한인기독교회 목사로 초빙된 이용직(李容稷)은 재정난을 이유로 한인기독교회를 미국 감독교회에 넘기려 했다. 이에 대해 1931년 『태평양주보』의 주필은 이승만이 한인기독교회를 설립한 목적은 '하와이 한인 예수 종교로 하여금 먼저 조선화를 시키는 것이 우리 조선 운동에 제일보로 아신 것'에 있다고 하면서 격렬히 반발했다.[309] 이 사건에 대해 이승만은 동년 6월 20일 『태평양주보』에서 한인기독교회는 '한족의 장래 복리를 줄 만한 교회를 기초잡아 한인의 주장으로 한인의 소유로 발전시키는 목적'으로 설립했다고 밝혔다.[310] 즉 이승만이 한인기독교회를 설립한 취지는 애국적 사회참여형 기독교인을 양성하여 독립운동의 기틀을 삼으려는 데 있었다. 그리고 그는 이러한 선교 목적을 전취하기 위해 『태평양잡지』·『태평양주보』와 같은 언론을 적극적으로 이용했다.

둘째, 이승만은 번역서 간행을 통해 문서선교 활동을 전개했다. 이승만은 1910년 4월 19일 언더우드에게 보낸 편지에서, 기독교 서적을 한글로 번역

---

307) 국사편찬위원회, 「해제」, 『태평양잡지·태평양주보 색인』, 國史編纂委員會, 2005, 5쪽. 『태평양잡지』는 1913년 9월부터 1930년 11월까지 총 17년 3개월 동안 발행되었다. 그러나 자금난과 이승만의 개인 사정 등으로 인해 12년 이상 동안 휴간 상태에 있었기 때문에 실제 발간된 호수는 그리 많지 않다. 현존하는 『태평양잡지』를 대본으로 『태평양잡지』의 발간 시기를 구분하면 대략 3시기로 나뉘어진다. 제1기(1913.9-1918.12) 전반에는 이승만이 발행·집필·편집을 도맡아 담당했고, 후반에는 지인들이 주필을 맡았다. 제2기(1923.3-1925)에는 구미위원부와 동지회의 영향 하에 이승만의 측근들이 발간했다. 제3기(1930.3-1930.12)에는 동지회의 영향 아래 이승만의 측근들이 발행했다(오영섭, 「1910-1920년대 『태평양잡지』에 나타난 이승만의 정치사상」, 46쪽).

308) 유영익, 『이승만의 삶과 꿈』, 104쪽.

309) 태평양주보』no. 36(1931.6.13) ; 『태평양주보』no. 37(1931.6.20).

310) 태평양주보』no. 37(1931.6.20).

하는 문서선교 활동에 관심이 있다고 밝혔다.[311] 그는 1910년 10월 10일 귀국하여[312] 황성기독교청년회(皇城基督敎靑年會, 한국YMCA)를 지도했다. 귀국 뒤 그는 서울 종로에 있는 황성기독교청년회(한국YMCA)의 학생부·종교부 간사[313]로서 임명되어 귀국 후 처음 약 6개월 동안은 서울에서 학생운동을 지도했다.[314] 그는 매주 일요일 오후에는 성경반을, 매주 토요일에는 학생YMCA 연합 토론회를 개최하는 등 종교·교육 활동을 전개했다.[315] 그리고 그는 1911년 5월 16일부터 6월 21일까지 한국YMCA 미국인 총무 브로크만(Frank M. Brockman)과 함께 전국 순회 전도 여행을 다녔다. 이승만은 전국 순회여행을 통해 지방 미션 학교들에 학생YMCA를 조직하는 데 성공했다.[316]

---

311) (Syngman Rhee)〉Horace G. Underwood, 1910.4.19), *The Syngman Rhee correspondence in English*: 1904-1948, Volume1, p. 1.

312) 이승만은 1910년 9월 3일 뉴욕 港을 떠나 런던, 파리, 베를린, 모스크바를 거쳐 시베리아 횡단열차를 타고 바이칼 호수, 만주, 압록강, 평양을 거쳐 10월 10일 서울에 도착했다("Autobiography of Dr. Syngman Rhee", 『핏치 문서철』, p. 21. ; Robert T. Oliver, op. cit., pp. 115-116. ; 曹惠子, 「人間리승만'의 새傳記」9월호, 244쪽).

313) 이승만의 공식 직함은 한국YMCA의 자료뿐만 아니라 다른 대부분의 자료에서도 학생부·종교부 간사로 나타난다(曹惠子, 「人間리승만'의 새傳記」9월호, 244쪽 ; 전택부, 『한국 기독교청년회 운동사』, 157-158쪽 ; 「人間李承晚百年」64회(博士傳道師), 『한국일보』(1975.6.18). 그러나 유영익은 1910년 5월 23일자 질레트(Philip L. Gillett)의 편지와 1910년 5월 27일 그레그(George A. Gregg)의 편지를 근거로 이승만의 직책이 한국YMCA의 미국인 총무 질레트(Philip L. Gillett)와 동격인 '한국인 총무'(Chief Korean Secretary)라고 기록했다(유영익, 『이승만의 삶과 꿈』, 78쪽). 이러한 차이는 한국YMCA가 미국에 있는 이승만에게 '한국인 총무'(Chief Korean Secretary)의 직책을 제안했지만, 이승만이 귀국한 후에는 애초의 약속과 달리 학생부·종교부 간사의 직책을 맡겼던 데 있을 것으로 생각된다.

314) 전택부, 『한국 기독교청년회 운동사』, 157-158쪽 ; 「人間李承晚百年」64회(博士傳道師), 『한국일보』(1975.6.18).

315) S. Rhee, "Child Life in Korea", *The Korea Mission Field*, Mar 1912, p. 98. ; 전택부, 『한국 기독교청년회 운동사』, 157-158쪽 ; 「人間李承晚百年」64회(博士傳道師), 『한국일보』(1975.6.18).

316) "Autobiography of Dr. Syngman Rhee", 『핏치 문서철』, p. 21. ; 전택부, 『한국 기독교청년회 운동사』, 158-159쪽 ; 전택부, 『이상재 평전』, 범우사, 1985, 118-119쪽 ; 孫

이승만은 한국YMCA의 학생부·종교부 간사로 재직하면서 1911년 5월 7일 YMCA 국제위원회 총무 모트(John R. Mott: 穆德)의 저서 『학생 청년회의 종교상 회합(*Religious Depart ment of the Student Association*)』을,[317] 1911년 10월 5일 『학생 청년회 회장(*The President of the Student Young Men's Christian Association*)』을,[318] 1911년 10월 13일 『신입 학생 인도(*WORK FOR NEW STUDENTS*)』을 번역·발행했다.[319] 이 번역서들은 모트(John R. Mott)의 저작물이긴 하지만, 이승만 자신의 당면 관심과 필요에 의해 취사선택되었다. 따라서 이 번역서들을 통해 한국YMCA 시절 이승만이 어떤 인재상을 육성하고자 했는지 살펴보자.

먼저 이승만은 이들 번역서를 통해 번역 동기, 기독교 학생 청년회의 이념, 회장의 자격 등을 설명했다. 그는 『신입 학생 인도』 「신입 학생 인도 서문」에서 '지금 우리나라에 학생 청년회가 처음 시작되는 때를 당하야 이 책에서 배워 모본할 것이 매우 많기로 번역'[320]한다고 그 이유를 밝혔다. 또한 그는 『학생 청년회 회장』에서 기독교가 학생 청년회의 이념이라고 명시했다. 즉 그는 학생 청년회 회장이 갖추어야 할 기본 소양으로 성령의 감화를 받는 것과[321] 기도의 생활화를 들었다.[322]

그리고 이승만은 기독교 학생 청년회 회합의 목적은 기독교 전도라고 밝혔다. 그는 전도하기 전에 학생 청년회 회원들이 성경 말씀과 기도와 성신의 충만함을 구하는 것이 선행되어야 한다고 강조했다.[323] 이후 그는 학생 청

世一, 「李承晚과 金九」, 『月刊朝鮮』(2003.5).

[317] 雩南李承晚文書(東文篇)』第三卷, 557쪽.

[318] 雩南李承晚文書(東文篇)』第三卷, 583쪽.

[319] 『雩南李承晚文書(東文篇)』第三卷, 616쪽.

[320] 「신입 학생 인도 서문」, 『신입 학생 인도』, 『雩南李承晚文書(東文篇)』第三卷, 588쪽.

[321] 「회장의 자격」, 『학생 청년회 회장』, 『雩南李承晚文書(東文篇)』第三卷, 565쪽.

[322] 「회장의 마땅히 준비할 것」, 『학생 청년회 회장』, 『雩南李承晚文書(東文篇)』第三卷, 570쪽.

[323] 「회원의 주의할 것」, 『학생 청년회의 종교상 회합』, 『雩南李承晚文書(東文篇)』第三卷, 550쪽.

년회 회원들이 '천국을 이 세상에 확장하는 사업',324) 즉 불신자 학생들을 전도해야 한다고 밝혔다.325) 그는 학생 청년회 회원들은 단순히 전도로 끝나는 것이 아니라 전도 이후에도 전도한 학생을 지속적 관리를 해야 한다고 주장했다.326) 한편 그는 1913년 『한국교회핍박』에서 한국YMCA 학생부·종교부 간사 시절 전도 사업에 주력한 결과 세계 청년회 중에서 한국 청년회가 영혼 구원 사업에 가장 분투한다는 호평을 받았다고 회고했다.327)

이승만은 기독교 전도에서 학생 청년회 회장의 책임이 가장 중요하다고 주장했다. 이는 그가 학교 졸업 후에는 영혼 구원 사업을 할 기회가 거의 없을 것이라고 판단했기 때문이었다.328) 따라서 그는 학생 청년회 회장은 어렵고 낙심될 때에도 믿음을 가지고 고난을 극복해야 한다고 권고했다.329)

이승만은 구체적 기독교 전도 방략으로 간증, 모델링 등을 제시했다. 그는 복음회를 개최할 때 유명 인사를 초청하여 간증하는 방법이 효과적이라고 제시했다.330) 동시에 그는 기존의 학생 청년회 회원들이 신규 학생 청년회 회원들의 모델이 되라고 권고했다.331) 특히 그는 신규 회원 양성의 구체적 방략을 제시했다. 예컨대 그는 입학 후 초기 몇 주일 동안 전도하지 못한 학생은 뒤에도 전도하기 어렵기 때문에 이 시기가 가장 결정적 시기임을 유념하라,332) 조직은 새 학기 시작 전에 완전히 마쳐라,333) 무슨 방법을 사용하던

---

324) 「회합의 범위와 성질」, 『학생 청년회의 종교상 회합』, 『雩南李承晚文書(東文篇)』第三卷, 538쪽.
325) 「회합의 범위와 성질」, 『학생 청년회의 종교상 회합』, 『雩南李承晚文書(東文篇)』第三卷, 536쪽.
326) 「신입생 인도하는 의무」, 『신입 학생 인도』, 『雩南李承晚文書(東文篇)』第三卷, 589쪽.
327) 이승만, 『한국교회핍박』, 199쪽.
328) 「학생 청년회 회장」, 『학생 청년회 회장』, 『雩南李承晚文書(東文篇)』第三卷, 561쪽.
329) 「회장의 자격」, 『학생 청년회 회장』, 『梨雩南李承晚文書(東文篇)』第三卷, 564쪽.
330) 「회합의 범위와 성질」, 『학생 청년회의 종교상 회합』, 『梨雩南李承晚文書(東文篇)』第三卷, 536쪽.
331) 「회원의 주의할 것」, 『학생 청년회의 종교상 회합』, 『雩南李承晚文書(東文篇)』第三卷, 548쪽.
332) 「신입생 인도하는 의무」, 『신입 학생 인도』, 『雩南李承晚文書(東文篇)』第三卷,

지 모든 신입생들을 개학 후 며칠 안에 청년회에 입회하도록 권하라고 했다.[334] 한편 이러한 전도 방식과 현재 한국 교회 전도 방식이 유사한 것으로 보아 현재 한국 교회의 전도 방식은 이승만과 그의 제자들에게 영향을 받았을 것으로 추측된다.

이러한 전도 방략을 토대로 이승만은 한국YMCA의 학생부·종교부 간사 시절 애국적 사회참여형 기독교인을 육성하고자 했다. 그는『학생 청년회의 종교상 회합』「회원의 주의할 것」에서 '대져 기도의 능력은 다만 구하는 데만 있지 아니하고 그 구하는 마음을 가지고 자기가 실상으로 행하는 데 있나니'[335]라고 하여 기독교 학생 청년회 회원은 개인 구원을 넘어선 민족 구원을 위한 실천적 자세를 갖추어야 한다고 강조했다.

3. 미국 기독교계를 활용한 외교 독립운동

이승만은 기독교계활용론에 의거해 외교 독립운동을 전개했다. 이승만의 미국 기독교계를 활용한 외교 독립운동은 첫째, 기독교도 윌슨(Thomas Woodrow Wilson)에 대한 개인 차원의 외교·선전 활동, 둘째, 미국 기독교계를 활용한 대미 선전 활동 및 여론호소 활동으로 나누어 볼 수 있다.

첫째, 이승만은 기독교도 윌슨에 대한 개인 차원의 외교·선전 활동을 전개했다. 그는 1912년 6월 19일 민주당 대통령 후보로 출마한 뉴저지 州 주지사 윌슨에게 한국 해방을 위한 성명서에 동의 서명해 달라고 간청했으나 완곡히 거절당했다.[336] 이에 대해 이승만은 "현상 유지의 정치보다는 정의·인도의 미래를 위하여 나와 내 조국의 편에 서주기를 바란다"[337]고 기독교도

591-592쪽.
333) 「신입생 인도하는 의무」, 『신입 학생 인도』, 『雩南李承晚文書(東文篇)』第三卷, 593쪽.
334) 「신입생 인도하는 의무」, 『신입 학생 인도』, 『雩南李承晚文書(東文篇)』第三卷, 606쪽.
335) 「회원의 주의할 것」, 『학생 청년회의 종교상 회합』, 『雩南李承晚文書(東文篇)』第三卷, 548쪽.
336) 徐廷柱, 앞의 책, 208-209, 212쪽.

윌슨의 양심에 호소했다. 이승만은 1918년 11월 25일 미국 대통령 윌슨에게 보낸 편지에서 일제에 의한 학교의 기독교 교육 금지, 기독교 예배의 감시와 교회에 대한 차별 등을 언급하여 기독교도 윌슨의 주의를 환기시킨 후 '정의 의 재판관이자 평등권의 옹호자인 윌슨'이 조미수호조약 제1조 제2항의 거 중조정 조항과 민족자결주의(1918. 1. 8)의 원칙에 따라 한국의 독립을 지원 해 달라고 호소했다.[337]

한편 1918년 말 파리강화회의가 개최된다는 소식이 재미 한인사회에 전 해지자, 대한인국민회 중앙총회는 1918년 11월 25일 이승만·정한경·민찬 호 3인을 파리강화회의에 한인 대표로 파견키로 결정했다. 이 내용을 전보 로 받은 이승만은 비자 문제로 1919년 1월 6일에야 호놀룰루를 떠나 2월 3일 필라델피아에 도착하여 서재필과 정한경을 만났다. 이 자리에서 이승만은 자신은 처음부터 파리강화회의에서 한국의 독립 문제를 해결할 수 있을 것 이라고 기대하지 않았다고 하면서, 성공 여부가 불투명한 파리 행보다는 2월 중순 잠시 파리에서 귀국할 예정인 윌슨을 만나 '한번 말이라도 건네볼 생각' 이라고 밝혔다.[339]

이처럼 이승만은 파리강화회의에 대한 기대보다는 기독교도 윌슨에 대한 개인 차원의 외교·선전 활동을 모색했다. 따라서 그는 1919년 2월 25일자로 윌슨 대통령에게 보낼 청원서를 작성했다. 이 청원서는 위임통치 문제로 논 쟁을 일으키기도 했지만, 그는 이 청원서에서 특히 일제의 억압적 기독교 정 책을 언급하여 기독교도 윌슨의 주의를 유도한 후 조미수호조약 제1조 제2 항의 거중조정 조항과 민족자결주의(1918. 1. 8)의 원칙에 따라 한국의 독립 을 지원해 달라고 호소했다.[340] 이승만은 1919년 3월 3일 대통령 비서실장

---

337) 曺惠子, 「'人間리승만'의 새傳記」 9월호, 253쪽.
338) (Syngman Rhee)〉Woodrow Wilson, 1918. 11. 25), *The Syngman Rhee correspondence in English*: 1904-1948, Volume1, pp. 56-57.
339) 고정휴, 『이승만과 한국독립운동』, 319-321쪽: 정병준, 앞의 책, 150-155쪽.
340) (Syngman Rhee)〉Woodrow Wilson, 1919. 2. 25), *The Syngman Rhee correspondence in English*: 1904-1948, Volume1, pp. 64-65.

튜멀티(Joseph Tumulty)에게 대통령을 잠깐만이라도 만나 이 청원서를 직접 제출하고 싶다고 밝혔지만, 윌슨은 응답하지 않았다.[341] 이승만은 1919년 4월 30일 파리강화회의에 참석 중인 미국 대통령 윌슨에게 '대한민국임시정부 내각 의장(President of the Cabinet the Provisional Government of the Republic of Korea)' 명의로 보낸 공문에서 한국이 독립되어야만 자유로운 기독교민주주의를 발전시킬 수 있다고 주장했다.[342] 이승만은 1919년 6월 27일 파리강화회의에 참석하고 있던 윌슨 대통령에게 보낸 서한에서 일제는 "기독교에 일격을 가하고자 학교에서 어떠한 종교의식을 거행하는 것도 금지하였고, 그 대신 한국인들에게 '천황' 위패를 숭배하도록 강요했다"고 기독교도 윌슨의 주의를 환기시킨 후, 한국의 독립을 청원했다.[343]

한편 1919년 4월 개최된 필라델피아 한인자유대회에서 샤트(Alfred J. G. Schadt) 교수는 미국 대통령 윌슨도 한국의 독립을 지원할 것이라 확신한다고 하였으며,[344] 딘(James J. Dean) 신부도 윌슨 대통령의 위대한 지성에서 나온 진리와 정의의 힘을 신뢰하자고 역설했다.[345] 이 대회에 참석한 이승만도 윌슨의 민족자결주의를 거론하며 한국의 독립을 지원해 달라고 요청했다.[346]

이처럼 1919년 파리강화회의의 종결 직전까지도 이승만과 미국 기독교계는 기독교도 윌슨의 양심을 신뢰하여 윌슨에 대한 개인적 외교·선전 활동을 지속했다. 즉 그들은 '기독교도 윌슨'과 '미국 대통령 윌슨'을 등치시켜 인식함으로써 '미국 대통령 윌슨'이 한국의 독립을 지원할 것이라고 판단했다. 그러

---

341) 정병준, 앞의 책, 157쪽.
342) (Syngman Rhee)〉Woodrow Wilson, 1919.4.30), *The Syngman Rhee correspondence in English*: 1904-1948, Volume1, p. 106.
343) 「미국 대통령 윌슨에게 거중조정을 요청하는 서한」(1919.6.27), 『대한민국임시정부자료집』18, 2007, 15쪽.
344) 元聖玉 옮김, 제1일 오전회의(1919.4.14), 132-133쪽.
345) 元聖玉 옮김, 「James J. Dean 신부의 연설」제2일 오전회의(1919.4.15), 151-154쪽.
346) 元聖玉 옮김, 「미국인에게 호소함」제1일 오후회의(1919.4.14), 120, 140-142쪽.

나 이는 '기독교도 윌슨'도 '미국 대통령 윌슨'이라는 한계 안에서 행동할 수밖에 없다는 사실을 망각한 순진한 기대에 불과했다. 때문에 기독교도 미국 대통령 윌슨을 이용한 개인 차원의 외교·선전 활동은 실패할 수밖에 없었다. 1919년 파리강화회의 종결 직후 이승만이 평소 '정의의 평화 건설자'로 알고 있던 윌슨 대통령이 '열강의 세력 균형을 위하여 한국의 독립을 희생'시켰기 때문이었다.[347] 이는 미국의 국익을 앞세울 수밖에 없는 냉엄한 국제 관계에 대한 이해 부족의 결과였으며, 방향 전환이 필요했다. 따라서 이승만은 제2장 1절에서 살펴본 것처럼 우호적 대미관에서 用美的 대미관으로 전환했다. 특히 그는 파리강화회의 종결을 계기로 선한 양심을 소유한 기독교도와 자국의 이익을 우선시하는 미국 대통령을 분리하여 인식하기 시작했다.

이런 관점에서 그는 이후에도 '미국 대통령 윌슨'이 아닌 '기독교도 윌슨'에 대한 기대는 저버리지 않았다. 왜냐하면 그는 기독교도의 양심에 대한 무한한 신뢰를 가지고 있었기 때문이었다. 이러한 이승만의 판단은 비교적 정확했다고 생각된다. 파리강화회의 종결 직후인 1919년 7월 10일 윌슨 대통령이 미 상원에 제출한 '국제연맹 규약(Covenant of League of Nations)'에서 일제의 한국 지배를 인정했지만, 당초 윌슨 대통령이 상원에 제출한 '국제연맹 규약'(시안)에는 약소민족의 자결권과 평등권이 명시되어 있었다. 그런데 이것이 파리강화회의에서 열강의 반대에 직면하자 삭제되고 연맹국들의 기득권만 인정하는 조항으로 변질되었기 때문이다.[348]

둘째, 이승만은 미국 기독교계를 매개체로 미국 정부·의회·언론·일반 미국인을 상대로 한 선전 활동 및 여론호소 활동을 전개했다. 1916년 11월 13일 하와이 정부에 등록된 한인여자학원의 정관에 의하면, 이사장은 이승만, 이사로는 『에드버타이저(*Advertiser*)』의 사장 마테손(R. O. Matthewson), 호놀룰루 조합교회(Congregational Church)의 에드만(John P. Erdman) 목

---

347) Robert T. Oliver, op. cit., p. 143.
348) 고정휴, 『이승만과 한국독립운동』, 373쪽.

사, 제일감리교회(First Methodist Church) 목사 부인 로프보로(Mrs. Anna H. Roofbourow), 호놀룰루의 유명한 사업가의 부인인 워터하우스(E. B. Waterhouse) 등이 등재되어 있다. 이승만이 한인여자학원의 이사진에 하와이의 저명한 백인들을 포함시킨 것은 그들이 한인여자학원과 한국의 독립운동에 도움을 줄 수 있을 것이라고 판단했기 때문이었다.[349] 이승만은 1918년 9월 한인기독학원을 설립하면서 자신이 이사장을 맡고, 『The Pacific Commercial Advertiser』의 편집인 마테손(R. O. Matthewson), 에드만(John P. Erdman) 목사, 제일감리교회 목사 부인 로프보로(Mrs. Anna H. Roofbourow) 등 당시 하와이 사회의 유력한 미국인들로 이사진을 구성했는데, 이는 한인기독학원에 대한 후원과 독립운동에 대한 지원을 얻으려는 포석으로 추측된다.[350] 이승만은 1919년 말과 1920년 초 영국에 머무르던 게일(James S. Gale)에게 편지를 보내 영국의 유력 인사와 맥켄지(Frederick A. McKenzie)를 접촉하여 영국에서 우호적 대한 여론을 조성하는 선전 작업을 하라고 부탁했다.[351] 1919년 8월 25일 한국의 독립 외교 및 선전 활동과 미주 한인들로부터 독립운동 자금을 모집하기 위해 이승만이 집정관 총재 명의로 설치한 구미위원부(Korean Commission to America and Europe)는[352] 1921년 7월 현재 미국 안에 한국친우회(The League of the Friends of Korea) 21개 지부와 영국 런던 및 프랑스 파리에 각각 1개씩의 지부를 조직하고 회원 2만 5천 명을 확보하여 한국의 독립을 지원했다.[353] 또한 구미위원부는 前대한제국 고문·밀사 헐버트(Homer B. Hulbert) 선교사와 주한 선교사로 활동했던 벡(S. A. Beck) 목사를 선전원으로 고용해 미국 여러 도

[349] 이덕희, 앞의 책, 252-253쪽.
[350] 최영호, 앞의 논문, 80-81쪽.
[351] (Syngman Rhee)〉James S. Gale, 1919-1920), *The Syngman Rhee correspondence in English*: 1904-1948, Volume1, p. 240.
[352] 高珽烋, 「大韓民國臨時政府 歐美委員部(1919-1925) 硏究」, 103쪽.
[353] 高珽烋, 「大韓民國臨時政府 歐美委員部(1919-1925) 硏究」, 198-201쪽 ; 고정휴, 『이승만과 한국독립운동』, 363-371쪽.

시에서 순회 강연을 하도록 했다.354) 이승만은 1941년 5월 6일 중국에서 활동하던 미국 장로교 선교사 피치(George A. Fitch)에게 보낸 편지에서 곧 출간될 『일본군국주의실상』를 『교회관리(*Church Management*)』라는 기독교 잡지에 광고로 실었다고 밝혔다. 그 이유는 대다수 기독교 목사들이 이 잡지를 구독하기 때문이라고 밝혔다.355) 주미외교위원부 위원장 이승만은 1941년 11월 29일 중국에서 활동하던 미국 장로교 선교사 피치(George A. Fitch)에게 보낸 편지에서 중국 정부가 임정을 승인할 수 있도록 협조해 달라고 부탁했다.356)

한편 1919년부터 1922년 구미위원부 산하의 필라델피아통신부에서 발행한 『한국평론(*Korea Review*)』357)에 실린 기사를 분석해 보면, 이 시기 이승만이 미국 기독교계를 매개체로 미국 언론·일반 미국인을 상대로 한 선전

....

354) (S. A. Beck) 〉Syngman Rhee, 1920. 2. 16), T*he Syngman Rhee correspondence in English*: 1904-1948, Volume2, p. 343. ; *Korea Review*, Ⅱ-2(1920. 4), "Prof. Hulbert's Speaking Tour in Western States in Korea's Interest", pp. 15-16. ; *Korea Review*, Ⅱ-8(1920. 10), "Here and There", p. 13.

355) 「이승만이 George A. Fitch에게 보낸 서한」(1941. 5. 6), 『대한민국임시정부자료집』 43, 2007, 370쪽.

356) 「이승만이 George A. Fitch에게 보낸 서한」(1941. 11. 29), 『대한민국임시정부자료집』 43, 2007, 381쪽.

357) 『한국평론(*Korea Review*)』은 서재필의 주관 하에 구미위원부 산하 필라델피아통신부[필라델피아통신부는 1919년 4월 한인자유대회가 개최되었을 때 서재필의 제안과 국민회 중앙총회의 재정지원에 의해 설립되었다. 당시의 명칭은 '대한공화국 통신부'(The Bureau of Information for the Republic of Korea)로서, 미국 내에서 일제의 왜곡 선전에 대항하여 한국문제에 대한 공정한 여론을 조성하는 것을 목표로 했다. 이를 위해 통신부는 『한국평론(*Korea Review*)』과 한국친우회(The League of the Friends of Korea)의 조직 확장에 노력했다. 3·1운동 후 독자적인 선전 활동을 전개했던 필라델피아통신부는 워싱턴에 구미위원부가 설립되자 그 관할 하에 놓이게 되었다(고정휴, 『이승만과 한국독립운동』, 108-100쪽)]에서 1919년 6월부터 1922년 7월까지 발행한 영문 월간잡지였다. 3·1운동 후 미주 한인사회의 가장 유력한 선전매체로서 초기에는 국민회 중앙총회, 1919년 9월부터는 구미위원부의 자금 지원을 받아 발간되었다. 미국 정부 기관과 대학·교회 등에 무료로 배포하고 일반 독자들로부터는 구독료를 받았다(고정휴, 『이승만과 한국독립운동』, 108-109, 358쪽).

활동 및 여론호소 활동의 전형적 사례를 엿볼 수 있다. 예컨대 1920년 1월 11
일 메사추세츠 州 보스턴 집회를 살펴보면, 집회 장소는 교회이며, 근처 대학
의 한인 유학생들이 참여하며, 한국 사정을 호소하는 연설이 있은 후, 한국친
우회가 결성되고 한국 문제에 대한 결의안이 채택되는 순서로 진행되었다.
그리고 보스턴 지역의 신문이나 방송에 집회와 관련된 기사가 실렸다. 강연
내용은 대체로 3·1운동으로 표출된 한국인의 독립의지와 이에 대한 일제의
야만적 탄압(특히 기독교도 박해), 그리고 조미수호조약에 따른 미국의 우호
적이며 공정한 개입 촉구 등이 중심을 이루었다. 독립된 한국에는 미국과 같
은 형태의 국가가 수립될 것임을 강조하기도 했다.[358]

　한편 이승만은 1942년 9월 중순 한국 태생 미국인 장로교 선교사 전킨
(Reverend Edward Junkin) 목사의 초대연에서 올리버를 만났다. 이승만의
목적은 자신의 대미 외교·선전 활동에 올리버의 대민 홍보 경력과 연설문
작성 능력을 이용하려는 데 있었다.[359] 이승만은 올리버에게 홍보·선전 관
련 업무를 맡아달라고 부탁하였고,[360] 이후 올리버는 이승만의 전폭적인 지
원과 신뢰 아래 공보 고문으로 활동했다.[361] 올리버는 이승만과 한국을 선전
하는 방법으로 미국의 기독교계를 적극적으로 이용했다. 예컨대 올리버는 기
독교계의 목사와 교회 직원들이 구독하는 「교회관리(*Church Management*)」
와 「기독교세기(*Christian Century*)」등 기독교 잡지에 투고하였으며,[362] 한
국 홍보 자료를 가톨릭 잡지인 「*Commonweal*」에 게재했다.[363]

....

[358] *Korea Review*, II-1(1920.3), "Korean Meeting in Boston", "Korea Clings to Hope
　　for Freedom", p. 15. ; 고정휴, 『이승만과 한국독립운동』, 353-354쪽.

[359] 고정휴, 「올리버, 이승만의 충실한 대변인이자 로비스트」, 『내일을 여는 역사』 여름
　　호, 도서출판 선인, 2006, 158쪽.

[360] Robert T. Oliver, op. cit., pp. 183-184.

[361] 李承晚이 Robert T. Oliver에게 보낸 편지」(1947.12.22), 『大韓民國史資料集』28,
　　1996, 399쪽.

[362] Robert T. Oliver, *Syngman Rhee and American involvement in Korea*, 1942-1960,
　　p. 116, 128.

[363] Robert T. Oliver, *Syngman Rhee and American involvement in Korea*, 1942-1960,

해방 이전 이승만의 미국 기독교계를 활용한 대미 선전 활동 및 여론호소 활동은 1919년-1920년 한국친우회 활동에서 보듯 어느 정도 성과를 거두었다고 할 수 있다. 1919년-1920년 한국친우회의 미국 기독교계를 활용한 선전 활동 및 여론호소 활동의 결과, 1919년 10월 1일부터 1920년 3월 18일까지 몇 차례에 걸쳐 한국에 대한 독립동정안이 미국 상·하원에 상정되었다. 그러나 최종적으로 1920년 3월 18일 상원에 제출된 한국 독립동정안은 34대 46으로 부결되었다.[364] 이는 미국 선교부 지도자들이 정교분리 원칙을 고수하면서 이러한 운동을 방관했음에도,[365] 정의와 동정이라는 기독교적 가치를 현실에 구현하고자 한 개별 기독교인들의 헌신에 힘입은 것이다. 그러나 대다수 개별 기독교인들조차도 정교분리의 원칙하에 단순히 기독교적 양심과 동정 차원에서 이승만의 활동을 후원한 것이기 때문에, 미국의 기독교계를 활용해 한국의 독립을 보장받으려는 이승만의 궁극적 목적은 성공할 수 없었다. 따라서 이승만의 미국 기독교계를 활용한 대미 선전 활동 및 여론호소 활동에 기반한 그의 외교 독립 노선도 결국은 실패할 수밖에 없었다.

해방 이후에도 이승만은 외교·선전 활동에 대한 확고한 믿음을 견지했다. 그는 자신의 정책을 관철시키기 위해 공식적인 외교 경로를 이용하기도 했지만, 동시에 언론에 성명을 발표하여 미국과 세계 여론의 지지를 획득하고자 했다.[366] 이승만은 1945년 올리버에게 보낸 편지에서 미국에서 올리버

---

p. 128.

364) 고정휴, 『이승만과 한국독립운동』, 376-379쪽.

365) 이승만은 1941년 5월 6일 중국에서 활동하던 미국 장로교 선교사 피치(George A. Fitch)에게 보낸 편지에서 『일본군국주의실상』을 프래밍 H. 레벨 社(Fleming H. Revell Co.)에서 출간할 예정이라고 하면서, 이 출판사는 주지하다시피 선교위원회와 연결되어 있다고 밝혔다. 이승만은 자신은 선교위원회에 부담을 주지 않기를 원하지만, 그들 중 일부에게는 가능한 한 강력한 타격을 주기를 바란다고 하여 미국 선교부 지도자들의 정교분리 원칙에 대한 강한 불만을 표출했다(이승만이 George A. Fitch에게 보낸 서한」(1941.5.6), 『대한민국임시정부자료집』43, 2007, 370쪽).

366) Robert T. Oliver, *Syngman Rhee and American involvement in Korea*, 1942-1960, pp. 188-189.

가 전개하는 여론선전 활동은 한반도에서 소련을 몰아내는 것만큼 중요하다 격려했다.367) 1946년 이승만의 미국 방문(1946.12.7-1947.4.21) 직전 김구가 반탁 의지를 과시하기 위해 폭동을 일으키자고 제안하자, 이승만은 폭동 과정에서 미군들이 죽게 되면 미국의 도움을 받을 수 없다고 거부했다. 그는 실현 가능한 독립의 유일한 방안은 "미국 국민의 후의에 호소하는 데 있다"고 주장했다.368) 그는 1950년 12월 22일과 1951년 2월 14일 올리버에게 한미협회를 재조직하여 미국 여론의 지원을 얻으라고 지시했다.369) 그는 1951년 1월 11일 올리버에게 보낸 편지에서 일본인들은 "약삭빠른 외교와 선전을 통하여 항상 자기들이 원하는 것을 얻지만, 한국인들은 선전의 가치를 모른다"고 개탄했다.370) 올리버에 의하면, 이승만은 오랜 세월 동안 언론선전 활동을 전개한 경험을 통해 여론의 효과를 깊이 신뢰했다. 때문에 대통령에 당선된 뒤에도 신문 보도에 지속적으로 관심을 가졌다.371)

이러한 인식 하에 해방 이후에도 이승만은 미국 기독교계를 매개체로 미국 정부·의회·언론·일반 미국인을 상대로 한 선전활동 및 여론호소 활동을 지속했다. 그가 이러한 활동을 한 목적은 해방 이전에는 미국 기독교계를

---

367) 「李承晚이 Robert T. Oliver에게 보낸 편지」(1945.10.2), 『大韓民國史資料集』28, 1996, 54쪽.

368) Robert T. Oliver, op. cit., p. 229.

369) 프란체스카 도너 리 지음·조혜자 옮김, 『6·25와 이승만 ; 프란체스카의 난중일기』, 기파랑, 2010, 311-312, 439-440쪽. 이 책은 1950년 6월 25일부터 1951년 2월 15일까지 한국전쟁 중의 상황과 국내외 주요 사건에 대한 이승만과 프란체스카의 생각을 프란체스카가 일기 형식으로 기록했다. 이 책의 원본은 프란체스카가 쓴 영문 일기로, '비망록(Confidential Notes)' 또는 '프란체스카의 일기(Mrs Rhee Diary)'로 통용되고 있다(프란체스카 도너 리 지음·조혜자 옮김, 『6·25와 이승만 ; 프란체스카의 난중일기』, 8-10, 211쪽).

370) Robert T. Oliver, *Syngman Rhee and American involvement in Korea*, 1942-1960, p. 343.

371) Robert T. Oliver, op. cit., pp. 277-278. 해방 이후 이승만이 독재 정권을 유지하기 위해 자행한 언론 탄압은 이러한 인식에 힘입은 바 크다. 이승만의 해방 이후 언론 탄압에 대해서는 서중석, 『한국현대민족운동연구2 - 1948-1950 민주주의·민족주의 그리고 반공주의-』, 역사비평사, 1996, 265-266쪽을 참조.

활용해 일반 미국인과 언론의 친한 여론을 조성하는 한편, 이를 통해 미 의회와 미국 정부의 친일적 대한 정책을 변경시켜 한국의 독립을 지원받으려는 데 있었다.

하지만 해방 이후에는 이러한 목적이 변화했다. 해방 이후 이승만의 미국 기독교계를 활용한 대미 선전 활동 및 여론호소 활동의 목적은 세 가지로 정리될 수 있다. 우선 미국 기독교계를 활용해 미국의 군사, 경제 원조를 얻으려는 것이었다. 이승만은 1948년 10월 6일-8일 미국 오하이오(Ohio) 주에서 개최된 각 교파 해외선교부 연합회의에 보낸 전문에서, 미국 기독교계에게 학교와 병원의 건설, 그리고 다양한 분야의 인도적 활동에 대한 지원과 협조를 요청했다.372) 이승만은 1949년 스태거즈(John W. Staggers)에게 보낸 편지에서 미 의회에서 1억 5천만 달러의 대한 원조 법안이 부결된 것은 대미 여론선전 활동의 부족 때문이라고 지적한 후,373) 한미협회를 부활하고 회원을 증원시켜 선전 활동을 강화하라고 촉구했다.374) 그는 1949년 6월 주미대사 장면, 대통령 특사 조병옥, 그리고 윌리암스(Jay Jerome Williams)에게 미국의 군사 원조를 위한 미국 내 여론 선전이 무엇보다도 중요하다고 강조했다.375) 그는 1951년 1월 5일 주미대사 장면에게 미국의 천주교계를 이용하여 미국의 군사 원조를 받는 데 우호적 환경을 조성하라고 권고했다.376) 그는 1951년 3월 미상원 원목(院牧)인 해리스(Frederick Brown Harris)에게

372) Harold H. Henderson(Acting Secretary) to the Korea Mission, "President Syngman Rhee's Message to the Korea Missions Conference", 1948.12.1, RG 140-2-29, PCUSA, p. 1.

373) (Syngman Rhee)〉John W. Staggers, November 7, 1949), *The Syngman Rhee Presidential Papers*, File 00470014-00470015.

374) (Syngman Rhee)〉John W. Staggers, December 1, 1949), *The Syngman Rhee Presidential Papers*, File 00470023.

375) 「李承晩이 張勉·趙炳玉에게 보낸 비망록」(1949.6.24), 『大韓民國史資料集』29, 1996, 77쪽 ; 「李承晩이 Jay Jerome Williams 등에게 보낸 편지」(1949.11.22), 『大韓民國史資料集』29, 1996, 200쪽.

376) 「李承晩이 張勉에게 보낸 비망록」(1951.1.5), 『大韓民國史資料集』30, 1996, 3-4쪽.

트루먼 대통령과 상원의원들을 만나 대한 경제 원조가 성공할 수 있도록 노력해 달라고 부탁했다.[377]

둘째, 이승만 정권의 반공정책에 대한 지원을 받으려는 것이었다. 그는 반공정책은 反기독교 세력인 공산당과 싸우는 것이라는 논리를 제시했다. 그는 1947년 1월 4일-7일 오하이오 州 콜롬버스에서 개최된 미국 장로교의 회의에서 미국 기독교가 한국에서 이룬 지적, 정신적 개화를 파괴하려는 공산집단에 맞선 한국 정부와 한국 기독교인들을 지원해 달라고 호소했다.[378] 이승만은 1948년 10월 6일-8일 미국 오하이오(Ohio) 주에서 개최된 각 교파 해외선교부 연합회의에 보낸 전문에서, 미국 기독교계에게 "공산주의자들은 기독교를 멸절시키려고 하며 영적·지적 각성을 파괴하려고 한다"고 하면서 경제적·인도적 지원을 호소했다.[379]

이러한 논리에 기초해 이승만은 1957년 감리교 잡지 『TOGETHER』에 기고할 「이승만에 의한 기독교도의 정치 방식(Christian Statesmanship by Syngman Rhee)'」이라는 초안[380]에서 자신의 투옥과 개종 과정, 그리고 투철한 기독교 신앙을 표명하여 미국 기독교계와의 종교적 동질성을 강조한 후, 자신의 반공정책을 지지해 달라고 호소했다.[381] 한편 1956년 주미대사 양유찬(梁裕燦)은 기독교 잡지 『The Christian Herald』편집인 폴링(Daniel Poling)에게 보낸 편지에서 미국의 기독교인들이 소련의 反기독교 전제 정

---

377) 「李承晚이 金世旋에게 보낸 비망록」(1951.3.17), 『大韓民國史資料集』30, 1996, 131쪽.

378) The Foreign Missionary Boards and Committees, *Conference Report* (New York: E. O. Jenkin's Printing House, 1949), p. 61.(박정신, 「6·25전쟁과 한국기독교」, 유영익·이채진 편, 『한국과 6·25전쟁』, 연세대학교 출판부, 2003, 238쪽 재인용).

379) Harold H. Henderson(Acting Secretary) to the Korea Mission, "President Syngman Rhee's Message to the Korea Missions Conference", 1948.12.1, RG 140-2-29, PCUSA, p. 1.

380) 이 초안은 올리버가 기초했으며, 이승만이 감수했다[(????)〉Robert T. Oliver, June 26, 1957), *The Syngman Rhee Presidential Papers*, File 14210037.].

381) "Christian Statesmanship by Syngman Rhee"(June 12, 1957), *The Syngman Rhee Presidential Papers*, File 14210071-14210077.

치와 싸울 수 있도록 선전해 달라고 부탁했다.[382]

셋째, 이승만의 독재정치에 대한 미국의 反이승만 정서를 완화시키려는 것이었다. 그는 1953년 3월 임병직에게 보낸 비망록에서 부산 정치 파동 이후 조성된 야당 탄압을 중단하라는 미국의 요구에 대한 대응책으로 미국에서 홍보 인원을 새로 충원하여 친한 여론을 조성하라고 지시했다.[383] 그는 1953년 6월 자신의 휴전 협정 체결(1953.7.27) 반대 때문에 외국에서 反이승만 내지 反남한 정서가 생길 것을 우려하면서 외국 언론들이 한국의 실정을 이해하여 '왜곡보도'되지 않도록 해 달라고 호소했다.[384]

이러한 목적를 실현하기 위해 이승만은 해방 이후 미국 기독교계를 매개체로 미국 정부·의회·언론·일반 미국인을 상대로 한 선전 활동 및 여론호소 활동을 전개했다. 그는 1946년 11월 14일 올리버에게 보낸 편지에서 워싱턴에 있는 자기의 다른 동지들 특히 이승만 부부가 오래 다닌 파운드리 감리교회 목사이자 미상원의 원목(院牧)인 해리스(Frederick Brown Harris, 1883-1970)와 손잡고 일해 줄 것을 당부했다.[385] 그는 1952년 선교사 피치(Mrs. George A. Fitch) 부인이 『뉴욕 타임즈(The New York Times)』주필에게 쓴 한국 선전 기사에 감사를 표시하였으며,[386] 아메리칸대 총장 더글라스(Paul F. Douglass)에게 한국기독친우회(the Christian Friends of Korea)를 재조직하여 대미 여론선전 활동을 하라고 요청했다.[387] 이승만은 1952년 4월 23일부터 1주일간 샌프란시스코에서 열린 미 감리교 4년 총회에 서신을 보내, 1912년 3월 26일 미네아폴리스에서 개최된 [국제]기독교 감리회 4년

---

382) (You Chan Yang)〉Daniel Poling, February 22, 1956), *The Syngman Rhee Presidential Papers*, File 12370024-12370025.

383) 「李承晚이 林炳稷에게 보낸 비망록」(1953.3.10), 『大韓民國史資料集』32, 1996, 36쪽.

384) 이승만, 「외국 친우들은 언론이나 행동에 신중을 기하라」(단기 4286.6.11), 280쪽.

385) Robert T. Oliver, *Syngman Rhee and American involvement in Korea*, 1942-1960, p. 53.

386) 「李承晚이 林炳稷에게 보낸 편지」(1952.7.11), 『大韓民國史資料集』31, 1996, 229쪽.

387) 「李承晚이 林炳稷에게 보낸 비망록」(1952.9.19), 『大韓民國史資料集』31, 1996, 345쪽.

총회에 한국 대표로 참석했던 일을 회상하며 자신과 미국 기독교계와의 유대감을 피력했다.[388] 대통령 집권 시절 이승만은 내한했다가 미국으로 귀국하는 요르단(J. Fred Jordan) 목사 편으로 크리스마스 메시지를 보내 미국 언론에 공표하게 했다.[389]

그러나 해방 이후 전개된 이승만의 미국 기독교계를 활용한 선전활동 및 여론호소 활동은 그의 기대와는 달리 그 가시적 성과는 미미했다. 더욱이 그의 이러한 활동은 자국민의 생명권을 담보로 추진되었기에 정당화될 수 없었다. 예컨대 1953년 6월 부산에서 미국인 트럭 기사들이 한국 학생들에게 발포한 사건으로 반미 데모가 일어나자, 이승만은 그들도 우리와 같이 한국의 통일이라는 대의를 위해 피 흘리며 싸우고 있기 때문에 적의를 가져서는 안 된다고 주장했다.[390] 1953년 6월 주한 미군이 한국인 여학생을 흉기로 상해한 사건이 신문에 보도되자, 이승만은 경솔하게 이를 보도하여 양국 간의 우호 관계에 상처만 입힌다고 불만을 토로했다.[391] 그럼에도 해방 이후 이승만이 미국 기독교계를 활용한 선전 활동 및 여론호소 활동에 전력을 다한 것은 일반 미국인의 여론이 미국 정부의 정책을 변경시킬 수 있다고 확신했기 때문이다.[392]

---

[388] 「美宣敎部 東洋 總務 뿌럼보 博士 歡迎會 盛況」, 『監理會報』(1952.7), 6쪽.

[389] (Rev. J. Fred Jordan)〉Syngman Rhee, ?? ??, ????), *The Syngman Rhee Presidential Papers*, File 11610013.

[390] 「李承晩이 梁裕燦에게 보낸 비망록」(1953.6.12), 『大韓民國史資料集』32, 1996, 310쪽.

[391] 이승만, 「여학생 부상 보도 등에 관하여」(단기 4286.6.15), 267쪽.

[392] 「李承晩이 金世旋에게 보낸 비망록」(1951.4.19), 『大韓民國史資料集』30, 1996, 220쪽 ; 「비망록」(1951.6.21), 『大韓民國史資料集』30, 1996, 306쪽.

제4장

친기독교 정책과
기독교국가건설론의 실상

1. 친기독교 정책

기존의 연구들은 해방 이후 이승만이 해방 이전 꿈꾸어 왔던 기독교국가를 친기독교적 정책을 통해 구현했다고 평가했다.[1] 때문에 먼저 이승만의 친기독교 정책으로 거론되어 왔던 정책을 개관해 볼 필요가 있다. 대표적인 이승만의 친기독교 정책을 제시하면 다음과 같다. 즉 해방 이후 국가 의례·의식의 기독교식화, 크리스마스의 공휴일 지정, 국기 경례를 주목례로 대체, 형목(刑牧)·군목(軍牧) 제도 실시, 기독교인들의 정부 요직 기용, 기독교 언론 매체 지원, 개신교 선교사들에 대한 훈·포장 등의 '심리적-상징적인' 도움, 개신교에 대한 재정적 특혜 제공 및 방조 등을 예시했다.

이승만은 국가 의례·의식을 기독교식으로 진행했다. 그는 대통령 취임식 선서를 기도로 하는 등 국가 의례·의식을 기독교식으로 하는 관례를 수립했다.[2] 뿐만 아니라 1948년 10월부터 1949년 7월까지 거행된 세 차례의 국가적 장례식 중 두 차례가 기독교장으로 거행되었으며, 1956년의 '제1회 현충일 추도식'이 기독교식으로 진행되었다.[3] 그리고 그는 1949년 5월 24일 크리스마스를 공휴일로 지정했는데, 이는 이미 미군정이 1945년 10월 크리스마스를 공휴일로 지정했던 정책을 계승한 것이었다.[4] 또한 그는 해마다 성

----

[1] 김인서, 「이대통령의 건국대업」, 『基督公報』(1953.3.31) ; 유영익, 「이승만과 한국의 기독교」, 2005 ; 유영익, 「이승만 대통령의 업적」, 568쪽 ; 김홍수, 「기독교인 정치가로서의 이승만」, 2006 ; 전상인, 앞의 논문, 382-383쪽 ; 김형찬, 앞의 논문, 54-68쪽 ; 김홍수, 「이승만의 비전, 기독교국가 건설」, 2008 ; 강인철, 「대한민국 초대 정부의 기독교적 성격」, 108-116쪽 ; 이덕주, 앞의 논문 ; 박혜수, 앞의 논문, 43쪽 ; 강인철, 『종속과 자율: 대한민국의 형성과 종교정치』, 99-141쪽.
[2] 崔鍾庫, 「第一共和國과 韓國改新敎會」, 『東方學志』46·47·48輯, 연세대학교 국학연구원, 1985, 665쪽 ; 姜敦求, 앞의 논문, 38쪽 ; 강인철, 앞의 책, 186쪽.
[3] 강인철, 『종속과 자율: 대한민국의 형성과 종교정치』, 121-123쪽.

탄절 메시지를 발표했으며, 1953년 11월에는 성탄 선물과 크리스마스 카드를 많이 만들어 보내자는 담화를 발표했다.[5] 그밖에 그는 주일성수(主日聖守)를 관철시켰다. 주일성수란 하나님의 창조 사역을 기념하여 일요일을 온전히 예배에 참여하는 것으로, 일요일에 각종 국가 시험과 행사를 개최하는 세속권력과 충돌하는 쟁점이었다. 미군정은 애초 1948년 총선거를 일요일인 5월 9일로 정했으나, 기독교의 반대로 5월 10일로 연기했다.[6] 이승만은 1949년 7월 17일 '제헌절 1주년 기념식'이 일요일과 겹치자 7월 18일 월요일에 거행했다.[7]

이승만은 국기 경례를 주목례(注目禮)로 대체했다. 국기배례(國旗拜禮)는 대한민국 정부 수립 직후부터 시작된 것으로 보이지만, 쟁점으로 부각되어 공론화된 것은 1949년 봄부터였다. 1949년 5월 5일 경기도 파주군의 봉일천국민학교에서 국기배례를 우상 숭배라고 거부한 학생 42명이 무더기로 퇴학 처분을 받았다. 이에 대해 장로교와 감리교 대표 8명은 5월 6일 국무총리와 각 부처 장관을 만나 퇴학 처분의 부당성을 강조하면서 선처를 호소했다. 또한 대한예수교장로회 총회는 1950년 3월 국기배례 폐지와 주목례로의 대체를 요구하는 공개청원서를 이승만 대통령에게 제출했다. 1950년 4월 19일 개최된 감리교 총리원의 '이사-감리사 연석회의'에서도 국기배례 대신 주목례를 하자고 결정했다. 이 연석회의 직후인 1950년 4월 25일 정부는 국기배례를 주목례로 변경해달라는 개신교의 요구를 전격적으로 수용했다.[8]

---

4) 姜敦求, 위의 논문, 37쪽 ; 강인철, 앞의 책, 186쪽. 강인철, 「대한민국 초대 정부의 기독교적 성격」, 108-116쪽 ; 강인철, 『종속과 자율: 대한민국의 형성과 종교정치』, 107-110쪽.

5) 강인철, 위의 책, 186쪽.

6) 강인철, 『종속과 자율: 대한민국의 형성과 종교정치』, 126-127쪽.

7) 강인철, 『종속과 자율: 대한민국의 형성과 종교정치』, 127-128쪽.

8) 金良善, 『韓國基督教解放十年史』, 大韓예수教長老會總會 宗教教育部, 1956, 357쪽 ; 유호준, 『역사와 교회 - 유호준목사 회고록』, 대한기독교서회, 1993, 205-214쪽 ; 金容福, 앞의 논문, 195-196쪽 ; 강인철, 『종속과 자율: 대한민국의 형성과 종교정치』, 123-125쪽.

형목 제도(刑牧制度: 형무소 목사 제도)는 1945년 11월 27일-31일 서울 정동교회에서 열린 조선기독교남부대회(朝鮮基督教南部大會)에서 형무소에 목사를 파견 전도키로 결의하고 정부에 요구하기로 결정하였으며,[9] 바로 다음 달인 12월 당시 미군정청 인사 행정 처장이던 정일형(鄭一亨) 목사가 이를 수용함으로써 시작되었다. 이승만은 이를 계승하여 법무부 형정과(刑政科)의 초대 과장으로 장로교의 김창덕(金昌德) 목사를 임명했다. 전국 18개 형무소의 교무과장 직에 목사들이 임명되었는데, 이 가운데 장로교 목사가 13명, 감리교 목사가 5명이었다. 이들 형무소 목사들은 정식 공무원으로 임명되었다. 1956년 현재 전국 각 형무소에 교화목사(教化牧師) 20여 명이 배치되어 있었다. 이후 형목 제도는 정면 정권 하에서 개신교에 의한 독점을 이유로 무보수 촉탁 제도로 변경되었고, 1961년 12월 행형법이 개정되어 종파 교회 제도가 신설되면서 타종교에도 문호가 개방되었다.[10]

군목 제도(軍牧制度)는 한국 교회에서 먼저 1949년 봄부터 논의되었으나 정부는 예산이 부족하다고 난색을 표시했다.[11] 그러다가 1950년 9월 5일 한국 군대에도 군목을 두라는 맥아더 사령부의 메시지를 가지고 온 미군 군종부 문관 캐럴(George Carroll) 신부와 감리교 쇼우(William E. Show) 목사가 이승만에게 건의하면서 시작되었다.[12] 동년 9월 18일 감리교, 구세군, 성결

9) 「朝鮮基督教南部大會 重要決議件」, 『基督教公報』(1946.1.17). 1946년 1월 17일 창간된 『基督教公報』는 조선기독교회(朝鮮基督教會)의 기관지였다. 『基督教公報』는 1951년 12월 26일 『基督公報』로 복간되었다가, 1970년 『韓國基督公報』로 제호가 바뀌었다 (이덕주, 「한국 기독교 신문·잡지 개관」, 한영제 편, 『한국 기독교 정기 간행물 100년』, 기독교문사, 1987, 44-45쪽 ; 서정민·이제향, 「자료설명/한국기독교 정기간행물 100년」, 한영제 편, 『한국 기독교 정기 간행물 100년』, 75쪽).

10) 金良善, 앞의 책, 109쪽 ; 강인철, 「미 군정기의 국가와 교회」, 217-218쪽 ; 강인철, 앞의 책, 187쪽.

11) 유호준, 앞의 책, 243-244쪽.

12) 유호준, 앞의 책, 243-244쪽 ; 김순권, 「목회학적으로 조명해 본 군대목회와 민간목회」, 대한예수교장로회군선교부 편, 『군선교신학』, 대한예수교장로회총회출판국, 1990, 317쪽 ; 윤선자, 「6·26 한국전쟁과 군종활동」, 『한국기독교회와 역사』 14, 한국기독교 역사연구소, 2001, 151쪽.

교, 장로교, 천주교 대표들은 '군종제도추진위원회'를 조직하고 천주교의 캐럴 신부, 장로교의 한경직(韓景職) 목사, 감리교의 유형기(柳瀅基) 목사를 대표로 선출했다.[13] 이들은 다음 날 이승만을 방문하여 6·25전쟁은 반공 사상전이므로 사상 계몽이 필요하다고 하면서 군목 제도의 설치를 촉구했다.[14]

이에 이승만은 예산 부족과 다른 종교에서도 군종 활동을 요구할 것이라고 우려하면서도 군종 활동 경비를 각 교단에서 부담한다면 군목 제도를 설치할 수 있을 것이라고 밝혔다. 1950년 9월 25일 쇼우 목사와 캐럴 신부는 다시 이승만을 방문하여 피복 식량은 군에서 담당하고, 군목 활동 경비는 각 교단에서 부담한다는 조건으로 군목 제도 설치를 약속받았다.[15] 이러한 과정을 거쳐 군목 제도는 1951년 2월 7일 「육본 일반명령 제31호」로 설치되었다. 처음에는 무보수 촉탁의 신분으로 장로교 14명, 감리교 10명, 성결교 4명, 천주교 1명 등 총 32명의 목사들이 육군에 입대했다. 1952년 6월 군목의 신분은 무보수 촉탁의 신분에서 유급 문관으로 격상되었다. 1954년 1월 12일 군종감실(軍宗監室)이 설치되면서 동년 12월 13일 현역 장교로 임명되었다. 군목의 업무는 교회 예배, 종교 도덕 교육, 사상 지도, 신앙 지도, 인격 지도, 문화 교양 지도 등이었다. 1955년 현재 총 352명의 군목이 활동했다.[16]

군목 제도의 설치로 개신교와 천주교는 군대 선교의 기틀을 마련하였으나 다른 종교들은 이런 혜택을 누리지 못했다. 기독교가 군목 제도를 실시하자 불교도 강력하게 군승제도(軍僧制度) 설치를 요구했지만 무위로 끝나고 불교가 군승 제도를 실시한 것은 1968년 9월이었다. 결국 군목 제도는 한국 교

---

13) 김순권, 위의 논문, 318쪽 ; 全澤鳧, 『韓國敎會 發展史』, 韓國基督敎出版社, 1993, 318쪽 ; 윤선자, 위의 논문, 154쪽.
14) 윤선자, 위의 논문, 154쪽.
15) 유호준, 앞의 책, 243-250쪽 ; 김순권, 앞의 논문, 316-318쪽 ; 全澤鳧, 『韓國敎會 發展史』, 318쪽 ; 윤선자, 위의 논문, 147-167쪽.
16) 金良善, 앞의 책, 108-109쪽 ; 김순권, 위의 논문, 315-319쪽 ; 全澤鳧, 『韓國敎會 發展史』, 318-319쪽 ; 강인철, 앞의 책, 187-188쪽.

회가 이승만 정부로부터 특혜를 받았다는 점을 의미한다.[17]

　기독교인들의 정부 요직 기용은 미군정 시기부터 시작되었다.[18] 1946년 12월부터 1947년 8월까지 임명된 미군정 각 부처의 초대 한국인 국장 13명 가운데 7명(54%)이 개신교 신자였으며, 이들은 전원 미국 유학파였다. 초대 차장 9명 중 4명(44%)이 개신교 신자, 1명이 천주교 신자였다. 이는 해방 당시 남한 개신교 신자가 10만 명 정도로 인구 대비 비율이 약 0.52%라고 할 때 과대표 되었다고 할 수 있다.[19]

　이승만 정부에서도 이러한 추세는 지속되었다. 1948년 초대 내각에서 정·부통령과 국무총리를 제외한 21개 부서장 가운데 9명(43%)의 기독교인이 각료로 임명되었다. 자유당 집권기 정부 요직에 기용된 사람들의 종교는 개신교 39.2%, 천주교 7.4%, 불교 16.2%, 유교 17.6% 등이었다. 제1공화국 시기 19개 부처 장·차관 242명 중 개신교는 38%를 차지했는데, 각 부처의 장관 135명만을 대상으로 할 경우 개신교는 47%에 달했다.[20] 이는 이승만 집권기 남한 총인구에서 기독교인이 10% 미만이었다는 점을 감안하면 기독교인이 정부 내에 과(過)대표 되고 있었음을 의미한다.[21]

　이승만은 기독교 언론 매체를 지원했다. 1945년 11월 16일 한국 최초의 개신교 일간신문인 『국민신문(國民新聞)』이 창간되었다. 1948년 1종, 1949년 1종, 1951년 2종, 1955년에 3종의 개신교 신문이 창간되었다.[22] 또한 기

---

17) 유호준, 앞의 책, 250-253쪽 ; 김흥수, 「기독교인 정치가로서의 이승만」, 420쪽.
18) 강인철, 「미 군정기의 국가와 교회」, 224-226쪽. 해방 이후 일제시기 한국에서 활동하다 추방되었던 선교사들과 그들의 2세들이 미군정의 고문이나 관리로 대거 입국했다. 이들과 미군 내에 있던 다수의 군종 목사나 신부들은 기독교인들을 미군정의 고위 관리로 임명하는 데 중요한 역할을 수행했다. 물론 기독교인들이 미국 유학 경력과 영어에 능숙했다는 점도 고려되었다(강인철, 「미 군정기의 국가와 교회」, 218-224쪽).
19) 강인철, 「미 군정기의 국가와 교회」, 225쪽 ; 강인철, 앞의 책, 249-250쪽.
20) 김흥수, 「한국 기독교의 현실정치 참여의 유형과 역사」『神學思想』78輯, 한국신학연구소, 1992, 619쪽 ; 강인철, 위의 책, 176-177쪽.
21) 유영익, 「이승만 대통령의 업적」, 568쪽.
22) 이덕주, 「한국 기독교 신문·잡지 개관」, 앞의 책, 42-44쪽.

독교방송(CBS)은 미국의 각 교파 연합 매스컴위원회(RAVEMCO)의 자금으로 1948년 12월 한국기독교연합회(NCC)가 방송국 설립을 추진하면서 태동하기 시작하여, 1949년 6월 15일 정부로부터 승인을 받았다. 그러나 한국전쟁으로 그 계획이 보류되었다가 1954년 12월 15일 한국 최초의 민간 방송을 시작했다. 또한 1956년 12월 복음주의연맹선교회(TEAM)가 공산권 선교를 목적으로 극동방송국을 설립했다.[23] 그리고 이승만은 1947년 3월부터 1954년 12월 15일 기독교방송(CBS)이 개국할 때까지 일요일마다 국영 중앙방송국(서울방송국)에서 기독교 선교 방송을 하는 것을 묵인했다.[24]

이승만은 개신교 선교사들에 대한 훈·포장 등의 '심리적-상징적인' 도움을 제공했다. 그는 1950년 3월 1일 한국의 독립에 기여한 해리스(Frederick Brown Harris) 목사에게 대한민국 최고훈장을 수여했다.[25] 그는 1952년 1월 8일 핏취(George A. Fitch) 선교사에게 최초의 문화훈장을 수여했다. 이후 애비슨(Oliver R. Avison), 윌슨(R. M. Wilson), 애덤스(E. Adams), 스미스(J. C. Smith), 뷀켈(H. Voelkel) 부부, 루츠(D. Lutz) 등 수많은 개신교 선교사들이 정부로부터 훈·포장, 표창, 감사장, 명예시민증서를 받았다.[26]

이승만은 개신교에 재정적 특혜를 제공하거나 이를 방조했다. 1957년 12월 19일 대한민국 재무부는 연간 300만 달러에 달하는 종교불(宗敎弗)의 계정간이체(計定間移替)를 허용했다. 종교불은 미국 교회로부터 한국의 개신교회들이 달러화로 원조를 받은 것이다. 이로써 종교불의 실질적인 계정 간 이체가 가능하여 개신교회는 재정적 특혜를 제공받았다.[27] 특히 이승만은

23) 鄭淳日, 『한국 방송의 어제와 오늘』, 나남, 1991, 26쪽 ; 全澤鳧, 『韓國敎會 發展史』, 319쪽 ; 강인철, 「해방 후 한국 개신교회와 국가, 시민사회(1945-1960)」, 한국사회사연구회 편, 『현대 한국의 종교와 사회』, 文學과知性社, 1992, 124쪽 ; 강인철, 『종속과 자율: 대한민국의 형성과 종교정치』, 116쪽.

24) 大韓民國建國十年誌刊行會, 『大韓民國建國十年誌』, 大韓民國建國十年誌刊行會, 1956, 534쪽 ; 강인철, 『종속과 자율: 대한민국의 형성과 종교정치』, 114쪽.

25) 강인철, 『종속과 자율: 대한민국의 형성과 종교정치』, 129쪽.

26) 金良善, 앞의 책, 122-125쪽 ; 강인철, 앞의 책, 172쪽.

기독교세계봉사회(Church World Service) 한국위원회가 한국전쟁 중 기독교세계봉사회의 구호 물자와 구호금을 종파를 차별하지 말고 동등 분배하라는 권고를 무시하고 기독교인들에게 더 많이 배분되는 것을 묵인했다.28) 또한 이승만은 1950년대 후반 그의 모교인 배재학당의 배재대학 설립 추진 지원과 일제시기 간사로 활동했던 한국YMCA의 YMCA회관 재건 운동에 참여했다.29)

이와 같은 친기독교적 정책으로 이승만은 미국의 지지와 한국 기독교의 지지를 받고자 했다.30) 이에 대해 기독교계는 1952년 7월 26일 한국기독교연합회(NCC)의 명의로 '기독교선거대책위원회(基督教選擧對策委員會)'를 조직하여 제2대 대통령 선거(1952.8.5)에서 이승만을 대통령으로 선출하자고 화답했다.31) 1956년 제3대 대통령 선거 때에도 기독교계는 초교파적인 '정부통령 선거추진 기독교도중앙위원회'를 구성하여 이승만을 지지하는 성명서를 발표하는 등 선거 운동에 나섰다.32) 1960년 제4대 대통령 선거에서도 기독교 지도자들은 범교단적으로 '기독교선거대책위원회'를 만들어 이승만을 지원했다.33)

27) 강인철, 위의 책, 172쪽 ; 강인철, 『종속과 자율: 대한민국의 형성과 종교정치』, 133-134쪽.
28) 김흥수, 「한국전쟁 시기 기독교 외원단체의 구호활동」, 『한국기독교와 역사』23호, 한국기독교역사연구소, 2005, 109-110쪽.
29) 강인철, 『종속과 자율: 대한민국의 형성과 종교정치』, 130쪽.
30) 강인철, 위의 책, 162-163쪽.
31) 「基督教界 渾然 一體! 大統領에 李承晚博士 推戴決議」, 『基督公報』1952년 8월 4일자 ;「全國基督教徒에게 告함」, 『基督公報』(1952.8.4) ; 金容福, 앞의 논문, 202쪽 ; 姜敦求, 앞의 논문, 39쪽 ; 노길명, 앞의 논문, 9쪽.
32) 강인철, 『종속과 자율: 대한민국의 형성과 종교정치』, 296쪽.
33) 강인철, 『종속과 자율: 대한민국의 형성과 종교정치』, 297쪽.

2. 친기독교 정책의 성격

여기서는 이승만의 역할에 주목하면서 그의 친기독교 정책이 갖는 성격을 분석하고자 한다. 앞서 검토한 이승만의 기독교 정책이 피동적, 정략적, 당위적, 합리적, 특수적 차원에서 전개되었다는 점을 지적하고자 한다.

첫째, 친기독교 정책은 이승만이 능동적·주체적으로 입안하거나 추진한 것이 아니라, 추인하거나 사후 동의하는 형태를 취한 피동적 성격을 띠었다. 1956년의 '제1회 현충일 추도식'은 이승만이 주도한 것이 아니라 기독교 측의 지속적인 요구를 이승만이 수용한 것에 불과했다.[34] 1949년 5월 24일 크리스마스를 공휴일로 지정한 것은 미군정의 정책을 계승한 것이었다.[35] 즉 이승만의 친기독교 정책은 그의 적극적 관심과 의지로 추진된 것이 아니라 기독교계의 교세 확장 정책의 일환으로 추진된 사업들을 추수하거나 묵인한 것에 불과했다. 결국 해방 이후 추진된 친기독교 정책은 이승만이 기획하거나 주동하지 않았으며, 이를 정책화·구체화하려는 의도도 없었다. 때문에 그는 기독교계의 요구 조건을 자신의 정치적 입장에 따라 선별적으로 수용하는 피동적 자세를 취했다

둘째, 친기독교 정책은 이승만 자신의 종교적 신념보다 정략적 차원에서 추진되었다. 그는 1948년 총선거 선거일이 5월 9일이 일요일이라 기독교인들이 반대하는 것에 대해,[36] "日曜日이기 때문에 祈禱에 影響이 있다는 사람들은 아침에 選擧가 잘 되도록 祈禱하고 午後에 公正하게 投票하여 주기를 바란다"고 반박했다.[37] 그가 해마다 발표한 성탄절 메시지와 성탄 선물 그리고 크리스마스 카드 제작 등의 담화는 제2장 2절에서 살펴본 것처럼 예수 탄

---

34) 강인철, 『종속과 자율: 대한민국의 형성과 종교정치』, 123쪽.
35) 姜敦求, 앞의 논문, 37쪽 ; 강인철, 앞의 책, 186쪽. 강인철, 「대한민국 초대 정부의 기독교적 성격」, 108-116쪽 ; 강인철, 『종속과 자율: 대한민국의 형성과 종교정치』, 107-110쪽.
36) 「일요일인 총선거 기독교단체서 반대」, 『朝鮮日報』(1948.3.9).
37) 「總選擧對策案可決-獨促代表者大會 第二日」, 『東亞日報』(1948.3.20).

생의 의의를 기념하는 종교적 차원보다는 경제적 차원에서 접근했다. 그가 군목 제도를 설치한 것 역시 이것이 갖는 반공 이데올로기의 방파제[38]로써의 역할에 주목했기 때문이었다. 다시 말해 그는 북한 공산주의자들과의 전쟁에서 1920년대부터 축적된 교회의 반공을 필요로 했다.[39] 또한 그가 1948년 초대 대통령에 취임한 직후 기독교인 제헌국회 의원들과 교회 지도자들이 그를 방문하여 대통령과 기독교 지도자들 사이의 정기적 회견을 요청하였지만, 이승만은 이 건의에 대해 답변하지 않았다.[40] 이러한 태도는 그가 종교적 편향을 드러내지 않음으로써 타 종교와의 마찰을 피하려는 의도에서 취해진 것이었다.

이런 맥락에서 이승만은 개신교의 '형제 종교'인 천주교에 대해서는 우호적 협력에서 출발하여 경쟁적 협력을 거친 후 경쟁의 전면화 및 공공연한 대결로 자리매김했다. 양자의 관계 양상은 3시기로 구분된다. 즉 제1시기는 1948년 정부 수립 이후부터 '천주교 정치가' 장면이 국무총리직을 맡는 1951년까지의 '우호적 협력'기(1948-1951)이다. 이 시기 이승만은 천주교와 우호적 관계를 유지하면서 천주교 국가들과 국내 천주교의 지지를 얻고자 했다.

제2시기는 1952년 장면 대통령 추대 운동이 본격화되고 장면이 국무총리직에서 경질된 이후 민주당이 창당(1955.9.18)되는 1955년까지의 경쟁과 협력이 공존했던 '경쟁적 협력'기(1952-1955)이다. 이 시기 이승만은 한편으로는 천주교가 보여준 휴전 반대 운동과 미국 천주교회의 구호금품 원조 등에 고무되어 우호적 관계를 유지했으면서도, 다른 한편으로는 1951년 7월경부터 1952년 5월 말까지 야당 민국당과 원내 자유당 세력이 연대하여 차기 대통령 후보로 장면을 추진하려는 움직임이 포착되자 천주교로 '과도하게 동일시'되던 장면을 국무총리직에서 해임하면서 천주교와 소원해졌다.

---

38) 윤선자, 앞의 논문, 156쪽.
39) 김흥수, 「기독교인 정치가로서의 이승만」, 420쪽.
40) 金在俊, 「韓國敎會의 民主參與와 使命」, 『기독교 사상』4권 6호(1960.6), 대한기독교서회, 31쪽 ; 金容福, 앞의 논문, 203-204쪽.

제3시기는 1956년 장면의 부통령 출마와 당선 이후 이승만 정권 붕괴 시까지의 '경쟁의 전면화 및 공공연한 대결'기(1956-1960)이다. 이 시기 양자의 관계는 1956년 제3대 정부통령 선거에서 장면을 자신들과 동일시하던 천주교회 지도자들이 장면을 부통령으로 당선시키기 위해 총력을 다하면서 경쟁이 전면화 하고, 이후 직접적인 대결 양상을 띠면서 결국 천주교에서 운영하던 『경향신문』의 폐간(1959.4.30)으로 귀결되었다.[41] 심지어 이승만은 1960년 4월 21일 매카나기(Walter P. McConaughy) 주한 미국 대사에게 4·19혁명은 장면과 노기남(盧基南) 대주교가 정치적 목적을 달성하려고 천주교를 선동해서 발생한 것이라고 주장했다.[42] 결국 이승만의 천주교 정책은 신앙적 동질감에 기초했다기보다는 자신의 정권 유지에 얼마나 협조적이었느냐의 차원에서 추진되었다고 볼 수 있다.

한편 이승만은 불교에 대해서도 자신의 지지 여부와 정치적 위기 타개책이라는 차원에서 대처했다. 1954년 왜색 불교를 타파하고 한국 불교의 전통을 회복하려는 불교 정화운동이 일어났다. 불교 정화운동이 촉발된 결정적 계기는 1954년 5월 21일 이승만의 제1차 담화였다.[43] 담화의 요지는 교단과 사찰은 독신 비구니승이 담당하여 운영하고 대처승은 사찰 밖으로 나가라는 것이었다.[44] 이승만이 한국전쟁 무렵까지 다수파 대처측을 지원하여 오다가 한국전쟁 이후 갑자기 대처측을 배제하고 불교계의 분규에 직접 개입하여 소수파 비구니측을 지원한 이유는 대처측 정치 인사 다수가 민주국민당(1949.2.10일 창당)과 함께 反이승만 진영으로 합류하였고, 사사 오입 개헌(1954.11.29)을 추진하면서 야기된 정치적 위기를 타개하기 위해 여론의 관심을 다른 곳으로 돌릴 필요가 있었기 때문이었다.[45]

....

41) 강인철, 『종속과 자율: 대한민국의 형성과 종교정치』, 272-300쪽.
42) 이용원, 『제2공화국과 장면』, 범우사, 1999, 115-116쪽.
43) 불교 정화운동과 관련된 이승만의 담화는 1954년 5월 21일 제1차 담화를 시작으로 1955년 제5차 담화까지 지속적으로 발표되었다(역사비평 편집위원회, 『논쟁으로 읽는 한국사2(근현대)』, 역사비평사, 2009, 283쪽).
44) 이재헌, 앞의 논문, 6-7쪽.

이승만은 불교 정화운동과 관련하여 대처승은 왜승(倭僧)이라는 논리를 제시했다. 그는 1955년 6월 대처승은 일제의 한국 불교 말살 정책에 의해 파생되었기 때문에 기본적으로 "日人의 정신으로 일인의 불교를 따러가겠다"는 왜승(倭僧)이라고 규정했다. 따라서 그는 종권과 재산을 비구니에게 넘기라고 주장하는 담화를 발표했다. 이에 대해 대처승이 반발하자 그는 '종교는 자유이니 어떠케 못한다고 선전도 하고 일인 측에 언론도 내고 해도 다 소용이 업서지는 것이니'[46]라고 하여 대처승이 일본과 결탁해 있다는 친일 의혹을 제기했다. 그는 1955년 8월 5일 「倭色僧侶는 물러가라 李大統領 佛敎問題에 言明」에서 대처승은 친일 승려라는 등식의 논리를 제시했다.[47] 그가 불교계의 왜색 타파에 앞장섰던 것은 표면적으로는 반일주의와 반공주의를 내세우면서 사실은 정권의 지지기반이었던 친일 기독교 세력을 보호하기 위한 여론 무마용 희생양으로 불교를 이용한 측면도 있었다.[48]

셋째, 친기독교 정책은 기독교가 받은 '특혜'가 아니라 당위적이고 합리적 차원에서 추진되었다. 우선 당위적 차원에서 보면, 기독교 언론 매체의 창간과 선교 방송의 승인은 이승만이 준 특혜가 아니라 언론이 마땅히 누려야 할 언론의 자유를 보장한 것에 불과했다. 더욱이 선교 방송은 처음에는 개신교에게만 허용되었으나, 얼마 후 천주교, 불교, 천도교에게도 허용되었다.[49] 개신교 선교사들에 대한 훈·포장 등의 '심리적-상징적' 도움은 개신교도이기 때문에 받은 것이 아니라, 그들이 한국의 독립운동에 기여했기 때문에 받은 것이었다.

그리고 합리성 차원에서 보면, 1948년 대통령 취임식 선서를 기도로 한 것

45) 노치준·강인철, 「해방 후 한국사회 변동과 종교」, 『광복 50주년 기념 논문집』, 광복 50주년 기념사업회, 1995, 190쪽 ; 강인철, 앞의 책, 246쪽.
46) 이승만, 「불교 문제에 관하여」(단기 4288.6.16), 260-261쪽.
47) 이재헌, 앞의 논문, 7쪽.
48) 이재헌, 앞의 논문, 9쪽.
49) 강인철, 『종속과 자율: 대한민국의 형성과 종교정치』, 114쪽.

에 대해 제헌 국회의원 이재형에 의하면, 당시 절대 다수를 차지했던 비기독교인 제헌 국회의원들은 기도 자체를 기독교의 의식으로 받아들이지 않았다. 단지 해방된 조국 대한민국의 건국에 즈음한 기원으로 수용했다.[50] 1948년 10월부터 1949년 7월까지 거행된 세 차례의 국가적 장례식 중 기독교장으로 진행된 두 차례는 미군 희생자와 윤병구 목사 장례식이었고, 나머지 한 차례의 장례식은 김구의 장례식으로 일반적 관례에 따라 이루어졌다.[51] 즉 이 시기 거행된 두 차례의 기독교식 국가적 장례는 장례 대상이 기독교와 관련된 사람들이었기 때문에 기독교식으로 진행된 것이지, 친기독교 정책의 일환으로 추진된 것은 아니었다. 이승만 정권기 기독교인들의 정부 요직 기용의 과(過)대표 비율을 근거로 이승만이 자신의 기독교국가 건설 비전을 실현시켜 나갔으며 현실적으로는 기독교를 자신의 지지기반으로 삼으려 했다는 평가가 있으나,[52] 이는 평면적 평가에 불과하다. 기독교 국가의 건설 여부는 정책 집행자들의 종교별 통계의 점유율이 아니라 기독교적 정책의 현실 반영도로 가늠해야 하기 때문이다.

넷째, 친기독교 정책은 종교적 동질성보다는 개인적인 친소 관계에 따라 추진되었던 특수적 성격을 지녔다. 그의 배재대학 설립 추진 지원과 YMCA 회관 재건 운동 참여, 그리고 종교불의 계정간이체 허용은 그가 개인적 차원에서 맺은 친소 관계에 따라 배분된 것이다. 즉 그의 기독교 정책은 배재 동문이라는 학연과 일제 시기 한국YMCA 시절의 인연, 그리고 독립운동 시절 기독교계와 사적으로 맺은 인간 관계라는 특수한 차원에서 추진되었다.

이승만의 친기독교 정책이 이러한 성격을 지니고 있었기 때문에 해방 이후 이승만은 해방 이전과의 연속선 상에서 기독교국가를 건설하겠다고 다음과 같이 표명했지만,[53] 기독교국가 건설에 대한 구체적 정책을 제시하지 않

50) 송우, 「이재형 선생이 본 백사」, 『白史 李允榮 回顧錄』, 史草, 1984, 219쪽.
51) 강인철, 『종속과 자율: 대한민국의 형성과 종교정치』, 121-122쪽.
52) 김홍수, 「기독교인 정치가로서의 이승만」, 420쪽.
53) 현재까지 해방 이후 이승만의 기독교 관련 담화로 파악할 수 있는 자료는 9종류이다.

고 신앙 차원의 종교적 신념을 표현하는 데 그쳤던 것이다.

① 1945년 11월 28일 조선기독교남부대회(朝鮮基督敎南部大會) 주최
로 정동감 리교회에서 열린 임시정부 영수 환영회에서 이승만은 "하
나님의 말슴으로 磐石삼아 義로운 나라 세우기 爲해 邁進합시다"고
촉구했다.[54]

② 1946년 3월 1일 기미 독립 선언 기념 식사에서 이승만은 "韓民族이
하나님 의 引導 下에 永遠히 自由獨立의 偉大한 民族으로써 正義와
平和와 協助의 福을 누리도록 努力합시다"고 선언했다.[55]

③ 1948년 5월 29일 국회의장 자격으로 이승만은 "나는 빛나는 역사적
조국 재건과 독립 완수의 중책임을 다하기 위하여 (중략) 하나님과
순국선열과 3 천만 동포 앞에 삼가 선언"한다고 선서했다.[56]

④ 1948년 5월 31일 오전 10시 국회 개원식(오후 2시)에 앞서 국회 제1
차 회 의가 국회의장과 부의장을 선출하기 위해 열렸다. 이 회의에
서 이승만은 " 대한민국 독립 민주 국회 제1차 회의를 여기에 열게
된 것을 우리는 하나 님께 감사해야 할 것입니다. 오늘을 정한 것은
사람의 힘으로만 된 것이라 고 우리가 자랑할 수는 없습니다. 그러
므로 하나님께 감사를 드리지 않을 수 없습니다. 나는 먼저 우리가
다 성심껏 일어나서 하나님께 감사를 드릴 것을 제기합니다"고 했
다.[57]

그런데1948년 7월 20일 대통령 당선 소감은 중요한 담화임에도 하나님에 대한 언급이
전혀 없다[「南北統一 國權回復에 一路邁進 李大統領國會서 第一聲」, 『東亞日報』
(1948.7.21)].
[54] 李承晩, 「튼튼한 磐石 우에」, 『綠十字』[通卷 1號(第 1卷 1號)](1946.1), 綠十字社 文化
部 ; 『活泉』229호(1946.1), 기독교대한성결교회활천사, 4쪽 ; 姜興秀, 「建國의 礎石」,
『基督敎公報』(1946.1.17).
[55] 「李承晩博士 式辭」, 『大東新聞』(1946.3.2).
[56] 이승만, 「선서문-국회의장 자격」(단기 4281.5.29), 1쪽.
[57] 許 政, 앞의 책, 266-267쪽. 이어 이윤영(李允榮) 의원이 등단하여 "이 우주와 만물을
창조하시고 인간의 역사를 성립하시는 하느님이시여! 이 민족을 돌아보시고 이 땅에
축복하셔서 감사에 넘치는 오늘이 있게 하심을 주님께 저희들은 성심으로 감사하나이

⑤ 1948년 5월 31일 오후 2시 제헌국회 개원식에서 이승만은 "이날을 맞이하 여 우리는 먼저 전능하신 하느님께 감사드리고 두 번째로는 (1919년) 자기 생명을 바친 애국 남녀 동포에게 감사하고 세 번째로 는 우리의 우방 특히 미국과 국제연합에 대하여 감사해야 하겠습니 다"라는 소회를 피력했 다.58)

⑥ 1948년 7월 24일 대통령 취임식에서 이승만은 "여러 번 죽었던 이 몸 이 하 느님 恩惠와 同胞愛護로 지금까지 살아 있다가 오늘에 이와 같 이 榮光스로 운 推戴를 받는 나로서는 一邊 感激한 마음과 一邊 堪當 키 어려운 責任을 지고 두려운 생각을 禁하기 어렵습니다. (중략) 오 날 大統領 宣誓하는 이 자리에 하느님과 同胞 앞헤서 나의 職責을 다 하기로 한층 더 決心하며 盟誓합니다"고 밝혔다.59)

⑦ 1949년 11월 미국 감리교 선교본부의 브럼보(Thoburn Taylor Brumbaugh) 총무가 이승만을 방문해 기독교에 어떤 중요성을 부 여하고 있 느냐고 질문하자, 이승만은 "우리는 한국의 민주적 발전 에 대한 모든 희망 을 기독교 운동에 기초하고 있다. 우리가 다른 어 디에 희망을 걸 수 있겠는 가? 기독교 운동은 우리의 유일한 희망이 다"고 대답했다.60)

⑧ 1949년 12월 20일 송년사에서 이승만은 "자유를 사랑하고 독립권을 애호 하는 우리는 민주 정체의 기초를 공고히 세워서 동양의 모범적 인 민주국으 로 세계 평화와 자유를 보장하는 신성한 국가를 일우어 야 할지니"라고 했 다.61)

⑨ 1956년 4월 26일 「하느님의 뜻을 알고 합심하라」라는 담화에서 이

....

다"고 기도를 올렸다(송우, 『白史 李允榮 回顧錄』, 史草, 1984, 267-268쪽).

58) Robert T. Oliver, *Syngman Rhee and American involvement in Korea*, 1942-1960, pp. 171-172. ; 雩南實錄編纂會, 「國會開院式 議長 式辭」(1948.5.31), 541쪽.

59) 「國權回復의 歷史的 盛典」, 『東亞日報』(1948.7.25).

60) Rhodes and Campbell, *History of the Korea Mission*, Presbyterian Church in the U.S.A., p.386.(강인철, 『종속과 자율: 대한민국의 형성과 종교정치』, 105-106쪽 재인 용).

61) 이승만, 「조상의 피를 받들어 독립권을 애호하자-송년사」(단기 4282.12.20), 230쪽.

승만은 "전 국민은 남이 무엇이라고 하든지를 막론하고 하느님의 뜻을 알고 믿는 사람들이 결탁해서 모두 악한 것을 우리가 이긴다는 신념으로 잘해 나가야 될 것이다. 군인이 막강하게 되어 크리스도의 군인이 되고 또 민중은 신성 한 백성이 되어서 의로운 나라를 만들자"고 역설했다.[62]

한편 해방 이후 이승만이 제헌헌법에 규정된 종교의 자유와 정교분리[63]의 원칙을 형해화시키고 기독교를 '사실상의 국교'로 만들었다는 평가가 있다.[64] 하지만 이승만이 구상한 기독교국가는 기독교를 국교로 삼는 정교일치의 국가가 아니라, 기독교를 국민 교화의 근본으로 삼는 세속 국가였다.[65] 이승만은 1903년 『신학월보』에서 "정치와 교회를 특별히 구별하여 함께 혼잡되는 폐단이 없도록 만들었다"고 하였으며,[66] 1913년 『한국교회핍박』에서도 교회가 "정치적인 문제에 대해 관심을 끊고 질서를 지켜 영혼 구원 사업에만 종사하는 것이 기독교를 믿는 나라들의 통상적인 전통이라"고 밝혔다.[67] 그는 1957년 감리교 잡지 『TOGETHER』에 기고할 「'이승만에 의한 기독교도의 정치 방식(Christian Statesmanship by Syngman Rhee)'」이라는 초안에서 '종교의 자유에 대한 우리의 전통은 개별적인 전도를 제외한 모든 전도는 금지'하는 것이라고 밝혔다.[68] 즉 그는 정교분리의 원칙 하에[69] 기독

---

62) 이승만, 「하느님의 뜻을 알고 합심하라」(단기 4289.4.26), 172쪽.

63) 정교분리(政敎分離, Separation of Church & State)는 추상적으로 국가는 국민의 세속적 생활에만 관여할 수 있고 신앙적 생활은 국민의 자율에 맡겨 개입하지 않는다는 원칙으로 국가의 종교적 중립성 내지 비종교성을 의미한다. 하지만 그 개념이 지닌 추상성 때문에 정교분리는 정치의 종교에 대한 불간섭이 아니라 교회의 정치에 대한 불간섭으로 이해되는 경향이 강해졌다(이승만, 『한국교회핍박』, 80쪽 주).

64) 姜敦求, 앞의 논문 ; 강인철, 앞의 책 ; 노길명, 앞의 논문.

65) 장규식, 「『한국교회핍박』에 나타난 이승만의 정교 인식과 외교 독립론」, 『韓國思想史學』第35輯, 한국사상사학회, 2010, 222쪽.

66) 이승만, 「두 가지 편벽됨」, 『신학월보』(1903.9).

67) 이승만, 『한국교회핍박』, 79쪽.

68) "Christian Statesmanship by Syngman Rhee"(June 12, 1957), *The Syngman Rhee*

교 이념을 현실에 구현하고자 했다.

제2절 | 기독교국가건설론의 실상

앞서 살펴본 것처럼 이승만은 친기독교 정책을 피동적, 정략적, 당위적, 합리적, 특수적 차원에서 추진했다. 특히 그는 친기독교 정책을 주도적으로 추진한 것이 아니라 기독교계의 요구를 피동적으로 수렴했을 뿐이다. 따라서 그가 구현하고자 한 기독교국가건설론의 실체에 접근하는 데는 새로운 접근 방법이 필요하다. 즉 그의 기독교국가건설론의 성격은 그의 정책과 언행이 기독교의 본질적 가치와 얼마나 부합했느냐의 여부로 평가되어야 한다.

그러면 기독교의 핵심적 가치를 구성하는 요소는 무엇인가? 미국의 신학자 밀리오리(Daniel L. Migliore, 1935-현재)는 기독교인은 '하나님의 사랑이 모든 증오를, 그분의 정의가 모든 불의를, 하나님의 자유가 모든 구속을, 그분의 공동체성이 모든 소외를 이길 것임을 소망'하며, "하나님의 통치는 평화를 약속한다"[70]고 하여 기독교의 본질적 가치를 박애·정의·자유·평등·평화라고 규정했다.

이승만도 일찍부터 박애·정의·자유·평등·평화를 기독교의 본질적 가치로 인식하고 행동의 준거로 삼았다. 우선 그는 1913년『한국교회핍박』에서 영·미 사상에는 정의와 약자에 대한 사랑이라는 인류 보편의 가치들이 포함되어 있다고 간파하였으며, 이러한 개념은 기독교로부터 기원했다고 파악했다.[71] 그리고 그는 1919년 필라델피아 한인자유대회에 작성, 보고된「미국인에게 보낼 호소문(An Appeal to America)」에서 "우리들은 여러분들

Presidential Papers, File 14210071-14210077.

69) 유영익, 「이승만과 한국의 기독교」, 23쪽.
70) 신옥수·백충현 옮김, 앞의 책, 273, 552쪽.
71) 이승만,『한국교회핍박』, 121쪽.

(미국인들, 특히 기독교인들-인용자)이 기독교와 인간애를 지지하고 있다는 것을 믿는다"고 하여 기독교의 이념이 박애라는 것을 인식하고 있었다.[72] 한편 딘(James J. Dean) 신부는 1919년 필라델피아 한인자유대회에서 기독교의 본질은 억압에 대항하는 자유와 불의(외세)에 저항하는 정의라고 천명했다.[73] 이 대회에 참여한 서재필 역시 기독교의 모태인 유대교의 본질이 평화라는 것을 꿰뚫고 있었으며,[74] 기독교는 출신, 민족, 신분 등에 따라 차별하지 않고 평등을 추구한다고 파악했다.[75] 물론 이 대회에 참가한 이승만의 기독교 인식도 이들과 궤를 같이했다.

따라서 이 절에서는 이승만이 기독교의 본질인 민족[76], 자유, 박애, 평화, 평등의 가치를 어떻게 인식했으며, 그것이 그의 행동과 언설에 어떻게 투영되었는지를 통해 그가 지향한 기독교국가건설론의 실상을 구명하고자 한다. 또한 이러한 분석 과정을 통해 해방 이후 그의 기독교 신앙에 민족지상주의·반공주의가 결합되면서 어떻게 기독교의 가치와 이념이 굴절되었는지 그리고 그 논리와 내용이 어떠했는지를 파악하고자 한다.

1. 민족관: 모순적 인종주의와 민족 개념의 협애화

1) 모순적 인종주의

제1장 2절에서 살펴본 것처럼 이승만은 문명개화의 도달 수준에 따라 오색 인종을 문명개화인, 반개화인, 야만인 세 가지로 구분하고, 아시아 인종은 반개화인에 해당된다고 규정했다.[77] 특히 그는 아메리카 원주민과 오스

---

[72] 元聖玉 옮김, 「미국인에게 호소함」제1일 오후회의(1919.4.14), 140-142쪽.
[73] 元聖玉 옮김, 「James J. Dean 신부의 연설」제2일 오전회의(1919.4.15), 151-154쪽.
[74] 元聖玉 옮김, 제3일 오전회의(1919.4.16), 176쪽.
[75] 元聖玉 옮김, 제3일 오전회의(1919.4.16), 154쪽.
[76] 이승만은 자유를 외세에 맞서 민족의 자유를 수호하는 것으로 인식하고 있었기 때문에 이 책에서는 이승만의 민족관을 독립된 항목으로 나누어 분석했다.

트렐리아 원주민을 야만인으로, 그리고 미국의 흑인은 지능이 열등하다는 전형적인 인종주의적 시각을 가지고 있었다.[78] 이러한 이승만의 인종주의적 인식은 사회진화론에 근거했다.[79]

그런데 이승만의 논리에 따르다면 한민족은 반개화인=중등인이어야 하지만, 그는 한민족을 문명개화인=상등인으로 규정하는 논리의 모순을 보인다. 나아가 그는 한민족에 대해서는 우리나라 하등인은 외국 하등인과 비교할 때 교육을 받지 않았다는 점을 고려하면 오히려 낫다고 하면서 "근래에 여러 사람이 말하기를 우리나라는 인종이 글러서 당초에 어찌할 수 없다 하나 나는 그렇지 않다 하오"라고 하여 인종주의적 관점에서 한민족은 제외된다고 주장했다.[80] 이러한 논리의 모순은 그가 민족지상의 시각에서 사유하면서 나타난 결과였다.

한민족의 우수성에 대한 이승만의 자부심은 해방 이후에도 지속되었다. 그는 대한민국 정부 수립에 대해 혹자는 석 달 동안을 지탱하기가 어렵다고 비관적 전망을 했지만,[81] 그들은 한민족이 반백 년 동안 한국 독립을 위해 싸웠다는 사실을 모르고 있다고 비판하면서, "우리는 우리의 능력을 믿는 것입니다"[82]고 하여 한민족의 우수성에 대한 자기 확신을 표명했다. 또한 그는 "과학 문명은 비록 뒤떨어졌을망정 우리의 檀民은 우수한 소질과 능력을 구비했다는 것이 이번 운동에 입증되었읍니다"[83]고 하여 반탁운동은 단군 민족의 민족적 우수성에서 발로되었다고 평가했다.

....

77) 이승만, 『풀어쓴 독립정신』, 114-115쪽.
78) 이승만, 위의 책, 114, 133, 147쪽 ; 이승만, 「서양에서 동양으로 뻗어오는 힘2」, 『뎨국신문』(1905.11.15).
79) 하유식, 앞의 논문, 41쪽.
80) 이승만, 「나라의 폐단을 고칠 일 (1)」, 『뎨국신문』(1904.12.29).
81) 金珖燮編, 「정부수립 일주년 기념사」(1949.8.15), 38-39쪽.
82) 金珖燮編, 「정부수립 일주년 기념사」(1949.8.15), 39쪽.
83) 梁又正編, 「信託支持는 亡國陰謀-國際輿論에 李博士 重大 發言」(1946.1.8), 『李承晩 大統領 獨立路線의 勝利』, 獨立精神普及會, 1948, 102쪽.

이러한 모순적 인종주의에 근거해 이승만은 황인종도 백인종에 비해 열등하지 않으며, 아시아 州도 유럽 州나 아메리카 州보다 열등하지 않다고 주장했다.[84] 그는 유럽 제국주의 국가들의 식민지 개척 방법을 설명하면서 아메리카 원주민과 아프리카의 흑인은 직접적인 무력을 사용하여 제거했지만, 아시아의 황인종에게는 '약조를 정하여 잘 보호하여 주다가 농락하는 수단을 부려 은근히 차지하는' 간접적인 방법을 통해 영토를 빼앗았다고 지적했다.[85] 이러한 인식의 차이는 아메리카 원주민과 흑인은 야만 인종이라고 본 반면에, 아시아의 황인종 특히 한국인은 과학 기술은 부족하지만 문명개화인이라는 민족적 자부심에서 비롯되었다.

또한 이승만은 현재의 국제 형세를 백인종과 타색 인종의 인종 싸움이라고 규정했다. 그런데 그는 백인종의 침략에 타색 인종들은 모두 소멸하고 있지만, 아시아의 한·청·일 삼국은 아직 그 형세를 부지하고 있다고 했다.[86] 이러한 시각은 동양 삼국이 미개하지 않다는 모순적 인종주의에서 나온 것이다. 뿐만 아니라 그는 서양은 자유와 평등에 기반한 민주정체인 데 비해 동양은 전제정체가 실시되었던 것은 "인종의 성질 때문이 아니요, 종교의 성질 때문이다"[87]고 하여 동양에는 인종주의가 적용될 수 없다고 주장했다.

이런 관점에서 이승만은 제국주의 국가가 약소 국가를 정복하는 것을 약육강식의 관점에서 바라보는 것이 아니라, 문명국가가 야만 국가를 징벌하는 차원에서 합리화했다. 야만 국가는 폭압적 통치 방식과 우민화 정책으로 백성들의 자유를 억압하고 통상 교류를 통한 백성들의 경제적 안정을 도모하지 않았기 때문이었다.[88] 그는 적자생존·약육강식의 사회진화론[89]의 논

---

84) 이승만, 「문명의 세력2」, 『뎨국신문』(1902.8.21).
85) 이승만, 「서양에서 동양으로 뻗어오는 힘1」, 『뎨국신문』(1902.11.14).
86) 이승만, 「모두 자취하는 일1」, 『뎨국신문』(1903.3.28).
87) 이승만, 『한국교회핍박』, 175쪽.
88) 이승만, 「서양에서 동양으로 뻗어오는 힘2」, 『뎨국신문』(1902.11.15).
89) 사회진화론은 적자생존·생존경쟁의 원리가 자연계와 마찬가지로 인간 사회에도 적용된다고 보는 논리이다. 사회진화론은 1880년대 말부터 일본과 중국, 미국을 통해서

리를 '자연한 형편에 면할 수 없는 경우'라고 하여 긍정하며 숙명이라고 받아들였다.[90]

2) 민족 개념의 협애화

해방 이후 이승만은 북한 공산당을 비민족으로 규정하여 타자화하고 절멸의 대상으로 삼았다. 그런데 그의 이러한 사고는 반러·반소 의식에 기원을 두고 있다. 따라서 그가 반러·반소 의식을 가지게 된 경위를 살펴보아야 한다.

이승만은 1896년경 일본인이 쓴 『田中覺書(Tanaka Memorial)』의 초안인 『日露戰爭』과 『日美戰爭』이라는 책을 읽었다. 그는 장차 러일·미일전쟁이 일어날 경우 한국과 중국은 일본과 연대해 서양의 침략으로부터 동양을 지켜야 한다는 이 책들의 주장에 깊은 감동을 받았다[91]고 하여 러시아의 동양 침략에 주목하기 시작했다.

이승만이 본격적으로 반러 의식을 가지기 시작한 것은 독립협회 시기부터였다.[92] 그는 1898년 3월 10일 만민공동회의 총대위원(總代委員)으로 선출되어 러시아의 군사 교련단과 재정 고문 철수[93]와 러시아의 절영도(絶影島) 조차 요구를 반대하는 연설을 했다.[94] 옥중에서도 그는 권위주의적 교리와 공격적 전도 방식을 가지고 있는 러시아 정교에 영향을 받은 러시아 정부 역

....
수용되었고, 1890년대 중반에 들어와 『황성신문』·『뎨국신문』·『독립신문』을 통해 일반에게 알려졌다. 이승만 역시 1890년대 중후반 배재학당과 독립협회 활동기에 사회진화론을 접하였을 것으로 생각된다(하유식, 앞의 논문, 40-41쪽).

90) 이승만, 「나라의 폐단을 고칠일(1)」, 『共立新報』(1908.9.2).

91) "Autobiography of Dr. Syngman Rhee", 『핏치 문서철』, p. 10. ; "Conversation between the President and Mr. Robertson"(July 3, 1953), *The Syngman Rhee Presidential Papers*, File 10570230-10570233. ; Robert T. Oliver, op. cit., pp. 43-44. ; 이정식 역주, 앞의 글, 260-261쪽 ; 李元淳, 앞의 책, 68-69쪽 ; 이승만 지음·李鍾益 옮김, 앞의 책, 52쪽.

92) Ibid., p. 192.

93) 「잡보」, 『독립신문』(1898.3.12).

94) 「론셜」, 『협성회회보』(1898.3.19) ; 주진오, 앞의 논문, 166쪽.

시 영토 확장을 위해 남하정책을 추진하고 있다고 파악했다.[95] 또한 그는 피터(Pyotr I , 1682-1725)대제의 유언에서 보듯이 러시아는 기본적으로 세계정복의 야욕을 가지고 유럽으로 진출하려고 했으나 크림전쟁(1853-1856)의 패배로 이것이 불가능해지자 1892년 시베리아 횡단 철도를 건설하여 동쪽으로 그 침략의 마수를 뻗치고 있다고 주장했다.[96] 따라서 그는 '일본과 더불어 서로 연맹하여 방어하는 방책을 강구해야'만 '동방이 영구히 무사할 것이며 황인종도 남김없이 멸망하는 참화를 면할 것'[97]이라고 하여 황인종 연대론에 토대를 둔 한일 연대로 러시아의 남하를 저지하자고 했다.

이러한 시각은 이승만이 배재학당 시절부터 구독했던 『전망(The Outlook)』의 논조에 영향을 받은 것이다. 이 잡지에 의하면, 당시 미국 여론은 러시아의 동진(東進) 때문에 일본이 행동을 취해야 한다고 하여 러일전쟁의 필연성을 예견하면서 일본을 지지했다.[98]

이러한 이승만의 반러·반소 의식은 일제시기에도 지속되었다. 1921년 초 임정에서는 독립운동의 방법론을 둘러싸고 논쟁이 벌어졌다. 소련과 제휴하여 공동 전선을 구축하자고 주장하자는 강경파의 주장에 대해, 이승만은 공산주의 사회는 '노예 생활'을 의미하며 공산당의 원조로써 독립을 성취한다는 것은 조국을 공산주의 국가의 '노예'로 만드는 것이라고 반대했다.[99] 그는 1924년 『東亞日報』에 보낸 기고문에서 공산주의의 실상은 자기의 이익과 세력을 확장하기 위한 것이니 그들의 선전에 속지 말라고 경고했다.[100]

그런데 이승만이 반러·반소 의식에 근거하여 줄곧 대소 연대 가능성을 완

---

95) 이명래 역, 「改新敎·新學問 勸獎論」, 323쪽.
96) 이승만, 『풀어쓴 독립정신』, 210-212쪽 ; 이명래 역, 「俄彼得大帝顧命」, 333-336쪽.
「아피득대제고명(俄彼得大帝顧命)」은 이승만이 1897년 출판된『중동전기본말』에서 베낀 것으로 생각된다(유영익, 『젊은 날의 이승만』, 123쪽).
97) 이명래 역, 「改新敎·新學問 勸獎論」, 325-326쪽.
98) 『전망(The Outlook)』(1900.4.19, 1900.5.19)[이정식, 앞의 책, 138-139쪽 재인용].
99) 고정휴, 「독립운동기 이승만의 외교 노선과 제국주의」, 169쪽.
100) 「사회공산주의에 대하여」, 『태평양잡지』(1924.7).

전히 닫아 놓고 있었던 것은 아니었다. 즉 그는 1921년 이희경(李喜儆)을 소련에 파견하였으며, 1923년 소련 통신사(Soviet news service) 비상근 통신원 토드(L. Todd)에게 소련의 대일 정책을 문의했고,[101] 1928년 자신은 공산주의에는 반대하지만 소련과의 연대는 찬성한다고 밝혔다.[102] 이승만은 1932년 겨울 워싱턴 주재 비공식 소련 대표인 스크버스키(Boris Skvirsky)에게 소련행 비자를 신청하기도 했다.[103] 이러한 일련의 대소 연대 시도는 청년기에 확고히 형성된 반러·반소 의식에 변화가 왔다기보다는 한국의 독립을 위해 일시적으로 전술적 연대를 추구한 것으로 이해할 수 있다. 그러나 이승만은 1933년 소련 정부의 냉대로 추방된 후에는 더 이상의 대소 연대를 시도하지 않고 명백한 반소·반공 노선을 표방했다.[104]

한편 이승만은 1933년 국제연맹에 대한 한국 독립호소외교 활동이 실패로 끝나자, 대소 연대를 구축하고자[105] 1933년 7월 18일 기차로 폴란드를 출발해서 모스크바로 갔다. 하지만 그는 소련 정부에게 추방되어 7월 20일 기차를 타고 소련을 떠나 유럽으로 가면서 "소련의 농가가 가장 빈곤하다"고 느꼈다.[106] 해방 이후에도 그는 이때의 경험을 토대로 사람들은 공산 혁명으로 소련이 민중의 자유를 보장하고 부강한 극락 세계라고 알고 있지만, 그 실상은 '로서아(露西亞)의 민중(民衆) 같이 빈곤(貧困)하고 압제(壓制)받는 인민(人民)은 더 없는 것'이라고 회상했다.[107]

....

101) 고정휴, 「독립운동기 이승만의 외교 노선과 제국주의」, 169-170쪽 ; 정병준, 앞의 책, 111-115쪽.
102) (이승만)〉윤치영, 1928.2), 柳永益·宋炳基·李明來·吳瑛燮 編, 『李承晚 東文 書翰集』 上, 92-93쪽.
103) 고정휴, 「독립운동기 이승만의 외교 노선과 제국주의」, 169-170쪽 ; 정병준, 앞의 책, 111-115쪽.
104) 정병준, 위의 책, 115쪽.
105) 유영익, 『이승만의 삶과 꿈』, 176쪽.
106) 曺惠子, 「'人間리승만'의 새傳記」 12월호, 283쪽.
107) 李承晚, 「一民主義 精神과 民族運動」, 『京鄕新聞』(1949.4.22-23) ; 李承晚, 『一民主義概述』, 一民主義普及會, 1949, 13쪽.

이승만은 1942년부터 1945년까지 자신이 전개한 임정 승인 외교와 군사 지원 청원 외교108)를 미국이 거부한 것은 전후 한국을 신탁 통치하려는 소련의 속셈을 파악하고 소련을 자극하지 않으려 하였기 때문이라고 생각했다.109) 그는 1942년 1월 2일 스태거즈(John W. Staggers)·윌리암스(Jay Jerome Williams)와 함께 헐(Cordell Hull) 국무장관의 특별 보좌관이었던 히스(Alger Hiss)와 국무부 정치고문 혼벡(Stanley K. Hornbeck) 박사를 만나러 국무성을 방문했다. 그는 이 자리에서 자신의 임정 승인과 원조 요청이 거부당하자, 부동항을 차지하려는 소련의 야욕을 언급하면서 미국이 임정을 승인하지 않는다면 일본 패망 후 소련이 반드시 한국을 강점할 것이라고 역설했다.110) 이승만은 1943년 5월 15일 루즈벨트(Franklin D. Roosevelt)에게 진주만 사건 이래 임정 승인을 미 국무부에 촉구했으나 궁색한 변명만 들었다면서 현재 소련이 한반도에 소비에트 공화국을 수립하려 한다는 정보를 가지고 있다고 주장했다.111) 1945년 2월 5일 주미외교위원부 위원장 이승만은 미 국무부 차관 그루(Joseph C. Grew)에게 보낸 편지에서 임정의 승인은 한반도의 공산화를 방지할 수 있는 길이라고 역설했다.112) 그는 1945년 4월 4일 미국의 임정 승인이 지체된다면 한국에는 공산정부가 수립될 것

---

108) 「성명서」(1953.6.18), 『大韓民國史資料集』32, 1996, 337쪽 ; 정병준, 앞의 책, 244-251, 257-259쪽 ; 고정휴, 「독립운동기 이승만의 외교 노선과 제국주의」, 157-163쪽 ; 고정휴, 『이승만과 한국독립운동』, 432-454쪽.

109) Robert T. Oliver, op. cit., p. 194. ; Robert T. Oliver, *Syngman Rhee and American involvement in Korea*, 1942-1960, pp. 8-9. 하지만 이미 1942년 초반에 미 국무부는 임정 불승인과 신탁 통치 실시라는 대한 정책 방침을 정했으며(정병준, 위의 책, 246쪽), 1943년 중반 이후에는 한반도의 군사적 점령과 군정 실시-다자간 국제 신탁 통치-독립이라는 3단계의 대한 정책 방침을 정해 놓고 있었다(정병준, 위의 책, 258쪽).

110) Robert T. Oliver, *Syngman Rhee and American involvement in Korea*, 1942-1960, pp. 7-8.

111) (Syngman Rhee)〉Franklin D. Roosevelt, 1943.5.15), *The Syngman Rhee correspondence in English*: 1904-1948, Volume1, p. 526.

112) 「이승만이 Joseph C. Grew에게 보낸 서한」(1945.2.5), 『대한민국임시정부자료집』 43, 2007, 547-548쪽.

이라고 주장했다.[113] 이승만은 1945년 5월 14일 에밀 구베로우(Emile Gouvereau)라는 러시아인 명의로 그의 후원자인 상원의원 조지(Walter F. George)에게 미국이 한국을 소련의 지배하에 팔아넘겼다는 얄타 밀약설을 주장하는 편지를 보냈다.[114] 이승만은 1945년 5월 15일 트루먼(Harry S. Truman, 1945-1953년 재임) 대통령에게 편지를 보내 1905년 가쓰라·태프트 밀약(1905.7.31)에 의해 한국이 희생자가 된 것에 대한 미국의 책임을 지적한 후, 얄타 밀약을 사과하라고 주장했다.[115] 이에 대해 미 국무부 극동국장 발렌타인(Joseph Ballantine)은 1945년 5월 22일 즉각 얄타 밀약이란 존재하지 않으며, 미국이 한국을 소련의 세력권에 양도하지 않았다고 부인했다.[116]

이상을 통해 본다면, 해방 이전 이승만의 반러·반소 의식은 청년 시절의 공로증(Russophobia)에 기초한 서적의 독서 경험과 독립협회 활동, 단편적인 모스크바 체류와 추방 경험, 그리고 임정 승인 운동의 좌절 경험 등이 복합적으로 작용하면서 나타난 결과였다.[117] 이러한 직간접 경험으로 이승만은 공산주의는 한민족에게 가난과 억압을 줄 뿐이기에 반민족적이라고 확신했다.

....

113) 「李承晩이 Robert T. Oliver에게 보낸 편지」(1945.4.4), 『大韓民國史資料集』28, 1996, 12쪽.

114) Robert T. Oliver, *Syngman Rhee and American involvement in Korea*, 1942-1960, p. 14. ; 고정휴, 「샌프란시스코회의(1945)와 얄타밀약설 – 이승만의 반소·반공노선과 관련하여-」, 연세대학교 국학연구원 편, 『미주 한인의 민족운동』, 296-298쪽.

115) (Syngman Rhee)〉Harry S. Truman, 1945.5.15), *The Syngman Rhee correspondence in English*: 1904-1948, Volume1, p. 542.

116) 정병준, 앞의 책, 262-263쪽.

117) 이러한 이승만의 공로증은 1953년 휴전 협정이 체결된 이후에도 일관된 모습을 보였다. 예컨대 1956년 공군 본부 신청사 낙성식에 치사에서 이승만은, '소련이 세계를 정복하는 정책을 가지고 40년 동안 선전으로 세상을 속여서 저의 무릎 아래 드러나게 만들며 또 한편으로는 병력으로 위협해서 모든 자유 국가들을 저의 위성국가를 만들어서'[이승만, 「공군 본부 신청사 낙성식에 치사」(단기 4289.7.3), 125쪽]라고 하여 여전히 공로의식을 소유하고 있으며, 소련을 세계 평화의 적으로 규정했다.

따라서 해방 이후 반소·반공 의식으로 무장한 이승만은 민족의 범주에서 공산당을 배제하는 협애화된 민족관을 표출했다. 그는 1949년 남한이 공산화되면 '이 좋은 금수강산은 남의 영토가 되고 우리는 다 남의 노예가 되리니 우리의 재산이나 우리의 생명이 다 우리의 것이 아니'[118]라고 하여 공산주의자들을 더 이상 '우리'가 아니라 타자인 '남'으로 인식하기 시작했다. 그는 1950년 7월 북한 동포들이 공산당의 노예 상태에서 해방되기를 갈구하고 있다[119]고 하여 북한 동포들과 공산당을 분리하여 사고했다. 그는 1951년 2월 소수의 공산당을 제외한 전체 한민족은 한반도의 통일을 원한다[120]고 하여 한민족의 범주에서 공산주의자들을 제외했다. 그는 1951년 6월 한국인은 '공산주의자와 비공산주의자 한국인'으로 구별할 수 있는데, 미군 철수를 주장하는 사람들은 비공산주의자 한국인이 아니라 공산주의자들이라고 하면서 공산주의자들을 한국인의 범주에서 배제했다.[121] 이런 시각에서 그는 1953년 휴전 협정 조인 직후 비민족인 공산당의 압제 하에 있는 우리 동포들을 구해낼 것이며, '한국 민족의 기본 목표, 즉 북쪽에 있는 우리의 강토와 동포를 다시 찾고 구해'낼 것이라고 선언했다.[122]

따라서 이승만은 북한과의 전쟁은 민족 내부의 내전이 아니라 한민족과 비민족의 전쟁, 즉 외침으로 사유했다. 그는 1950년 7월 북진 통일을 주장하면서 트루먼 대통령에게 보낸 편지에서 한국전쟁의 성격을 남북 사이의 내전이 아니라 민족과 비민족, 곧 공산당과의 싸움이라고 규정했다.[123]

민족 개념에서 공산주의자들을 배제하겠다는 이승만의 관념은 한국전쟁 종전 이후에도 일관되었다. 이승만은 1955년 배재학교 창립 70주년 기념식

118) 金珖燮編, 「청년에게 고함」(1949.11.26), 77쪽.
119) 「성명서」(1950.7.7), 『大韓民國史資料集』29, 1996, 321쪽.
120) 「李承晩이 외무부장관에게 보낸 비망록」(1951.2.15), 『大韓民國史資料集』30, 1996, 92쪽.
121) 「비망록」(1951.6.21), 『大韓民國史資料集』30, 1996, 309쪽.
122) 이승만, 「정전조인에 관하여」(1953.7.27), 308-309쪽.
123) Robert T. Oliver, op. cit., p. 306.

에 참석하여 '우리 청년이 이러나서 共産과 싸워 미국이 발기해서 유엔군이 도와 주엇스며'[124]라고 하여 북한 공산당을 '우리'가 아닌 '남'으로 대상화했다. 그는 1958년 3·1절 기념사에서 북한 공산당을 타자인 남으로 규정한 반면, 북한 일반 주민들은 '우리 동포들'이라고 하여 동족 개념에 포함시켰다.[125]

이승만의 협애화된 민족 개념은 '제주도 4·3사건'과 재일 조총련계 동포들에 대한 평가에서도 적용되었다. 그는 1951년 발표된 「제주도민에게」라는 담화에서 '제주도 4·3사건'에 대한 언급 없이 '동포들이 安頓해 있는 것을 볼 때 진실로 하나님에게 감사'해야 한다는 주장했다.[126] 이는 '제주도 4·3사건' 관련 사망자들은 공산주의자들에게 협조했거나 공산주의자이기 때문에 비민족이고 따라서 죽어도 좋다는 사고의 표현이었다. 한편 그는 1957년 '일본에 있는 한인 공산당은 우리 국민으로 볼 수 없으니 반역 분자'[127]라고 하여 재일 조총련계 동포들을 민족의 범주에서 제외시켰다.

이러한 관점에서 이승만은 '여수·순천 10·19 사건'(1948.10.19)에 가담한 민중들을 가혹하게 탄압했다. 이러한 탄압에 대해 이승만의 측근 임영신(任永信, 1899-1977)조차도 우려할 정도였다.[128] 반면 그는 인도로 간 '반공 포로'들에 대해서는 한국으로 되돌아와야 한다고 지속적으로 주장하였는데,[129] 이는 그의 민족 구분의 준거가 반공이냐 아니냐에 달려 있었음을 의

---

124) 이승만, 「배재학교 창립 70주년 기념식에 참석하여」(1955.6.8), 258쪽.

125) 이승만, 「제39회 3·1절 기념사」(단기 4291.3.1), 56쪽.

126) 이승만, 「제주도민에게」(1951.8.18), 253쪽.

127) 이승만, 「일인들이 우리를 겁낼 만큼 직책을 다하라-재일 대한 청년단 간부 일동에게」(1957.2.16), 219쪽 ; 이승만, 「정의와 인도를 위해서 직책을 다하라」(1957.2.16), 34쪽.

128) Richard C. Allen 著·尹大均 譯, 앞의 책, 110-111쪽.

129) 「李承晩이 林炳稙에게 보낸 비망록」(1955.9.23), 『大韓民國史資料集』34, 1996, 490쪽 ;「李承晩이 林炳稙에게 보낸 비망록」(1955.10.6), 『大韓民國史資料集』34, 1996, 493쪽 ;「李承晩이 林炳稙에게 보낸 비망록」(1956.2.23), 『大韓民國史資料集』35, 1996, 93쪽 ;「李承晩이 林炳稙에게 보낸 편지」(1956.4.6), 『大韓民國史資料集』35,

미한다. 그렇다면 이승만이 공산주의자들을 동족으로 인정할 수 없었던 이유는 무엇일까? 우선은 공산주의자들이 한민족의 자유를 억압한다고 생각했기 때문이었다. 그는 공산주의들이 한민족의 자유를 팔아 소련의 노예로 만든다고 사고했다. 때문에 그는 한민족의 자유를 수호하기 위해 목숨을 내놓고 싸우겠다고 천명했다.130) 이러한 관점에서 그는 공산주의자들은 매국노라는 논리를 폈다. 그는 공산주의자들은 소련을 조국이라고 부르기 때문에,131) 그들의 조국은 한국이 아니라 소련이라고 파악했다. 때문에 공산주의자들은 조국을 팔아 소련의 위성국가로 만들려고 시도하고 있다고 주장했다.132)

이런 맥락에서 이승만은 매국노 공산주의자와 애국자 반공주의자의 연대는 애초부터 실현 불가능하다고 판단했다. 그는 1946년 1월 14일 신탁통치를 지지하는 공산주의자들에 대해 "애국자와 매국자가 어떻게 한 길을 갈 수 있을까?"라고 힐난했다.133) 이러한 시각은 일제시기에도 이승만은 "공산주의를 비방하면서 쏘련의 반역 행동을 경고했다"는 올리버의 지적처럼,134) 자신은 공산주의자들의 매국 반역 행위에 맞서 싸우는 애국자라는 확신에 기초했다. 이승만은 1950년 평양탈환(1950.10.19)은 공산 치하에 있던 애국적 한국인들을 구출한 것135)이라고 하여 공산당은 비애국자=매국노라는 인

....
1996, 170쪽 ; 「李承晩이 林炳稙에게 보낸 비망록」(1956.4.25), 『大韓民國史資料集』 35, 1996, 202쪽.

130) 이승만, 「우리 재일 동포들에게 보내는 멧세지」(1953.1.6), 114쪽 ; 이승만, 「중화민국 입법원 감찰원 及 국민대표 합동 회의 석상에서 행한 연설」(1953.11.30), 138쪽.

131) 「비망록」(1951.7.14), 『大韓民國史資料集』30, 1996, 319쪽.

132) 「비망록」(1951.7.14), 『大韓民國史資料集』30, 1996, 319쪽 ; 이승만, 「記念辭 - 第三回 光復節을 맞이하여」(1951.8.15), 59쪽 ; 이승만, 「우리 재일 동포들에게 보내는 멧세지」(1953.1.6), 114쪽 ; 이승만, 「중화민국 입법원 감찰원 及 국민대표 합동 회의 석상에서 행한 연설」(1953.11.30), 138쪽 ; 葛弘基, 「뭉처라! 그러면 산다」, 『大統領李承晩博士略傳』, 이승만, 1955, 45쪽.

133) 葛弘基, 「뭉처라! 그러면 산다」, 위의 책, 44쪽.

134) Robert T. Oliver, op. cit., p. 319.

135) 「李承晩이 Douglas MacArthur에게 보낸 편지」(1950.10.20), 『大韓民國史資料集』

식을 표출했다. 그는 1952년 일본에서 개최된 한국전쟁 2주년 기념 행사에 참여한 재일 동포들을 애국자라고 하여,136) 한국전쟁을 일으킨 공산주의자 =매국노, 반공산주의자=애국자라는 등식의 인식을 드러냈다.

이처럼 이승만은 통일 민족 국가 수립의 실천적 방안을 고민하기보다 공산주의자=매국노, 반공주의자=애국자라는 등식의 구도에 매몰되어 있었다. 이런 인식에 기반하고 있었기 때문에 그는 1948년 초 남북협상을 추진한 김구의 행동을 매국노 공산주의자들과의 연대로 이해하여 비애국적이라고 비판할 수 있었다.137)

두 번째 이유는 공산주의자들이 전염병이나 악마였기 때문이었다. 이승만은 1946년 '남선순행(南鮮巡行, 1946.4.15-6.9)'에서 "공산주의는 콜레라병과 같다"고 역설하였으며,138) 1953년 '공산주의는 가장 무서운 전염병'으로, 공산주의라는 전염병에 걸리면 노예가 되며 가정과 재산이 파괴될 것이기 때문에 공산주의와 투쟁해야 한다고 호소했다.139) 그리고 그는 김일성을 '악마 괴수'라고 규정하고 악마의 마수 속에서 한족(韓族)을 구원하는 길은 '악마 괴수'를 제거하는 것이라고 주장했다.140) 그는 공산주의자들은 우리의 정부를 파괴하려고 마귀와 같이 싸운다고 역설했다.141) 즉 그는 공산주의가 지닌 대중적 파급력을 간파하여 공산주의를 전염병에 비유했다. 이러한 그의 인식은 기독교 신앙과 융합하면서 공산당은 실체적 공포의 대상이자 신앙

29, 1996, 361쪽.
136) 「李承晩이 金容植에게 보낸 편지」(1952.6.30), 『大韓民國史資料集』31, 1996, 205쪽.
137) 「李承晩이 Robert T. Oliver에게 보낸 비망록」(1949.6.28), 『大韓民國史資料集』29, 1996, 89쪽.
138) Robert T. Oliver, op. cit., p. 218. ; Robert T. Oliver, *Syngman Rhee and American involvement in Korea*, 1942-1960, p. 31.
139) 이승만, 「중화 민국 입법원 감찰원 及 국민대표 합동회의 석상에서 행한 연설」(1953.11.30), 139쪽.
140) 이승만, 「공비 괴수 항복하라」(1950.3.16), 163-164쪽.
141) 이승만, 「중화민국 입법원 감찰원 及 국민대표 합동 회의 석상에서 행한 연설」(1953.11.30), 138쪽.

적으로도 패망되어야 할 악마로 규정되었다.

세 번째 이유는 공산주의자들이 가정을 파괴하며 혈친(血親)까지도 고발하는 반인륜적 존재였기 때문이었다. 이승만은 공산주의자들은 '모스코바의 지령에 따라서 혈친(血親)까지도 밀고하며 가진 수단을 다 쓰는' 존재라고 강조했다.[142] 즉 그는 공산주의자들을 일가친척을 고발하여 혈연적 가족의식을 파괴하는 가족 공동체의 파괴자로 규정했다. 이는 사회 구성의 기초인 가족 제도 안에서도 공산주의자들을 철저히 배제·고립시키려는 의도에서 나온 사고였다. 따라서 그는 공산주의에 물든 사람은 더 이상 우리의 동포 형제, 가족이 아니라고 선언했다.[143]

네 번째 이유는 공산주의자들이 남북 분단의 원흉이었기 때문이었다. 그는 1949년 정부 수립 일주년 기념사에서 반만년 역사 동안 단일 민족 국가를 유지해 왔던 우리 한민족을 "공산당들이 갈러 놓아 피를 흘리지 않고는 우리가 다시 형제자매끼리 단결되기 어렵게 만들어 놓았다"고 하여 민족 분단의 책임은 전적으로 북한 공산당에게 있으며, 이를 해결하는 유일한 길은 전쟁이라고 호언했다.[144]

이처럼 이승만이 반공에 매몰된 사고와 행태를 보일 수밖에 없었던 근본적인 원인은 올리버의 다음과 같은 회고에서 찾을 수 있다. 1949년 중국 국민당 정권 패망의 교훈을 올리버는,

　　미국이 중국 국민당 정권을 더 이상 지원할 수 없다는 성명이 있은 지 1개월 이내에 장개석은 본토로부터 대만으로 철수했다. 미국의 지원 없이는 공산당의 진격을 막을 수 없다는 교훈이 분명하여졌다. 물론 거기에는 다른 교훈도 있었다. 그 한 가지는 반공 정권이 확고하게 효과적으로 공산

142) 이승만, 「停戰 문제에 관하여-US뉴스 앤드 월드리포트紙의 기자와 일문일답」 (1952.3.19), 292쪽.
143) 「비망록」(1951.7.14),『大韓民國史資料集』30, 1996, 319쪽 ; 이승만, 「중화민국 입법원 감찰원 及 국민대표 합동 회의 석상에서 행한 연설」(1953.11.30), 138쪽.
144) 金珖燮編,「정부수립 일주년 기념사」(1949.8.15), 35쪽.

당의 침투와 파괴를 막지 못하면 그것은 도리 없이 안으로부터 파괴되며 나아가서는 무력한 존재가 되었다는 구실 아래 버림을 받게 된다는 사실이다.145)

라고 하여 이승만에게 반공은 생존논리였음을 고백했다.

그리고 이승만은 1949년 맥아더(Douglas MacArthur, 1880-1964)와 장면 주미 대사에게 보낸 편지에서 미국의 군사 원조는 남한의 생존을 위한 투쟁에 긴요하다고 주장하였으며,146) 현재 대한민국은 공산주의와 생존 투쟁 중이라고 밝혔다.147) 그는 1951년 한국전쟁은 우리의 생존을 위한 싸움이라고 강조했다.148) 그는 1958년 극동 정세 특히 인도네시아 문제에 대한 견해를 묻는 질문에 대해 왜 미국과 세계 자유 진영이 공산 침략으로부터 조국을 지키려고 투쟁하는 인도네시아의 반공 혁명군을 원조하지 않는가라고 항변하면서, "지금 공산당과 민주 진영은 서로 생존을 위하여 투쟁하고 있지 않는가"149)라고 하여 반공 노선이 생존 논리였음을 적시했다.

따라서 이승만은 공산주의자들과 타협하거나 공존할 수 없다고 1951년 「統一國權을 爲하여 끝까지 싸우자」라는 담화에서 다음과 같이 역설했다.

우리가 世界에 다시 宣傳하고저 하는 바는 民主와 共産은 합쳐 살 수 없는 것이다. 물과 불이 슴쳐서 平和하게 지낼려고 한다면 이것은 말이 안되

145) Robert T. Oliver, *Syngman Rhee and American involvement in Korea*, 1942-1960, pp. 236-237.
146) 「李承晩이 Douglas MacArthur에게 보낸 편지」(1949.5.22), 『大韓民國史資料集』28, 1996, 57쪽 ; 「李承晩이 張勉에게 보낸 비망록」(1949.8.12), 『大韓民國史資料集』29, 1996, 141쪽.
147) 「李承晩이 張勉에게 보낸 비망록」(1949.9.30), 『大韓民國史資料集』29, 1996, 161쪽.
148) 「李承晩이 외무부장관에게 보낸 비망록」(1951.2.15), 『大韓民國史資料集』30, 1996, 92쪽.
149) 이승만, 「스크립트 하워드 신문동맹 특파원 짐G루카스씨의 질문에 대한 답변서」(단기 4291.4.3), 105-106쪽.

는 것이다. 우리는 共産과 民主가 合쳐서 平和하게 산다는 것은 믿지도 않고 試驗도 하지 않을 것이다.[150]

한편 이승만은 1953년 휴전 회담 타결 뒤 한반도의 통일 문제를 협의하기 위해 90일 간 개최될 제네바 정치회담(1954.4.26-6.15)에 대해 기대를 걸지 않았다. 이는 미군정과 국제연합 한국위원단이 수년 동안 평화적 통일을 하려다가 실패했을 뿐만 아니라, 전쟁으로 실현되지 못한 통일이 회담으로 성취될 것이라고 기대하는 것은 무망하다는 판단 때문이었다. 그는 "공산주의자들과의 정치 협상이란 그것이 항상 그랬던 것과 마찬가지로 無用한 것이라는 이러한 쓰라린 경험에서 우러난 우리의 확신은 지울 수 없다"고 피력했다.[151] 그는 1954년 7월 28일 방미 중 미 의회에서 소련과의 약속은 신뢰할 수 없다는 사실을 지난 36년간의 경험으로 배웠다고 강조했다.[152] 이처럼 이승만의 반소·반공 의식은 그 자신의 체험에서 우러나온 것이었다. 따라서 그가 공산주의자와 타협할 가능성은 전혀 없었다.

2. 자유관: 일제 지배로부터의 자유에서 공산당 지배로부터의 자유로 변화

『구약성경』의 자유는 이민족인 이집트인들의 억압으로부터 유대 민족의 자유를, 『신약성경』의 자유는 로마인들의 압제로부터 유대 민족의 자유를 의미했다. 즉 기독교의 자유의 개념은 외세의 지배로부터 벗어나는 독립의 개념으로 이해될 수 있다.

이승만은 해방 이후 자신의 일생은 동족의 정치적 자유를 위해 투쟁하는 혁명가의 삶이었다고 회고했다.[153] 그는 혁명이란 '존재의 사회 질서를 더

---

150) 이승만, 「統一國權을 爲하여 끝까지 싸우자」(1951.3.31), 53쪽.
151) 이승만, 「크라크 장군에게 보내는 回翰」(1953.6.24), 302쪽.
152) 이승만 지음·이현표 옮김, 『이승만 대통령 방미일기』(1954.7.28), 47쪽.

퍼놓고 파괴해 버리려는 레닌적 혁명'이 아니라, '봉건적인 그릇된 사회 제도를 전복하여 버리려는 혁명적 정신'[154], 즉 사상 혁명을 의미한다고 했다. 그는 바로 자신이 사상 혁명의 주체가 되어 민중의 정치적 자유 획득을 위해 애국적 투쟁을 전개했다고 밝혔다. 예컨대 그는 1898년 11월 10일 익명서 사건으로 구속된 독립협회 간부 17명을 석방시켰으며,[155] 감옥에 투옥되었고, 일제시기에는 사십 년간 일제에 대항하여 투쟁했다는 사실을 제시했다.[156]

이러한 이승만의 시각은 그에 대한 추종자들의 평가에서도 발견된다. 프란체스카는 이승만이 한성감옥에 투옥되어 사형을 기다리고 있는 절망적 상황에서 처음으로 하나님께 조국의 주권과 자신의 영혼을 위한 기도를 드렸으며,[157] 그 기도대로 "자신의 나라와 영혼을 구하기 위해 고난의 일생을 살고 갔다"고 평가했다.[158] 올리버도 그의 조국애는 '心身의 살아 있는 일부가 되었으며',[159] 자석처럼 그의 일생을 이끈 원동력은 '한국 국민의 행복'이었으며, 감옥에 간 것도 이 때문이라고 강조했다.[160]

이승만은 1895년 배재학당에 입학하면서 처음으로 정치적 자유의 개념을 접했다. 물론 그가 배재학당에 입학한 이유는 '영어를 배우려는 큰 야심 때문'이었지만, 거기서 그는 '영어보다도 더 귀중한 것', 즉 '정치적 자유'를 배웠

153) 이승만, 「진해 대통령 별장에서」(단기 4285.7.27), 94쪽.
154) 이승만, 「참된 혁명정신 가지고 民國을 육성하자」(단기 4282.11.26), 272쪽.
155) 徐廷柱, 앞의 책, 147-151쪽 ; 유영익, 『젊은 날의 이승만』, 11, 45쪽 ; 이승만, 「차기 대통령으로 재선되기를 원하지 않았다」단기 4285년 8월 9일자, 96쪽. 이승만은 이 때의 경험을 '자기 일생에서 과장스럽고 행복스러웠던 일'이라고 회상했다(Robert T. Oliver, op. cit., p. 40.).
156) 이승만, 「記念辭 - 第 三回 光復節을 맞이하여」(단기 4284.8.15), 59쪽 ; 이승만, 「3·1절 기념식 및 민족 선언 학도 대회에서의 훈시」(단기 4285.3.3), 274쪽 ; 이승만, 「차기 대통령으로 재선되기를 원하지 않았다」(단기 4285.8.9), 96쪽.
157) 이정식 역주, 앞의 글, 263쪽 ; 프란체스카 도너 리 지음·조혜자 옮김, 앞의 책, 90-92쪽.
158) 프란체스카 도너 리 지음·조혜자 옮김, 위의 책, 92쪽.
159) Robert T. Oliver, op. cit., p. 10.
160) Robert T. Oliver, *Syngman Rhee and American involvement in Korea*, 1942-1960, p. 390.

다고 회고했다.[161] 특히 그는 기독교국가의 민중들은 전제 군주의 압제로부터 벗어나 민권이 보장되는 민주주의 국가에 산다는 사실을 알게 되면서 그의 마음속에는 '혁명'이 일어났다고 했다.[162] 따라서 그는 조선도 서양의 민주주의 제도를 채택하여 축복을 누리도록 해야겠다고 결심했다고 한다.[163]

이승만은 1899년 한성감옥에 투옥되면서 한민족의 정치적 자유를 보장하려면 민중들의 애국심 함양이 필요하다고 보았다. 이는 그가 국권이 상실될 경우 정치적 자유를 누릴 수 있는 민권의 길마저 완전히 차단될 것이라고 판단했기 때문이었다. 즉 이승만은 민권보다 국권을 우선하여 사고했다.[164]

이러한 이승만의 인식은 국가를 생명을 가진 유기체로 보아 국가의 생명은 개인의 생명보다 중요하다는 국가유기체론적 입장으로 이어졌다.[165] 그는 투옥 중『뎨국신문』에 기고한 논설에서 '사랑 중에 그중 높고 제일 변하지 않고 제일 의리상 옳은 사랑은 나라를 사랑하는 사랑'이라고 하면서 나라 사랑은 자식 사랑이나 부부 사랑보다도 더 귀하다고 역설했다. 심지어 나라 사랑은 "세계에 으뜸가는 사랑인 고로 목숨을 버려야 한다"고 하였으며,[166] 나라 사랑은 선택이 아니라 의무라고 선언했다.[167]

....

161) Robert T. Oliver, op. cit., p. 61. ; 이정식 역주, 앞의 글, 274쪽 ; 李承晩, 「튼튼한 磐石 우에」, 『綠十字』[通卷 1號(第 1卷 1號)](1946.1), 綠十字社 文化部.

162) Ibid., p. 61. ; 이정식 역주, 위의 글, 274쪽 ; 이승만, 「記念辭 - 第 三回 光復節을 맞이 하여」(단기 4284.8.15), 59쪽 ; 이승만, 「3·1절 기념식 및 민족 선언 학도 대회에서의 훈시」(단기 4285.3.3), 274쪽 ; 「李承晩이 Gloria Swegman에게 보낸 편지」 (1953.4.2), 『大韓民國史資料集』32, 1996, 128쪽. 이승만이 추구한 민권론은 근대 자연법 사상에 입각한 자유주의적 민권 사상이었다. 즉 자연 상태에서의 불가양도의 인간의 권리인 자연권이 그 핵심으로, 그것은 국가 이전의 권리이며, 자유권·생명권·재산권 등의 기본권을 포함한 포괄적 개념이다(하유식, 앞의 논문, 42-43쪽).

163) Ibid., p. 61. ; Harold E. Fey, "Korean President Seeks Aid", The Christian Century, January 2, 1952, p. 7. ; 이정식 역주, 위의 글, 274쪽.

164) 하유식, 앞의 논문, 44쪽.

165) 김학재, 「이승만의 일민주의」, 고려대 정치외교학과 석사학위 논문, 2012, 56쪽.

166) 이승만, 「목숨보다 더한 나라 사랑하는 마음1」, 『뎨국신문』(1901.6.13).

167) 이승만, 「국시를 내세워 아국권을 보호하는 법」, 『뎨국신문』(1902.8.22).

이승만은 투옥 중 저술한 『독립정신』에서도 민중의 애국심 함양을 강조했다. 그는 우선 주체적으로 각성한 문명 개화인이 되어 애국심을 함양한 후 독립의 초석이 되자고 역설했다.[168] 나아가 그는 주권 보호와 공익 활동에는 자신의 직업과 재산도 포기할 줄 알아야 하며, 다른 사람들이 이러한 활동에 동참할 수 있도록 솔선수범해야 한다고 단언했다.[169] 올리버도 국민들이 방관자적 자세를 버리고 문명 부강국 건설을 위해 애국심과 책임감을 갖게 하는 것이 『독립정신』에 나타난 이승만의 지도 이념이라고 보았다.[170] 한편 이승만은 애국심 고취 방법으로 국기 존중을 내세웠다.[171]

『독립정신』에 나타난 애국심 함양의 궁극적 목적은 조선의 독립이었다. 이승만은 『독립정신』을 저술한 목적이 "대한제국의 독립과 권리를 보전하여 영원무궁하게 만들고자 함이다"[172]고 하여 그의 관심과 지향이 조선의 독립 유지에 있음을 분명히 밝혔다. 그는 만일 국권을 상실할 경우라도 독립 국가를 건설하려는 마음은 "우리 모두의 행동을 이끄는 불변의 원칙이 되어야 할 것이다"[173]고 하여 독립을 유지하는 데 국민의 정신이 무엇보다도 중요하다고 강조했다. 그가 『독립정신』에서 애국심 함양과 조선의 독립을 강조한 것은 러일전쟁이 발발(1904.2.8)하면서 장차 조선이 주권을 상실할 수도 있을 것이라는 임박한 위험을 감지한 정세 인식 때문이었다.

이승만은 도미 독립유지외교 활동 시절과 유학 시절에도 지속적으로 민중들의 애국심 함양을 역설했다. 제2장 1절에서 살펴본 것처럼 그는 1904년 11월 4일부터 1905년 8월 7일까지 도미 독립유지외교 활동을 전개했다. 그는 1906년 6월 말 매사추세츠 州 노스필드(Northfield)에서 개최된 만국학도공

---

168) 이승만, 『풀어쓴 독립정신』, 337쪽.

169) 이승만, 위의 책, 389쪽.

170) Robert T. Oliver, *Syngman Rhee and American involvement in Korea*, 1942-1960, pp. 393-395. ; 이승만, 『풀어쓴 독립정신』, 41-52쪽.

171) 이승만, 위의 책, 392쪽 .

172) 이승만, 위의 책, 69쪽.

173) 이승만, 위의 책, 82쪽.

회174)에 한국 총대(總代)로 참여하여 "사람들이 비록 조금이라도 나라를 위하여 자기 도리를 행하면 타인의 우대를 받는 것이로다"175)고 하여 애국심을 표현했다. 그리고 그는 1908년 『共立新報』176)에서 만일 한 나라의 임금이 일신의 안위를 위해 나라와 백성을 외국에 팔아먹을 경우에는 "그 백성이 그 임금을 버리는 것이 참 충국애국(忠國愛國)이라"고 하면서,177) 재미 동포들의 책무는 학문과 식견을 배양하여 이 충애심을 발달시키는 것이라고 주장했다.178) 그는 1908년 3월 11일 펜실베니아 州의 피츠버그(Pittsburg)에서 개최된 제1차 세계선교사대회(The First International Missionary Convention)에 한국 대표로 참석하여 한국에서 전개되고 있는 선교 사업의 현황을 설명하면서 한국 독립의 당위성을 강조하는 연설을 했다.179)

한편 이승만은 1904년 『독립정신』에서 애국심을 기독교 정신이나 교리보다 상위 개념으로 이해하고 있었다. 그는 "누구든지 나라의 주권을 침해하는 사람이 있으면 형제간이라도 원수로 여겨야 할 것이다"180)고 하여 애국이라는 대의에 원수 사랑이라는 기독교적 사랑이 종속되는 것으로 이해했다. 또한 그는 자살은 조물주에게 큰 죄를 짓는 죄악이지만, 국가를 위한 죽음은 가능하다고 보았다.181) 심지어 그는 나라를 위해 적과 싸우다 죽으라

---

174) 유영익, 『이승만의 삶과 꿈』, 50쪽 ; 손세일, 『이승만과 김구 1875-1919 – 양반도 깨어라 상놈도 깨어라②』, 401쪽.
175) 이승만, 「미국대학교에서 졸업생 이승만씨가 뎨국신문에 보낸 편지」, 『大韓每日申報』(1906.8.7).
176) 『共立新報』는 1905년 11월 20일 샌프란시스코에서 재미 교포들이 창간한 주간 신문이었다. 이후 『共立新報』와 『대동공보』(1907년 10월 3일 창간)는 통합하여 국민회의 기관지 『新韓民報』가 되었다(정진석, 「언론인 이승만의 말과 글」, 56쪽 ; 김원용 지음·손보기 엮음, 앞의 책, 197쪽).
177) 이승만, 「在美 韓人 前途」, 『共立新報』(1908.3.4).
178) 이승만, 「在美 韓人 前途」, 『共立新報』(1908.3.4).
179) 유영익, 『이승만의 삶과 꿈』, 62쪽 ; 손세일, 『이승만과 김구 1875-1919 – 양반도 깨어라 상놈도 깨어라③』, 20쪽.
180) 이승만, 『풀어쓴 독립정신』, 393쪽.
181) 이승만, 위의 책, 47쪽.

고 권고하면서, 이러한 죽음은 신의 뜻에도 부합하는 것이며, 영생할 수 있는 길이라고 역설했다.[182] 한편 그는 1949년 3월 개인적 자살은 비판하면서도 국가와 민족을 위한 죽음은 '참 죽엄이 아니오 영원히 살아 있는 것'[183]이라고 하여 그 정당성을 인정했다. 이처럼 그가 『독립정신』에서 기독교 정신이나 교리보다 애국심을 상위 개념으로 인식한 것은 사회참여적 기독교관에 입각한 민족지상주의적 관점에서 사유했기 때문이었다.

그런데 이승만은 1904년 『독립정신』단계에 이르러 자유를 독립과 동일한 개념으로 이해하기 시작했다. 즉 그는 자주와 독립의 권리를 자유권으로 이해했다.[184] 그는 독립을 위한 미국인들의 주체적 노력을 강조하면서, 평등·자유·권리 등의 개념을 사전적 의미보다는 독립이라는 개념을 부각시키기 위한 용어로 사용했다.[185] 다시 말해 그는 평등·자유·권리 등의 개념을 독립과 동일한 의미로 사용했다.

일제시기에 이르러 이승만은 자유를 외세, 곧 일제의 지배로부터 벗어나는 것을 뜻하는 독립의 개념으로 이해했다. 그는 1942년 2월 대한인자유대회에서 3·1운동의 봉화가 타오른 지 23년이란 세월이 흐른 지금에도, 일제가 한국인의 자유를 탄압하고 있지만 결코 한국을 멸망시킬 수는 없을 것이라고 단언했다.[186] 그는 1949년 신년사에서 "다시는 남의 노예 백성이 안되도록 하자"[187]고 하면서 일제 식민 지배의 고통을 잊지 말고 이민족의 노예가 아니라 자유인으로서 살아가자고 역설했다. 그는 1955년 3·1절 기념사

182) 이승만, 위의 책, 47쪽.

183) 金珖燮 編, 「각자 제 책망을 깨다름」(단기 4282.3.1), 7-8쪽.

184) 오영달, 「대한제국기 이승만의 서구 인권 및 주권론 수용: - 그의 『독립정신』에 나타난 정치사상을 중심으로 -」, 『韓國民族文化』31, 釜山大學校 韓國民族文化研究所, 2008, 423쪽.

185) 이승만, 『풀어쓴 독립정신』, 135-136쪽.

186) 「대한인자유대회 회의록」(1942.2.27-3.1), 『대한민국임시정부자료집』20, 2007, 11쪽.

187) 金珖燮編, 「새해를 마지하는 마음」(1949.1.1), 2쪽 ; 이승만, 「조상의 피를 받들어 독립권을 애호하자-송년사」(1949.12.20), 229쪽.

에서 선현들은 세계에서 가장 심악한 경찰 국가의 압제 하에서도 자신의 생명을 바쳐 민족의 해방을 위해 싸웠다고 평가했다.[188] 한편 프란체스카에 따르면, 이승만은 "그리스도께서 우리에게 자유를 주셨으니 굳세게 서서 다시는 종의 멍에를 메지 말라"[189]는 성경 구절을 늘 인용하면서, 남북 통일과 자주 독립이 자신의 유언이라고 했다.[190]

이런 맥락에서 이승만은 일제시기 한국인의 자유를 회복하려고 독립운동을 전개했다. 예컨대 그는 1910년 10월 귀국 후 한국YMCA 사업 몰두,[191] 1912년 6월 19일 '한국 해방의 성명서'에 동의 서명을 받기 위한 윌슨 주지사 방문,[192] 1912년 가을 미국 대학 교수직 구직 포기,[193] 1918-1919년 파리강화회의 독립 청원 외교 활동,[194] 1921-1922년 워싱턴회의 청원외교 활동,[195] 1933년 국제연맹 한국 독립호소외교 활동,[196] 그리고 1941년 12월

---

188) 이승만,「제36회 3·1절 기념사」(단기 4288.3.1), 66쪽 ;「연설문」(1955.2.24),『大韓民國史資料集』34, 1996, 117쪽.

189) 『아가페 큰글성경』, 1993, 308쪽.

190) 이승만 지음·李鍾益 옮김, 앞의 책, 16쪽.

191) Robert T. Oliver, op. cit., pp. 116-117. 이에 대한 평가는 상반된다. 기독교와 민족주의 계몽을 통한 청년 학생 계층의 의식화 교육, 의식화된 민족주의 세력을 결집한 민족 공동체 형성, 그리고 이를 기반으로 한 항일 민족운동이었다는 긍정적 평가가 있다(이덕주, 앞의 논문, 70쪽). 반면 부흥 전도사와 한국YMCA 조직가와 같은 순전한 종교운동가로서 정치 활동과는 아무런 연관을 맺지 않았다고 하여 부정적으로 평가하는 입장도 있다(정병준, 앞의 책, 93쪽).

192) 徐廷柱, 앞의 책, 212쪽 ; 曺惠子,「'人間리승만'의 새傳記」9월호, 253쪽.

193) "Autobiography of Dr. Syngman Rhee",『핏치 문서철』, p. 23. ; Robert T. Oliver, op. cit., pp. 121-122. ; 許政, 앞의 책, 116쪽.

194) (Syngman Rhee)〉Woodrow Wilson, 1918.11.25), *The Syngman Rhee correspondence in English*: 1904-1948, Volume1, p. 57. ; (Syngman Rhee)〉Woodrow Wilson, 1919.2.25), *The Syngman Rhee correspondence in English*: 1904-1948, Volume1, p. 65. ; (Syngman Rhee)〉Joseph Tumulty, 1919.2.28), *The Syngman Rhee correspondence in English*: 1904-1948, Volume1, p. 73. ; (Syngman Rhee)〉Joseph Tumulty, 1919.3.3), *The Syngman Rhee correspondence in English*: 1904-1948, Volume1, p. 74. ; (Syngman Rhee)〉George Clemenceau, 1919.4.30), *The Syngman Rhee correspondence in English*: 1904-1948, Volume1, pp. 108-109.

-1945년 임정승인외교 활동 등을 전개했다.[197] 한편 1933년 프란체스카와 처음 만난 이승만은 일제의 식민 지배로부터 억압받고 있는 '겨레의 압제'를 호소했다.[198]

한편 이승만은 일제시기 기독교 사상을 통해 자유가 외세, 즉 일제로부터의 독립이라는 등식의 신념 체계를 구성할 수 있었다. 이러한 인식의 단초는 우선 외아들 태산(봉수)[199]이 1906년 2월 25일 저녁 7시에 필라델피아 시립 병원에서 디프테리아에 걸려 사망했을 때[200]의 심정에서 추정할 수 있다. 1947년 이승만이 구술하여 1949년에 편찬한 『雩南李承晚傳』에서 서정주는 '외아들이 죽은 2월 25일과 26일의 일기에는 아무런 감정도 지니지 않은 사람'[201]이라고 표현하여, 이승만이 아들의 죽음에도 불구하고 한국 독립을 위해서 의연했다고 평가했다. 하지만 그의 그러한 행동에는 기독교의 영생관에 대한 믿음과 자신을 유대의 민족 지도자인 모세나 여호수아로 치환하여

195) Robert T. Oliver, op. cit., pp. 151-154. 이승만과 워싱턴회의에 대해서는 고정휴, 『이승만과 한국독립운동』, 389-424쪽 ; 정병준, 앞의 책, 204-205쪽을 참조.

196) Ibid., pp. 160-162. ; (Syngman Rhee〉Eric Drummond, 1933.3.20), *The Syngman Rhee correspondence in English*: 1904-1948, Volume1, pp. 504-505. ; 유영익, 『이승만의 삶과 꿈』, 174-178쪽.

197) 고정휴, 『이승만과 한국독립운동』, 432-441쪽 ; 정병준, 앞의 책, 241-271쪽.

198) Robert T. Oliver, op. cit., p. 163.

199) 태산(泰山, 일명 鳳秀)은 1898년 12월에 이승만의 외아들로 태어났다(정병준, 앞의 책, 63쪽). 1905년 6월 4일(8살) 옥중 동지 박용만이 태산을 데리고 워싱턴에 와서 ["Autobiography of Dr. Syngman Rhee", 『핏치 문서철』, p. 18. ; 徐廷柱, 앞의 책, 192-193쪽 ; 孫世一, 「李承晚과 金九」, 「李承晚과 金九」, 『月刊朝鮮』(2002.12)], 부유한 감리교 신자인 보이드 부인(Mrs. Boyd)에게 양육을 맡겼다[孫世一, 「李承晚과 金九」, 『月刊朝鮮』(2002.12)].

200) "Autobiography of Dr. Syngman Rhee", 『핏치 문서철』, p. 18. ; 徐廷柱, 위의 책, 193-194쪽 ; 손세일, 『이승만과 김구 1875-1919 – 양반도 깨어라 상놈도 깨어라②』, 391-393쪽 ; Syngman Rhee, "*Log Book of S.R.*,"(유영익, 『이승만의 삶과 꿈』, 50쪽 재인용).

201) 徐廷柱, 위의 책, 193-195쪽. 반면 이승만의 영문 자서전에서는 태산의 죽음은 가장 슬픈 이야기 중의 하나라고 기록했다("Autobiography of Dr. Syngman Rhee", 『핏치 문서철』, p. 18.).

민족 구원의 사명, 곧 한민족의 독립을 완수해야 한다는 생각이 더 크게 작용했을 것이다.

이승만은 기독교 신앙에 근거한 이승만=한민족의 구세주라는 등식의 관념을 1913년 『한국교회핍박』에서 처음으로 밝혔다. 그는 『한국교회핍박』에서 다음과 같이 역설했다.

> 이 종교(유교-인용자)를 숭상하는 세상에서는 영원히 혁명 사상이 생길 수 없다. 기독교로 말하면 예수께서 당초에 미천한 자로 태어나서 당시 형편을 살펴보니 유대국은 로마의 속국인데 소위 집권자들은 로마 세력을 의지하고 불공평함으로 백성을 다스려서 서기관과 세리들이 남에게 군림하는 기세로 간악한 짓을 하며 유대 교회에서는 하나님을 섬긴다고 하지만 모세의 율법을 숭상하여 외양과 형식으로 하나님을 숭배하며 (중략) 그러므로 예수가 모든 이러한 부조리들을 일제히 혁신하기 위하여 권세와 재산 가진 자들이며, 명망과 학식 있다는 자들을 도처에서 탄핵하여 모든 악한 자들이 그 죄악을 자복하고 참 마음으로 하나님 앞에 나오기를 권했다. (중략) 이러므로 위에 있는 자들과 권세가 높고 지위가 높은 세력 있는 부자들의 시기와 의심을 받아 무한한 곤란과 핍박을 당하다가 마침내 그 제자의 고발로 모함에 들어 로마 황제를 반대한다는 죄명으로 못박혀 죽기에 이르렀다.[202]

위 인용문에서 이승만은 예수의 공생애 시기 유대 민족의 상황과 시대정신을 자신과 식민지 한국에 접목시켰다. 그는 먼저 유대=한국, 로마=일제, 유대의 집권자·서기관·세리=식민지 한국의 친일파, 유대 민족의 수난=한민족의 수난, 형식적 예배에 치우친 유대 민족=혁명 사상 부재의 유교를 숭상하는 한민족이라는 등식의 구도로 유대 민족과 한민족의 당면 현실을 진단했다. 그는 이러한 부조리를 일거에 전복시킬 수 있는 방안을 자유와 평등

----

202) 이승만, 『한국교회핍박』, 176-177쪽.

의 혁명성을 내포한 기독교 사상과 정치·종교 혁명가 예수에게서 발견했
다. 이런 맥락에서 그는 정치·종교 혁명가 예수를 한국의 혁명 주창자 이승
만과 동일시했다. 즉 그는 자신을 일제의 식민 지배로부터 한국을 해방시킬
정치 혁명가이자 조선의 전통 종교와 민간 신앙을 기독교로 개조할 정신·종
교 혁명가로 상정했다. 한편 올리버도 1922년 워싱턴회의 종결부터 1939년
독일의 폴란드 침공 때까지 독립의 가능성이 거의 없던 시기의 이승만을 맨
몸으로 이민족인 골리앗의 대군과 싸웠던 유대 민족의 왕 다윗에 등치시켰
다.203)

또한 이승만은 1913년 『한국교회핍박』에서 '105인사건'을 설명하면서,
"예로부터 기독교는 핍박 중에 기초를 잡아 기독교 문명을 발전시켰기 때문
에 핍박을 받으며 예수를 따르는 자가 참 기독교인으로 인정받은 것이다"고
주장했다.204) 즉 그는 1913년 『한국교회핍박』 단계에서 참기독교인인 자신
의 독립 운동은 일제의 핍박으로부터 고난을 받지만 종국에는 승리한다는
신념의 연결 고리를 마침내 기독교 신앙에서 찾았다. 바로 이 지점에서 그의
독립운동과 기독교 신앙이 만날 수 있었다. 때문에 그 자신이 독립 운동 과정
에서 겪는 고난은 예수의 고난으로 환원되어 신이 준 소명이라고 확신했다.

이러한 이승만의 인식은 신앙적 정합성을 확보하고 있었다. 유대교 율법
학자인 비코비츠(Henry Berkowitz)는 1919년 4월 필라델피아 한인자유대
회에서 다음과 같이 연설했다.

세계 역사상 최초로, 저 먼 이집트에서 일단의 노예가 된 히브리인들이
당시의 가장 강대한 제국에 도전하는 용기를 가졌었고, 모세는 바로 그 자
신이 그 강대한 파라오에 대한 도전을 선포했습니다. 그것이 가장 최초의
자유 선언이었습니다. 그 선언은 이후 세계 역사에 있어서 모든 자유운동
을 고무시키는 한 요인이 되었습니다.205)

....

203) Robert T. Oliver, op. cit., p. 156.
204) 이승만, 『한국교회핍박』, 126쪽.

위 연설에서 비코비츠(Henry Berkowitz)는 이집트의 압제와 유대 민족의 고난, 유대 민족의 지도자 모세의 등장, 그리고 출애굽을 통한 유대 민족의 자유 선언 등을 언급했다. 이 대회에 참석했던 이승만은 비코비츠(Henry Berkowitz)의 이 연설[206]에서 이집트=일제, 유대 민족=한민족, 유대 민족의 고난=한민족의 고난, 유대 민족의 구세주 모세[207]=한민족의 구세주 이승만, 출애굽을 통한 자유=일제 식민 지배로터의 자유라는 등식의 신념 체계에 대한 신앙적 정합성을 찾았다.

따라서 이승만은 자신의 독립운동에 신앙적 정당성을 부여할 수 있었다. 비코비츠(Henry Berkowitz)는 "정의의 신은 존재하며 또한 진정으로 여러분들이 불법으로 학대를 받았다면, 여러분들은 반드시 승리하여 여러분들이 마땅히 가져야 할 자유를 얻게 될 것이다"고 하여 일제의 억압으로부터 자유를 얻는 것이 신의 정의라고 선언했다.[208] 비코비츠의 이러한 발언은 자신을 유대 민족의 구세주 모세·다윗에 투사시킴으로써 한민족의 구세주라고 인식하고 있던 이승만의 독립운동에 신앙적 정당성을 부여했다.

이런 관점에서 이승만은 자신의 운명을 한민족의 운명과 일체화시켰다. 그는 1952년 대통령 취임사에서 "내 평생은 우리나라의 운명과 같아서 계속

---

205) 元聖玉 옮김, 「제1일 오전회의」(1919.4.14), 179쪽.
206) 그는 이 연설에서 유대인과 한민족의 유사성으로 독립 국가의 부재, 강대국들에 의한 고난, 문명과 정신적 가치의 중시 등을 언급했다[元聖玉 옮김, 「제1일 오전회의」(1919.4.14), 179-180쪽].
207) 이승만이 처음으로 모세를 유대 민족의 구세주라고 명시한 것은 '모세 성인은 이집트 국에서 홀로 은혜되이 기름을 받았으되 자기의 같은 족속의 고초를 잊지 아니하고 구제하기를 힘쓴 고로 마침내 하느님의 도우심을 얻어 이집트에서 나왔으며'라고 한 1904년 8월 『신학월보』「대한 교우들이 힘쓸 일」이라는 기고문이었다. 하지만 그는 『신학월보』단계에서는 아직 유대 민족의 구세주 모세=한민족의 구세주 이승만이라는 관점을 피력한 것은 아니었다. 왜냐하면 그가 사회참여적 기독교관이라는 논지를 전개하면서 단지 모세를 민족 구원과 사회 구원이라는 대의에 자신을 헌신한 대표적 인물로 거론했기 때문이었다[이승만, 「대한 교우들이 힘쓸 일」, 『신학월보』(1904. 8)].
208) 元聖玉 옮김, 「제1일 오전회의」(1919.4.14), 181쪽.

적 투쟁과 인내력으로 진행해 온 것인데 어떤 때는 앞에 장애가 너무도 커서 희망이 보이지 않을 때가 많았든 것입니다"고 회고했다.[209] 즉 그는 자신과 한민족을 운명 공동체라고 사고했으며, 스스로를 민족 구원을 위해 신이 부여한 사명을 짊어지고 고난의 길을 걸어야만 하는 성자라고 확신했다.

이러한 이승만의 사고 체계는 그에 대한 추종자들의 평판에서도 확인할 수 있다. 갈홍기는 이승만을 '민족과 인류 구원을 위한 선구자이며 성자'로 규정한 후, 그 때문에 "스스로 수난의 길을 걷는다"고 주장했다.[210] 윤치영(尹致映)은 일평생 이승만이 독립운동을 '하느님이 주신 使命이며 責務'라고 사고했다고 회고했다.[211] 프란체스카는 이승만이 조국의 독립과 민족의 자유를 회복하기 위해 자발적으로 고난의 길을 선택했으며 그 "고난의 길을 하느님이 정해 준 길이라고 믿고 걸어왔다"고 평가했다.[212] 올리버는 이승만이 일제로부터 민족을 해방시키려는 십자군운동에 그 자신의 생애를 바쳤다고 규정했다.[213] 이러한 이승만 '신격화' 작업은 1950년대 지배 권력의 상징 정치에 이용되었다.[214]

기독교 신앙에 기반한 이승만의 사고 체계는 이후 그의 사고와 행동을 규정하고 압도했다. 그는 1941년 『일본군국주의실상』에서 3·1운동으로 기독교인들이 받은 피해를 "기독교인들은 국민 전체를 위하여 십자가를 지지 않으면 안되었다"고 평가했다.[215] 즉 그는 신의 주권적 섭리 안에서 한민족의

---

209) 이승만, 「대통령취임사」(1952.8.15), 101쪽.
210) 葛弘基, 앞의 책, 「序文」. 이는 갈홍기의 이승만 평이지만 주체는 객체에 의해 평가되거나 규정되면 그렇게 행동하는 경향이 있다. 따라서 이승만의 사고뿐만 아니라, 이승만의 추종자들이 이승만을 어떻게 평가했는가 역시 중요하게 고려되어야 한다.
211) 尹致映, 「남기고 싶은 이야기들: 내가 아는 李博士」153회, 『中央日報』(1972.8.3).
212) 曺惠子, 「'人間리승만'의 새傳記」12월호, 283쪽 ; 프란체스카 도너 리 지음·조혜자 옮김, 앞의 책, 85쪽.
213) Robert T. Oliver, op. cit., pp. 56-57.
214) 후지이 다케시, 「'이승만'이라는 표상 -이승만 이미지를 통해 본 1950년대 지배 권력의 상징 정치-」, 『역사문제연구』제19집, 역사문제연구소, 2008, 31-37쪽.
215) 이승만 지음·李鍾益 옮김, 앞의 책, 115쪽.

운명도 한국의 독립을 위한 고난의 여정이라고 확신했다.

해방 이후 기독교 신앙에 근거한 이승만=한민족의 구세주라는 등식의 관념은 민족의 자유를 수호하는 애국과 독립의 개념으로 표출되었다. 그는 신탁통치를 한국의 독립과 자유를 해치는 결정으로 판단했다.[216] 때문에 그는 5·10 총선거에 참여하는 것은 독립을 회복하려는 애국심의 표현 행위로 이해했다.[217] 그는 만일 어떤 국가가 한국을 지배하려고 한다면 한국인은 결코 싸움을 멈추지 않을 것이며,[218] 한 뼘의 영토도 공산당에게 양도하지 않겠다고 천명했다.[219] 그는 일본군이 한국에 상륙한다면 공산군보다 먼저 일본군과 싸울 것이며,[220] 중국 국민당군의 한국 참전도 반대한다고 밝혔다.[221] 그는 공산당의 침략으로부터 민족의 안위를 지키는 군사 억지 수단으로써 한국을 미국의 원자폭탄 기지로 제공할 수 있다고 선언했다.[222] 그는 민족의 자유를 회복하려는 북진 통일을 미국과 UN이 3차 세계 대전을 우려하여 반대한다면, 그것은 약소국을 희생하여 강대국의 안전을 지키려고 하는 것이기에 수용할 수 없다고 피력했다.[223] 결국 그는 자신의 일생은 조

....

216) 「李承晩이 미소공동위원회에 보낸 연설문」(1947.5.21), 『大韓民國史資料集』28, 1996, 281쪽.

217) 「성명서」(1947.11.26), 『大韓民國史資料集』28, 1996, 385쪽.

218) 「비망록」(1951.1.11), 『大韓民國史資料集』30, 1996, 18쪽.

219) 「李承晩이 梁裕燦에게 보낸 비망록」(1951.6.11), 『大韓民國史資料集』30, 1996, 291쪽.

220) 「李承晩이 Robert T. Oliver에게 보낸 편지」(1952.4.22), 『大韓民國史資料集』31, 1996, 76쪽 ; 「李承晩이 林炳稷에게 보낸 비망록」(1952.10.9), 『大韓民國史資料集』31, 1996, 386쪽 ; 「李承晩이 卞榮泰에게 보낸 비망록」(1952.11.20), 『大韓民國史資料集』31, 1996, 421-422쪽 ; 「회견문」(1952.11.30), 『大韓民國史資料集』31, 1996, 437쪽 ; 「李承晩이 Robert T. Oliver에게 보낸 비망록」(1953.3.?), 『大韓民國史資料集』32, 1996, 114쪽.

221) 「회견문」(1952.11.30), 『大韓民國史資料集』31, 1996, 438쪽.

222) 「기자회견」(1957.6.26), 『大韓民國史資料集』36, 1996, 94쪽.

223) 「李承晩이 林炳稷에게 보낸 비망록」(1952.9.9), 『大韓民國史資料集』31, 1996, 335쪽 ; 「李承晩이 梁裕燦에게 보낸 비망록」(1952.10.4), 『大韓民國史資料集』31, 1996, 373쪽 ; 「李承晩이 梁裕燦에게 보낸 비망록」(1952.10.4), 『大韓民國史資料集』31, 1996, 374쪽.

국의 자유와 독립을 성취하는 데 헌신한 삶이었다고 규정했다.[224]

  이러한 관점은 이승만 측근들의 평가에서도 찾아 볼 수 있다. 프란체스카에 따르면, 이승만은 1960년 4·19혁명 부상 학생들을 위문한 후 "죄 없는 애들의 고통을 덜어 주시고 자기를 벌해 주시라"고 기도하며 오직 애국의 길로 이끌어 주시길 간구했으며,[225] 4·19혁명으로 대통령 직을 사임한 이후에도 공산당의 위협과 자국의 이익을 우선하는 강대국 사이에 처한 나라와 민족의 앞날을 걱정했으며,[226] 하와이 망명 중 한국 정부의 귀국 불허 방침을 통보받자 개인적 귀국 열망보다 나라 사랑의 대의를 먼저 생각하고 포기했다.[227] 프란체스카는 이승만의 유언은 남북 통일과 자주 독립의 달성이었으며,[228] 이승만의 장수 비결은 무엇보다도 남북 통일을 성취하겠다는 굳건한 의지와 신념이었다고 평가했다.[229] 허정에 따르면, 이승만이 1952년 재선을 바란 것은 개인적인 집권욕 때문이 아니라 전쟁 승리와 통일을 성취하기 위해서는 자신의 영도가 필요하다는 확신 때문이었다. 특히 허정은 이승만이 단독 정부를 수립하여 남북 분단이 고착화된 데 대해 대단한 책임감을 느끼고 자신의 힘으로 통일을 성취하겠다는 비장한 의무감으로 재선을 일종의 사명으로 여겼다고 회고했다.[230] 1953년-1960년까지 이승만의 공보비서로 정부의 대외 문서 작성을 담당했던 글렌(William A. Glenn)[231]도 이승만의

....

224) 「李承晩이 John J. Muccio에게 보낸 편지」(1952.5.28), 『大韓民國史資料集』31, 1996, 103쪽 ; 「李承晩이 Robert T. Oliver에게 보낸 비망록」(1953.3.?), 『大韓民國史資料集』32, 1996, 111쪽.

225) 프란체스카 도너 리 지음·조혜자 옮김, 앞의 책, 100쪽.

226) 프란체스카 도너 리 지음·조혜자 옮김, 위의 책, 104쪽.

227) 프란체스카 도너 리 지음·조혜자 옮김, 위의 책, 120쪽.

228) 이승만 지음·李鍾益 옮김, 앞의 책, 16쪽 ; 曺惠子, 「'人間리승만'의 새傳記」1월호, 237-238쪽.

229) 프란체스카 도너 리 지음·조혜자 옮김, 앞의 책, 86쪽.

230) 許政, 『許政 回顧錄: 내일을 위한 證言』, 179-180쪽.

231) 글렌(William A. Glenn)은 이승만의 공보비서로 『대한공론사(Korea Information Service Inc.)』사장과 『코리안리퍼블릭(*The Korean Republic*)』의 고문을 역임했다

마음과 양심은 순수했으며, 반대 세력에게 냉혹했던 것은 "국민을 위한 행동이었다"고 평가했다[232]

이런 맥락에서 이승만은 1953년 "나는 한국이 스위스와 같은 중립 국가가 되는 것을 원하지 않는다. 나는 우리가 4천년 이상 동안 유지해 온 독립 상태를 유지하길 원한다"고 하여 국가 형태로 중립 국가 조차도 수용하지 않겠다고 밝혔다.[233] 이는 그가 1904년 『독립정신』단계에서 밝힌 중립 국가는 속국이나 식민지보다는 나은 국가 형태로 형식상 자주 독립을 보전할 수 있으나 내용상 완전한 주권을 행사할 수 없기 때문에 "중립 국가는 결코 하지도 말고, 독립국가를 영원히 보전할 결의를 더욱 굳게 해야 한다"[234]는 주장과 궤를 같이 하는 것이었다. 이처럼 이승만이 국가 형태로 중립국가를 수용할 수 없었던 것은 그것이 조선의 주권을 침해하는 것이라고 판단하였기 때문이었다.

그러나 이승만의 '애국'과 '독립'이란 해방 이후 독재 체제 유지를 위해 정적들을 탄압하는 수단으로 이용되었다. 이승만은 1952년 反이승만 세력이 국회 의원 보궐 선거에 당선되지 못하도록 "옳은 사람을 위해서 투표해야만 될 것이니 극히 주의치 않고는 민국이 그 손해를 받을 것이다"[235]고 하여 유권자를 간접적으로 협박했다. 그는 동년 1월 국회에서 대통령 직선제 개헌안이 부결되자, 대통령 직선제 개헌안에 반대하는 국회의원은 애국심이 없이 사리사욕에 차있는 사람이라고 겁박했다.[236] 그는 부산 정치 파동(1952.6.26)과 발췌 개헌(1952.7.4)에 대한 비판에 대해서도 미국 정부와 공

(정병준, 「이승만의 정치고문들」, 『역사비평』여름호, 역사비평사, 1998, 176쪽).

[232] William A. Glenn, 「남기고 싶은 이야기들: 내가 아는 李博士」181회, 『中央日報』(1972.9.9).

[233] 「李承晩이 Robert T. Oliver에게 보낸 편지」(1953.6.18), 『大韓民國史資料集』37, 1996, 276쪽.

[234] 이승만, 『풀어쓴 독립정신』, 81-83쪽.

[235] 이승만, 「國會議員 選擧에 對하여」(1952.1.17), 66쪽.

[236] 이승만, 「國會議員 召還說에 關한 國會 質問에 回答」(1952.2.26), 70쪽.

모한 장면과 조병옥이 휴전 회담으로 남북 분단을 확정지으려는 미국 정부에 협조할 것이기에 탄압받아야 하며, 남북 분단을 막을 수 있는 유일한 사람은 오직 자신밖에 없다고 역설했다.[237] 그는 1955년 '적성(敵性)' 중립국 감시 위원단 축출 시위 운동에 참여한 청년들의 행동을 '애국성충에서 나온 것'이라고 했지만,[238] 이는 대중동원에 의한 집단행동에 불과했다. 대중동원에 의한 궐기대회는 이승만 집권기 12년 동안 중요한 통치 전략으로 기능했다.[239] 그는 1959년 신국가보안법(1958.12.24)의 국회 통과로 인한 정국 긴장 수습 대책에 대한 질문을 받자 신국가보안법의 제정은 개인의 자유를 제한하려는 것이 결코 아니며 국가의 안녕과 질서 유지에만 목적이 있다고 했지만,[240] 신국가보안법은 이후 야당을 탄압하는 수단으로 기능했다.

결국 이승만은 극단적으로 '애국'에 집착하여 자신만이 '1등 애국자'라는 망상에 사로잡혀 있었다. 때문에 그는 反이승만 세력의 이승만 정권 비판운동을 비애국자의 행동으로 규정하고 탄압할 수 있었다. 리차드 알렌도 이승만은 전쟁과 자신의 재선 계획에만 열중하여 거창 양민 학살 사건(1951. 2.11)과 국민 방위군 사건(1951.1-3월)에 대한 진상 규명 노력을 하지 않았는데, 이는 불행한 일이었지만 그의 특징이었다고 혹평했다.[241]

뿐만 아니라 이승만은 언론 출판 집회 결사의 자유조차도 허용하지 않았다. 그는 1952년 언론을 탄압하지 말라는 미국 정부의 경고에 대해 한국의

....

237) Robert T. Oliver, *Syngman Rhee and American involvement in Korea*, 1942-1960, p. 395. ; Robert T. Oliver, op. cit., p. 289. ;「李承晩이 林炳稷에게 보낸 비망록」(1953.3.10),『大韓民國史資料集』32, 1996, 37-39쪽 ;「비망록」(1953.3.10),『大韓民國史資料集』32, 1996, 42쪽 ;「李承晩이 Robert T. Oliver에게 보낸 비망록」(1953.3.?),『大韓民國史資料集』32, 1996, 116-117쪽.
238) 이승만,「적성 중립국 감시 위원단의 철퇴를 요구하는 국민운동에 관하여」(1955.8.13), 271쪽.
239) 정호기,「이승만 시대의 위기 담론과 궐기대회」,『사회와 역사』제84집, 한국사회사학회, 2009, 180쪽.
240) 이승만,「기자 질문에 대한 답변서」(단기 4289.2.3), 78쪽.
241) Richard C. Allen 著·尹大均 譯, 앞의 책, 139-140쪽.

언론 자유는 미국의 언론 자유보다 더 잘 보장되고 있다고 힐난했다.[242] 그는 1956년 인하 공과 대학 학생들이 동맹 휴학을 하자, 동맹 휴학은 공산당의 전술을 추종하는 것이라고 경고하였으며,[243] 독재 체제에 대항한 민중들의 집회 결사의 자유를 '음모를 해서 정부를 곤란하게 하며 권리를 뺏겠다는 것'이라고 하여 비난했다.[244] 그의 이러한 인식은 국민의 기본권인 집회 결사의 자유조차도 공산당의 선동으로 몰아가는 반공주의적 사고에서 기인했다. 한편 올리버는 1948년 미국 언론들이 이승만 정부가 시민의 자유를 억압한다고 비난하자, 공산당의 반란을 진압하려는 이승만의 노력을 세계 언론이 독재정치로 몰아가고 있다고 변호했다.[245] 또한 올리버는 1951년 언론을 탄압한다는 미국의 여론을 무마하기 위해 이승만에게 신문을 탄압하는 공보처의 권한을 없애자[246]고 제안하여 언론 탄압의 책임을 공보처에 전가했다.

반면 일상 영역에서 이승만은 오랜 투옥 경험 때문에 새장 속의 새는 날려 보냈으며, 낚시질로 잡은 고기는 다시 놓아주는 등 사뭇 다른 행태를 표출했다.[247] 그럼에도 일상을 벗어난 공적 공간에서 그가 보여준 자유에 대한 생각과 행동은 청년기에 품었던 그의 자유관이 형해화 되었음을 증명한다. 또한 그는 표면적으로 자유권이 보장되는 국가 건설을 언명했지만,[248] 그것은 정치적 수사에 불과했다. 자유권의 보장은 선언적 의미가 아니라, 실천적 행

---

[242] 「李承晩이 Robert T. Oliver에게 보낸 편지」(1952.6.20), 『大韓民國史資料集』31, 1996, 186-187쪽.

[243] 이승만, 「인하 공과 대학 학장 경질 문제에 대하여」(단기 4289.12.15), 216쪽.

[244] 이승만, 「나라를 도아 민중에 복을 가져오게 하라-경기도 의회 의원 일동에게」(단기 4289.9.11), 25쪽.

[245] Robert T. Oliver, *Syngman Rhee and American involvement in Korea*, 1942-1960, p. 201. ; 「李承晩이 Robert T. Oliver에게 보낸 비망록」(1953.3.?), 『大韓民國史資料集』32, 1996, 112쪽.

[246] Robert T. Oliver, *Syngman Rhee and American involvement in Korea*, 1942-1960, p. 373.

[247] 曺惠子, 「『人間리승만』의 새傳記」8월호, 300쪽.

[248] 金珖燮 編, 앞의 책, 3쪽 ; 雩南實錄編纂會, 「模範的 獨立國을 建設하자-過渡政府 當面 政策 33項」(946.2), 382-385쪽 ; 「民主議院臨時政策」, 『朝鮮日報』(946.3.20).

동을 통해 평가 받아야 하기 때문이다.

또한 해방 이후 이승만의 '자유'란 공산 독재로부터의 자유로 대체되었다. 즉 그의 '자유'는 '자의적·독재적인 권력으로부터의 자유'라는 측면보다는 '공산주의의 침략과 지배로부터의 자유'라는 측면에서 주로 그 의미를 확보해 갔다.[249] 이는 이승만이 자유 억압의 주체를 일본 민족에서 공산주의자로 변경했음을 뜻한다. 이러한 인식의 변화는 그가 공산주의는 '개인과 집단의 자유를 억압'하는 노예의 길을 걷도록 한다고 판단했기 때문이다.[250] 그는 1949년 11월 「*The Korean Clipper*」 지상에서 공산주의=독재(노예)의 길, 반공주의=자유민의 길이라는 등식의 논리를 천명했다.[251] 그는 1955년 한국은 여전히 양분되어 있으며 절반은 노예 상태에 있다고 주장했다.[252] 따라서 그는 공산당에게 굴복하는 것은 노예 상태와 죽음을 받아들이는 것이며,[253] 한국전쟁 중 평양 탈환(1950.10.19)은 공산당의 억압에서 자유를 회복시킨 것이며,[254] 1954년 '반공 포로'의 투쟁은 공산 독재에 맞서 인류의 자유 원칙을 수호하려는 것이었다고 주장했다.[255]

때문에 그는 미소공위의 합의에 따른 정부 수립, 즉 신탁 통치는 한국인을 소련의 노예로 만드는 것이기에 수용할 수 없었다.[256] 그는 1948년 유엔 한국 임시위원단 입국 환영 담화에서도 우리의 목표는 '자유민으로서 우리의

---

249) 문지영, 『지배와 저항: 한국 자유주의의 두 얼굴』, 후마니타스, 2011, 156-157쪽.
250) Robert T. Oliver, op. cit., p. 318. ; 이승만, 「다울링 신임 주한 미국 대사 신임장 봉정사에 대한 답사」(단기 4289.7.14), 91쪽 ; 이승만, 「미국과 비율빈의 독립 기념일을 마지하여」(단기 4289.7.3), 91쪽.
251) Ibid., p. 302.
252) 「李承晩이 林炳稷에게 보낸 편지」(1955.3.24), 『大韓民國史資料集』34, 1996, 204쪽.
253) 「李承晩이 張勉·趙炳玉에게 보낸 비망록」(1949.6.24), 『大韓民國史資料集』29, 1996, 77-78쪽.
254) 「李承晩이 Douglas MacArthur에게 보낸 편지」(1950.10.20), 『大韓民國史資料集』 29, 1996, 361쪽.
255) 이승만, 「반공 청년들의 석방을 환영」(단기 4287.1.20), 268쪽.
256) Robert T. Oliver, op. cit., p. 220.

생활방식에 따라 살기 위한 권리를 회복하는 것'이라고 하여 신탁통치를 반대했다.257) 또한 그는 단독 선거 찬성=독립의 길, 단독 선거 반대=노예의 길이라는 등식의 구도로 이해하여 1948년 5·10총선거를 통한 분단 정권 수립을 정당화했다.258)

따라서 이승만은 자유민으로 생존하기 위해서 공산당과 전쟁을 벌이는 것은 불가피하다고 보았다. 올리버에 의하면, 이승만은 '자유와 공산주의는 상극'이며, 공산당과의 타협은 "기름과 물을 섞으려는 것과 같다"는 신념에 사로잡혀 있었다.259) 1949년 6월 30일 미군이 철수하면서 자주 국방에 대한 위기를 느꼈던 이승만은 7월 2일 장면 미국 대사에게 보낸 전문에서 미군이 철수한 어려운 상황이지만 한국민의 자유를 위해서는 한국군 단독으로라도 공산당과 싸우겠다는 전의를 드러냈다.260)

이승만은 한국전쟁의 성격을 자유 지향의 민주주의와 독재 지향의 공산주의의 대결이라고 규정했다.261) 그는 한국전쟁에서 우리는 공산당의 노예로 생명을 연장하느니 자유민으로 죽는 것을 불사하겠다는 의지를 드러냈다고 평가했다.262) 그는 북진 통일이 성공한다면 자유민으로 살아갈 수 있으나, 그것이 실패한다면 노예로 살아가야 한다고 판단했다.263) 즉 그는 대한민국의 독립과 국민의 자유권은 오직 북진 통일로써만 달성될 수 있다고 인식했

257) Ibid., p. 246.

258) Ibid., p. 254.

259) Robert T. Oliver, *Syngman Rhee and American involvement in Korea*, 1942-1960, p. 391.

260) Robert T. Oliver, *Syngman Rhee and American involvement in Korea*, 1942-1960, pp. 238-240.

261) 「李承晩이 Gloria Swegman에게 보낸 편지」(1953.4.2), 『大韓民國史資料集』32, 1996, 129쪽.

262) 이승만, 「永遠한 平和가 올 때까지 繼續해 싸워 나가자」(단기 4284.6.24), 80쪽 ; 이승만, 「六.二五 事變 第 一 周年에 際하여」(단기 4284.6.29), 55쪽.

263) 이승만, 「육군훈련소 壯丁에게」(단기 4284.8.18), 170쪽 ; 「李承晩이 梁裕燦에게 보낸 비망록」(1953.4.16), 『大韓民國史資料集』32, 1996, 167쪽.

다.264) 따라서 그는 지속적으로 자유권을 침해하는 공산당을 멸절시키기 위해 북진 통일을 완수하자고 천명했다.265) 그는 현실적 차원에서는 자유 수호 군대인 UN군이 증강되고 있기 때문에 자유민을 노예화하려는 공산군은 패배할 것이라고 전망했다.266) 또한 그는 당위적 차원에서는 한국전쟁은 자유를 회복하려는 정당성을 갖고 있기 때문에 필연적으로 승리할 것이며,267) 대한민국은 자유 민주 국가의 대표이기 때문에 북진 통일을 성취하여 자유 민주 국가의 희망이 될 것이라고 예견했다.268)

그러나 민중들은 이승만의 소망과는 달리 전쟁으로 기아와 인플레이션의 고통을 겪고 있었기 때문에 전쟁이 아니라 평화를 갈망하고 있었다.269) 그의 호전적 발언은 1948년 세계교회협의회(WCC)가 창립 총회에서 "하나님을 무시한 결과인 전쟁은 만약 인간이 회개하는 마음으로 하나님께 의지하고 당신의 율법에 순종하기만 한다면 불가피한 것은 아니다"고 명시한 점과 정면 배치된다.270)

이승만은 1953년 7월 27일 휴전 협정 체결 이후에도 자유 획득을 위해 북진 통일이 필요하다는 기존의 논리를 고수했다. 그는 자유는 공유 불가능하며 소유냐 무소유냐 양자택일의 문제라고 인식했다.271) 즉 그는 공산당을 '자유의 원수'로 규정하여 결코 타협이나 공존의 대상이 아니라고 이해했다.272) 특히 그는 남한은 '자유세계의 하나의 보루'이기 때문에 공산 침략군

264) 이승만, 「戰勝과 建設에 勇進하자 最近 政界 動向에 對하여」(단기 4284.5.15), 54쪽.
265) 이승만, 「三.一 節 記念辭」(단기 4284.3.1), 46쪽-47쪽 ; 이승만, 「統一國權을 爲하여 끝까지 싸우자」(단기 4284.3.31), 53쪽 ; 이승만, 「六.二五 事變 第 一周年에 際하여」(단기 4284.6.29), 56쪽.
266) 이승만, 「8.15 해방 독립 기념일에 제하여」(단기 4285.8.15), 98쪽.
267) 이승만, 「대통령 취임사」(단기 4285.8.15), 101쪽.
268) 이승만, 「대통령 취임사」(단기 4285.8.15), 100쪽.
269) Richard C. Allen 著·尹大均 譯, 앞의 책, 185-186쪽.
270) 세계교회협의회 편·이형기 역, 『WCC 역대 총회 종합보고서』, 한국장로교출판사, 1993, 61쪽.
271) 이승만, 「금엽 자유 훈장을 바드시고」(단기 4288.3.21), 253-254쪽.

으로부터 자유세계를 수호한다는 상징성을 갖는다고 주장했다.[273] 따라서 그는 북한의 우리 형제자매의 자유 회복을 위해 '빈손으로라도' 북진 통일을 완성해야 한다고 표명했다.[274] 또한 그는 1956년 8월 15일 제3대 대통령 취임식에서 "우리는 자유 없는 생명보다는 죽음을 택할 것이며 이렇게 용감히 나갈 때 하느님은 우리를 도울 것이라"[275]라고 하여 자유를 북진 통일의 개념으로 대용하였으며, 북진 통일에 신의 섭리가 개입할 것이라고 선언했다. 이처럼 그는 자유의 개념을 편의적이고 선동적으로 사용했다.

한편 이승만은 현실 세계에서 자신이 전개하는 자유 수호를 위한 반공운동의 논리적 기반을 기독교 신앙에서 찾았다. 그는 자유 수호를 위한 반공운동을 십자군운동으로 이해하여 신앙적 차원에서 접근했다. 즉 그는 자유 수호를 위한 반공운동을 적그리스도로부터 기독교를 수호하는 십자군운동으로 인식했다. 그는 북한군의 옹진반도 공격을 격퇴한 직후인 1949년 11월 20일 재미 한국 파송 선교사들을 대상으로 발간되는 『The Korean Clipper』라는 정기 간행물에 다음과 같이 기고했다. 즉 그는 "자유와 명분을 위하여 헌신하는 사람은 누구나가 다같이 하느님의 군사로서 용진(勇進)하고 있다"[276]고 하여 공산당으로부터 자유를 수호하는 사람이 '하느님의 군사'라는 논리를 제시했다. 그는 1954년 2월 미국의 『Houston Chronicle』편집인 존스(Jesse H. Jones)에게 보낸 편지에서 인류의 자유의 적인 공산당에 대한 십자군운동을 전개하는 데 후원과 협조를 부탁했다.[277]

....

272) 이승만, 「터기 공화국 아드난멘데레스 수상 환영 만찬회에서 환영사」(단기 4291.4.25), 110쪽.
273) 이승만, 「고 월남대통령 내한에 환영사」(단기 4290.9.18), 102쪽 ; 이승만, 「제3회 현충 전몰 장병 중앙 추도식에 추도사」(단기 4291.6.6), 138-139쪽.
274) 이승만, 「제37회 3·1절 기념사」(단기 4289.3.1), 5쪽.
275) 우남전기편찬회 편, 앞의 책, 193쪽.
276) Robert T. Oliver, op. cit., pp. 297-298.
277) (Syngman Rhee)〉Jesse H. Jones, February 19, 1954), The Syngman Rhee Presidential Papers, File 11610035-11610035.

또한 이승만은 1956년 「폴랜드 및 항가리 국민 봉기에 대하여」라는 담화에서 다음과 같이 주장했다

> 폴랜드와 항가리의 애국자들은 자유와 독립을 위하여 생명과 그밖에 모든 것을 희생할 각오를 가지고 있는 듯하다. 자유세계는 그들의 이와 같은 투쟁에 격려를 받아 폴랜드와 항가리 그리고 그밖에 노예화된 지역들에 있어서의 공산당의 기반(羈絆)을 타파하기 위한 일대 십자군운동을 전개하게 되기를 바라는 바이다. 그것은 하나의 자유세계를 이룩하고 모든 국민에게 자유와 정의를 보장하고 공산당이 조성하고 있는 세계 원자 전쟁의 공포를 배제하고 현재와 후세의 평화를 보장하는 길인 것이다.[278]

위 담화에서 이승만은 반공주의자=애국자, 반공 국가=자유세계, 공산 국가=노예 세계라는 등식의 논리를 제시했다. 때문에 그는 공산 국가의 노예 국민에게 자유를 회복시켜 주는 반공운동, 즉 십자군운동이 필요하다고 보았다. 그리고 그는 반공운동이 자유인으로 평화롭게 살 수 있는 유일한 길이라고 강조했다. 한편 올리버도 해방 이후 워싱턴에서 자신이 한 한국과 이승만 선전 활동을 '위대한 십자군운동'은 아니었지만, "우리의 마음이 적어도 그 안에 있었고 우리의 최선을 다했을 따름이다"고 평가했다.[279]

3. 박애관: 일제에서 공산당으로 박애 박탈 대상의 전환

이승만이 박애에 대한 관념을 표시한 것은 투옥 중 신문에 기고하면서부터였다. 그는 1902년 9월 『뎨국신문』에서 "대개 지금 세상에는 사해(四海)가 모두 형제라. 사람이 진실로 개명하여 널리 인애할 도를 알진대 내외국인

---

278) 이승만, 「폴랜드 및 항가리 국민 봉기에 대하여」(단기 4289.10.25), 99쪽.
279) Robert T. Oliver, *Syngman Rhee and American involvement in Korea*, 1942-1960, p. 118.

을 분별치 않고"280)라고 하여 사해동포주의를 박애로 이해하고 있었지만, 박애의 대상이나 방법에 대해서는 추상적 수준에서 언급했다. 그러나 그는 1902년 10월 21일 『뎨국신문』에서 사해동포주의의 대상은 단위 국가와 인종을 초월한 전 인류이어야 하며, 이 세상을 박애가 구현된 천국으로 만들기 위해서는 우리의 주체적 노력이 필요하다고 주장했다.281)

이승만의 사해동포주의는 기독교 사상의 핵심 요소 가운데 하나인 박애에 영향을 받아 옥중에서 형성·발전되었다. 그는 1902년 10월 22일 『뎨국신문』에서 '오색 인종은 모두 한 조상의 자손이며 한 하나님의 자녀들이라. 마땅히 서로 사랑하기를 동포같이'282)하자고 하여 사해동포주의가 기독교 사상에서 영향을 받았음을 시사했다. 그는 『옥중잡기(獄中雜記)』에서 하나님의 사랑은 "본래부터 명목이나 법규를 가지고 조금이라도 한계를 긋지는 않았다"고 하여 차별 없는 보편적 속성을 지닌다고 밝혔다.283) 그는 1904년 『독립정신』에서 우선 인종을 몽골인, 코카시아인, 에티오피아인, 아메리카인, 말레이인 다섯으로 구분한 후, 이들은 모습, 언어, 문자가 다르지만, 원래 모두가 하나님의 자손이므로 모든 인종은 동포라고 밝혔다.284) 그러나 그는 오랫동안 서로 떨어져 살면서 서로 다른 것이 많아졌다고 파악했다.285) 한편 그는 1913년 『한국교회핍박』에서도 우리 모두는 한 하나님께 속한 한 몸의 지체들로 가족과 같기 때문에 차별 없이 한 마음과 한 몸으로 일하게 되는 것이라고 했다.286)

한편 필라델피아 교회의 매카트니(Clarence E. McCartney) 목사는 1919년 한인자유대회에서 하나님이 인간을 창조한 목적은 박애를 전제로 한 피

---

280) 이승만, 「성문을 두는 것이 국민에게 불편함」, 『뎨국신문』(1902.9.1).
281) 이승만, 「사랑함이 만국 만민을 연합하는 힘1」, 『뎨국신문』(1902.10.21).
282) 이승만, 「사랑함이 만국 만민을 연합하는 힘2」, 『뎨국신문』(1902.10.22).
283) 이명래 역, 「改新敎·新學問 勸獎論」, 322쪽.
284) 이승만, 『풀어쓴 독립정신』, 111-112쪽.
285) 이승만, 위의 책, 112쪽.
286) 이승만, 『한국교회핍박』, 150쪽.

조물인 인간의 공존이라고 역설했다.[287] 이 대회에 참석했던 이승만도 이러한 주장에 공명하였을 것이다.

이처럼 이승만이 기독교 사상에 기반을 둔 사회동포주의를 주창할 수 있었던 데에는 제2장 1절에서 살펴본 것처럼 기독교 선교사들의 인격과 양심에 대한 전폭적 신뢰가 작용했다.

그런데 이승만이 주창한 사해동포주의에는 박애 구현이라는 인류애적 목적뿐만 아니라 통상 교류를 통해 문명 부강을 이루려는 경제적 목적이 투영되어 있었다. 앞서 살펴본 것처럼 그는 1904년 『독립정신』에서 원래 모든 인종은 하나님의 자손으로 동포였지만, 오랫동안 서로 떨어져 살면서 서로 다른 것이 많아졌다고 파악했다.[288] 따라서 그는 모든 나라가 통상 교류를 하고 형제같이 사랑한다면 개별 국가 간의 풍속, 언어, 문자의 통일을 이룰 수 있다고 보았다.[289] 나아가 그는 개별 국가들의 통상이 계속된다면 단위 국가들의 고유한 특성이 사라져 인류는 하나의 문명으로 통합될 것이라고 예측했다.[290] 결국 그는 통상 교류를 하면 "세계 모든 나라들은 이웃처럼 될 것이며, 이로 인해 공통의 이익을 누리게 될 것이다"고 전망했다.[291]

또한 이승만이 주창한 사해동포주의에는 외국인 혐오나 배척으로 야기될 수 있는 주권의 상실을 우려하는 정치적 목적도 개재되어 있었다. 그는 1904년 『독립정신』에서 병인양요나 의화단의 난의 원인은 외국인에 대한 탄압 때문이라고 주장하면서, 특히 인도가 영국의 식민지가 된 이유는 외국인을 해치려 했기 때문이라고 주장했다.[292] 따라서 그는 먼저 까닭 없이 외국인을 배척하려는 우리 자신의 마음을 타파한 후, 타인에게도 이러한 자세를 갖

....

287) 元聖玉 옮김, 「제3일 오후회의」(1919.4.16), 196쪽.
288) 이승만, 『풀어쓴 독립정신』, 112쪽.
289) 이승만, 위의 책, 112-113쪽.
290) 이승만, 위의 책, 361쪽.
291) 이승만, 위의 책, 364쪽.
292) 이승만, 위의 책, 366-367쪽.

도록 권고하여 모든 사람들을 동포나 형제로 대우하는 차별 없는 사회를 구현하자고 역설했다.[293] 반면 그는 외국인에게 적대감을 표현할 수 있는 경우는 국가 간 분쟁과 관련된 문제에만 적용해야 한다고 했다. 그러나 그는 전쟁 상태가 종식된 후에는 옛날 같은 친구 관계를 회복할 수 있으며, 비록 전쟁 중이라도 전쟁과 관계없는 사람은 친구로 대우해야 한다고 주장했다.[294]

이처럼 국권 피탈 이전 이승만은 박애의 대상을 전 인류로 설정하여 보편적 박애의 모습을 보여 주었지만, 일제시기에 이르러서는 그 대상에서 일본 민족을 배제하는 선별적 박애로 전환했다. 1919년 한인자유대회에서 윤병구가 낭독한 「일본 지성인들에게」[295]라는 호소문을 일단의 참석자들이 반대하자, 이승만은 일본 정부와 그 정부를 지지하는 일본 국민들은 하나의 범주로 설정하여 배제의 대상으로 삼아야 하지만, 일본의 양심적 지식인들은 연대의 대상으로 삼아야 한다고 주장했다.[296] 이는 그가 국권피탈 이전 보여 주었던 보편적 박애의 모습과는 사뭇 다른 것으로, 그의 뿌리 깊은 반일의식을 표현한 것이다. 또한 그가 일본 국민들 중 소수인 양심적 지식인들에게 연대의 손을 내민 것은 그들이 일본 국민이기 이전에 기독교 정신으로 무장한 기독교인이기 때문이었다.

해방 이후 이승만은 박애 박탈의 대상을 일본 민족에서 공산주의자로 대체했다. 그는 1951년 한국전쟁을 통해 '우리 民族이 共産의 惡禍가 어떠하다는 것'과 "共産主義者와는 함께 살 수 없다는 것'[297]을 확증했다고 하면서 공산당은 '우리 民族'을 말살시키려는 존재이기 때문에 박애의 대상이 될 수 없

293) 이승만, 위의 책, 366-367쪽.
294) 이승만, 위의 책, 382쪽.
295) 「일본 지성인들에게」는 군국주의 일본 정부나 그러한 정부를 지지하는 일본 국민들이 아닌, 일본의 양심적인 지성인들에게 일제의 폭압적 한국 지배를 멈추고 한국이 독립될 수 있도록 일본 정부에 적극적으로 압력을 가해 달라고 요청하는 내용이다[元聖玉 옮김, 「제2일 오전회의」(1919.4.15), 157-164쪽].
296) 元聖玉 옮김, 「제2일 오전회의」(1919.4.15), 157-164쪽.
297) 이승만, 「三.一 節 記念辭」(단기 4284.3.1), 47쪽.

다고 천명했다. 동시에 그는 1952년 "본인이 누누히 언명한 바와 같이 공산주의자라 할지라도 만일 그들이 사상을 전환하여 인류의 자유를 위하여 노력한다면 나의 좋은 친구가 될 수 있다"고 밝혔지만,[298] 이는 평소 공산당에 대한 그의 적대적 언행으로 미루어 볼 때 사랑과 포용과는 상충하는 정치적 수사에 불과했다.

이처럼 사랑과 관용과 괴리된 이승만의 박애관은 그의 편협하고 완고한 기질에서 나온 것이다. 올리버는 1915년 하와이에서 박용만과의 독립 노선 투쟁과[299] 1921년 초 상해 임정의 독립운동 노선 논쟁에 대해 이승만의 행동이 편협한 것이 아니라 反이승만 세력의 행동이 편협했다고 지적했다.[300] 하지만 올리버는 1953년과 1954년 사이 *Syngman Rhee: The Man Behind the Myth*라는 전기를 집필하기 위해 이승만과 대화를 나누는 가운데 "그는 틀림없이 고집이 강하였고 그는 또 완고하게 어떤 일련의 신념에 매달렸고 여기에서 빗나가게 되면 치명적이라고 느꼈다"[301]고 하여 박애와 포용력이 부족했음을 간접적으로 시인했다. 리차드 알렌(Richard C. Allen)은 이승만이 25년 동안 하와이에 거주하는 동안 "寬容性이 없고 성미가 급한 人間으로 有名"했으며,[302] 그의 약점은 '自慢과 頑固함'이었다고 평가했다.[303] 허정도 이승만을 '아집과 권력에의 집념'이 강한 인물이었고, '그것은 어쩔 수 없는 숙명적인 속성'이라고 회고했다.[304] 더욱이 제2장 1절에서 살펴본 것처럼 이승만의 개종은 실존적 고민이 결여된 채 경험적 자기 확신에 기초해 성립되었다. 이러한 경험은 편협하고 완고한 그의 성격과 맞물리면서 증폭되어

---

[298] 이승만, 「次期 大統領으로 再選되기를 願하지 않았다」(단기 4285.8.9), 97쪽.

[299] Robert T. Oliver, op. cit., p. 146.

[300] Ibid., pp. 146-147.

[301] Robert T. Oliver, *Syngman Rhee and American involvement in Korea*, 1942-1960, p. 391.

[302] Richard C. Allen 著·尹大均 譯, 앞의 책, 53쪽.

[303] Richard C. Allen 著·尹大均 譯, 위의 책, 머리말.

[304] 許 政, 앞의 책, 37쪽.

그를 비타협적이고 불관용적인 기독교인으로 자리매김하게 만들었다.

　이승만의 이런 완고한 성격은 기독교 신앙과 결합하면서 해방 이후 국가 정책 결정 과정을 왜곡시켰다. 올리버에 따르면, 이승만은 정책을 실시하는 과정에서 가혹한 비판을 받더라도 그가 결정한 정책은 이미 '경건한 묵도 속에서 심판을 받았으므로' 그 정책이 성공할 것이라는 확고한 신념을 지니고 있었다.305) 그리고 미국 국무성 극동담당 국무차관보 로버트슨(Walter S. Robertson)은 1953년 6월 18일 이승만의 '반공 포로' 석방에 대해 우려를 표명하고 더 이상 휴전 협정을 방해하지 말라고 요구했다. 이에 대해 이승만은 "나는 반공 포로를 공산 지옥으로 보내느냐, 광명의 이 땅에 머무르게 하느냐는 문제를 가지고 근 일주일 동안 기도한 끝에 하나님의 계시를 받아 이번 조처를 감행한 것입니다"고 반박했다.306) 이승만은 1954년 8월 1일 방미 중 워싱턴 파운드리 감리교회(Foundry Methodist Church)의 특별 예배에서 반공전쟁으로 북진 통일을 완성하는 것이 신의 정의라고 하면서, 모든 사람들이 자신을 비난하더라도 "하나님이 나를 질책하시지 않는다면 그뿐이다"고 천명했다.307) 즉 이승만은 그가 결정한 정책은 '신의 심판'을 거친 것이기 때문에 결코 타협이나 수정의 대상이 아니라고 보았다. 그러나 이러한 이승만의 태도는 신앙 공동체 내에서의 교제를 통한 자기 성찰의 기회를 상실한 것이며, 타협을 통한 국가 정책 결정의 길도 봉쇄한 것이다.

---

305) Robert T. Oliver, op. cit., p. 330. 올리버는 이승만이 개종 이후 신앙을 개인적 삶의 좌표로 삼았지만, 1945년 10월 16일 귀국한 이래 규칙적으로 예배에 참석하지 않았으며 종교적 상징에 대해 언급하는 것도 극히 드물었다고 회고했다(Ibid., p. 330.). 이승만은 해방 이후부터 하야할 때까지 정동감리교회에 출석하였지만 그것이 규칙적인 것은 아니었다(김흥수, 「기독교인 정치가로서의 이승만」, 421-422쪽).

306) Robert T. Oliver, *Syngman Rhee and American involvement in Korea*, 1942-1960, pp. 411-413. ; 許 政, 앞의 책, 343-344쪽.

307) 이승만 지음·이현표 옮김, 『이승만 대통령 방미일기』(1954.8.1), 124-125쪽.

4. 평화관: 독립전쟁에서 반공전쟁으로 평화 수호 방략의 변환

이승만은 본질적으로 평화를 한국의 독립이라는 관점에서 인식했다. 먼저 그는 한국의 독립=동양의 평화라는 등식의 논리를 전개했다. 그는 1905년 도미 독립유지외교 활동 시 동양의 평화를 유지하는 방안은 일본과 러시아의 침략 야욕으로부터 한국의 독립을 보장하는 데 있다고 주장했다.[308] 그는 1921년 워싱턴회의에 직면하여 극동의 평화는 한국의 독립이 회복될 때 보장될 수 있다고 피력했다.[309] 그는 1933년 국제연맹에 한국 독립호소 외교 활동을 하면서 한국의 독립 회복만이 일제의 침략을 저지할 수 있다고 역설했다.[310] 그는 1941년 『일본군국주의실상』에서 미일전쟁이 발발한다면 민주주의 국가 미국은 전체주의 국가 일본을 패배시켜 태평양의 평화를 가져올 것이며, 그 결과 한국도 독립할 것이라고 예견했다.[311]

이승만의 한국의 독립=동양의 평화라는 등식의 논리는 한국의 독립=세계의 평화라는 논리로 확장되었다. 이승만은 1912년 5월 미네아폴리스에서 열린 [국제] 기독교 감리회 4년 총회에서 세계 평화는 한국의 독립 보장을 통해서만 유지될 수 있다고 하면서 평화를 사랑하는 전 세계 기독교도들의 지원을 호소했다.[312] 결국 이승만은 해방 이전 한국의 독립=동양의 평화=세계의 평화라는 인식을 피력했다.[313] 이처럼 그는 1876년 개항 이래 한국 문제가 국제 문제로 본격적으로 등장하는 시기에 국제 차원에서 한국 문제를 포착했다.[314]

....

308) 曺惠子, 「'人間리승만'의 새傳記」 4월호, 362쪽.
309) Robert T. Oliver, op. cit., pp. 151-152.
310) Ibid., pp. 160-161.
311) 이승만 지음·李鍾益 옮김, 앞의 책, 253-258쪽.
312) 徐廷柱, 앞의 책, 208-209, 207쪽.
313) Robert T. Oliver, op. cit., p. 270.
314) 박명림, 「이승만의 한국 문제·동아시아·국제 관계 인식과 구상-악마화와 신화화, 건국 담론과 분단 담론의 대립을 넘어」, 『역사비평』 여름호, 2008, 역사비평사, 62쪽.

이승만은 해방 이후에도 한국의 독립=동양의 평화=세계의 평화라는 등식의 논리를 지속적으로 제기했다. 그는 1947년 5월 4일 올리버에게 보낸 편지에서 한국을 동양의 평화 감시자로 만들어 극동의 평화를 유지하자고 했다.[315] 그는 1948년 1월 8일 유엔 한국 임시 위원단의 입국 환영식에서 한국의 평화=세계의 평화라고 하여 한국 문제를 세계 문제화하려고 했다.[316] 그는 1952년 7월 미국이 한국에 경제·군사 원조를 제공하여 일본의 군사 대국화 야심을 견제함으로써 극동과 세계의 평화를 실현할 수 있다고 주장했다.[317] 그는 1952년 11월 태평양 지역의 안전은 일본이 태평양에서 경제·군사적 지배권을 행사하지 못할 때만 가능하다고 주장했다.[318] 그런데 그의 논리에 따른다면, 1945년 8월 15일 해방으로 한국의 독립과 세계의 평화는 달성된 것으로 보아야 한다. 그럼에도 그가 해방 이후에도 일관되게 한국의 독립으로 세계의 평화를 구축하자고 천명한 것은 한반도에 현존하는 공산당 때문에 한국의 독립과 세계의 평화 실현이 지체되어 미완의 상태로 남아 있다고 사유했기 때문이었다.

한편 이승만은 1941년 『일본군국주의실상』에서 기독교의 평화관과는 근본적으로 상충하는 평화 관념을 피력했다. 그는 1941년 『일본군국주의실상』에서 미국 내 반전론자들은 기독교와 평화주의를 동일시 하지만, "기독교인들은 악한과 같은 국가들에 대하여 항거하고 하나님으로부터 모든 것들을 보호하기 위하여 칼을 빼어들어야 한다"[319]고 하여 기독교의 평화주의는 관

---

315) 「李承晩이 Robert T. Oliver에게 보낸 편지」(1947.5.4), 『大韓民國史資料集』28, 1996, 267쪽.

316) Robert T. Oliver, op. cit., p. 245.

317) 「李承晩이 梁裕燦에게 보낸 편지」(1952.7.10), 『大韓民國史資料集』31, 1996, 224-226쪽 ; 「李承晩이 林炳稷에게 보낸 편지」(1952.8.1), 『大韓民國史資料集』31, 1996, 267쪽 ; 「李承晩이 Dwight D. Eisenhower에게 보낸 비망록」(1952.12.3), 『大韓民國史資料集』31, 1996, 444쪽.

318) 「회견문」(1952.11.30), 『大韓民國史資料集』31, 1996, 435쪽.

319) 이승만 지음·李鍾益 옮김, 앞의 책, 237-238쪽.

용적 의미가 아니라 불의한 침략에 저항할 수 있는 공격적·배타적 의미라고 반박했다. 또한 그는 반전론자와 같이 국가와 민족을 위한 전쟁도 반대한다면 미국의 독립전쟁 결과인 자유와 정의도 포기해야 한다고 역설했다.[320] 즉 그는 1941년 『일본군국주의실상』에서 일제로부터 민족의 자존을 수호하고 주권을 회복하기 위해서는 평화의 대척점에 있는 전쟁도 가능하다는 인식을 표시했다. 다시 말해 그는 평화 수호의 방략으로 일제에 대항한 독립전쟁을 주창했다.

이러한 시각은 해방 이후 반공전쟁으로 평화를 수호하겠다는 인식으로 이어졌다. 이승만은 반공=정의라는 등식의 논리를 전개하면서, 반공 수호를 위해서는 평화를 희생하여 전쟁도 불사하겠다고 공언했다.[321] 또한 그는 국가 정책 결정시 평화보다 반공, 곧 정의에 우선순위가 매겨져야 한다고 강조했다. 이는 그가 공산당과의 타협에 기반한 평화란 결국은 악, 즉 공산당에게 패배하는 결과를 초래할 것이라고 확신했기 때문이다.[322] 즉 그는 평화란 공산당의 절멸 때만 가능하며, 따라서 전쟁은 정당화된다고 사고했다.[323]

한편 올리버도 이승만이 해방 이후 공산 세계와 민주 세계 사이에 벌어진 평화 대 전쟁의 사투에서 중추적 인물이 되었다고 평가했다.[324] 1947년 3월 12일 트루먼 독트린(Truman Doctrine)이 발표되자, 올리버는 소련과 협력으로 세계 평화를 유지하려는 시도는 끝났으며 향후 세계 정세는 공산 독재국가와 대결을 통해서 평화가 유지될 것이라고 예견했다.[325] 이러한 시각은

....

320) 이승만 지음·李鍾益 옮김, 위의 책, 215-216쪽.

321) 金珖燮 編, 앞의 책, 139쪽.

322) "Christian Statesmanship by Syngman Rhee"(June 12, 1957), *The Syngman Rhee Presidential Papers*, File 14210071-14210077.

323) Robert T. Oliver, *Syngman Rhee and American involvement in Korea*, 1942-1960, p. 391.

324) Robert T. Oliver, op. cit., p. 320.

325) Robert T. Oliver, *Syngman Rhee and American involvement in Korea*, 1942-1960,

이승만의 평화에 대한 인식과 궤를 같이하는 것이었다.

결국 이승만은 평화와 반공전쟁을 동일시했다. 그의 이러한 사고는 한국 전쟁에 대한 인식에서 극명하게 드러났다. 그는 한국전쟁의 목적은 '平和를 回復하자는 것'이며,326) 공산당과의 또 다른 전쟁을 피하는 길은 그들과 싸우는 것이라고 밝혔다.327) 그는 평화는 담화(談話)가 아닌 북진 통일을 통해서만 가능하며,328) 공산 적군이 침략의 죄과를 인식하는 시간에 비례해 세계 평화와 안전도 달성될 수 있으며,329) 수용 가능한 유일한 평화는 오직 북한 공산군을 무장해제함으로써 달성될 수 있다고 밝혔다.330) 특히 그는 1953년 4월 6일 부활절에 "이 거룩한 부활제를 마지해서 진정한 평화가 세계만방에 실현되기를 바라는 동시에 공산주의를 우리 강토로부터 축출하지 아니하고는 우리에게 진정한 평화가 없음을 다시 한번 강조하는 바 입니다"331)고 하여 한반도의 평화와 세계평화를 일원론적 차원에서 파악하면서, 반공전쟁을 통한 평화의 실현을 신의 이름을 호명함으로써 정당화했다.

따라서 이승만은 공산당과의 공존을 의미하는 휴전 회담에 찬성할 수 없었다. 그는 휴전에 찬성하는 국가들은 한국의 동맹국이 아니라 공산국가로 간주하겠으며,332) 그들은 그 결과를 책임져야 할 것이라고 경고했다.333) 그는 공산당과 공존을 주장하는 사람들이 말하는 평화란 오직 공산당에게 항복할 때만 가능하다고 힐난했다.334) 따라서 그는 휴전 회담은 수용할 수 없

....

p. 65.

326) 이승만, 「記念辭 - 第三回 光復節을 맞이하여」(단기 4284.8.15), 58쪽.

327) 「비망록」(1951.4.19), 『大韓民國史資料集』30, 1996, 219쪽.

328) 이승만, 「三一節에 際하여 以北 同胞들에게 보내는 멧세지」(단기 4285.2.29), 72쪽.

329) 이승만, 「8.15 해방 독립 기념일에 제하여」(단기 4285.8.15), 98쪽.

330) 「회견문」(1952.11.30), 『大韓民國史資料集』31, 1996, 433쪽.

331) 이승만, 「공산주의를 축출치 않고서는 진정한 평화가 없다-제2군단 창설 기념식 석상에서 訓辭」(단기 4286.4.6), 120쪽.

332) 「李承晩이 외무부장관에게 보낸 비망록」(1951.2.15), 『大韓民國史資料集』30, 1996, 92쪽.

333) 「李承晩이 梁裕燦에게 보낸 비망록」(1951.6.7), 『大韓民國史資料集』30, 1996, 287쪽.

으며 한국군 단독으로라도 북진하겠다고 강조했다.335) 동시에 그는 북진 통일은 세계 자유 국가들의 집단 안전을 보장하는 길이라고 피력했다.336)

이처럼 이승만이 휴전 회담을 반대한 이유는 우선, 하나의 몸으로 구성된 한민족은 결코 분단되어서는 생존 불가능한 유기체적 존재이기 때문이었다.337) 이는 전 국민이 살아있는 '한 지체'와 '한 가족'으로서 서로 유기적으로 연결되어 있다는 의미를 갖는다는 점에서 국가유기체론적 관점이 반영된 것이다.338) 그리고 중국 국민당이 중국 공산당과 정전협상을 하라는 미국의 요구를 수용한 결과 나타난 중국 대륙의 공산화라는 역사적 경험 때문이었다.339) 즉 그에게 휴전은 '사형선고'340)와 '우리 생명을 포기하는 것'으로 인식되었다.341) 따라서 그는 한반도 전체를 통일하기 전까지는 전쟁을 결코 멈출 수 없다고 판단했다.342)

한편 올리버에 따르면, 이승만은 '반공 포로' 석방(1953.6.18)으로 휴전 회담을 방해하려 시도했지만, 그의 희망과는 달리 자유세계와 공산당이 다 같

....

334) 「李承晚이 Noel Barber에게 보낸 담화문」(1954.6.30), 『大韓民國史資料集』33, 1996, 214쪽.

335) 「李承晚이 梁裕燦에게 보낸 비망록」(1952.8.14), 『大韓民國史資料集』31, 1996, 300쪽 ; 「李承晚이 梁裕燦에게 보낸 비망록」(1952.8.28), 『大韓民國史資料集』31, 1996, 316쪽 ; 「李承晚이 Robert T. Oliver에게 보낸 편지」(1953.4.22), 『大韓民國史資料集』32, 1996, 177쪽 ; 「회담록」(1953.6.5), 『大韓民國史資料集』32, 1996, 294쪽.

336) Robert T. Oliver, *Syngman Rhee and American involvement in Korea*, 1942-1960, p. 405. ; 이승만, 「三一節 記念辭」(단기 4285.3.1), 74쪽 ; 李承晚이 Dwight D. Eisenhower에게 보낸 편지」(1953.5.30), 『大韓民國史資料集』32, 1996, 276쪽.

337) 「비망록」(1951.7.16), 『大韓民國史資料集』30, 1996, 325-326쪽 ; 「李承晚이 卞榮泰에게 보낸 비망록」(1952.12.10), 『大韓民國史資料集』31, 1996, 454쪽 ; 이승만, 「통일 없는 휴전반대에 관한 국민대회와 시위운동에 대하여」(단기 4286.4.24), 296쪽 ; 「성명서」(1953.6.18), 『大韓民國史資料集』32, 1996, 338쪽.

338) 김학재, 앞의 논문, 118쪽.

339) 「회담록」(1953.6.5), 『大韓民國史資料集』32, 1996, 293쪽.

340) 「회담록」(1953.6.5), 『大韓民國史資料集』32, 1996, 293쪽.

341) 이승만, 「三一節 記念辭」(단기 4285.3.1), 73쪽.

342) 「비망록」(1951.6.21), 『大韓民國史資料集』30, 1996, 306쪽.

이 어떤 희생을 치루더라도 휴전을 성립시키려는 각오가 되어 있다는 사실을 깨닫고 불안해했다.[343] 1953년 휴전 회담과 관련하여 갈홍기는 "각하께서 늘 주장하시는 바와 같이 공산 진영과의 평화 회담이라는 것은 절대로 있을 수 없다"고 이승만의 진의를 밝혔다.[344]

하지만 민중들에게는 휴전 협정 체결 소식이 결코 시기적으로 빠른 것은 아니었다. 1953년에 이르러 민중들은 애국심보다도 하루하루의 생존을 유지하는 것이 더 절박한 문제였기에 평화를 갈망했다.[345]

한국전쟁 종전 이후에도 이승만은 지속적으로 북진 통일을 통한 평화 유지를 표명했다. 그는 1954년 지금까지 북진 통일이 미완으로 남은 것은 우리의 준비와 의지가 부족해서가 아니라 우방 국가들이 공산주의자들과 공존하려고 시도했기 때문이라고 강조했다.[346] 나아가 그는 이미 휴전 협정이 체결되었음에도 북진 통일이 평화의 전제 조건임을 다시 표명하였으며,[347] 휴전 협정 아래서 조성된 현실적 평화도 인정하지 않았다.[348] 따라서 그는 북진 통일이 완성될 때까지 진정한 평화와 안정은 유보된다고 주장했다.[349] 동시에 그는 모든 역사는 평화 유지의 지름길이 적을 패배시키는 데 있다고 가르쳤다고 주장하면서,[350] 평화는 "정의와 공정성에 입각한 것이라야 하며 유화나 굴복을 말하는 것이 아니다"[351]고 하여 공산당과의 타협의 가능성이

....

343) Robert T. Oliver, *Syngman Rhee and American involvement in Korea*, 1942-1960, p. 409.
344) 葛弘基,「휴전의 흉계」, 앞의 책, 73쪽.
345) Richard C. Allen 著 · 尹大均 譯, 앞의 책, 205쪽.
346) 이승만,「동포의 만복을 축원-전국민에 신년사」(단기 4287.12.29), 58쪽 ; 이승만,「스크립트 하워드 신문동맹 특파원 짐G루카스씨의 질문에 대한 답변서」(단기 4291.4.3), 109쪽.
347) 이승만,「제35회 3 · 1절 기념사」(단기 4287.3.1), 6쪽.
348) 이승만,「미군의 날을 마지하여」(단기 4289.5.18), 88쪽.
349) 우남전기편찬회 편, 앞의 책, 106쪽.
350)「연설문」(1955.2.24),『大韓民國史資料集』34, 1996, 121쪽.
351) 이승만,「유엔군 장병에게 보내는 성탄 멧세지」(단기 4291.12.25), 116쪽.

봉쇄된 평화를 설파했다. 결국 이승만이 구현하려 하였던 '평화'는 북진 통일을 통한 동족상잔을 통해서만 가능한 것이었다. 따라서 이승만의 '평화'는 그리스도가 실천한 평화와는 본질적으로 양립할 수 없었다.

따라서 이승만에게 38도선은 장벽이 아니라 언제든 돌파 가능한 '상상의 선'에 불과했다. 그는 1950년 9월 29일 38도선은 이미 없어진 지 오래며, 우리나라 국경은 압록강과 두만강이라고 하면서 38도선 돌파 명령을 내렸다.[352] 그는 1950년 10월 26일 유엔군이 한·만 국경까지 진격한 사실을 두고 '상상의 선'인 38도선을 돌파했다고 하면서 "우리에게 38선은 없다"고 천명했다.[353] 나아가 그는 1956년 '우리는 지금 전쟁 중이니' 정부에 대한 비판을 제기하는 것은 용납할 수 없는 행동으로, 이러한 행동을 하는 사람은 공산당이라고 비난했다.[354] 즉 1956년의 시점에서도 여전히 이승만의 의식은 '지금 전쟁 중'이었다.

그런데 이승만의 북진 통일 논리는 단순한 선언적 의미를 넘어서는 신념에 근거한 것이었다. 이승만은 1954년 7월 28일 미 의회에서 평화와 공산주의는 병존할 수 없기에 공산주의 세력을 몰아낼 수 있도록 미 의회 차원에서 지지해 달라고 역설했다.[355]

이러한 이승만의 반공 지상 주의적 연설에 대해 올리버는,

> 비록 성공을 거두지 못하였으나 아무도 그것이 실패였다고 말할 수 없었다. 아무도 요지부동한 힘을 움직이게 할 수는 없다. 그럼에도 그는 자신이 가진 모든 힘을 그 노력에 쏟아 넣었다. 그는 내면의 평화를 지니고

---

352) 프란체스카 도너 리 지음·조혜자 옮김, 『6·25와 이승만 ; 프란체스카의 난중일기』, 162, 166쪽.

353) 「李承晩이 외무부장관에게 보낸 비망록」(1951.2.15), 『大韓民國史資料集』30, 1996, 92쪽.

354) 이승만, 「합심해서 나라 일을 해나가라-서울특별시 의회의원들에게」(단기 4289. 9.6), 25쪽.

355) 이승만 지음·이현표 옮김, 『이승만 대통령 방미일기』(1954.7.28), 53-54쪽.

한국으로 돌아왔다. 이제 드디어 그는 전쟁에 대한 죄의식에서 벗어날 수 있었다.356)

고 하여 이승만의 북진 통일론이 현실적으로는 명백히 실현 불가능하다고 판단했다. 그럼에도 이승만은 그 신념을 구현하기 위하여 혼신의 힘을 다했기 때문에 그 성공 여부와 상관없이 이승만 자신에게는 죄의식으로부터 자유를 주었다고 평가했다. 한편 이승만은 1962년 설날 '북진 무력 통일, 반일, 知美'가 자신의 유언이라고 했는데,357) 이는 그의 북진 통일 논리가 단순한 정치적 수사가 아니라 신앙과 같은 신념이었음을 입증한다.

　이러한 이승만의 북진 통일에 대한 신념은 현실에서 한편으로는 '대내적으로 반공 분위기를 이용하여 대항 세력의 저항을 제거하고, 대외적으로 북한의 적화 통일에 대응하여 냉전 체제의 공고화에 반대하고 열전을 조장하려는 담론'으로 구현되었다.358)

　다른 한편으로 이승만의 북진 통일 논리는 미국의 군사·경제 원조를 얻으려는 목적으로 구사되었다. 이승만은 우리의 싸움은 세계 반공 자유 국가를 위한 대리전이며,359) 동양 평화를 위한 최선의 방법이기에360) 미국은 남한에 대한 군사·경제 원조를 해야 할 의무가 있다고 역설했다.361) 또한 그는 미국은 한국의 분단에 일정정도 책임이 있기 때문에 한국에 대한 무기 원조

356) Robert T. Oliver, *Syngman Rhee and American involvement in Korea* , 1942-1960, p. 450.
357) 曺惠子,「'人間리승만'의 새傳記」1월호, 237-238쪽.
358) 전재호,「박정희 체제의 민족주의 연구-담론과 정책을 중심으로」, 서강대 정치외교학과 박사학위 논문, 1997, 40-41쪽.
359) 金珖燮 編,「정부 수립 일주년 기념사」(단기 4282.8.15), 39-40쪽.
360) 「李承晩이 林炳稷에게 보낸 편지」(1951.1.11),『大韓民國史資料集』30, 1996, 15쪽 ; 「비망록」(1951.1.11),『大韓民國史資料集』30, 1996, 18쪽 ; 「李承晩이 林炳稷에게 보낸 편지」(1951.2.10),『大韓民國史資料集』30, 1996, 83-84쪽 ; 「비망록」(1951. 2.20),『大韓民國史資料集』30, 1996, 97쪽.
361) 金珖燮 編,「정부 수립 일주년 기념사」(단기 4282.8.15), 39-40쪽.

없이 철수할 수 없다고 밝혔다.362) 뿐만 아니라 그는 현실적으로도 미국은 자국의 안전을 위해 한국에 군사 원조를 단행해야 한다고 주장했다.363) 그 것은 그가 미국 군인들과 미국인들의 생명을 구하는 길은 한국에 무기를 원 조하는 데 달려 있기 판단했기 때문이었다.364) 즉 그는 미국의 대한 원조의 목적은 남한을 반공의 교두보로 만들어 미국의 적화를 방어하는 데 있다고 보았다.365)

그리고 이승만의 북진 통일 논리에는 한국과 미국을 공동 운명체라고 파 악하여 미국을 한반도에 개입시키려는 정치적인 목적도 내포되어 있었다. 이승만은 한반도의 분단은 세계 평화에 위협이 되기 때문에 세계 평화를 유 지하기 위해서 북진 통일은 필수적이다366)고 하여 북진 통일과 세계 평화를 일원적으로 파악했다. 따라서 그는 UN군의 역할은 한국만 방어하는 것이 아 니라 자유세계를 방어하는 것이라고 밝혔다.367) 특히 그는 유엔군은 "서울 뿐만 아니라 쎄인트·루이스의 안전도 수호하고 있다"368)고 하여 한국의 운 명과 미국의 운명을 동일시했다. 소련의 궁극적 목표는 미국의 점령인 데,369) 공산당이 한국을 정복한다면 그들이 정복하지 못할 나라는 없다고 피

362) 「비망록」(1951.6.21), 『大韓民國史資料集』30, 1996, 309쪽.

363) 「비망록」(1951.4.19), 『大韓民國史資料集』30, 1996, 218쪽.

364) 「李承晩이 林炳稷에게 보낸 편지」(1950.12.3), 『大韓民國史資料集』29, 1996, 381쪽 ; 「李承晩이 John J. Muccio에게 보낸 편지」(1951.4.21), 『大韓民國史資料集』30, 1996, 225쪽 ; 「李承晩이 梁裕燦에게 보낸 비망록」(1951.6.7), 『大韓民國史資料集』 30, 1996, 289쪽 ; 「비망록」(1951.6.21), 『大韓民國史資料集』30, 1996, 310쪽 ; 「李承 晩이 梁裕燦에게 보낸 비망록」(1952.8.14), 『大韓民國史資料集』31, 1996, 300쪽.

365) 이승만, 「공군 본부 신청사 낙성식에 치사」(단기 4289.7.3), 127쪽.

366) 이승만, 「다울링 신임주한 미국대사 신임장 봉정사에 대한 답사」(단기 4289.7.14), 92쪽.

367) 「李承晩이 Robert T. Oliver에게 보낸 편지」(1947.10.7), 『大韓民國史資料集』28, 1996, 362쪽 ; 「李承晩의 편지」(1947.12.26), 『大韓民國史資料集』28, 1996, 401쪽 ; 이승만, 「UN군 장병에게 신년 멧세지」(단기 4285.12.31), 179쪽.

368) 이승만, 「유엔군 장병에게 보내는 성탄 멧세지」(단기 4291.12.25), 116쪽.

369) Robert T. Oliver, Syngman Rhee and American involvement in Korea, 1942-1960, p. 448. ; 이승만 지음·이현표 옮김, 『이승만 대통령 방미일기』(1954.7.28), 45-46쪽.

력했다.370) 따라서 그는 미국의 적화를 방어하기 위해서라도 공산당을 타도해야 한다고 역설했다.371) 그는 만일 미국이 한국에 대한 군사·경제 원조를 삭감한다면 한국뿐만 아니라 미국의 안전도 중대한 위협에 직면할 것이라고 경고했다.372) 결국 이승만의 북진 통일 논리는 민족 내부의 역량을 기반으로 하기보다는 미국의 적극적 군사 개입을 유도하는 데 주안점을 두었으며,373) 이를 통해 이승만은 궁극적으로 통일이 가능하다고 인식했다.

그런데 이승만은 미국의 대한 원조는 일방적인 것이 아니라 호혜적인 것이라고 주장했다. 그는 한국 정부는 공산당으로부터 미국과 자유세계를 방위하기 위해 세입의 절반을 국방비로 쓰고 있다. 따라서 미국의 대한 원조는 일방적인 것이 아니라 미국의 안전 보장을 위한 상호적인 것이라고 강변했다.374) 그는 미국의 군사 원조는 한국에만 제공되는 것이 아니고 공산당과 싸우는 반공 국가에게는 동일하게 주어지는 것이기에375) 한국은 미국의 원조를 받을 권리가 있다고 주장했다.

한편 이승만은 공산당=사탄·적그리스도, 반공=기독교·천사라는 등식의 논리를 구사했다. 즉 그는 신앙 차원에서 평화 수호를 위한 반공전쟁을 사탄으로부터 기독교를 수호하는 십자군전쟁으로 규정했다. 때문에 그가 현실 세계에서 평화 수호를 위해 전개하는 반공전쟁은 신앙적 정당성을 담보

....

370) 「성명서」(1950.7.7), 『大韓民國史資料集』29, 1996, 321쪽.

371) Robert T. Oliver, *Syngman Rhee and American involvement in Korea*, 1942-1960, p. 448.

372) 이승만, 「육군 제1고사포여단 창설식에서 유시」(1955.8.22), 127쪽 ; 이승만, 「대한 원조 삭감은 자유 아세아에 중대한 위협 초래」(단기 4290.10.31), 135쪽.

373) 홍석률, 「이승만 정권의 북진 통일론과 냉전외교정책」, 『韓國史研究』85호, 韓國史研究會, 1994, 178쪽.

374) 이승만, 「스크립트 하워드 신문동맹 특파원 짐G루카스씨의 질문에 대한 답변서」(단기 4291.4.3), 108쪽.

375) "Conversation between the President and Mr. Robertson"(July 3, 1953), *The Syngman Rhee Presidential Papers*, File 10570230-10570233. ; 이승만, 「南北 同胞는 同苦 同樂」[단기 4282(4283년의 誤記-인용자).11.28], 43쪽.

한다고 보았다. 그는 현실 세계의 공산당은 평화의 파괴자이자 전쟁의 주조자라고 보았다.[376] 따라서 그는 평화 수호를 위한 반공전쟁, 곧 한국전쟁은 한편으로는 한민족의 평화를 수호하기 위한 세속 전쟁이며, 다른 한편으로는 불의한 사탄에 맞서 신의 정의를 실현하기 위한 '의로운 십자군전쟁', 곧 성전(聖戰)의 성격을 지닌다고 피력했다.[377] 이처럼 그는 반공 이념과 반공 정책을 신앙적 차원에서 이해하여 반공을 신앙의 이름으로 숭배했다.

때문에 이승만은 북진 통일을 신의 섭리로 이해했다. 그는 1952년 국군의 전투 승리를 하나님의 가호로 보았지만, 전쟁에 대한 반성은 없었다.[378] 그는 1954년 7월 방미 중 북진 통일이라는 우리의 계획을 전지전능한 하나님이 기필코 성취되도록 도울 것이라[379]고 하여 북진 통일을 하나님의 은총이라고 주장했다. 그는 1957년 장수를 묻는 UP 통신 설문에 대해 북진 통일을 통해 한민족이 평화와 자유를 누릴 수 있는 데 자신이 헌신할 수 있도록 하나님께 생명 연장을 소원한다[380]고 하여 북진 통일을 하나님의 뜻이라고 표명했다. 그는 1957년 이북 동포들에게 보내는 신년사에서 "하느님이 많은 복을 주셔서 우리나라에 통일되는 거룩한 날이 속히 속히 오도록 하자"[381]고 하여 북진 통일을 '하나님의 복'이라고 선언했다. 나아가 그는 북진 통일이 신의 뜻에 부합하는 것이라고 인식했다. 그는 '우리들의 전쟁 목적은 영속할 평화를 가져오기 위한 것'이라고 언급한 후, 우리 모두가 전쟁에서 승리하는 데 헌신하는 것이 예수의 뜻에 부합하는 삶이라고 천명했다.[382]

---

376) 이승만, 「三一節 記念辭」(단기 4285.3.1), 74쪽.
377) 이승만, 「미국민에게 보내는 성탄절 멧세지」(단기 4286.12.23), 99쪽; 이승만, 「제37회 3·1절 기념사」(단기 4289.3.1), 3쪽 ; 이승만, 「미군의 날을 마지하여」(단기 4290.5.18), 132쪽.
378) 이승만, 「일선 장병에게 성탄절 멧세지」(단기 4285.12.23), 178쪽.
379) 이승만 지음·이현표 옮김, 『이승만 대통령 방미일기』(1954.7.26), 18-19쪽.
380) 우남전기편찬회 편, 앞의 책, 293-294쪽.
381) 이승만, 「이북 동포들에게 보내는 신년사」(단기 4290.1.1), 33쪽.
382) 이승만, 「UN 각 국민에게 보내는 성탄절 멧세지」(단기 4284.12.24), 148-149쪽.

한편 올리버는 이승만에게는 북한 땅을 회복하는 것이 비록 의미가 없을지라도 유일한 목표였다고 평가했다. 올리버는 1952년 이승만이 바라고 있던 '하늘의 섭리와 같은 사건',[383] 곧 전투가 재개될 수 있을 정도로 세계 여론을 고무시킨 공산당의 수작이 드러났다[384]고 하여 전쟁의 재개를 신의 섭리로 보았다.

5. 평등관: 평등에서 민중을 빙자한 독재로 전회

이승만이 평등에 대해 처음으로 관심을 갖게 된 것은 1884년 갑신정변 때 충청도로 피난 간 친구 범교의 집을 어머니와 함께 지키게 되면서부터였다. 그는 그때 심정을 다음과 같이 밝혔다.

> 이것은(친구 범교의 집 지키기-인용자) 어린 할아버지 마음에 큰 충격이 아닐 수 없었다. 범교가 자기와 같은 학동이라는 지금까지의 생각은 자연히 달라질 수밖에 없었고 거기에서 자산이나 특권층에 대한 서민 의식이 싹트게 된 것이다. 그리고 할아버지의 이 같은 서민 의식은 그 후에도 대중과 함께 느끼고 생각하며 가난을 이기고 살아가는 가운데 항상 서민의 편에서 정치를 해야 한다는 굳은 신념으로 자라나게 되었던 것이다.[385]

이후 이승만은 앞서 살펴본 것처럼 배재학당에서 서구의 정치 이념을 학습했고, 그것은 그에게 큰 영향을 끼쳤다. 특히 그는 한국의 봉건적 신분 제

---

383) 유엔군이 세균전을 전개하고 있다는 증거를 북한군이 조작했다는 북한군 포로의 증언(Robert T. Oliver, *Syngman Rhee and American involvement in Korea*, 1942-1960, pp. 402-403.).

384) Robert T. Oliver, *Syngman Rhee and American involvement in Korea*, 1942-1960, p. 402.

385) 曺惠子, 「'人間리승만'의 새傳記」 2월호, 261쪽.

도로 차별당하는 민중들에게 서구의 평등 개념이 대안이 될 수 있을 것이라고 크게 고무되었다.386) 그리고 그는 옥중에서 「미국의 교육제도」라는 문건을 필사하면서 조선과 달리 미국의 흑인과 여성들은 공교육 제도에 편입되어 차별받지 않고 교육의 기회를 얻고 있다는 사실을 파악했다.387) 한편 그는 제3장 1절에서 살펴본 것처럼 평등 개념을 기독교 사상으로부터 흡수했다.388) 이러한 서구의 평등 개념에 대한 지식을 바탕으로 그는 1904년『독립정신』에서 사람은 천부인권적 존재라고 규정하면서 사회적으로 잔존한 신분 차별을 철폐하자고 했다.389) 또한 그는 도미 유학 시절에도 평등에 관한 의식을 표현했다. 예컨대 이승만의 조지워싱턴대 동창생 얼(Merritt Earl)이 1949년 12월 올리버에게 보낸 편지에 의하면, 그와 이승만이 킹(Winfred King)의 집을 방문했을 때 이승만은 콜슨(Jim Colson)이라는 흑인 종에게 남다른 관심을 보여 문병을 가는 등 인종 차별 의식을 가지고 있지 않는 것처럼 행동했다고 한다.390)

이렇게 형성된 평등 관념을 이승만은 일제시기에 이르러 신국가 건설을 전망하면서 신국가의 헌법으로 수렴하고자 했다. 1919년 4월 필라델피아 한인자유대회에서는 여성 참정권 문제를 의제로 설정하자는 제안이 있었고,391) 이 대회에서 채택된 「한국인의 목표와 열망(Aims and Aspirations of the Korean People)」이라는 결의문에서도 보통 선거권을 규정하여 정치적

---

386) Robert T. Oliver, op. cit., p. 61. ; 이정식 역주, 앞의 글, 274쪽 ;「李承晚이 Gloria Swegman에게 보낸 편지」(1953.4.2),『大韓民國史資料集』32, 1996, 128쪽.

387) 이명래 역, 「美國興學新法」, 126, 337-359쪽. 「미국흥학신법(美國興學新法)」은 1896년 출판된 「문학흥국책(文學興國策)」에 실린 「미국의 교육제도」라는 문건을 베낀 것이다(유영익,『젊은 날의 이승만』, 123-124쪽).

388) 배은희(裵恩希)도 1949년 이승만의 정치이념인 일민주의가 기독교적 천부인권설의 관점에 근거하고 있다고 주장했다(裵恩希, 「나를 왜 一民主義者라고 하나」,『週刊서울』(1949.12.5) ; 김학재 앞의 논문, 86쪽).

389) 이승만,『풀어쓴 독립정신』, 170-171쪽.

390) Robert T. Oliver, op. cit., p. 344.

391) 元聖玉 옮김, 「제1일 오전회의」(1919.4.14), 134쪽.

평등을 제창했다.392) 이 대회에 참석했던 이승만의 남녀평등과 보통 선거권 등의 정치적 평등에 대한 인식 역시 대동소이했다고 생각된다. 1919년 8월 27일 대한민국 대통령(President of the Republic of Korea) 이승만과 구미 위원부 위원장 김규식의 공동 명의로 발표한「한국민의 독립운동 지속 선포 와 요청(Proclamation and Demand for Continued Independence of the Korean Nation)'」에서도 공화제 실시와 귀족의 특권 폐지 등의 정치적 평등 을 제시했다.393) 1920년 가을 서재필이 이승만에게 보낸「[임시]정부의 정책 및 조직 대강(Outline of Policy and Organization of Government)」에서도 민주주의 정부 수립을 제기하여 정치적 평등을 주장했다.394) 이승만은 1942 년 2월 28일 워싱턴 D.C.에서 개최된 대한인자유대회에서 자기 부부는 동등 하게 대우하는 관계로 '나의 아내와 나는 완전한 평등 관계에 있으며'라고 하 여 남녀평등에 대한 관념을 제시했다.395)

해방 직후에도 이승만은 이러한 열망을 지속적으로 표명했다. 그는 1945 년 귀국 직후「전민족의 급무(全民族의 急務)」라는 담화에서 1919년 4월 23 일 서울에서 개최된 국민대회에서 한성정부 명의로 발표된 임시 헌법, 즉 「약법」에서 '우리나라는 민주주의요 정체는 공화제이며 문벌과 등급을 타 파하고 법률 아래 다-일시 평등이라 하엿스며 남녀의 구별이 없시'라고 한 국 가를 건설하자고 밝혔다.396) 그는 1946년 2월 발표한「模範的 獨立國을 建 設하자-過渡 政府 當面 政策 33項」에서 "1. 우리 獨立國의 建設은 民衆의 貧

392) 元聖玉 옮김,「한국인의 목표와 열망」제1일 오후회의(1919.4.14), 145-148쪽.
393) Korea Review, I -8(1919.10), "Proclamation and Demand for Continued Independence of the Korean Nation", p. 14.
394) Philip Jaisohn, My Days in Korea and Other Essays, pp. 204-205.
395)「대한인자유대회 회의록」(1942.2.27-3.1),『대한민국임시정부자료집』20, 2007, 46쪽.
396) 李承晩,「全民族의 急務」,『건국과 이상』, 21쪽. 그러나 이승만이 한성정부의「약법」 이라고 언급한 "문벌과 등급을 타파하고 법률 아래 다-일시 평등이라 하엿스며 남녀 의 구별이 없시"는「약법」의 내용이 아니라 1919년 4월 13일 성립한 상해 임시정부에 서 발표한「대한민국 임시헌장」의 내용으로(권영설,「이승만과 대한민국 헌법」, 유영 익 편,『이승만 연구 – 독립운동과 대한민국 건국-』, 505쪽), 이승만이 혼동한 것이다.

富貴賤을 勿論하고 國法上에는 다 平等 待遇를 主張할 터입니다"고 밝혔다.[397] 그가 1946년 3월 20일 남조선대한민국대표민주의원(南朝鮮大韓民國代表民主議院) 의장 자격으로 공포한 「민주의원임시정책(民主議院臨時政策)」에도 '全國民의 完全한 政治的 經濟的·教育的 平等의 原則을 基礎로 한 獨立 國家와 均等 社會를 建設함'이라고 규정되어 있다.[398] 그는 1948년 5·10총선거를 앞둔 4월 22일 다수의 여성이 총선거에 출마하기를 고대하면서 "完全한 民主政府를 세우는 데 있어서는 全民族의 半數가 되는 婦女解放이 또한 必要한 것이다"고 주장했다.[399] 그는 1948년 7월 5일 국회 제25차 회의 헌법안 제2독회에서 헌법에 "남녀 동등을 넣는 것이 좋을 것 같다"고 주장했다.[400]

이처럼 해방 직후까지 이승만은 봉건 사회에서 근대 사회로 넘어가는 과도기에 차별에 대한 대안으로 평등 관념을 제시했지만, 정치적 관점을 집약한 정치이념으로 제시한 것은 아니었다. 그가 평등 관념을 정치이념의 형태로 표출한 것은 1948년 10월 제창한 일민주의(一民主義)[401]에서였다. 일민주의는 1948년 10월 9일 대한국민당 발기 총회에서 일민주의를 당시로 천명하면서 처음 등장한 이래,[402] 이승만의 정치이념으로 기능했다. 즉 일민주

---

397) 雩南實錄編纂會, 「模範的 獨立國을 建設하자-過渡政府 當面 政策 33項」(1946.2), 383쪽.

398) 「民主議院臨時政策」, 『朝鮮日報』(1946.3.20). 이 문건은 1946년 2월 발표한 「模範的 獨立國을 建設하자-過渡政府 當面 政策 33項」의 내용을 축약한 것으로(유영익, 「이승만 대통령의 업적」, 492쪽), 올리버에 의하면 1948년 대한민국 헌법 제정 당시 기초 자료로 활용되었다(Robert T. Oliver, op. cit., p. 365.).

399) 이승만, 「婦女出馬도 無妨」, 『東亞日報』(1948.4.24).

400) 「헌법안(제2독회)」(1948.7.5), 『國會速記錄』(第1回 第25號), 國會事務處, 20쪽.

401) 일민주의를 이승만이 직접 창도한 정치이념으로 보지 않는 주장도 있으나, 이승만이 일민주의를 대한민국의 '국시'로 규정한 것이나 일민주의라는 용어를 쓰게 된 경위는 배은희(裵恩希)의 청에 의해 자기의 주장을 일민주의라고 칭하는 것으로 승인하는 동시에 간단히 그 정신을 피력하여 주었다는 이승만의 언급으로 미루어 이승만의 정치이념으로 보아야 한다(徐仲錫, 「이승만정부 초기의 일민주의」, 『震檀學報』83, 震檀學會, 1997, 158쪽 ; 김학재, 앞의 논문, 4쪽).

의는 1898-1948년까지의 전조(前兆) 과정을 거쳐 1948-1952년에 발현(發顯)되었으며, 1952-1960년까지도 그 잔영(殘影)이 남아 있던 이승만의 정치 이념이었다.[403]

일민주의 관련 자료로는 이승만이 직접 저술한 『一民主義槪述』, 담화문 자료인 『大統領李承晚博士談話集 第一輯』과 각종 신문 기사가 있다. 그는 1949년 9월 출간된 『一民主義槪述』에서 일민주의로 "신흥(新興) 국가(國家)의 국시(國是)를 명시(明示)한다"고 밝혔으며,[404] "일민(一民)이라는 두 글자는 나의 오십(五十) 년(年) 운동(運動)의 출발(出發)이요 또 귀추(歸趨)이다"고[405] 선언한 것으로 미루어 일민주의는 그의 사상의 정수라 할 수 있다. 따라서 해방 이후 이승만의 평등 관념을 검토하기 위해서는 먼저 일민주의를 살펴볼 필요가 있다.

이승만은 1949년 9월 출간된 『一民主義槪述』에서 우리 민족은 '언제나 하나', 곧 一民을 이상적 통일체로 규정했다. 그런데 그는 현실에서 신분, 남녀, 빈부, 지역 차별 때문에 하나의 민족, 즉 一民이 분열되면서 국운의 쇠망과 일제의 침략이 초래되었다고 판단했다. 따라서 그는 현실의 차별을 평등을 통해 해소함으로써 이상적 형태인 一民이 된다면 정치적·경제적·사회적 평등을 확립할 수 있다고 보았다.[406]

그러면 일민주의가 지향한 국가상은 무엇이었는가? 이승만은 1949년 4월 20일 서울중앙방송국을 통해 일민주의의 4대 「정강(政綱)」으로,

(一)은 門閥을 劈破해서 班常의 區別을 없이하므로 等級이나 階級을 勿論하고 同等의 福利와 同等이 權利를 누리게 하자는 것(중략)

402) 「大韓國民黨 發起總會」, 『現代日報』(1948. 10. 12).
403) 김학재, 앞의 논문, 11-176쪽.
404) 李承晚, 「개술(槪述)」, 『一民主義槪述』, 4쪽.
405) 李承晚, 「개술(槪述)」, 『一民主義槪述』, 7쪽.
406) 李承晚, 「개술(槪述)」, 『一民主義槪述』, 4-10쪽.

(二)는 貧富가 同等으로 區別없이 天造한 物質을 發展시켜 모든 福利 누리며 同等 權利를 가져서 富饒한 者는 代代로 富饒한 生活을 하고 貧賤한 者는 代代로 勞動과 使役에 服從하여 奴隷나 牛馬같은 待遇를 받던 弊端을 없이 하므로 다 같은 權利를 누리자는 것(중략)

(三)은 男女 同業을 主張하는 것이니 이것이 民主主義의 큰 政綱입니다(중략)

(四)는 地方 區別을 削除해서 南北이니 京鄕이니 하는 差別的 習慣을 버리고……[407]

라고 하여 신분·남녀 차별 타파의 정치적 평등, 빈부 격차 타파의 경제적 평등, 지역 차별 타파의 사회적 평등을 제시했다. 곧 신분과 상관없이 정치적 권리를 보장하자는 '정강1'과 남녀 차별 타파를 통한 남녀평등을 보장하자는 '정강3'은 정치적 평등을 지향하는 내용이다. 빈부 차별 철폐로 동등 권리를 누리자는 '정강2'는 경제적 평등을 지향하는 내용이다. 남북·경향의 관습적 지역 차별을 철폐하자는 '정강4'는 사회적 평등을 지향하는 내용이다.

또한 이승만은 1951년 8월 5일 「新黨組織에 關하여」라는 담화에서 일민주의를 '派黨과 分裂을 超越하고 在來의 弊端되었든 班常과 貧富와 男女와

······························

407) 李承晩, 「一民主義 精神과 民族運動」, 『京鄕新聞』(1949.4.22-23). 일민주의 4대 「정강」은 1949년 9월 간행된 『一民主義槪述』에도 동일한 소제목과 내용으로 실려 있다 (李承晩, 「一民主義 精神과 民族運動」, 『一民主義槪述』, 17-22쪽). 한편 일민주의 4대 「정강」과 거의 유사한 내용이 순서만 바뀐 채 『一民主義槪述』에 「강령(綱領)」이라는 소제목으로 게재되어 있다(李承晩, 「강령(綱領)」, 『一民主義槪述』, 3쪽). 일민주의 4대 「강령(綱領)」은 다음과 같다.
  1. 경제상(經濟上)으로는 빈곤(貧困)한 인민(人民)의 생활정도(生活程道)를 높여 부요(富饒)하게 하야 누구나 동일(同一)한 복리(福利)를 누리게 할 것.
  1. 정치상(政治上)으로는 다대수 민중(多大數 民衆)의 지위(地位)를 높여 누구나 상등 계급의 대우(待遇)를 받게 되도록 할 것.
  1. 지역(地域)의 도별(道別)을 타파(打破)해서 동서남북(東西南北)을 물론(勿論)하고 대한국민(大韓國民)은 다 한 민족(民族)임을 표명(表明)할 것.
  1. 남녀동등(男女同等)의 주의(主義)를 실천(實踐)하여 우리의 화복안위(禍福安危)의 책임(責任)을 삼천만(三千萬)이 동일(同一)히 분담(分擔)케 할 것.

地方 等의 區別로 統一에 妨害되는 習慣을 打破하고 한 民族 한 精神으로 統一을 이루어 가저야 우리 民國과 國民의 自由 獨立을 保有 發展하고 富强해 나갈 수 있다는 이치를 표시한 것'408)이라고 하여 정치적·경제적·사회적 평등을 지향하는 논리라고 했다. 그리고 이승만은 1950년 10월 11일 올리버에게 보낸 서한에서 1949년 윤치영이 재결성한 대한국민당(大韓國民黨)409)은 일민주의를 이념으로 하는데 "온 국민이 신봉할 민주주의 지도 이념으로서 내가 보급시킨 것이요. 이 주의는 이름 그대로 양반과 상놈, 빈부, 남녀, 남북 출신 등을 가릴 것 없이 평등하다는 하나의 규범이나 국민의 평등을 의미하는 것이요"410)라고 하여 일민주의는 정치적·경제적·사회적 평등을 지향한다고 밝혔다.

이상을 통해 본다면, 일민주의의 국가상은 정치적·경제적·사회적 평등이 구현된 사회였다.411) 그러면 이승만이 구현하려고 하였던 일민주의의 국가상이 현실 세계에서 어떻게 적용되었는지 정치적 평등, 경제적 평등, 사회적 평등 차원에서 살펴보자.

....

408) 이승만, 「新黨組織에 關하여」(단기 4284.8.5), 61-62쪽.

409) 대한국민당은 1948년 11월 12일 이승만 지지 세력인 독촉국민회와 신익회를 중심으로 일민주의를 당시로 삼고 여당임을 공포하면서 창당되었다. 이후 대한국민당은 원내 의원들을 포섭하여 당세를 확장하려고 노력했으나 지지부진한 가운데, 1949년 1월 한민당과의 합당 문제가 가시화되면서 당세가 점차 약화되었다. 1949년 민국당 창당(1949.2.10) 이후 대한국민당의 세력은 미약하여 국회 내 활동은 거의 찾아보기 힘들었다. 때문에 1949년 9월부터 윤치영을 중심으로 대한국민당 재결성 작업에 착수했으나 결속력 약화로 결국은 1951년 12월 23일 자유당에 편입되었다(김수자, 「대한국민당 결성과정과 그 성격: 1948-1950년」, 『梨花史學硏究』第31輯, 이화사학연구소, 2003, 151-170쪽).

410) Robert T. Oliver, *Syngman Rhee and American involvement in Korea*, 1942-1960, pp. 314-316. ; 「프란체스카가 Robert T. Oliver에게 보낸 편지」(1950.10.11), 『大韓民國史資料集』37, 1996, 152쪽.

411) 유영익은 일민주의는 "국수적 민족주의와 이승만 특유의 평등주의 사상을 결합시킨 것이다"고 평가했으며(유영익, 『이승만의 삶과 꿈』, 222-223쪽), 이인수는 이승만의 정치 이념을 반일반공 민족주의, 자유민주주의, 국제평화주의, 사회균등주의로 규정했다(이인수, 『대한민국의 건국』, 촛불, 1988, 127-129쪽).

첫째, 이승만은 신분·남녀 차별 타파의 정치적 평등을 지향했다. 일민주의가 지향하는 정치적 평등은 일정한 법률 하에서 신분·계층, 성별과 상관없이 누구나 평등한 권리를 갖는 것을 의미했다.[412] 먼저 그는 신분과 상관없이 정치적 권리를 보장하기 위해 민주 공화정체의 수립을 추구했다. 그는 1951년 12월 23일 「자유당 결성 선언서」에서 민중의 정치적 자유권 확보를 위해 군주정을 타파하고 민주정을 수립하는 것이 '내가 50년 동안 몽상하며 모든 환란을 무릅쓰고 혁명주의로 분투하여 온 목적'이라고 밝혔다.[413] 그는 1952년 1월 14일 「政黨에 關한 說明」에서 '나의 평생 목적한 바는 민주주의로 대중 인민을 모아서 이전 군주주의 극소수 정체를 革除하고 대중 인민이 다스리자는 것'[414]이라고 하여 전제 군주제를 폐지하여 민중의 권리를 보장할 수 있는 민주 공화정체의 수립을 지향한다고 했다.

하지만 현실 정치에서 이승만의 민주주의적 이상은 그의 공언과는 달리 독재 체제를 유지하기 위한 논리로 변형되었다. 그는 1952년 1월 민중은 대통령 직선제를 원하며,[415] 동년 6월 4일 부산 정치 파동(1952.6.26)으로 귀결될 이번 정치 갈등도 민중은 대통령 직선제를 원하는데도, 국회가 이를 외면하고 자기들이 대통령을 선출하려고 하여 야기된 문제라고 주장했다.[416] 따라서 그는 현 시점에서 행정부와 입법부의 협의로 해결할 단계는 지났기 때문에 민중과 국회 간의 직접적 협의로 해결하는 것이 순리라고 밝혔다.[417] 즉 그는 대통령 직선제 실시를 민중의 의사라고 자의적으로 해석했다. 따라서 그는 민중의 의사에 반하는 국회를 민중이 협박하는 것은 그들의 권리라고 강변했다.

....

412) 김학재, 앞의 논문, 85쪽.
413) 이승만, 「자유당 결성 선언서」(단기 4284.12.23), 144쪽.
414) 이승만, 「政黨에 關한 說明」(단기 4285.1.14), 65-66쪽.
415) 이승만, 「國會 決議文에 對하여」(단기 4285.1.17), 75쪽 ; 「李承晩이 John J. Muccio에게 보낸 편지」(1952.5.28), 『大韓民國史資料集』31, 1996, 103-104쪽.
416) 이승만, 「정국안정에 관한 성명서」(단기 4285.6.4), 85쪽.
417) 이승만, 「대통령의 국회 출석 요청에 대한 서한」(단기 4285.6.14), 87쪽.

이런 맥락에서 이승만은 1952년 7월 부산 지역 계엄령 선포(1952.6.25), 부산 정치 파동(1952.6.26)과 발췌 개헌(1952.7.4) 등 反이승만 세력의 탄압은 사심 없는 애국적 민중과 달리, 그들이 사익을 추구하여 초래된 결과라고 변호했다.[418] 그러나 올리버조차도 이승만이 국회가 개헌안을 가결하도록 공무원, 경찰, 청년단체, 자유당(1951.12.23일 창당)을 동원했다고 고백했다.[419]

이후에도 이승만은 지속적으로 자신의 의사를 민중의 의사라고 합리화했다. 즉 그는 스스로를 민의(民意)의 대변자가 아니라 자신의 뜻을 민중에게 관철시키는 '일반의지의 구현자'로 인식했다.[420] 그는 1956년 3월 국회에 제출된 참의원 선거 법안을 국회가 심의하지 않는 것은 국회가 민중의 대변자가 아니라는 증거이니 '민중이 들고 일어나'[421]야 한다고 하여 민중을 선동하여 국민의 대의 기관인 국회를 협박했다. 또한 자신은 대통령 재선(1952.8.5)과 3선(1956.5.15)에 출마할 의사가 없었으나 '민의를 따라 출마'한다고 변명했지만,[422] 그는 분명히 출마하여 당선될 생각을 가지고 있었다.[423] 그는 1954년 군소 신문의 통폐합을 민중의 의사라고 포장했지만,[424] 언론 탄압에 조작된 민중의 의사를 이용한 것에 불과했다. 이처럼 이승만의 논리는 어떤 원칙과 철학도 없이 편의에 따라 민중을 동원하는 선동 정치에

....

[418] 이승만, 「진해 대통령 별장에서」(단기 4285.7.27), 93-94쪽 ; 「李承晩이 John J. Muccio에게 보낸 편지」(1952.5.28), 『大韓民國史資料集』31, 1996, 103-104쪽.

[419] Robert T. Oliver, *Syngman Rhee and American involvement in Korea*, 1942-1960, p. 396.

[420] 김학재, 앞의 논문, 40-41, 105쪽.

[421] 이승만, 「대통령 재출마를 간청하는 국민에 대하여」(단기 4289.3.14), 8쪽.

[422] 이승만, 「대통령 재출마 탄원에 대하여」(단기 4285.7.26), 93쪽 ; 「李承晩이 Robert T. Oliver에게 보낸 비망록」(1952.6.20), 『大韓民國史資料集』31, 1996, 183쪽 ; 이승만, 「대통령 재출마를 간청하는 국민에 대하여」(단기 4289.3.14), 8쪽.

[423] Robert T. Oliver, *Syngman Rhee and American involvement in Korea*, 1942-1960, p. 395. ; 許政, 『許政 回顧錄: 내일을 위한 證言』, 180쪽.

[424] 이승만, 「권위 있고 지지받는 신문이 되라-언론 육성책에 관하여」(단기 4287.10.20), 250쪽.

이용된 궤변이었다.

이처럼 이승만이 현실 정치에서 민주주의보다는 독재 체제 유지에 골몰한 이유는 제3장 1절에서 살펴본 것처럼 우선 그가 재미 시절부터 민주주의에 대해 불신했기 때문이다. 특히 그는 민주주의의 근간인 대의 정치와 정당 정치를 회의했다. 1945년 12월 25일 출간된 이승만의 저서 『건국과 이상』에서 보듯, 이승만은 대의민주주의자라기보다는 대의와 정당을 부인하고 국민과 국가, 최고 지도자와 인민이 직접 관계를 맺는 국민민주주의자였다.[425] 또한 올리버에 의하면, 해방 이후 이승만은 민주주의에 대해서도 호의적이지 않았다. 즉 그는 직접 선거에 의한 민주 정치는 대중의 인기에 영합하여 장기적 안목에서 국가 정책을 수행할 수 없게 만들기 때문에 진정한 국민의 행복을 보장할 수 없다고 생각했다.[426] 그는 인간의 권리와 존엄성을 지킬 수 있다면 대의 정치나 귀족 정치, 혹은 국가사회주의 또는 다른 혼합 방식도 채택할 수 있다고 생각했다.[427] 올리버는 이러한 이승만의 생각이 일시적 감상이 아니라 '가장 심오한 신념에 토대를 둔' 철학이라고 밝혔다.[428]

그런데 올리버에 따르면, 이승만은 민주주의의 대안으로 "상호간의 책임과 이익으로 다져진 가족적 복지를 누리는 하나의 확대된 가족으로서 공자가 말하는 국가 이상을 항상 마음속에 그리고 있었다".[429] 즉 그는 가족이 확대된 국가가 개인의 복지를 책임지는 사회, 곧 유교의 이상 사회인 대동 사회를 구현하려 했다.

....

425) 박명림, 「건국과 이상에 나타난 이승만의 인식·구상·노선」, 송복 외, 『이승만의 정치사상과 현실인식』, 연세대학교 출판부, 2011, 227-230쪽.

426) Robert T. Oliver, *Syngman Rhee and American involvement in Korea*, 1942-1960, pp. 391-393.

427) Robert T. Oliver, *Syngman Rhee and American involvement in Korea*, 1942-1960, p. 391.

428) Robert T. Oliver, *Syngman Rhee and American involvement in Korea*, 1942-1960, p. 392.

429) Robert T. Oliver, *Syngman Rhee and American involvement in Korea*, 1942-1960, pp. 391-392.

기독교와 서구식 교육을 받은 이승만이 이러한 생각을 갖고 있었던 것은 유년기에 받은 유교 교육에 원인이 있다. 하지만 이보다 더 중요한 요인은 어린 시절 아버지로부터 받은 양녕 대군의 후손이라는 왕족 의식에서 찾아야 한다. 때문에 그는 '머리로는 민주주의를 생각하면서도 가슴으로는 왕손을 느끼'고 있었다.[430] 그는 적어도 1910년 조선 왕조가 멸망할 때까지는 국내에서 왕족 행세를 하지 않았다.[431] 하지만 그는 이후 미국에서 생활하면서 왕족 의식을 표방하였으며,[432] 대통령이 된 후부터는 자연스럽게 군주 의식을 가지고 행동했다.[433] 다시 말해 이승만은 그의 정신세계에서 자신을 유교 국가의 왕으로 등치시켰기 때문에 유교의 대동 사회를 민주주의의 대안으로 구상하였던 것 같다. 따라서 현실세계에서 자신의 독재는 독재가 아니라 '국민의 행복을 위해 진정으로 자신을 바치는'[434] 유교 국가의 인의에 기반한 왕도 정치로 이해되어 정당성을 확보할 수 있었다. 나아가 이러한 인식은 자신은 '독재자라는 의식은 전혀 없이' 국민의 절대적 지지를 받고 있다는 '망상'을 통해 강화되었다.[435]

한편 이승만은 1951년 8월 5일 지금까지는 정당이 국리민복과는 상관없이 편당주의의 습성에 젖어 있었기 때문에 정당 설립은 시기상조라고 생각해 왔으나, 이제 일민주의가 사회 전반에 퍼지면서 민족의 복리 향상을 위해 일할 정당을 설립할 조건이 성숙되었기 때문에 자유당을 창당(1951.12.23)하게 되었다고 소회를 밝혔다.[436] 이는 일정 정도 조선 시대 붕당 정치의 폐

430) 이정식 역주, 앞의 글, 251쪽 ; 許政, 『許政 回顧錄: 내일을 위한 證言』, 233쪽.
431) 정병준, 앞의 책, 58쪽.
432) Robert T. Oliver, op. cit., pp. 101-102.
433) 「人間李承晩百年」2회(가난한 선비 집의 6代 獨子), 『한국일보』(1975.3.12) ; 허정, 「이승만 추도문」, 『한국일보』(1965.7.20) ; 許政, 『許政 回顧錄: 내일을 위한 證言』, 233쪽 ; 이한우, 『거대한 생애 이승만 90년 (하)』, 朝鮮日報社, 1996, 218쪽 ; 손세일, 『이승만과 김구 1875-1919 - 양반도 깨어라 상놈도 깨어라①』, 92쪽 ; 정병준, 앞의 책, 58쪽.
434) Robert T. Oliver, Syngman Rhee and American involvement in Korea, 1942-1960, p. 392.
435) 許政, 『許政 回顧錄: 내일을 위한 證言』, 234쪽.

해에 대한 인식과[437] 임정의 대통령으로 상해 체류 시절(1920.12.8-1921.5. 29) 겪은 파벌 투쟁의 경험에 근거한 것이었지만,[438] 대통령 직선제 개헌을 통한 장기 집권의 토대를 마련하려는 의도에서 나온 것이었다.

또한 민중의 정치적 권리 행사에 대해서도 회의적이었기 때문이었다. 이승만은 1956년 5월 15일 정·부통령 선거에서 부통령에 민주당의 장면이 선출된 것은 민중의 정당 제도에 대한 경험 부족과 흑색선전에 미혹된 결과라고 지적했다.[439] 그는 1957년 지나간 선거에서 민중들은 주체적 판단을 하지 못하고 국리민복보다 사리사욕에 치중하는 정당에 투표하는 어리석은 행동을 했지만, 이제는 민중이 정의롭고 애국적인 자유당에 투표해야 하며 위험한 정당인 야당에 투표해서는 안 된다고 역설했다.[440] 이는 민중의 의사라고 강변해 왔던 그간의 그의 언사가 정치적 수사였음을 증명한다. 동시에 그의 사고가 민중을 계몽의 대상으로 삼았던 청년기의 수준에 정체되어 있음을 의미한다. 이러한 인식 위에서 이승만은 민중을 주체적 판단과 의사 결정 능력이 결여된 존재로 규정하는 우민관을 표현했다.

그리고 이승만은 남녀 차별을 타파하려고 남녀평등을 추구했다. 앞서 살펴본 것처럼 그는 1950년 10월 11일 올리버에게 보낸 서한과 1951년 8월 5일 「新黨組織에 關하여」라는 담화에서 남녀 차별 철폐를 역설했다. 그는 1949년 2월 24일 여성도 병역의 의무를 지는 국민개병 제도를 원한다고 밝혔다.[441] 그는 1951년 12월 23일 「자유당 결성 선언서」에서 '우리나라 국민 전

─────────────────

436) 이승만, 「新黨組織에 關하여」(단기 4284.8.5), 61-62쪽. 그러나 이러한 이승만의 언명과는 달리 그는 이미 1948년 8월 18일부터 강력한 집권당을 결성하여 국회 내에 지배력을 구축하려고 측근들에게 정당을 조직하라고 비밀리에 지시했다. 동시에 여당 추진 운동과 관련하여 유력자들과 회동하기도 하였으나, 제헌 국회 기간 중에 집권당을 형성하는 데는 실패했다(서중석, 『이승만의 정치이데올로기』, 118-119쪽).

437) 이승만, 「新黨組織에 關하여」(단기 4284.8.5), 61쪽.

438) 「국무총리 임명 승인 건」(1948.7.27), 『國會速記錄』(第1回 第35號), 國會事務處, 7쪽.

439) 이승만, 「각 정당은 정당체제를 지켜라」(단기 4289.6.3), 18쪽.

440) 이승만, 「밖으로는 외적을 막고 안으로는 화목하라-제주도 시찰에서」(단기 4290. 12.7), 50쪽.

체의 반수를 차지한 부녀를 해방해서 남녀동등으로 대우'하자고 주장했다.[442] 그는 1952년 1월 17일 여성도 선거에 입후보하여 당선되어 남녀 구별의 구습을 버리고 정치 발전을 이루자고 했다.[443] 그는 1952년 4월 25일 「地方 自治 選擧에 대하여」에서 '民族 全體의 반을 차지하는 女性들을 많이 選擧해야 될 것'이라고 주장했다.[444] 한편 올리버에 의하면, 이승만은 어린 시절 어머니와 같은 여성들로부터 영향을 받았기 때문에 동양 최초의 여성 권리 획득 운동을 전개했다.[445] 조혜자도 이승만은 동양 최초로 여성 권리 보호 운동을 시작하였고, 초대 내각에서 여성 장관을 입각시켰으며, 여성교육에 지대한 관심을 갖고 있었다고 평가했다.[446]

이처럼 이승만은 표면적으로는 남녀평등을 주장했지만, 그것이 근대적 개념의 남녀평등을 의미한 것은 아니었다. 그는 1954년 '이 전란 이후로 부녀들 중에 조신(操身)해서 단아한 태도와 언사를 지키지 못하고 길에서 물건을 사거나 파는 데 있어서나 또는 타인들과 접대하는 데 있어서 상스러운 언사와 막된 사람의 언사를 보이며 음성이 높고 행동이 무례해서 남이 보면 예의 없는 사람으로 알게 되니'[447]라고 하여 여전히 봉건적이고 남성주의적 사고에 머물러 있음을 보여주었다. 그의 이러한 여성관은 한국전쟁 이후 여성이 생존을 위해 불가피하게 직업 전선에 나선 것에 대한 사회적 맥락을 고려하지 않은 데서 나온 것이었다.

둘째, 이승만은 빈부 격차 해소를 위한 경제적 평등을 주장했다. 1952년 자신은 일평생 '보통 평민과 빈천(貧賤)한 민중을 위해서 살 길을 목적해서'

441) 이승만, 「국토방위에 분골쇄신하자」(단기 4282.2.24), 163쪽.
442) 이승만, 「자유당 결성 선언서」(단기 4284.12.23), 146쪽.
443) 이승만, 「國會議員 選擧에 對하여」(단기 4285.1.17), 67쪽.
444) 이승만, 「地方 自治 選擧에 대하여」(단기 4285.4.25), 84쪽.
445) Robert T. Oliver, op. cit., p. 259.
446) 曺惠子, 「'人間리승만'의 새傳記」3월호, 331쪽.
447) 이승만, 「남에게 존중받도록 조신행세 하라-전국 부녀자에 유시」(단기 4287.11.16), 215-216쪽.

투쟁해 왔으며,[448] 특히 노동자들을 기만하는 자본가들과 투쟁하고 있으며 국회에 대한 자신의 싸움도 가난한 사람들의 권익을 보장하기 위한 것이라고 주장했다.[449] 그는 1952년 5월 자유당 창당의 목적은 노동자 농민의 자유와 복리를 위한 것,[450] 즉 경제적 이익을 위한 것이라고 밝혔다.[451] 그는 원래 자유당의 당명도 노동자와 농민의 이익을 보호하기 위해 노농당(勞農黨)이라고 하려고 했지만, 공산당과 같은 이미지로 비추어질 것 같아 자유당으로 하게 되었다고 밝혔다.[452] 그는 1954년 자유당 체제는 평민주의(平民主義)에 기초해 농민과 노동자 대중을 근본으로 삼았다고 밝혔다.[453] 즉 자신의 일생은 민중의 경제적 지위 향상을 위한 여정이었다고 주장했다.

하지만 이승만은 노동자·농민의 계급적 이익을 옹호하는 계급운동에 대해서는 부정적으로 인식했다. 그는 1945년 귀국 직후 「전민족의 급무(全民族의 急務)」라는 담화에서 노동자들의 동맹 파업을 국익보다 사익을 우선하는 '민중의 사욕'이라고 비난했다.[454] 그는 1950년 5월 17일 『타임(TIME)』통신원과의 기자회견에서 노동자와 자본가의 협조가 필요하다고 하면서 한국의 노동자들은 파업을 하지 않는다고 답변했는데,[455] 이는 그가 노동자 파업에 대해 부정적 시각을 소유하고 있었다는 사실을 넘어 파업 자체가 없는 것을 이상적 노자관계로 인식하고 있었다는 점을 의미한다. 이런 관점 하에

448) 「李承晩이 林炳稷에게 보낸 편지」(1952.5.26), 『大韓民國史資料集』31, 1996, 99쪽 ; 이승만, 「김성수씨의 별세를 애도」(단기 4288.2.21), 217쪽.

449) 「李承晩이 林炳稷에게 보낸 편지」(1952.4.17), 『大韓民國史資料集』31, 1996, 69쪽.

450) 「李承晩이 林炳稷에게 보낸 편지」(1952.5.26), 『大韓民國史資料集』31, 1996, 99쪽 ; 이승만, 「민국의 정강은 대중의 복리-노자 협조로 경제발전을 이루자」(단기 4287.12.16), 155쪽.

451) 이승만, 「나라를 도아 민중에 복을 가져오게 하라-경기도 의회 의원 일동에게」(단기 4289.9.11), 26쪽.

452) 「李承晩이 林炳稷에게 보낸 편지」(1952.5.26), 『大韓民國史資料集』31, 1996, 99쪽.

453) 이승만, 「민국의 정강은 대중 복리 노자 협조로 경제 발전을 이루자」(단기 4287.12.16), 155쪽.

454) 李承晩, 「全民族의 急務」, 『건국과 이상』, 18쪽.

455) 「타임 통신원과의 회견」(1950.5.17), 『大韓民國史資料集』29, 1996, 305-306쪽.

서 노자관계의 협조는 노동자의 파업을 억제하거나 봉쇄하는 명목으로 작용할 수 있기 때문이다.456) 그는 1955년 7월 농민운동은 순수한 경제운동에 머물러야 하는데, 정치운동화 하여 그 성과가 나타나지 않는다고 지적했다.457) 그는 1955년 동맹 파업을 공산당 프락치의 책략으로 규정하면서, 투쟁 대신 통일 정신으로 남북통일에 기여하라고 주장했다.458) 그는 1956년 노동자들이 반일·반공운동에 힘쓴다면 그 이익이 전 국민에게 돌아갈 것이라고 역설했다.459) 그는 1957년 노동조합은 노동자들의 계급적 이익이 아니라 전 국민 공동의 이익을 위해 투쟁하라고 하면서, 동맹 파업은 공산당을 이롭게 하는 것이라고 경고했다.460) 즉 이승만은 노동자·농민의 계급운동을 국가주의적·반공주의적 시각에서 이해했다.

셋째, 이승만은 남북·경향의 관습적 지역 차별 철폐를 위한 사회적 평등을 주장했다. 앞서 살펴본 것처럼 그는 1950년 10월 11일 올리버에게 보낸 서한과 1951년 8월 5일 「新黨組織에 關하여」라는 담화에서 지역 차별 철폐를 역설했다. 또한 그는 1951년 12월 23일 「자유당 결성 선언서」에서 '지방 구별을 타파해서 반만년 같은 혈족으로 내려온 단군기자의 후예로서 사소한 지방 관념에 사로잡혀 피차에 초월같이 보는 악습을 다 버리고'라고 했다.461) 그러나 이후 지역 차별 철폐를 주장하는 이승만의 언설은 거의 등장하지 않는다. 이는 지역 차별 철폐의 관점이 정치적·경제적 평등에 비해 구체성이 결여되었음을 의미하며,462) 1952년 이후 거의 소멸했음을 시사한다.463)

....

456) 김학재, 앞의 논문, 89-90쪽.
457) 이승만, 「농민과 노동자문제에 관하여」(단기 4288.7.15), 226쪽.
458) 이승만, 「농민과 노동자문제에 관하여」(단기 4288.7.15), 227쪽.
459) 이승만, 「노총 최고위원과 노총 전국 대표자 회의에 분부」(단기 4289.1.31), 235쪽.
460) 이승만, 「노동절 기념일 변경에 대하여」(단기 4290.5.21), 185쪽.
461) 이승만, 「자유당 결성 선언서」(단기 4284.12.23), 146쪽.
462) 김학재, 앞의 논문, 130쪽.
463) 김학재, 위의 논문, 69-70쪽.

결국 이승만의 일민주의의 국가상인 정치적 평등은 독재 정권을 뒷받침하기 위한 공언으로, 경제적 평등은 노동자·농민의 계급운동을 억압하기 위한 명분으로, 사회적 평등은 관념적 차원에서 일시적 관심으로 제기된 것에 불과했다.

이승만은 그를 둘러싼 심리적·정치적·교육적·사회적 요인들과 상호작용하면서 기독교를 수용했다. 우선 그는 유학자인 아버지의 가정 교육과 서당 교육으로 유교적 소양을 체득했다. 그런데 유교는 기본적으로 합리주의적 성격을 지니고 있었기 때문에 종교성이 빈약했다. 하지만 이러한 유교의 비종교성은 역설적으로 그가 종교적 감수성을 형성하는 데 간접적인 영향을 미쳤다. 여기에 그는 어머니에게 받은 불교적 감화와 민간 신앙이 유행하던 당대의 사회적 분위기라는 직접적인 영향이 결합되면서 민감한 종교성을 형성했다. 그리고 그는 투옥 시절 조선의 전통 종교와 민간 신앙이 미신적 요소를 내포하여 근대적 합리성이 결여되어 있다고 판단했다. 때문에 그는 비합리적·반근대적인 조선의 전통 종교와 민간 신앙 대신 기독교로 민중의 정신을 개조하여 조선을 문명 부강국으로 만들자는 기독교정신혁명론을 주장했다. 또한 배재학당 시절 함양한 교육 과정과 선교사들과의 사적 교류를 통해 그의 기독교와 선교사들에 대한 적대적 인식에는 균열이 일어났다. 이것은 이후 감옥 속의 절망적 상황과 결합하면서 기독교 수용이라는 결과를 낳았다. 뿐만 아니라 그는 투옥 과정에서 선교사들이 보여준 물질적·정신적 후원을 통해 한층 더 독실한 신앙심을 소유하게 되었다.

이승만의 기독교관은 3단계의 발전 과정을 통해 형성·변화되었다. 즉 그의 기독교관은 적대적 기독교관을 피력했던 배재학당 입학 이전의 1단계(1875-1895), 혼종적 기독교관을 표명했던 배재학당 시절부터 개종 이전까지의 2단계(1895-1899), 절대적 기독교관을 표출했던 개종 이후의 3단계 (1899-1965)로 계기적 발전 과정을 거쳤다. 1단계에서 그가 기독교에 대해 강렬한 적대감을 표출한 이유는 객관성을 추구하는 합리주의적 세계관과 기독교에 대해 배타적이던 어머니의 영향 때문이었다. 2단계에서 그가 적대적이면서도 우호적인 기독교관을 표명한 것은 제국주의 국가의 종교가 갖는 침략성에 대한 현실적 우려와 동시에 기독교의 자유와 평등의 원리들을 통해 근대적 문명 부강국을 수립하려는 욕망이 교차했기 때문이었다. 3단계에서 그가 절대적 기독교관을 피력한 이유는 영·미계 선교사들의 인격을 확고하게 신뢰했기 때문이었다. 또한 미국 기독교계 구성원들이 그의 독립운동을 정치적·경제적·교육적 차원에서 지원했기 때문이었다. 한편 그는 1954년-1958년 미국 교육의 문제점을 지적하고 대안을 모색하는 과정에서, 정신 문명 중 종교는 기독교, 도덕·윤리는 삼강오륜, 관념 체계는 서구의 민주주의와 자유, 물질 문명은 서양의 과학 기술을 채택해야 한다고 주장했다.

한편 이승만의 대미관은 적대적 대미관을 표명했던 개종 이전의 1단계 (1875-1899), 우호적 대미관을 가졌던 개종 이후부터 1919년 파리강화회의 종결 이전까지의 2단계(1899-1919), 윌슨의 민족 자결주의에 대해 실망하면서 用美的 대미관으로 변화한 1919년 파리강회회의 종결 이후의 3단계 (1919-1965)로 계기적 발전 과정을 거쳤다. 1단계에서 그가 적대적 대미관을 밝힌 것은 미국 선교사들이 제국주의 열강의 첨병 역할을 한다고 인식하였기 때문이었다. 2단계에서 그의 대미관이 적대적 관점에서 우호적 관점으로 변화한 이유는 기본적으로 미국은 영토 침략을 일삼는 제국주의 국가가 아니며, 미국의 목적은 영토 침략을 목표로 하는 러시아와 달리 자유 무역과 선교에 있다고 인식했기 때문이었다. 3단계에서 그의 대미관이 우호적 시각에서 用美的 시각으로 전환한 것은 '기독교도 윌슨'으로 치환된 '미국 대통령 윌슨'에 대한 실망과 미국 정부에 대한 불철저한 믿음에 근거한 외교 독립 노선이 좌절했기 때문이었다. 그가 用美的 대미관을 드러낸 것은 해방 이전에는 미국의 지원으로 한국의 독립을 쟁취하려 했기 때문이었고, 해방 이후에는 미국의 경제, 군사 원조를 얻으려 했기 때문이었다.

이승만이 사회참여적 기독교관을 갖게 된 동기는 문명개화를 통해 문명부강국을 건설하려는 정치지향적 성향 때문이었다. 그는 이러한 성격을 배재학당 시절의 교육과 독서를 통해 형성했는데, 이것은 그가 1899년 한성감옥에 투옥되면서 사회참여적 기독교관을 형성하는 자양분이 되었다. 그는 한성감옥 투옥 중 자유주의적 목사 애보트(Lyman Abbott)의 사회참여 신학을 접하면서 사회참여적 기독교관을 형성했다. 즉 그는 조선의 당면 정치·사회 제도의 개혁은 민족 구원과 사회 구원의 차원에서 해석·실천되어야 한다는 기독교관을 피력했다. 그는 이렇게 형성된 사회참여적 기독교관을 일제시기와 해방 이후에도 일관되게 표명했다.

사회참여적 기독교관은 타자에 대한 봉사와 자기 헌신으로 지상에 신의 구현체인 천국을 건설하려는 것이다. 그러나 그 역사를 완성해 가는 것은 인간의 의지가 아니라 신의 주권에 맡긴다는 자기 부정을 의미한다. 이런 관점에서 볼 때 해방 이전 이승만은 이러한 과제를 수행하는 데 나름대로 치열한 삶을 살았고, 그것은 독립운동이라는 형태로 나타났다. 그러나 해방 이후 그의 사회참여적 기독교관은 자신의 의도대로 신을 조종하려는 '신앙의 세속화'라는 왜곡된 형태로 표출되었다. '신앙의 세속화'는 '신앙의 정치화'·'신앙의 경제화'·'전쟁의 신앙화'로 표현되었다. 즉 그는 역사의 주관자인 하나님이 주조한 역사를 자신의 정치적 입장에 따라 자의적으로 취사선택하는 '신앙의 정치화', 성탄절을 예수의 탄생을 기념하고 구속 사역의 의미를 생각하기보다 경제적 차원에서 접근하는 '신앙의 경제화', 반공 전쟁을 사탄으로부터 기독교를 수호하는 십자군전쟁으로 인식하는 '전쟁의 신앙화'를 도모했다. 한편 그는 신의 주권에 대한 전적인 신뢰를 보여주면서도, 동시에 인간의 주체적 의지로 신의 섭리를 좌우할 수 있다는 자기 모순적 언행을 피력했다. 이처럼 그는 자가당착적인 신앙의 행태를 보였지만, 그에게 그것은 모순이 아니라 '일관성'의 표현이었다.

이승만은 표면적으로는 1899년 개종 이후 기독교 신앙을 가지고 기독교

국가를 건설하겠다고 천명했지만, 내면의 그의 의식은 여전히 조선의 전통 종교·민간 신앙과 기독교 사이에서 표류했다. 그는 이러한 관점을 개종 직후인 투옥 시절부터 표출하기 시작했다. 그는 일제시기와 해방 이후에도 일관되게 사상적 혼종성을 피력했다. 이처럼 그가 지속적으로 사상적 혼종성을 드러낸 이유는 유년 시절부터 조선의 전통 종교와 민간 신앙의 세례를 받았기 때문이었으며, 봉건적 사고방식을 가진 중세인에서 탈각하여 합리적 사유 체계를 갖춘 근대인으로 전화하지 못한 존재였기 때문이었다.

이승만의 기독교국가건설론은 투옥 시절에 형성되었다. 그는 투옥 중 기독교국가건설론의 이념으로 기독교를, 모델로 문명 부강국인 기독교국가 미국과 영국을 제시했다. 투옥 시절 형성된 기독교국가건설론의 이념인 기독교는 1919년 한인자유대회 단계에 이르러 '기독교민주주의'로 완성되었다. 이후 그는 기독교국가건설론의 이념인 '기독교민주주의'를 일관되게 표명했다. 그가 구상한 '기독교민주주의'는 자유·민주주의라는 세속 이념과 기독교라는 종교 이념이 결합된 형태였다.

이승만이 국가건설론의 이념으로 '기독교민주주의'를 제시한 이유는 첫째, 유교의 교리가 가지고 있는 한계 때문이었다. 즉 그는 유교는 개인의 도덕적 수양을 통해 악행을 방지하는 데 머물러 있지만, 기독교는 악행을 하려는 개인의 성품 자체를 변화시킬 뿐만 아니라 타인의 악한 성격도 바꿀 수 있다고 보았다. 둘째, 개신교는 구교와 달리 자유와 평등의 이념을 가지고 있었기 때문이었다. 그는 배재학당에서 수학하면서 서양의 개신교 국가들이 민중의 자유권을 보장한다는 사실에 크게 고무되었는데, 그 근원이 개신교에 있다고 인식했다. 셋째, 개신교에는 동양의 사상과는 달리 정치 혁명의 논리가 있었기 때문이었다. 즉 동양의 유교는 임금이 왕도정치를 하지 않을 경우 무기력하게 천운만 기다릴 수밖에 없기 때문에 유교를 숭상하는 동양에서는 영원히 혁명 사상이 생길 수 없다고 혹평했다. 반면 그는 개신교의 예수는 정치 혁명가이며, 동시에 종교 혁명가로 인류 역사상 최초의 '혁명 주창자'라고 극찬했다. 그는 오늘날 서양 각국이 동등한 자유와 평등권을 향유하는 것은 모두 신약의 혁명 사상에서 기원했다고 강조했다. 넷째, 투옥 중 종교적 체험을 통해 이루어진 회심을 계기로 기독교는 관념적 종교가 아니라 조선을 구원할 실재적 종교라고 인식하였기 때문이었다. 마지막으로, 기독교국가가 문명 부강국을 표상했기 때문이었다. 그는 어린 시절부터 서양 문명의 힘을 어렴풋하게 인식하기 시작했다. 이후 그는 배재학당에 입학하여 서양식 교육을 받으면서 서양이 세계의 힘의 중심이라는 것을 확인했다.

이러한 인식에 기초해 그는 투옥 중 기독교국가건설론의 모델로 문명 부강국인 기독교국가 미국과 영국을 건설하겠다는 이상을 표현했다. 이는 그가 영국과 미국이 문명 부강국이 된 원동력이 기독교를 사회의 터전으로 삼은 데 있다고 보았기 때문이었다.

이승만은 투옥 시절과 도미 독립유지외교 활동 시절, 그리고 유학 시절을 거치는 동안 기독교국가건설론의 방략으로 기독교교육론, 언론·문서선교, 그리고 기독교계활용론을 제시했다. 우선 그는 이미 투옥 시절부터 문명 부강국의 부강과 문명의 원천은 교육에 있다고 파악했다. 때문에 그는 교육을 통한 민중 계몽 운동으로 민중의 주체적 각성을 고취시키면 문명 부강국 실현이 가능하다는 교육 구국론을 주창했다. 이처럼 그는 교육 구국론에 근거해 투옥 시절 『옥중잡기(獄中雜記)』에서 처음으로 기독교국가건설론의 방략으로 기독교교육론을 제시했다. 이후에도 이승만은 지속적으로 기독교국가건설론의 방략으로 기독교교육론을 표명했다.

그리고 이승만은 배재학당과 독립협회 그리고 투옥 시절을 거치면서 언론이 갖는 중요성을 인식하고 언론 계몽 운동에 주력했다. 이러한 경험에 기초해 그는 도미 독립유지외교 활동 직전인 1904년 11월 『신학월보』에 기고한 「상동청년회에 학교를 설치함」에서 비로소 기독교국가건설론의 방략으로 언론·문서 선교를 주장했다.

또한 이승만은 도미 독립유지외교 활동 시절과 유학 시절을 거치면서 기독교국가건설론의 방략으로 기독교계활용론을 제시했다. 이는 미국 기독교계를 이용해 일반 미국인과 언론의 친한 여론을 조성한 후, 이를 통해 미국 정부와 의회의 친일적 대한 정책을 변경시켜 한국의 독립을 승인받으려는 것이었다. 그가 이러한 시각을 갖게 된 이유는 일제의 한국에 대한 왜곡 선전 때문이었다. 따라서 그는 미국 기독교계를 매개로 미국에서 친한 여론을 조성하는 것이 무엇보다도 중요하다고 판단했다. 한편 그의 기독교계활용론은 미국인들이 정의·동정심·인간애 등의 성품을 소유하고 있으며, 그들의 이러한 특성은 기독교 사상과 미국 독립전쟁의 정신에서 기원했다는 분석에 근거했다. 이러한 관점을 그는 일제시기와 해방 이후에도 지속적으로 드러냈다. 또한 그의 기독교계활용론은 미국이 일반 미국인의 여론에 의해 움직이는 나라라는 확신에 근거했다.

이러한 인식 하에 미국 기독교계를 활용한 대미 선전 활동 및 여론호소 활동에서 이승만이 사용한 논리는 다섯 가지로 요약된다. 먼저 그는 한국을 기독교적 가치가 투영된 기독교국가로 만들겠다는 논리를 폈다. 둘째, 그는 한국 기독교가 비약적으로 성장하고 있다는 논리를 제시했다. 셋째, 그는 '천황'과 신도를 숭배하는 일제의 군국주의 국민과 기독교를 믿는 미국의 민주주의 국민은 상극의 관계라는 논리를 피력했다. 넷째, 그는 미국인 선교사와 한국 교회와 한국 기독교도들에 대한 일제의 탄압 사례를 제시했다. 마지막으로, 그는 한국과 미국 기독교계 구성원들의 역사적 경험이 일치한다는 논리를 피력했다.

이승만의 기독교국가건설론은 애국적 사회참여형 기독교인 양성 활동, 언론·문서선교 활동, 그리고 미국 기독교계를 활용한 외교 독립운동 차원에서 전개되었다. 우선 그는 그가 설립한 옥중학교·상동청년학원·한인기독학원·한인기독교회 등을 통해 애국적 사회참여형 기독교인 양성 활동을 전개했다. 또한 그는 『태평양잡지』·『태평양주보』·번역서(『학생 청년회의 종교상 회합』,『학생 청년회 회장』,『신입 학생 인도』)를 통해 언론·문서선교 활동을 추진했다. 이러한 활동을 통해 그는 기독교 정신으로 무장하고 있으나 개인구원에만 매몰된 파편화된 기독교인이 아니라 민족 모순에 능동적으로 대면하여 민족 구원을 동시에 완성하는 애국적 사회참여형 기독교인을 양성하고자 했다.

그리고 이승만은 미국 기독교계를 활용한 외교 독립운동을 전개했다. 이 운동은 기독교도 윌슨(Thomas Woodrow Wilson)에 대한 개인 차원의 외교·선전 활동과 미국 기독교계를 활용한 대미 선전 활동 및 여론호소 활동 차원에서 전개되었다. 우선 그와 미국 기독교계는 기독교도 윌슨의 양심을 신뢰하여 기독교도 윌슨에 대한 개인 차원의 외교·선전 활동을 전개했다. 하지만 1919년 파리강화회의에서 보듯, 기독교도 미국 대통령 윌슨을 이용한 개인 차원의 외교·선전 활동은 실패할 수밖에 없었다. 왜냐하면 그와 미국 기독교계가 '기독교도 윌슨'과 '미국 대통령 윌슨'을 등치시켜 인식함으로써 '미국 대통령 윌슨'이 한국의 독립을 지원할 것이라고 판단했기 때문이었다. 그러나 이는 '기독교도 윌슨'도 '미국 대통령 윌슨'이라는 한계 안에서 행동할 수밖에 없다는 사실을 망각한 순진한 기대에 불과했다.

둘째, 이승만은 미국 기독교계를 매개체로 미국 정부·의회·언론·일반 미국인을 상대로 한 선전 활동 및 여론호소 활동을 전개했다. 해방 이전 이승만의 미국 기독교계를 활용한 대미 선전 활동 및 여론호소 활동은 1919년-1920년 한국친우회의 활동으로 1920년 3월 18일 한국에 대한 독립동정안이 미국 상원에 제출된 것에서 보듯 어느 정도 성과를 거두었다고 할 수 있다. 이는 미국 선교부 지도자들이 정교분리 원칙을 고수하면서 이러한 운동을 방관했음에도, 정의와 동정이라는 기독교적 가치를 현실에 구현하고자 한 개별 기독교인들의 헌신에 힘입은 것이다. 그러나 대다수 개별 기독교인들조차도 정교분리의 원칙하에 단순히 기독교적 양심과 동정 차원에서 이승만의 활동을 후원한 것이기 때문에, 미국의 기독교계를 활용해 한국의 독립을 보장받으려는 이승만의 궁극적 목적은 성공할 수 없었다. 따라서 이승만의 미국 기독교계를 활용한 대미 선전 활동 및 여론호소 활동에 기반한 그의 외교 독립 노선도 결국은 실패할 수밖에 없었다.

해방 이후에도 이승만은 미국 기독교계를 매개체로 미국 정부·의회·언론·일반 미국인을 상대로 한 선전활동 및 여론호소 활동을 지속했다. 그가 이러한 활동을 한 목적은 해방 이전에는 미국 기독교계를 이용해 일반 미국인과 언론의 친한 여론을 조성하는 한편, 이를 통해 미 의회와 미국 정부의 친일적 대한 정책을 변경시켜 한국의 독립을 지원받으려는 데 있었다. 하지만 해방 이후에는 이러한 목적이 변화했다. 즉 해방 이후 이승만의 미국 기독교계를 활용한 대미 선전 활동 및 여론호소 활동의 목적은 세 가지로 정리될 수 있다. 우선 미국 기독교계를 활용해 미국의 군사, 경제 원조를 얻으려는 것이었다. 둘째, 이승만 정권의 반공정책에 대한 지원을 받으려는 것이었다. 셋째, 이승만의 독재정치에 대한 미국의 反이승만 정서를 완화시키려는 것이었다.

이러한 목적를 실현하기 위해 해방 이후 이승만은 미국 기독교계를 매개체로 미국 정부·의회·언론·일반 미국인을 상대로 한 선전 활동 및 여론호소 활동을 전개했다. 그러나 해방 이후 전개된 이승만의 미국 기독교계를 활용한 선전활동 및 여론호소 활동은 그의 기대와는 달리 그 가시적 성과는 미미했다. 더욱이 그의 이러한 활동은 자국민의 생명권을 담보로 추진되었기에 정당화될 수 없었다.

기존의 연구들은 해방 이후 이승만이 해방 이전 소망하던 기독교국가를 친기독교적 정책을 통해 구현했다고 평가했다. 그리고 대표적인 그의 친기독교 정책으로 해방 이후 국가 의례·의식의 기독교식화, 크리스마스의 공휴일 지정, 국기 경례를 주목례로 대체, 형목·군목 제도 실시, 기독교인들의 정부 요직 기용, 기독교 언론 매체 지원, 개신교 선교사들에 대한 훈·포장 등의 '심리적-상징적인' 도움, 개신교에 대한 재정적 특혜 제공 및 방조 등을 열거했다.

하지만 이승만의 기독교 정책은 피동적, 정략적, 당위적, 합리적, 특수적 차원에서 전개되었다. 우선, 친기독교 정책은 그가 능동적·주체적으로 입안하거나 추진한 것이 아니라, 추인하거나 사후 동의하는 형태를 취한 피동적 성격을 띠었다. 둘째, 친기독교 정책은 그 자신의 종교적 신념보다 정략적 차원에서 추진되었다. 이런 맥락에서 그는 개신교의 '형제 종교'인 천주교에 대해서는 우호적 협력(1948-1951)에서 출발하여 경쟁적 협력(1952-1955)을 거친 후 경쟁의 전면화 및 공공연한 대결(1956-1960)로 자리매김했다. 결국 그의 천주교 정책은 신앙적 동질감에 기초했다기보다는 자신의 정권 유지에 얼마나 협조적이었느냐의 차원에서 추진되었다. 한편 그는 불교에 대해서도 자신의 지지 여부와 정치적 위기 타개책이라는 차원에서 대처했다. 셋째, 친기독교 정책은 기독교가 받은 '특혜'가 아니라 당위적이고 합리적 차원에서 추진되었다. 넷째, 친기독교 정책은 종교적 동질성보다는 개인적인 친소 관계에 따라 추진되었던 특수적 성격을 지녔다.

이승만의 친기독교 정책이 이러한 성격을 지니고 있었기 때문에 해방 이후 그가 해방 이전과의 연속선 상에서 기독교국가를 건설하겠다고 표명했지만, 기독교국가 건설에 대한 구체적 정책을 제시하지 않고 신앙 차원의 종교적 신념을 표현하는 데 그쳤던 것이다. 한편 해방 이후 그가 제헌헌법에 규정된 종교의 자유와 정교분리의 원칙을 형해화시키고 기독교를 '사실상의 국교'로 만들었다는 평가가 있다. 하지만 그가 구상한 기독교국가는 기독교를 국교로 삼는 정교일치의 국가가 아니라, 기독교 이념을 현실에 구현한 세속국가였다.

이승만의 기독교국가건설론은 그의 기독교 신앙에 민족지상주의·반공주의가 결합되면서 기독교의 본질인 민족, 자유, 박애, 평화, 평등의 가치 왜곡이라는 실상을 드러냈다. 즉 그는 모순적 인종주의와 민족 개념의 협애화라는 민족관, 일제 지배로부터의 자유에서 공산당 지배로부터의 자유로 변화라는 자유관, 일제에서 공산당으로 박애 박탈 대상의 전환이라는 박애관, 독립전쟁에서 반공전쟁으로 평화 수호 방략의 변환이라는 평화관, 평등에서 민중을 빙자한 독재로 전회라는 평등관을 표출했다.

우선, 이승만은 모순적 인종주의와 민족 개념의 협애화라는 민족관을 피력했다. 먼저 그는 인종을 계층적으로 분류하여 사고한 후, 중등인에 자리매김해야 할 한민족을 상등인에 위치시키는 모순적 인종주의를 소유하고 있었다. 이러한 논리적 모순은 그의 사고 체계의 핵심에 민족애가 차지하고 있었기 때문에 나타난 필연적 결과였다.

또한 이승만은 해방 이전부터 나름대로의 경험을 토대로 공산주의는 민족의 번영에 장애가 된다고 생각했다. 이러한 그의 사고는 해방 이후 공산주의자를 민족에서 배제하는 협애화된 민족관으로 이어졌다. 따라서 비민족인 공산주의자들은 절멸되어야만 하는 적대적 타자였다. '제주도 4·3사건'과 '여수·순천 10·19 사건' 관련 민간인 학살, 국민보도연맹원 학살(1950.6-8월) 그리고 한국전쟁 중 부역자 처형 등의 국가폭력으로 미루어 볼 때 그가 이해한 민족관이 무엇인지 극명하게 드러난다. 한편 그가 반공지상주의적 사고를 했던 것은 그것이 생존의 논리였기 때문이었다.

둘째, 이승만은 일제 지배로부터의 자유에서 공산당 지배로부터의 자유로 변화라는 자유관을 표출했다. 그는 1895년 배재학당에 입학하면서 처음으로 정치적 자유의 개념을 접했다. 그는 투옥 중이던 1904년 저술한 『독립정신』에서 자유를 독립과 동일한 개념으로 이해하기 시작했다. 일제시기에 이르러 그는 자유를 외세, 곧 일제의 지배로부터 벗어나는 것을 뜻하는 독립의 개념으로 이해했다.

한편 이승만은 기독교 사상을 통해 자유가 외세, 곧 일제로부터의 독립이라는 등식의 신념 체계를 확립했다. 즉 그는 1913년 『한국교회핍박』에서 기독교 신앙에 근거한 이승만=한민족의 구세주라는 등식의 사유 아래, 자신을 일제의 식민 지배로부터 한국을 해방시킬 정치 혁명가이자 조선의 전통 종교와 민간 신앙을 기독교로 개조할 정신·종교 혁명가로 설정했다. 이러한 그의 인식은 신앙적 정합성을 확보하고 있었다. 때문에 그는 자신의 독립운동에 신앙적 정당성을 부여할 수 있었다. 이런 관점에서 그는 스스로를 민족 구원을 위해 신이 부여한 사명에 순종하여 고난의 여정을 걸어야만 하는 순교자라고 확신했다.

해방 이후 기독교 신앙에 근거한 이승만=한민족의 구세주라는 등식의 관념은 민족의 자유를 수호하는 애국과 독립의 개념으로 표출되었다. 그러나 이승만의 '애국'과 '독립'이란 독재 체제 유지를 위해 정적들을 탄압하는 도구로 활용되었다. 또한 그의 '자유'란 공산 독재로부터의 자유로 대체되었다. 때문에 그는 자유민으로 생존하기 위해서 공산당과 전쟁을 벌이는 것은 불가피하다고 보았다. 한편 그는 현실 세계에서 자신이 전개하는 자유 수호를 위한 반공운동의 논리적 기반을 기독교 신앙에서 찾았다. 즉 그는 자유 수호를 위한 반공운동을 적그리스도로부터 기독교를 수호하는 십자군운동으로 인식했다.

셋째, 이승만은 일제에서 공산당으로 박애 박탈 대상의 전환이라는 박애관을 드러냈다. 그가 박애에 대한 관념을 표시한 것은 투옥 중 신문에 기고하면서부터였다. 그는 기독교 사상의 영향으로 사해동포주의를 박애로 이해하여 박애의 대상은 단위 국가와 인종을 초월한 전 인류라고 규정했다. 이처럼 그는 국권 피탈 이전 박애의 대상을 전 인류로 설정하여 보편적 박애의 모습을 보여 주었다. 하지만 일제시기에 이르러서 그는 박애의 대상에서 일본 민족을 배제하는 선별적 박애로 전환했다. 이는 그가 국권피탈 이전 보여 주었던 보편적 박애의 모습과는 사뭇 다른 것으로, 그의 뿌리 깊은 반일 의식을 표현한 것이다.

해방 이후 이승만은 박애 박탈의 대상을 일본 민족에서 공산주의자로 전환했다. 비록 그가 전향한 공산당은 '나의 좋은 친구'라고 선언했지만, 이는 평소 공산당에 대한 그의 적대적 언행으로 미루어 볼 때 사랑과 포용과는 상충하는 정치적 수사에 불과했다. 이처럼 사랑과 관용이 부재한 이승만의 박애관은 그의 편협하고 완고한 성품에서 나온 것이다. 이러한 그의 성격은 기독교 신앙과 융합하면서 해방 이후 그가 결정한 국가 정책은 '신의 심판'을 거친 것이기 때문에 결코 타협이나 수정의 대상이 아니라고 단언했다.

넷째, 이승만은 독립전쟁에서 반공전쟁으로 평화 수호 방략의 변환이라는 평화관을 표현했다. 그는 본질적으로 평화를 한국의 독립이라는 관점에서 인식했다. 그의 이러한 시각은 해방 이전 한국의 독립=동양의 평화=세계의 평화라는 등식의 논리로 정립되었다. 해방 이후에도 그는 이러한 등식의 논리를 지속적으로 제창했다.

한편 이승만은 1941년 『일본군국주의실상』에서 기독교의 평화관과는 근본적으로 상충하는 평화 관념, 곧 일제로부터 주권을 회복하기 위해서는 평화의 대척점에 있는 전쟁도 가능하다는 인식을 피력했다. 다시 말해 그는 평화 수호의 방략으로 일제에 대항한 독립전쟁을 주창했다. 이러한 시각은 해방 이후 반공전쟁으로 평화를 수호하겠다는 인식으로 이어졌다. 특히 그는 반공전쟁을 통한 평화의 실현을 신의 이름으로 정당화했다. 따라서 그는 공산당과의 공존을 의미하는 휴전 회담에 찬성할 수 없었다. 한국전쟁 종전 이후에도 그는 지속적으로 북진 통일을 통한 평화 유지를 표명했다.

한편 이승만은 신앙 차원에서 평화 수호를 위한 반공전쟁을 사탄으로부터 기독교를 수호하는 십자군전쟁으로 규정했다. 따라서 그는 평화 수호를 위한 반공전쟁, 곧 한국전쟁은 한민족의 평화를 수호하기 위한 세속 전쟁인 동시에 신의 정의를 구현하기 위한 성전(聖戰)의 성격을 지닌다고 피력했다. 때문에 그는 북진 통일을 신의 섭리로 이해했다.

마지막으로, 이승만은 평등에서 민중을 빙자한 독재로 전화라는 평등관을 표명했다. 그는 배재학당에서 기독교 사상에 기반한 평등 관념을 학습했다. 그는 이렇게 형성된 평등 관념을 일제시기에 이르러 신국가 건설을 전망하면서 신국가의 헌법에 반영하고자 했다. 해방 직후에도 그는 이러한 열망을 지속적으로 천명했다.

이처럼 이승만은 해방 직후까지 봉건 사회에서 근대 사회로 넘어가는 과도기에 차별에 대한 대안으로 평등 관념을 제시했지만, 정치적 관점을 집약한 정치이념으로 제시한 것은 아니었다. 그는 1948년 10월 제창한 일민주의에서 비로소 평등 관념을 정치이념의 형태로 표출했다. 그는 일민주의를 통해 정치적·경제적·사회적 평등이 구현된 국가상을 실현하고자 했다. 하지만 이승만의 일민주의의 국가상인 정치적 평등은 독재 정권을 뒷받침하기 위한 공언으로, 경제적 평등은 노동자·농민의 계급운동을 억압하기 위한 명분으로, 사회적 평등은 관념적 차원에서 일시적 관심으로 제기된 논리에 불과했다.

1. 자료

1) 자료

公報處,『大統領李承晚博士談話集 第一輯』, 1953.

公報室,『大統領李承晚博士談話集 第二輯』, 1956.

공보실,『大統領李承晚博士談話集 第三輯』, 1959.

『官報』四十一冊, 光武 二年(1898년) 十二月 一日字.

具滋爀 編,『大統領李承晚博士儒敎談話集』, 儒道會總本部, 1958.

國史編纂委員會,『高宗時代史』四, 國史編纂委員會, 1960.

_____,『大韓民國史資料集: 李承晚關係書翰資料集 1-10』28-37권, 1996.

_____,『태평양잡지·태평양주보 색인』, 國史編纂委員會, 2005.

_____,『대한민국임시정부자료집』18, 20, 41, 43, 국사편찬위원회, 2007.

金珖燮 編,『李大統領訓話錄』, 中央文化協會, 1950.

김승태·박혜진 엮음,『내한 선교사 총람』, 한국기독교역사연구소, 1994.

金良善,『韓國基督敎解放十年史』, 大韓예수敎長老會總會 宗敎敎育部, 1956.

大韓民國建國十年誌刊行會,『大韓民國建國十年誌』, 大韓民國建國十年誌
刊行會, 1956.

세계교회협의회 편·이형기 역,『WCC 역대 총회 종합보고서』, 한국장로교
출판사, 1993.

尹致昊, 『尹致昊日記』6(1904年 8月 9日條), 國史編纂委員會, 1973.

法部 編, 『司法稟報』乙, 19冊, 光武 三年(1899년) 七月 八日字.

柳永益·宋炳基·李明來·吳瑛燮 編, 『李承晚 東文 書翰集』上-下, 연세대학
    교 출판부, 2009.

雩南李承晚文書編纂委員會, 『梨花莊所藏 雩南李承晚文書(東文篇)』1-3, 12,
    16-18권, 1998.

우남이승만박사 서집발간위원회, 『雩南李承晚博士書集』, 도서출판 촛불,
    1990.

이명래 역, 국역「옥중잡기」, 유영익, 『젊은 날의 이승만: 한성감옥 생활
    (1899-1904)과 옥중잡기연구 부: 국역「옥중잡기」』, 연세대 출판부,
    2003.

李承晚, 『건국과 이상』, 國際文化協會, 1945.

_____, 『一民主義槪述』, 一民主義普及會, 1949.

_____, 『풀어쓴 독립정신』, 청미디어, 2008.

_____, 『한국교회핍박』, 청미디어, 2008.

이승만 지음·李鍾益 옮김, 『日本軍國主義實像』, 나남, 1988.

이승만 지음·정인섭 옮김, 『이승만의 전시중립론』, 나남, 2006.

이승만 지음·이현표 옮김, 『이승만 대통령 방미일기』, 코러스(KORUS),
    2011.

李殷相 譯, 『雩南詩選』, 公報室, 1959.

이정식 역주, 「청년 이승만 자서전」, 『이승만의 청년시절』, 동아일보사,
    2002.

丁奎祥 編, 『雩南 李承晚博士漢詩選集』, 圖書出版 東成美術出版社, 1982.

대한민국국회(http://www.assembly.go.kr/) 국회정보시스템, 『國會速記錄』.

"Autobiography of Dr. Syngman Rhee", *George A. Fitch Papers*, Yenching
    Institute, Harvard University.

"Appeals of Native Christian", *The Korea Mission Field*, Jun 1908.

Daniel L. Gifford, "Education in the Capital of Korea", *The Korean Repository*, August 1896.

D. A. Bunker, "Pai Chai College", *The Korean Repository*, September 1896.

First Korean Congress, Held in The Little Theatre 17th and Delancey Streets(Philadelphia), 1919(元聖玉 옮김, 『最初의 韓國議會』, 汎韓書籍株式會社, 1986).

Harold E. Fey, "Korean President Seeks Aid", *The Christian Century*, January 2, 1952.

Harold H. Henderson(Acting Secretary) to the Korea Mission, "Greetings to President Syngman Rhee", 1948년 12월 1일, RG 140-2-29, Presbyterian Church in the U. S. A(PCUSA) Board of Foreign Missions, *Korea Mission Reports* 1911-1954. Department of History, Philadelphia, PA.

Harold H. Henderson(Acting Secretary) to the Korea Mission, "President Syngman Rhee's Message to the Korea Missions Conference", 1948년 12월 1일, RG 140-2-29, PCUSA.

JoongAng Ilbo and The Institute for Modern Korean Studies, Yonsei University, 『*The Syngman Rhee Telegrams*』1-4권, 2000.

"Korean School Is Important Factor in Educational Field", *Honolulu Star-Bulletin*, Sep. 20, 1913.

"Mr. Rhee's Story of His Imprisonment", O. R. Avison, *Memoirs of Life in Korea*.

S. Rhee, "Child Life in Korea", *The Korea Mission Field*, Mar 1912.

"The Closing Exercises of Paichai", *The Korean Repository*, July 1897.

The Institute for Modern Korean Studies, Yonsei University, 『*The Syngman Rhee correspondence in English*: 1904-1948』1-8권,

2009.

2) 신문 잡지

『監理會報』『京鄕新聞』『共立新報』『국민보』『基督公報』『基督敎公報』『綠十字』『大東新聞』『大韓每日申報』『대한크리스도인회보』『뎨국신문』『東亞日報』『서울신문』『신학월보』『新韓民報』『自由新聞』『朝鮮日報』『週刊서울』『中央日報』『태평양잡지』『태평양주보』『한국일보』『現代日報』『협성회회보』『活泉』 *Honolulu Star-Bulletin Korea Review The Christian Century The Korea Mission Field The Korean Repository The Korea Review The New York Times*

3) 회고록 · 전기 · 평전

葛弘基,『大統領李承晚博士略傳』, 公報處, 1955.

朴容萬,『景武臺秘話』, 三國文化社, 1965.

徐廷柱,『雩南李承晚傳』, 華山문화기획, 1995.

손세일,『이승만과 김구 1875-1919 – 양반도 깨어라 상놈도 깨어라①』, 나남, 2008.

손세일,『이승만과 김구 1875-1919 – 양반도 깨어라 상놈도 깨어라②』, 나남, 2008.

손세일,『이승만과 김구 1875-1919 – 양반도 깨어라 상놈도 깨어라③』, 나남, 2008.

梁又正編,『李承晚大統領 獨立路線의 勝利』, 獨立精神普及會, 1948.

雩南實錄編纂會,『雩南實錄 1945-1948』, 悅話堂, 1976.

우남전기편찬회 편,『우남노선』, 명세당, 1959.

유영익,『이승만의 삶과 꿈』, 중앙일보사, 1996.

유호준,『역사와 교회 - 유호준목사 회고록』, 대한기독교서회, 1993.

李元淳,『人間 李承晚』, 新太陽社, 1965.

송우, 『白史 李允榮 回顧錄』, 史草, 1984.

이광린, 『올리버 알 에비슨의 생애』, 연세대학교 출판부, 1993.

이만열 편, 『아펜젤러-한국에 온 첫 선교사-』, 연세대학교 출판부, 1985.

이정식, 『이승만의 청년시절』, 동아일보사, 2002.

＿＿＿, 『이승만의 구한말 개혁운동 - 급진주의에서 기독교 입국론으로-』, 배재대학교 출판부, 2005.

이한우, 『거대한 생애 이승만 90년 (상·하)』, 朝鮮日報社, 1996.

全澤鳧, 『人間 申興雨』, 大韓基督敎書會, 1971.

＿＿＿, 『이상재 평전』, 범우사, 1985.

鄭喬, 『大韓季年史』下, 國史編纂委員會, 1957.

朝鮮日報社, 『뭉치면 살고: 1898-1944 언론인 이승만의 글 모음』, 朝鮮日報社, 1995.

최종고 편저, 『대한민국 건국대통령의 사상록』, 청아출판사, 2011.

프란체스카 도너 리 지음·조혜자 옮김, 『이승만 대통령의 건강: 프란체스카 여사의 살아온 이야기』, 도서출판 촛불, 2007.

＿＿＿, 『6·25와 이승만 ; 프란체스카의 난중일기』, 기파랑, 2010.

許政, 『雩南 李承晩』, 太極出版社, 1969.

＿＿＿, 『許政 回顧錄: 내일을 위한 證言』, 샘터사, 1979.

F.A. 매켄지 지음·신복룡 역주, 『대한제국의 비극』, 집문당, 1999.

Frederick A. Mckenzie 著·李光麟 譯, 『韓國의 獨立運動』, 一潮閣, 1969.

Horace H. Underwood(with a concluding chapter by Marion E. Hartness), *Tragedy and Faith in Korea* (New York: Friendship Press, 1951).

J. Ernest Fisher, *Pioneers of Modern Korea* (Seoul: The Christian Literature Society of Korea, 1977).

O. R. Avison, *Memoirs of Life in Korea*(올리버 R. 에비슨 지음·박형우 편역, 『올리버 R 에비슨이 지켜본 근대 한국 42년 1893-1935 下 』, 청년

의사, 2008).

Philip Jaisohn, *My Days in Korea and Other Essays*, edited by Sun-pyo Hong, Yonsei University Press, 2000.

Richard C. Allen, Korea's Syngman Rhee: An Unauthorized Portrait, Charles E. Tuttle Company: Publishers Rutland, Vermont & Tokyo, Japan, 1960(Richard C. Allen 著·尹大均 譯,『韓國과 李承晚』, 合同通信社, 1961).

Robert T. Oliver, *Syngman Rhee: The Man Behind the Myth*, Dodd Mead and Company, 1955(로버트 T. 올리버 지음·朴瑪利亞 옮김,『리승만박사전 - 신비에 쌓인 인물-』, 合同圖書株式會社, 1956).

_____, *Syngman Rhee and American involvement in Korea*, 1942-1960: *a personal narrative*, Panmun Book Company Ltd, Seoul, 1978(로버트 T. 올리버 지음·朴日泳 옮김,『大韓民國 建國의 秘話: 李承晚과 韓美關係』, 啓明社, 1990).

4) 신문·잡지 연재물

權五琦,「李青潭인터뷰」『新東亞』2월호, 東亞日報社, 1967.

孫世一,「李承晚과 金九」1-22회,『月刊朝鮮』2001년 8월-2003년 5월, 朝鮮日報社, 2001-2003.

李丙允,「精神醫學者가 본 李承晚博士」『新東亞』9월호, 東亞日報社, 1965.

曹惠子,「'人間리승만'의 새傳記」1-12회,『여성中央』1-12월호, 中央日報社, 1983.

중앙일보사,「남기고 싶은 이야기들: 景武臺四季」1-182회,『中央日報』 1972.2.4-9.11.

한국일보사,「人間李承晚百年」1-100회,『한국일보』1975.4.11-8.13.

5) 연세대 국학자료실 소장 문서

■ 이승만 대통령 문서철(*The Syngman Rhee Presidential Papers*)

"A Record of the dates of trips made by S. Rhee Since Nov. 1904".

"Christian Statesmanship by Syngman Rhee", June 12, 1957.

"Conversation between the President and Mr. Robertson", July 3, 1953.

"Rev. J. Fred Jordan〉〉Syngman Rhee", ?? ??, ????.

"Syngman Rhee〉〉Jesse H. Jones", February 19, 1954.

"Syngman Rhee〉〉John W. Staggers", December 1, 1949.

"Syngman Rhee〉〉John W. Staggers", November 7, 1949.

"You Chan Yang〉〉Daniel Poling", February 22, 1956.

"????〉〉Robert T. Oliver", June 26, 1957.

2. 연구논저

1) 단행본

강만길, 『고쳐 쓴 한국현대사』, 창작과비평사, 1994.

강영선, 『기독교 이야기 한마당』, 대한기독교서회, 2011.

강인철, 『한국기독교회와 국가·시민사회: 1945-1960』, 한국기독교역사연구소, 1996.

_____, 『민주화와 종교: 상충하는 경향들』, 한신대학교 출판부, 2012.

_____, 『종속과 자율: 대한민국의 형성과 종교정치』, 한신대학교 출판부, 2013.

고정휴, 『이승만과 한국독립운동』, 연세대학교 출판부, 2004.

금장태, 『한국유교와 타종교』, 박문사, 2010.

김낙환, 『우남 이승만 신앙연구』, 청미디어, 2012.

김 남, 『으뜸 敎育學(上)』, 학문사, 1999.

김원용 지음·손보기 엮음, 『재미한인 50년사』, 혜안, 2004.

문지영, 『지배와 저항: 한국 자유주의의 두 얼굴』, 후마니타스, 2011.

方善柱, 『在美韓人의 獨立運動』, 翰林大學校 아시아문화연구소, 1989.

培材百年史編纂委員會 편, 『培材百年史』, 培材學堂, 1989.

서정민, 『교회와 민족을 사랑한 사람들』, 기독교문사, 1990.

서중석, 『한국현대민족운동연구2 - 1948-1950 민주주의·민족주의 그리고 반공주의-』, 역사비평사, 1996.

_____, 『이승만의 정치이데올로기』, 역사비평사, 2005.

신옥수·백충현 옮김, 『기독교 조직신학 개론』, 새물결플러스, 2012.

成百曉 譯註, 『懸吐完譯 大學·中庸 集註』, 傳統文化硏究會, 1991.

역사비평 편집위원회, 『논쟁으로 읽는 한국사2(근현대)』, 역사비평사, 2009.

유동식, 『하와이의 한인과 교회: 그리스도연합감리교회 85년사』, 그리스도 연합감리교회, 1988.

유영익, 『젊은 날의 이승만: 한성감옥 생활(1899-1904)과 옥중잡기연구 부: 국역 「옥중잡기」』, 연세대 출판부, 2003.

_____, 『이승만과 대한민국임시정부』, 연세대학교 출판부, 2009.

_____, 『건국대통령 이승만』, 일조각, 2013.

윤경로, 『한국근대사의 기독교사적 이해』, 역민사, 1995.

이덕희, 『한인기독교회·한인기독학원·대한인동지회』, 한국기독교역사연구소, 2008.

이만열, 『한국기독교와 민족의식』, 지식산업사, 1991.

이용원, 『제2공화국과 장면』, 범우사, 1999.

이인수, 『대한민국의 건국』, 촛불, 1988.

林承權, 『敎育心理學』, 良書院, 1990.

장규식, 『일제하 한국 기독교민족주의 연구』, 혜안, 2001.

전택부, 『한국 기독교청년회 운동사』, 정음사, 1978.

_____, 『韓國敎會 發展史』, 韓國基督敎出版社, 1993.

정병준,『우남 이승만 연구』, 역사비평사, 2005.

鄭淳日,『한국 방송의 어제와 오늘』, 나남, 1991.

허명섭,『해방 이후 한국 교회의 재형성 - 1945-1960 -』, 서울신학대학교 출판부, 2009.

Young Ick Lew and Sangchul Cha,『*The Syngman Rhee Presidential Papers: A Catalogue*』, The Institute for Modern Korean Studies, Yonsei University, 2005.

2) 논문

姜敦求,「美軍政의 宗敎政策」,『종교학연구』제12집, 서울대학교 종교학연구회, 1993.

강인철,「해방 후 한국 개신교회와 국가, 시민사회(1945-1960)」, 한국사회사 연구회 편,『현대 한국의 종교와 사회』, 文學과知性社, 1992.

_____,「미 군정기의 국가와 교회」, 한국사회사학회 편,『해방 후 정치세력과 지배구조』, 문학과지성사, 1995.

_____,「대한민국 초대 정부의 기독교적 성격」,『한국기독교와 역사』제30호, 한국기독교역사연구소, 2009.

高珽烋,「開化期 李承晩의 言論·政治 및 執筆活動」, 고려대 사학과 석사학위 논문, 1984.

_____,「大韓民國臨時政府 歐美委員部(1919-1925) 硏究」, 고려대 사학과 박사학위 논문, 1991.

_____,「독립운동기 이승만의 외교 노선과 제국주의」,『역사비평』겨울호, 역사비평사, 1995.

_____,「샌프란시스코회의(1945)와 얄타밀약설 – 이승만의 반소·반공노선과 관련하여-」, 연세대학교 국학연구원 편,『미주 한인의 민족운동』, 혜안, 2003.

_____,「올리버, 이승만의 충실한 대변인이자 로비스트」,『내일을 여는 역

사』여름호, 도서출판 선인, 2006.

_____,「이승만의『일본내막기』집필 배경과 내용 분석」, 송복 외,『이승만의 정치사상과 현실인식』, 연세대학교 출판부, 2011.

권영설,「이승만과 대한민국 헌법」, 유영익 편,『이승만 연구 – 독립운동과 대한민국 건국-』, 연세대학교 출판부, 2003.

金度亨,「1930년대 초반 하와이 한인사회의 동향-소위 '교민총단관 점령사건'을 통하여-」,『한국근현대사연구』9, 한국근현대사학회, 1998.

김수자,「대한국민당 결성과정과 그 성격: 1948-1950년」,『梨花史學硏究』第31輯, 이화사학연구소, 2003.

김순권,「목회학적으로 조명해 본 군대목회와 민간목회」, 대한예수교장로회 군선교부 편,『군선교신학』, 대한예수교장로회총회출판국, 1990.

金容福,「解放 後 敎會와 國家」, 한국 기독교 사회 문제 연구원 편,『歷史와 基督敎』第4輯, 민중사, 1982.

김용직,「이승만의『독립정신』과 후기 개화기 정치외교 담론」, 송복 외,『이승만의 정치사상과 현실인식』, 연세대학교 출판부, 2011.

김인선,「개화기 이승만의 한글운동 연구」, 연세대 국학협동과정 박사논문, 1999.

金在俊,「韓國敎會의 民主參與와 使命」,『기독교 사상』4권 6호(1960년 6월호), 대한기독교서회.

김지혜,「『독립정신(獨立精神, 1904)에 나타난 이승만의 대한독립방안 연구』」, 이화여대 정치외교학과 석사학위 논문, 2005.

김학재,「이승만의 일민주의」, 고려대 정치외교학과 석사학위 논문, 2012.

김형찬,「이승만의 생애와 신앙 연구」, 호서대 이론신학과 석사학위 논문, 2007.

김흥수,「한국 기독교의 현실정치 참여의 유형과 역사」『神學思想』78輯, 한국신학연구소, 1992.

_____,「기독교인 정치가로서의 이승만」, 유영익 편,『이승만 대통령 재평

가』, 연세대학교 출판부, 2006.

_____, 「이승만의 비전, 기독교국가 건설」, 『성결교회와 신학』 제19호, 현대 기독교역사연구소, 2008.

노길명, 「광복 이후 한국 종교와 정치간의 관계」, 『宗敎硏究』27, 韓國宗敎學會, 2002.

노치준·강인철, 「해방 후 한국사회 변동과 종교」, 『광복 50주년 기념 논문집』, 광복 50주년 기념사업회, 1995.

류방란, 「개화기 배재학당의 교육과정 운영」, 『敎育史硏究』 제8집, 서울대학교 敎育史學會, 1998.

맹청재, 「이승만의 종교활동과 종교정책에 관한 연구」, 목원대 신학과 석사학위 논문, 2003.

박명림, 「이승만의 한국 문제·동아시아·국제 관계 인식과 구상-악마화와 신화화, 건국 담론과 분단 담론의 대립을 넘어」, 『역사비평』여름호, 역사비평사, 2008.

박명림, 「『건국과 이상에 나타난 이승만의 인식·구상·노선」, 송복 외, 『이승만의정치사상과 현실인식』, 연세대학교 출판부, 2011.

박정신, 「6·25전쟁과 한국기독교」, 유영익·이채진 편, 『한국과 6·25전쟁』, 연세대학교 출판부, 2003.

박혜수, 「이승만의 기독교활동과 '기독교국가론' 구현 연구」, 연세대 신학과 박사학위 논문, 2012.

서정민, 「구한말 이승만의 활동과 기독교」, 『한국기독교사연구회소식』, 한국기독교역사연구소, 1988.

서정민·이제향, 「자료설명/한국기독교 정기간행물 100년」, 한영제 편, 『한국 기독교 정기 간행물 100년』, 기독교문사, 1987.

徐仲錫, 「이승만정부 초기의 일민주의」, 『震檀學報』83, 震檀學會, 1997.

서홍인, 「해방 후 국가 건설과 기독교인들의 활동 연구 - 이승만과 김창준을 중심으로-」, 감신대 신학과 석사학위 논문, 2009.

신계주,「우남 이승만의 대미관에 관한 연구」, 한국정신문화연구원 한국학
　　　대학원 석사학위 논문, 1997.

申冕休,「獄中 開學顚末」,『箴訓編謄』, 全澤鳧,『人間 申興雨』, 大韓基督教
　　　書會, 1971.

안종철,「문명개화에서 반공으로: 이승만과 개신교의 관계의 변화,
　　　1912-1950」,『東方學志』제145호, 연세대학교 국학연구원, 2009.

＿＿＿,「미군정 참여 미국선교사·관련 인사들의 활동과 대한민국 정부수
　　　립」,『한국기독교와 역사』제30호, 한국기독교역사연구소, 2009.

안형주,「이승만과 하와이 한인청년교육(1913-1923)」,『미주한인의 민족운
　　　동』, 연세대학교 국학연구원, 2003.

오영달,「대한제국기 이승만의 서구 인권 및 주권론 수용: - 그의『독립정신』
　　　에 나타난 정치사상을 중심으로 -」,『韓國民族文化』31, 釜山大 學校
　　　韓國民族文化硏究所, 2008.

오영섭,「이승만 대통령의 문인적 면모」, 유영익 편,『이승만 대통령 재평가』,
　　　연세대학교 출판부, 2006.

＿＿＿,「이승만의『청일전기』번역·간행과 자주독립론」,『韓國史學史學
　　　報』22집, 韓國史學史學會, 2010.

＿＿＿,「1910-1920년대『태평양잡지』에 나타난 이승만의 정치사상」,『한
　　　국민족운동사연구』70, 한국민족운동사학회, 2012.

＿＿＿,「대한민국임시정부 초기 위임통치 청원논쟁」,『한국독립운동사연
　　　구』제41집, 독립기념관 한국독립운동사 연구소, 2012.

柳永益,「개화기의 대미인식」,『한국인의 대미인식』, (주)民音社, 1994.

＿＿＿,「雩南 李承晩의 '獄中雜記' 白眉」,『인문과학』제80집, 연세대학교
　　　인문과학연구소, 1999.

＿＿＿,「이승만과 한국의 기독교」,『성결교회와 신학』제13호, 현대기독교
　　　역사연구소, 2005.

＿＿＿,「이승만 대통령의 업적」, 유영익 편,『이승만 대통령 재평가』, 연세

대학교 출판부, 2006.

尹炳喜, 「第 2次 日本亡命時節 朴泳孝의 쿠데타 陰謀事件」, 『李基白先生古稀紀念 韓國史學論叢(下)』, 一潮閣, 1994.

윤선자, 「6·26 한국전쟁과 군종활동」, 『한국기독교회와 역사』14, 한국기독교역사연구소, 2001.

윤종문, 「하와이 한인중앙학원의 설립과 운영」, 오영섭·홍선표 외, 『이승만과 하와이 한인사회』, 연세대학교 대학출판문화원, 2012.

李光麟, 「舊韓末 獄中에서의 基督教 信仰」, 『東方學志』 제46·47·48합집, 연세대학교 국학연구원, 1985.

이덕주, 「한국 기독교 신문·잡지 개관」, 한영제 편, 『한국 기독교 정기 간행물 100년』, 기독교문사, 1987.

_____, 「이승만의 기독교 신앙과 국가건설론-기독교 개종 후 종교활동을 중심으로(1899-1913)-」, 『한국기독교와 역사』 제30호, 한국기독교역사 연구소, 2009.

이덕희, 「하와이의 한글 언론, 1904-1970」, 연세대학교 국학연구원 편, 『미주 한인의 민족운동』, 혜안, 2003.

_____, 「이승만과 하와이 감리교회, 그리고 갈등: 1913-1918」, 『한국기독교와 역사』21, 한국기독교역사연구소, 2004.

_____, 「이승만이 한인기독교회를 설립하기까지」, 『한국기독교역사연구소소식』 제73호, 한국기독교역사연구소, 2006.

_____, 「이승만의 종교활동과 교육활동」, 오영섭·홍선표 외, 『이승만과 하와이 한인사회』, 연세대학교 대학출판문화원, 2012.

이재헌, 「불교와 대통령 이승만」 2011년 7월 18일(제6차 종책 토론회), 조계종 불교사회연구소, 2011.

장규식, 「『한국교회핍박』에 나타난 이승만의 정교 인식과 외교 독립론」, 『韓國思想史學』第35輯, 한국사상사학회, 2010.

전상인, 「이승만의 사회사상·사회운동·사회개혁」, 유영익 편, 『이승만 대통령 재평가』, 연세대학교 출판부, 2006.

전재호, 「박정희 체제의 민족주의 연구-담론과 정책을 중심으로」, 서강대 정
　　치외교학과 박사학위 논문, 1997.

정병준, 「이승만의 정치고문들」, 『역사비평』여름호, 역사비평사, 1998.

_____, 「이승만의 독립운동론」, 역사비평 편집위원회 저, 『논쟁으로 본 한
　　구국회 100년』, 역사비평사, 2000.

_____, 「1905년 윤병구·이승만의 시오도어 루즈벨트 면담외교의 추진과
　　정과 그 의미」, 『한국사연구』57, 한국사연구회, 2012.

鄭聖培, 「初期 李承晩에게 나타난 基督教 理念이 그의 行動에 미친 影響 研
　　究」, 감신대 신학과 석사학위 논문, 1984.

정용욱, 「홍보, 선전, 독재자의 이미지 관리-1950년대의 이승만 전기」, 『세
　　계정치8』 제28집 2호, 서울대학교 국제문제연구소, 2007.

정호기, 「이승만 시대의 위기 담론과 궐기대회」, 『사회와 역사』 제84집, 한
　　국사회사학회, 2009.

주진오, 「청년기 이승만의 언론·정치활동 해외활동」, 『역사비평』여름호,
　　역사비평사, 1996.

차상철, 「이승만과 한미상호방위조약」, 유영익·이채진 편, 『한국과 6·25
　　전쟁』, 연세대학교 출판부, 2003.

_____, 「이승만의 미국인식: 형성과 전개」, 『韓國人物史研究』 제9호, 한국
　　인물사연구소, 2008.

차성환, 「한국 초기 개신교 선교사들의 종교성과 근대적 삶의 형성」, 『神學
　　思想』73輯, 한국신학연구소, 1991.

최기영, 「『제국신문』의 간행과 하층민 계몽」, 『大韓帝國期 新聞研究』, 一
　　潮閣, 1991.

최승선, 「이승만의 기독교 개종과 그의 기독교 이해(1875-1904년)」, 장신대
　　신학과 석사학위 논문, 2011.

최영호, 「이승만의 하와이에서의 초기 활동 - 초기(1919-1922)의 조직과 내

부갈등에 관한 재조명-」, 유영익 편,『이승만 연구 – 독립운동과 대한민국 건국-』, 연세대학교 출판부, 2003.

崔鍾庫,「第一共和國과 韓國改新敎會」,『東方學志』46·47·48輯, 연세대학교 국학연구원, 1985.

하유식,「대한제국기 이승만의 정치사상과 대외인식」,『지역과 역사』제6호, 부경역사연구소, 2000.

韓圭茂,「상동청년회에 관한 연구, 1897-1914」,『歷史學報』第126輯, 歷史學會, 1990.

한승홍,「초기 선교사들의 신학과 사상」,『한국기독교와 역사』제1호, 한국기독교역사연구소, 1991.

홍석률,「이승만 정권의 북진 통일론과 냉전외교정책」,『韓國史硏究』85호, 韓國史硏究會, 1994.

홍선표,「한국독립운동을 도운 미국인」,『한국독립운동사연구』제43집, 독립 기념관 한국독립운동사 연구소, 2012.

홍용표,「이승만의 대외인식과 임시정부 초기 독립외교」, 고정휴 외,『대한민국 임시정부의 현대사적 성찰』, 나남, 2010.

후지이 다케시,「'이승만'이라는 표상 -이승만 이미지를 통해 본 1950년대 지배 권력의 상징 정치-」,『역사문제연구』제19집, 역사문제연구소, 2008.

Chong-Sik Lee, "The Personality of Four Korean Political Leaders", (金俊燁博士華甲紀念論叢)「韓國과 亞細亞」, 아세아문제연구소, 1984.

Richard S. Kim,「초국가적 국가 건설운동-집단이주 한인과 한국독립운동」, 연세대학교 국학연구원 편,『미주 한인의 민족운동』, 혜안, 2003.